POMPEIA

MARY BEARD

POMPEIA

Tradução de
CRISTINA CAVALCANTI

Revisão técnica de
PALOMA RORIZ ESPÍNOLA

5ª edição

EDITORA RECORD
RIO DE JANEIRO • SÃO PAULO
2025

CIP-BRASIL. CATALOGAÇÃO NA PUBLICAÇÃO
SINDICATO NACIONAL DOS EDITORES DE LIVROS, RJ

Beard, Mary

B351p   Pompeia: a vida de uma cidade romana / Mary Beard;
5ª ed.   tradução de Cristina Cavalcanti. – 5ª ed. – Rio de Janeiro:
Record, 2025.
il.

Tradução de: Pompeii: the life of a Roman town
Inclui bibliografia e índice
ISBN 978-85-01-09221-2

1. História – Pompeia (Cidade extinta). 2. Antiguidades –
Pompeia (Cidade extinta). 3. Sítios arqueológicos – Pompeia
(Cidade extinta). I. Título.

CDD: 930.1

16-31085   CDU: 903

Copyright © Mary Beard, 2008

Título original em inglês: Pompeii: The Life of a Roman Town

Texto revisado segundo o Acordo Ortográfico da Língua Portuguesa de 1990.

Direitos exclusivos de publicação em língua portuguesa para o Brasil
adquiridos pela
EDITORA RECORD LTDA.
Rua Argentina, 171 – 20921-380 – Rio de Janeiro, RJ – Tel.: (21) 2585-2000,
que se reserva a propriedade literária desta tradução.

Impresso no Brasil

ISBN 978-85-01-09221-2

Seja um leitor preferencial Record.
Cadastre-se no site www.record.com.br e receba
informações sobre nossos lançamentos e nossas promoções.

CÓPIA NÃO AUTORIZADA É CRIME
ABDR
ASSOCIAÇÃO BRASILEIRA DE DIREITOS REPROGRÁFICOS
RESPEITE O DIREITO AUTORAL
EDITORA AFILIADA

Atendimento e venda direta ao leitor:
sac@record.com.br

SUMÁRIO

LISTA DE MAPAS E FIGURAS

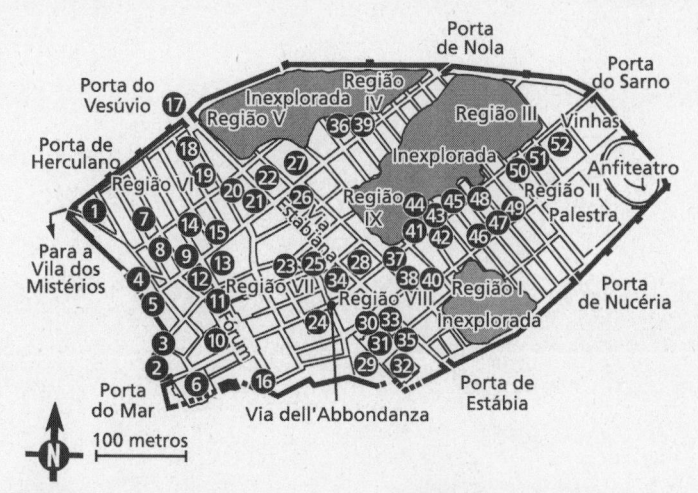

CASAS

   Casa de Amaranto – *ver* bar de Amaranto
22 Casa de Lúcio Cecílio Jucundo (V.1.26)
37 Casa de Casca Longo (I.6.11)
38 Casa dos Ceii (I.6.15)
   Casa dos Amantes Castos –
ver padaria dos Amantes Castos
24 Casa do Doutor (VIII.5.24)
34 Casa de Elpídio Rufo (IX.1.20)
7 Casa da Coluna Etrusca (VI.5.17-18)
5 Casa de Fábio Rufo (VII.16[ins.occ.].22)
15 Casa do Fauno (VI.12.2)
4 Casa do Bracelete de Ouro
(VI.17[ins.occ.].42)
42 Casa da Estatueta Indiana (I.8.5)
45 Casa de Júlio Políbio (IX.12.1-3)
51 Casa da Vênus Marinha (III.3.3)
36 Casa de Marcos Lucrécio Fronto (V.4a)
40 Casa de Menandro (I.10.4)
50 Casa de Otávio Quartio (III.2.2)
21 Casa de Orfeu (VI.14.20)
44 Casa dos Pintores Trabalhando (IX.12)
18 Casa do Príncipe de Nápoles (VI.15.7-8)
9 Casa do Poeta Trágico (VI.18.3-5)
27 Casa do Triclínio (V.2.4)
3 Casa de Umbrício Escauro
(VII.16[ins.occ.].12-15)
48 Casa da Vênus de Biquíni (I.11.6)
1 Casa das Vestais (VI.1.7)
19 Casa dos Vétios (VI.15.1)
8 *Insula* Arriana Polliana (VI.6)
52 Prédio de Júlia Félix (II.4.2)

TEMPLOS

10 Templo de Apolo
13 Templo de Fortuna Augusta
30 Templo de Ísis
11 Templo de Júpiter, Juno e Minerva
29 Templo de Minerva
e Hércules (Fórum Triangular)
6 Templo de Vênus
33 Templo de "Júpiter Melíquios"

OUTROS EDIFÍCIOS PÚBLICOS ETC.

Para os edifícios em torno do Fórum,
ver Figura 14
35 Teatro Coberto
31 Teatro Grande
32+39 Barracas dos gladiadores
17 Castelo de água

BARES, ESTALAGENS E LOCAIS DE COMÉRCIO

43 Padaria dos Amantes Castos (IX.12.6)
46 Bar de Amaranto (I.9.11-12)
41 Bar de Aselina etc. (IX.11.12)
47 Bar de Euxino (I.XI.10-11)
14 Bar na Via de Mercúrio (VI.10.1)
20 Bar de Sálvio (VI.14.36)
25 Bar de Sittio (VII.1.44-5)
25 Bordel (VII.12.18-20)
49 Loja de garo (I.12.8)

TERMAS

26 Termas centrais
12 Termas do Fórum
16 Termas de Sarno
28 Termas Estabianas
2 Termas Suburbanas

Figura 1. A cidade de Pompeia.

INTRODUÇÃO

A vida interrompida

Nas primeiras horas do dia 25 de agosto de 79 d.C., a chuva de pedras-pomes que caía sobre Pompeia começou a amainar. Parecia um bom momento para deixar a cidade e fazer um esforço para se manter seguro. Um grupo desnorteado de mais de vinte fugitivos que se abrigara dentro das muralhas durante a pior hora da chuva aterrorizante arriscou sair por um dos portões ao leste da cidade, na esperança de escapar do alcance do bombardeio vulcânico.

Outros haviam tentado a mesma rota algumas horas antes. Um casal fugira levando apenas uma pequena chave (presume-se que esperavam regressar um dia para aquilo que ela trancava — casa, apartamento, baú ou caixa-forte) e uma única lamparina de bronze (fig. 24 do encarte). Isto dificilmente teve algum impacto diante da escuridão noturna e das nuvens de detritos. Mas era um objeto caro e elegante, moldado na forma de uma cabeça negra africana — uma pista (para nós) das desconcertantes formas de engenho com que constantemente nos deparamos em Pompeia. O casal não conseguiu fugir. Surpreendidos pelas pedras-pomes, em 1907 eles foram encontrados no lugar onde caíram, junto a um dos grandes túmulos que ladeavam esta estrada e outras que levavam para fora da cidade. Na verdade, eles caíram junto ao abastado memorial erguido para Esquília Polla, uma mulher que morrera talvez uns cinquenta anos antes, esposa de Numério Herênio Celso. Com apenas 22 anos (como ainda podemos ler na lápide), ela devia ter menos da metade da idade do seu rico marido, membro de uma das famílias mais proeminentes de Pompeia, oficial do exército romano e eleito duas vezes para o cargo mais alto do governo da cidade.

As camadas de pedras-pomes tinham vários metros de altura quando o outro grupo resolveu se arriscar a escapar pela mesma rota. Avançaram lentamente e com dificuldade. Em sua maioria, estes fugitivos eram homens jovens e muitos não carregavam nada por não terem o que levar ou porque não puderam recolher seus pertences. Um homem havia tomado a precaução de se armar de uma adaga em uma bela bainha (ele trazia outra bainha vazia, porque talvez tivesse perdido ou emprestado a outra arma). As poucas mulheres do grupo carregavam mais coisas. Uma levava uma estatueta de prata da deusa Fortuna, "Boa Sorte", sentada num trono, além de um punhado de anéis em ouro e em prata — um deles, com um pequeno falo preso por uma corrente, talvez fosse um talismã (outro objeto que encontraremos seguidamente nas páginas deste livro). Outras também levavam suas pequenas bugigangas preciosas: uma caixa de remédios em prata, uma pequena base para sustentar uma estatueta (desaparecida) e um par de chaves; um estojo em madeira com um colar, brincos, colher de prata — e mais chaves, tudo apertado em uma bolsa de pano. Elas também carregavam todo o dinheiro que podiam. Alguns tinham só uns trocados; outros levavam tudo o que haviam guardado em casa ou nas lojas. Mas não era muito. No total, o grupo não possuía mais de 500 sestércios que, em Pompeia, equivaliam ao preço de uma única mula.

Algumas pessoas deste grupo avançaram um pouco mais do que o casal. Umas quinze chegaram perto do seguinte grande memorial de Marco Obélio Firmo, uns vinte metros à frente, e ali foram arrasados pelo que hoje conhecemos como o "fluxo piroclástico" do Vesúvio — uma combinação mortal e fervente de gases, detritos vulcânicos e lava que se deslocou em alta velocidade, sem deixar chances de sobrevivência. Os seus corpos foram encontrados, alguns misturados a galhos de árvores e aparentemente ainda agarrados a eles. Talvez os mais ágeis tenham trepado nas árvores que circundavam os túmulos na tentativa vã de se salvarem; o mais provável é que o fluxo que matou os fugitivos também tenha derrubado as árvores sobre eles.

O túmulo de Obélio Firmo resistiu muito melhor. Ele foi outra eminência de Pompeia e morrera algumas décadas antes, tempo suficiente para que as laterais do seu monumento fossem transformadas num painel de recados. Ainda é possível ler o anúncio de exibições de gladiadores e diversos rabiscos de gente ociosa: "Olá, Isa, de Habito", "Olá, Ocaso, de Cepsiniano" e por aí vai (aparentemente, os amigos de Habito responderam com um grande falo e testículos e a mensagem: "Olá, Habito, de seus amigos de toda parte"). Mais acima, o texto formal do epitáfio de Obélio Firmo declara que o funeral foi pago pelo conselho local e custou 5 mil sestércios, além de outros mil sestércios fornecidos por outras autoridades locais para o incenso e "um escudo" (provavelmente a efígie em um escudo, característica dos monumentos funerários romanos). Em outras palavras, as despesas funerárias equivaliam a mais de dez vezes o que todo o grupo de fugitivos conseguira reunir para escapar da cidade. Pompeia era uma cidade de ricos e pobres.

Podemos inferir muitas outras histórias de fugas fracassadas. Sob a montanha de pedras-pomes, foram descobertos aproximadamente quatrocentos corpos e quase setecentos nos restos sólidos do fluxo piroclástico — muitos deles vividamente capturados no instante da morte pela técnica engenhosa, criada no século XIX, que preenche com gesso o espaço deixado pela pele decomposta e as roupas, para revelar as túnicas arregaçadas, os rostos silenciados e as expressões sombrias das vítimas (fig. 25 do encarte). Quatro pessoas encontradas em uma rua próxima ao Fórum provavelmente formavam uma família em fuga. À frente ia o pai, um homem parrudo com espessas sobrancelhas (como revelam os moldes de gesso). Ele havia coberto a cabeça com o manto para se proteger das cinzas e detritos que caíam e portava algumas joias de ouro (um anel simples e alguns brincos), um par de chaves e, neste caso, a soma considerável de quase 400 sestércios. As duas filhas pequenas o seguiam e a esposa vinha por último. Ela havia erguido o vestido para facilitar a caminhada e carregava outros bens em uma bolsa pequena: a prataria da família (algumas colheres, um par de cálices, um medalhão com a efígie de Fortuna, um espelho) e uma estatueta de um menino roliço envolto num manto cujos pés apontam sob a bainha (fig. 26 do encarte). Trata-se de um trabalho tosco, mas feito em âmbar, que deve ter viajado centenas de quilômetros da fonte mais próxima, no Báltico, o que lhe conferia valor.

Outros achados falam de outras vidas. Havia o médico que fugiu carregando sua caixa de instrumentos e foi derrubado pelo fluxo letal ao cruzar a palestra (o grande espaço aberto ou área de exercícios) junto ao Anfiteatro para alcançar um dos portões ao sul da cidade; o escravo encontrado no jardim de uma casa ampla no centro da cidade, que obviamente foi impedido de fugir pelos grilhões que levava nos tornozelos; o sacerdote da deusa Ísis (ou talvez um criado), que havia empacotado alguns bens do templo para levar na fuga e só conseguiu avançar uns 50 metros até ser morto. E havia também, claro, a dama ricamente adornada com joias que foi encontrada em um quarto nos alojamentos dos gladiadores. A cena sempre foi considerada uma boa ilustração da atração das romanas de classe alta pelos corpos musculosos dos gladiadores. Aparentemente, uma delas foi flagrada no lugar errado e na hora errada, o adultério exposto à mirada da história. Na verdade, trata-se de uma cena muito mais inocente. O mais provável é que a mulher não estivesse em um encontro, mas se refugiando ali ao fugir da cidade, quando a erupção se intensificou. Caso se tratasse *de fato* de um encontro com um jovem amante, então ela o teria dividido com outras dezessete mulheres e um par de cães — cujos restos foram encontrados no mesmo quarto apertado.

Os cadáveres de Pompeia sempre foram uma das imagens mais poderosas e chamativas da cidade arruinada. Nas primeiras escavações, feitas nos séculos XVIII e XIX, os esqueletos foram convenientemente "descobertos" na presença da realeza e outros dignitários (fig. 27 do encarte). Viajantes românticos discorriam animadamente ao pensar no cruel desastre que afetara as pobres almas cujos restos mortais tinham diante de si, para não mencionar as reflexões mais amplas sobre a perigosa fragilidade da existência humana que a experiência evocava. Hester Lynch Piozzi — escritora inglesa que deve seu sobrenome ao casamento com um professor de música italiano — capturou (e parodiou levemente) estas reações após uma visita ao sítio, em 1786: "Como são terríveis os pensamentos evocados por esta visão! Que horrível é a certeza de que esta cena pode se repetir amanhã e que quem hoje é espectador pode se tornar espetáculo para os viajantes do próximo século que, confundindo os nossos ossos com os dos napolitanos, talvez possam levá-los de volta para os seus países."

De fato, um dos objetos mais celebrados nos primeiros anos das escavações era uma gravura de um seio feminino encontrada em uma casa grande (chamada Vila de Diomedes) nos arredores das muralhas da cidade nos anos 1770. Quase um século antes do aperfeiçoamento da técnica de confecção de moldes de gesso nas cavidades corporais, os detritos sólidos permitiram aos escavadores ver a forma completa dos mortos, suas roupas e até os seus cabelos moldados pela lava. A única parte deste material que eles conseguiram extrair e preservar em boas condições foi aquele seio, que foi exposto em um museu próximo e logo se tornou uma atração turística. Com o tempo, tornou-se também uma inspiração para o famoso romance de Théophile Gautier, *Arria*

Marcella, lembrança de Pompeia, de 1852. No romance, apaixonado pelo seio que viu no museu, um jovem francês regressa à antiga cidade (numa estranha combinação de viagem no tempo, desejo e fantasia) para encontrar, ou reinventar, a sua amada — a mulher dos seus sonhos, uma das últimas ocupantes romanas da Vila de Diomedes. Infelizmente, apesar da notoriedade, o seio desapareceu, e nem uma intensa busca nos anos 1950 levou a pistas sobre sua localização. Uma teoria é que a leva de incursões invasivas de pesquisadores no século XIX terminou por causar a sua desintegração, como se tivesse ido do pó às cinzas.

O poder dos mortos de Pompeia sobrevive até hoje. O poema de Primo Levi, "A menina de Pompeia", parte do molde de gesso de uma mennininha encontrada agarrada à mãe ("Como se, quando o céu diurno escureceu / Você quisesse entrar nela de novo") para refletir sobre os destinos de Anne Frank e uma estudante anônima de Hiroshima — vítimas de desastres provocados não pela natureza, mas pelo homem ("O tormento que os céus nos mandam são o suficiente / Antes que seu dedo aperte, pare e considere"). Em 1953, dois moldes tiveram um papel especial em *Viagem à Itália*, de Roberto Rossellini, saudado como "a primeira obra do cinema moderno" apesar do seu fracasso comercial. Aferrados um ao outro, amando-se até na morte, essas vítimas do Vesúvio, de uma forma direta e inquietante, levam dois turistas modernos (Ingrid Bergman — na época em um casamento vacilante com Rossellini — e George Sanders) a perceberem quão distante e vazia a sua relação havia se tornado. Mas não há só vítimas humanas preservadas desta forma. Um dos mais famosos e evocativos moldes é o de um cão de guarda encontrado amarrado ao seu poste na casa de um abastado pisoador (que lavava e amaciava os tecidos). Ele morreu tentando desesperadamente se desvencilhar da corrente.

Certamente o voyeurismo, o *páthos* e a curiosidade mórbida contribuem para tornar estes moldes atraentes. Mesmo os arqueólogos mais pragmáticos podem apresentar descrições sombrias dos estertores da morte e da quantidade de corpos atingidos pelo fluxo piroclástico ("os cérebros devem ter fervido..."). Para os visitantes do sítio arqueológico, onde alguns moldes ainda são exibidos perto de onde foram encontrados, eles produzem algo semelhante ao "efeito da múmia egípcia": as crianças pequenas apertam o nariz contra as caixas de vidro com gritos de horror enquanto os adultos recorrem às máquinas fotográficas, mal disfarçando o seu fascínio por aqueles restos dos mortos.

Mas a morbidez não é tudo. O impacto causado pelas vítimas (estejam elas totalmente recompostas em gesso ou não) também provém do sentimento de contato imediato com o mundo antigo que elas oferecem, das narrativas humanas que nos permitem reconstruir e das escolhas, decisões e esperanças de pessoas reais com as quais podemos ter empatia através dos séculos. Não precisamos ser arqueólogos para imaginar o que seria abandonar as nossas casas levando só o que conseguíssemos carregar. Podemos sentir pena do médico que escolheu levar suas ferramentas de trabalho, e quase compartilhamos o seu pesar pelo que terá deixado para trás. Podemos compreender o otimismo vão daqueles que guardaram as chaves da porta de casa nos bolsos antes de tomar a estrada. Até a figurinha feia de âmbar adquire um significado especial quando pensamos que era a favorita de alguém, que a agarrou rapidamente antes de sair de casa pela última vez.

A ciência moderna pode contribuir para estas histórias de vida individuais. Podemos fazer melhor que as gerações anteriores e espremer todo tipo de informações pessoais dos próprios esqueletos sobreviventes: a partir de mensurações relativamente simples, como a altura e a estatura da população (os antigos habitantes de Pompeia eram ligeiramente mais altos do que os napolitanos modernos) a vestígios que apontam doenças infantis e ossos quebrados, até pistas sobre relações familiares e origem étnica que começam a despontar com a análise do DNA e outros exames biológicos. Provavelmente seria um exagero afirmar, como fizeram alguns arqueólogos, que o desenvolvimento particular do esqueleto de um adolescente é suficiente para demonstrar que durante grande parte de sua curta vida ele fora um pescador e que a erosão nos seus dentes, do lado direito da boca, fora provocada pelas mordidas na linha com que fisgava as suas presas. Contudo, em outros aspectos pisamos em terrenos mais firmes.

Por exemplo, em dois quartos ao fundo de uma casa imponente foram encontrados os restos de doze pessoas, presume-se que o dono, a sua família e os escravos. Seis crianças e seis adultos, incluindo uma jovem no final da adolescência, com nove meses de gestação ao morrer, e os ossos de seu feto permanecem no seu abdome. Talvez a sua gravidez avançada tenha levado a família a se abrigar em casa, na esperança de que não ocorresse o pior, em vez de se arriscar numa fuga apressada. Os esqueletos não foram muito bem preservados desde sua descoberta em 1975 (como um cientista informou recentemente, o fato de "os pré-molares inferiores [de uma caveira] terem sido colados de modo equivocado nos orifícios dos incisivos centrais superiores'" não demonstra que os dentistas antigos fossem incompetentes, mas que o restauro moderno pode sê-lo). Ainda assim, ao juntar várias pistas — a idade relativa das vítimas, as ricas joias da jovem grávida, o fato de ela e um menino de 9 anos sofrerem do mesmo pequeno desvio de coluna de origem genética — podemos começar a elaborar um quadro da família que vivia na casa. Um casal mais velho, ele com aproximadamente 60 anos, ela por volta dos 50 e com claros sinais de artrite, muito provavelmente eram donos da casa, e pais, ou talvez avós, da moça grávida. Pela quantidade de joias que ela usava podemos ter quase certeza de que não se tratava de uma escrava, e os problemas na espinha indicam que ela era parente consanguínea, e não por aliança, e que o menino de 9 anos seria seu irmão menor.

Sendo este o caso, então ela e o marido (provavelmente um homem na casa dos 20 anos, cujo crânio, como sugere a caveira, tinha uma inclinação pronunciada e certamente dolorosa à direita) viviam com a família dela, ou se mudaram para lá à espera do parto ou, claro, simplesmente estavam de visita naquele dia fatal. Os outros adultos, um homem de uns 60 anos de idade e uma mulher de 30, podiam ser escravos ou parentes.

A observação atenta de seus dentes, colados ou não, leva a detalhes mais aprofundados. A maioria deles tinha uma série reveladora de anéis no esmalte provocados por surtos repetidos de doenças infecciosas na infância — o que nos faz recordar a natureza perigosa da infância no mundo romano, em que a metade das crianças morria antes dos 10 anos. (A boa notícia é que, se chegasse aos 10 anos, você podia esperar viver outros quarenta, ou mais.) A evidência da perda dentária, ainda que menor do que a que há no Ocidente moderno, indica uma dieta repleta de açúcares e amido. Dentre os adultos, só o marido da moça grávida não apresentava perda dentária. Por outro lado, a julgar pelo estado dos seus dentes, ele estava envenenado por fluoreto, presumivelmente por ter crescido fora de Pompeia, em alguma região com níveis estranhamente altos de fluoreto natural. O mais surpreendente é que todos os esqueletos, inclusive os das crianças, tinham grande acúmulo de tártaro, às vezes de dois milímetros. Isto de deve a uma razão óbvia. Os palitos de dente e até algumas boas preparações para polir e clarear os dentes podem ter existido (em um livro de receitas farmacêuticas, o médico do imperador Cláudio registra a mistura que garantia o belo sorriso da imperatriz Messalina: chifre queimado, resina e sal de rocha). Mas aquele era um mundo sem escovas de dente. Pompeia deve ter sido uma cidade de hálito muito ruim.

Uma cidade interrompida

Mulheres a ponto de dar à luz, cães ainda amarrados aos seus postes e um claro aroma de halitose... Estas são imagens memoráveis da vida normal e cotidiana em uma cidade romana subitamente interrompida. Há muitas mais: os pães abandonados enquanto assavam no forno; o grupo de pintores que largaram a decoração de um quarto pela metade, deixando para trás os potes de tinta e um balde cheio de gesso fresco no alto de um andaime — o andaime desmoronou com a erupção e o conteúdo do balde se espalhou pela parede finamente preparada, deixando uma crosta espessa visível até hoje (ver p. 143-148). Porém, ao raspar a superfície, descobre-se que a história de Pompeia é mais complicada e intrigante. De muitas maneiras, Pompeia não é o equivalente antigo do *Marie Céleste*, o navio do século XIX abandonado misteriosamente com os ovos cozidos (é o que se dizia) ainda na mesa do café da manhã. Não se trata de uma cidade romana simplesmente congelada no meio do caminho.

Para começar, o povo de Pompeia havia recebido sinais de alerta, horas ou até dias antes. O único testemunho da erupção que temos são algumas cartas escritas ao historiador Tácito, um quarto de século depois do acontecimento, por seu amigo Plínio, que estava na baía de Nápoles no momento do desastre. Obviamente beneficiadas pela retrospectiva e pela imaginação, as cartas deixam claro que ainda foi possível escapar mesmo depois que a nuvem, "como uma copa de pinheiro manso"', brotou na cratera do Vesúvio. O tio de Plínio, a mais famosa vítima da erupção, só morreu porque era asmático e porque, corajosa ou estupidamente, decidiu que precisava ver mais de perto o que estava acontecendo, em nome da ciência. Se houve uma série de tremores e terremotos leves nos dias e meses anteriores ao desastre final, como hoje creem os arqueólogos, eles também devem ter encorajado as pessoas a deixarem a área. Porque não só Pompeia foi ameaçada e posteriormente soterrada, como também uma ampla faixa de terra ao sul do Vesúvio, que incluiu as cidades de Herculano e Estábia.

Muitos partiram, como confirma o total de corpos encontrados na cidade. Cerca de 1,1 mil corpos foram desenterrados nas escavações. É preciso descontar os que jazem na área inexplorada da cidade (cerca de um quarto da antiga Pompeia ainda não foi escavado), e os restos humanos que desapareceram em escavações anteriores (é fácil confundir ossos de crianças com os de animais e descartá-los). Ainda assim, é improvável que mais de 2 mil habitantes tenham perdido a vida no desastre. Independentemente da população total à época — as estimativas variam entre 6,4 mil e 30 mil (dependendo do quão apinhada imaginarmos que vivia aquela gente e das comparações modernas que escolhermos) —, é uma proporção pequena, ou muito pequena.

As pessoas que fugiram da chuva de pedras-pomes só puderam levar consigo o que podiam agarrar e carregar. Os que tiveram mais tempo levaram uma maior quantidade de pertences. Devemos imaginar um êxodo em massa no lombo de burros e em carroças e carriolas na fuga da maioria da população, carregando a maior quantidade de bens que fosse razoável. Alguns tomaram decisões equivocadas e trancaram os seus pertences mais valiosos, com a ideia de regressar depois de passado o perigo. Isto explica alguns dos magníficos tesouros — impressionantes coleções de prata, por exemplo (ver p. 251-252), encontrados em casas de Pompeia e seus arredores. Contudo, a maior parte do que restou para ser descoberto pelos arqueólogos é uma cidade *depois* que seus habitantes empacotaram seus pertences apressadamente e partiram. O fato pode contribuir para explicar porque as casas de Pompeia parecem tão escassamente mobiliadas e tão despojadas. Não é que a estética prevalecente no século I fosse uma espécie de minimalismo modernista. A maior parte dos utensílios domésticos provavelmente foi levada em carroças lotadas por proprietários que não quiseram se desfazer deles.

Esta retirada apressada também pode explicar algumas coisas estranhas que descobrimos nas casas da cidade. Quando, por exemplo, uma pilha de ferramentas de jardinagem é encontrada no que se assemelha a uma sala de jantar suntuosa, a explicação pode ser — ainda que nos pareça surpreendente — que eram guardadas ali. Também pode ter ocorrido que, na pressa de partir, depois de reunir os pertences domésticos, a pá, a enxada e a carriola tenham ficado para trás quando a família decidiu o que levar e o que deixar. Mesmo que parte da população tenha seguido com a vida como se o amanhã fosse certo, a cidade não agia normalmente, cuidando dos seus afazeres. Aquela era um cidade em fuga.

Nas semanas e meses após a erupção, muitos sobreviventes voltaram para recolher na cidade queimada o que haviam deixado para trás, ou para salvar (ou saquear) materiais reaproveitáveis como bronze, chumbo e mármore. Pode não ter sido tão imprudente como parece hoje trancar os bens de valor na esperança de recuperá-los mais tarde. Porque em muitas partes de Pompeia há claros sinais de avanços bem-sucedidos através dos escombros vulcânicos. Legítimos proprietários, ladrões ou caçadores de tesouros procurando oportunidades cavavam túneis até as casas ricas, às vezes deixando uma trilha de buracos nas paredes ao passarem de um quarto bloqueado para o outro. Duas palavras rabiscadas próximo à porta principal de uma grande casa encontrada quase vazia por escavadores do século XIX dão uma boa noção destas atividades. Elas dizem: "Casa escavada", o que certamente não teria sido escrito pelo proprietário, então, provavelmente, trata-se da mensagem de um saqueador para o resto do bando, avisando que aquela fora pilhada.

Não sabemos quase nada sobre estes saqueadores (mas a mensagem em caracteres gregos, embora tenha sido escrita em latim, indica muito claramente que se tratava de gente bilíngue que pertencia à comunidade greco-romana do sul da Itália, que examinaremos no capítulo 1). Tampouco sabemos exatamente quando eles agiram: nas ruínas de

Pompeia foram encontradas moedas romanas posteriores à erupção, cunhadas entre o final do século I e o início do século IV d.C. Seja qual tenha sido a data ou a razão que levou romanos de uma época posterior a escavarem a cidade soterrada, aquela era uma atividade extremamente perigosa, impulsionada pela esperança de resgatar quantidades expressivas de riqueza familiar ou de sair dali arrastando um bom carregamento de preciosidades roubadas. Os túneis deviam ser perigosos, lúgubres e estreitos, e com alguns pontos — se é que o tamanho dos buracos nas paredes pode servir de base — que só crianças podiam acessar. Mesmo quando era possível avançar com menos dificuldade em bolsões livres de escombros vulcânicos, as paredes e tetos corriam o risco de um colapso iminente.

A ironia é que alguns esqueletos encontrados certamente não são de vítimas da erupção, mas de gente que se arriscou a voltar à cidade meses, anos ou séculos depois. Assim, em um belo quarto junto ao pátio da Casa de Menandro — assim chamada por conter uma pintura do dramaturgo grego de mesmo nome (fig. 67 do encarte) —, foi descoberto um pequeno grupo de três pessoas, dois adultos e uma criança, equipados com uma picareta e uma pá. Seriam eles, como creem alguns arqueólogos, um grupo de residentes, talvez escravos, que tentavam encontrar uma forma de *sair* da casa enquanto ela era soterrada e que perderam a vida tentando? Ou seriam, como outros imaginam, um grupo de saqueadores que tentavam *entrar* e foram mortos quando o frágil túnel despencou?

Esse quadro de uma cidade interrompida se complica ainda mais por conta de um desastre natural anterior. Dezessete anos antes da erupção do Vesúvio, no ano 62 d.C., a cidade fora seriamente danificada por um terremoto. Segundo o historiador Tácito, "grande parte de Pompeia ruiu". O acontecimento está quase certamente descrito em um par de painéis esculpidos encontrados na casa de um banqueiro da cidade, Lúcio Cecílio Jucundo. Eles retratam duas áreas destruídas pelo terremoto: o Fórum e a área em torno do portão norte da cidade, voltada para o Vesúvio. Em um dos painéis, o Templo de Júpiter, Juno e Minerva inclina-se assustadoramente à esquerda; as estátuas equestres a ambos os lados do templo parecem quase vivas, com os ginetes oscilando nas montarias (fig. 28 do encarte). No outro painel, a Porta do Vesúvio inclina-se premonitoriamente para a direita, separando-se dos grandes reservatórios de água localizados à esquerda. O desastre levanta alguns dos questionamentos mais difíceis na história de Pompeia. Qual foi o seu efeito na cidade? Quanto tempo ela levou para se recuperar? Na verdade, ela conseguiu fazê-lo? Ou no ano 79 d.C. os seus habitantes ainda viviam entre as ruínas — e o Fórum, templos e termas, para não mencionar as casas, ainda não tinham sido restaurados?

Sobre isto há muitas teorias. Uma ideia é que Pompeia foi sacudida por uma revolução social após o terremoto. Boa parte da aristocracia local decidiu deixar a cidade para sempre, certamente para outras propriedades familiares alhures. A sua partida não só abriu caminho para a ascensão de ex-escravos e outros novos-ricos como deu início ao "declínio" de algumas das casas mais elegantes de Pompeia, que rapidamente se converteram em oficinas de pisoamento, padarias, estalagens e outros pontos comerciais e industriais. De fato, aquela pilha de instrumentos de jardinagem na sala de jantar poderia ser um sinal desta mudança de uso: uma elegante residência é dramaticamente degradada pelos novos ocupantes e transformada na base de um negócio de jardinagem.

Talvez. E pode haver ainda outra razão para considerar que o estado da cidade estava longe da normalidade ao ser destruída em 79. No entanto, não podemos ter certeza de que todas essas mudanças tenham sido consequência direta do terremoto. De qualquer modo, algumas das conversões industriais provavelmente ocorreram antes do desastre. Algumas — ou muitas — certamente fazem parte do padrão regular de mudanças na riqueza, uso e prestígio que marca a história de qualquer cidade, antiga ou moderna. Sem falar na dica dos preconceitos de muitos arqueólogos modernos que, confiantemente, relacionam a mobilidade social e o surgimento de dinheiro novo à revolução ou ao declínio.

Outra ideia importante é que, em 79, Pompeia ainda não terminara o longo processo de reconstrução. Pelo que se depreende das evidências arqueológicas, a afirmação de Tácito de que "grande parte de Pompeia ruiu" era um exagero. Mas as condições de muitos edifícios públicos (por exemplo, só um conjunto de termas públicas funcionava plenamente no ano 79) e o fato de que, como veremos, tantas casas particulares estivessem sendo decoradas quando ocorreu a erupção sugerem não só que os danos haviam sido consideráveis como também que ainda não haviam sido reparados. Uma cidade romana passar dezessete anos com a maior parte das termas públicas fora de serviço, vários templos importantes inutilizados e casas particulares em desordem indica que havia uma séria escassez de dinheiro, um grau alarmante de disfunção institucional, ou ambos. O que fizeram os administradores da cidade ao longo de quase duas décadas? Sentaram-se para assistir à ruína da cidade?

Porém, novamente as coisas não são o que aparentam. Podemos ter certeza de que todos os consertos em andamento à época da erupção eram consequência do terremoto? Deixando de lado o fato de que quase sempre há diversas obras em construção simultâneas em qualquer cidade (a indústria de consertos e construção está no centro da vida urbana, seja ela antiga ou moderna), há a indagação "um terremoto ou mais de um?", que divide de modo taxativo os arqueólogos que estudam Pompeia. Alguns ainda se aferram à perspectiva de que teria havido um só terremoto devastador no ano 62 e — sim — a cidade ficara tão destruída que anos depois muitos reparos permaneciam inacabados. Muitos enfatizam atualmente a série de tremores que deve ter ocorrido nos dias, talvez meses, anteriores à erupção. Isto é de se esperar antes de uma forte explosão vulcânica, afirmam os vulcanologistas e, de todo modo, foi exatamente o que Plínio descreveu: "Muitos dias antes", escreveu ele, "houve tremores de terra". Se havia uma onda de reparos na cidade, sustenta esta argumentação, provavelmente o que estava sendo reparado eram os danos ocorridos pouco antes, não se tratando de uma tentativa tardia e inoportuna de, por fim, limpar a bagunça dos dezessete anos anteriores.

Quanto ao estado geral da cidade, especialmente os edifícios públicos, o assunto dos saqueios posteriores surge outra vez como um complicador. É evidente que em 79 alguns edifícios públicos estavam em ruínas. Um templo enorme diante do mar, presumivelmente dedicado à deusa Vênus, ainda era um canteiro de obras — apesar dos indícios de que os planos da restauração fossem em uma escala muito maior do que a original. Outros funcionavam normalmente. Tudo seguia como antes no Templo de Ísis, por exemplo, que fora reconstruído e ricamente redecorado com o que hoje são algumas das pinturas mais famosas da cidade (fig. 29 do encarte).

No entanto, a situação do Fórum à época da erupção é muito mais intrigante. Uma das teorias é de que se tratava de uma ruína semiabandonada, sem trabalhos de reconstrução. Sendo este o caso, isto indica, no mínimo, que as prioridades dos pompeianos haviam se distanciado da vida comunitária, para usar um eufemismo. No pior dos casos, seria um sinal do absoluto desmoronamento das instituições civis, uma situação que (como veremos) não se encaixa com outras evidências da cidade. Recentemente novas teorias assinalaram equipes de reconstrução e bandos de saqueio pós-erupção. Segundo esta visão, grande parte do Fórum fora restaurado e até melhorado. Mas, sabendo das dispendiosas fachadas de mármore que haviam sido instaladas recentemente, gente local teria escavado para roubá-las assim que a cidade foi soterrada, arrancando-as das paredes e deixando-as com aparência de inacabadas ou simplesmente dilapidadas. Os saqueadores também teriam ido atrás das diversas estátuas de bronze que enfeitavam aquela praça.

Estes debates e desacordos continuam a animar as conferências arqueológicas. São tema da guerra acadêmica e dos ensaios estudantis. Mas, seja como for que os resolvam (se isto acontecer), uma coisa é absolutamente certa: a "nossa" Pompeia não é uma cidade romana com uma vida normal que foi subitamente "congelada" no tempo, como afirmam tantos livros de viagem e folhetos turísticos. Ela é um lugar muito mais desafiador e instigante. Interrompida e perturbada, evacuada e pilhada, ela guarda as marcas (e as cicatrizes) de vários tipos de casos, que serão parte da história deste livro e subjazem ao que podemos denominar o "paradoxo de Pompeia": o de que, ao mesmo tempo, sabemos muitíssimo e muito pouco sobre a vida antiga lá.

É verdade que a cidade nos permite vislumbrar mais vividamente pessoas reais e suas vidas reais do que qualquer outro lugar do mundo romano. Encontramos amantes desafortunados ("Sucesso, o tecelão, está apaixonado por uma garçonete chamada Íris e ela nem liga", diz um grafite rabiscado numa parede) e gente que faz xixi na cama sem pudor ("Fiz xixi na cama, fiz besteira, não minto / Mas, caro locador, não havia penico", alardeia a rima nas paredes do quarto de uma pensão). Podemos seguir os passos das crianças de Pompeia, do pequenino que deve ter se divertido enfiando moedas no gesso fresco do hall principal, ou átrio, de uma casa elegante e deixou mais de setenta impressões pouco acima do nível do piso (deixando também, inadvertidamente, uma bela evidência para a estimativa da data da decoração), aos garotos entediados que rabiscaram uma série de bonecos da altura de uma criança na entrada de uma terma, talvez enquanto esperavam pelas mães que se banhavam no vapor. Isto para não falar dos arreios de cavalos com guizos, dos instrumentos médicos medonhos (fig. 30 do encarte) e dos curiosos utensílios culinários para cozinhar ovos ou moldar musses — se é que eles realmente serviam para isso (fig. 101 do encarte) — e dos irritantes parasitas intestinais, cujos vestígios permanecem na borda de um lavatório 2 mil anos depois, todos eles ajudam a recapturar as visões, os sons e os sentidos da vida em Pompeia.

Detalhes como estes podem ser maravilhosamente sugestivos. No entanto, o quadro geral e muitas das questões mais básicas sobre a cidade permanecem turvos. A população total não é a única incógnita que temos pela frente. A relação da cidade com o mar é outra. Todos concordam que, na Antiguidade, o mar estava muito mais próximo da cidade do que hoje (que está a 2 quilômetros de distância). Porém, apesar da capacidade dos geólogos modernos, ainda não se sabe exatamente quão próxima estava. Um fato particularmente intrigante é que, bem junto ao portão ocidental da cidade, que hoje é a entrada principal dos visitantes, há um trecho de muro com o que obviamente parecem anéis para a atracação de barcos, como se o mar chegasse quase até a cidade naquele momento (fig. 31 do encarte). O único problema é que foram descobertas estruturas romanas mais a oeste, isto é, em direção ao mar, e elas dificilmente poderiam ter sido construídas sob a água. A melhor explicação para isto remete novamente à atividade sísmica. Aqui — como na cidade próxima de Herculano, onde o movimento está claramente documentado — a linha costeira e o nível do mar devem ter mudado drasticamente ao longo dos últimos séculos da história da cidade.

Ainda mais surpreendente é que também se debatem as datas básicas — não só a data do grande terremoto (que pode ter ocorrido em 63 ou 62 d.C.), mas a da própria grande erupção. Neste livro usarei a datação tradicional, de 24 e 25 de agosto de 79, a que se lê no relato de Plínio. Mas há motivos para pensar que o desastre tenha ocorrido mais tarde naquele ano, no outono ou no inverno. Para começar, ao olhar os diferentes manuscritos medievais das *Cartas* de Plínio, encontramos diversas datas para a erupção (os numerais e datas romanos sempre se prestaram a erros de transcrição pelos escribas medievais). Ocorre também que uma quantidade suspeitamente grande de frutas outonais permanece entre os escombros e muitas vítimas parecem estar usando pesadas roupas de lã, um vestuário inadequado para o quente verão italiano — embora o que as pessoas escolham vestir ao fugir dos detritos de uma erupção vulcânica não seja um bom indicador do clima da estação. Evidências mais contundentes vêm na forma de uma moeda romana, encontrada em Pompeia num contexto em que não poderia ter sido perdida por saqueadores. Os especialistas creem que a data mais antiga de sua cunhagem seria setembro de 79.

O fato é que sabemos muito mais e, ao mesmo tempo, muito menos sobre Pompeia do que pensamos.

As duas vidas de Pompeia

Uma velha piada entre os arqueólogos diz que Pompeia morreu duas vezes: primeiro houve a morte súbita causada pela erupção; depois, a morte lenta que começou com o início das escavações, na metade do século XVIII. Uma visita ao sítio arqueológico permite ver com exatidão o que significa esta segunda morte. Apesar dos esforços heroicos do serviço arqueológico local, a cidade está em processo de desintegração. Ervas daninhas crescem nas áreas proibidas à visitação e algumas pinturas murais remanescentes, que antes tinham cores brilhantes, estão completamente esmaecidas. Trata-se de um processo gradual de dilapidação agravado pelos terremotos e o turismo de massa e que recebeu uma mãozinha dos métodos rudimentares dos primeiros escavadores (embora, para ser sincera, várias pinturas murais arrancadas e depositadas no museu estejam em melhores condições que as que permaneceram no lugar de origem) e dos bombardeios aliados, em 1943 (fig. 32 do encarte), que danificaram diversas áreas da cidade (a maioria dos visitantes não sabe que partes consideráveis do Teatro

Grande e do Fórum, por exemplo, além de algumas das casas mais conhecidas, foram quase totalmente reconstruídas depois da guerra, ou que o restaurante do sítio arqueológico foi construído numa área particularmente destruída pelos bombardeios), e dos ladrões e vândalos, para os quais o sítio arqueológico, enorme e de difícil policiamento, é um alvo atraente (em 2003, alguns afrescos recentemente escavados foram arrancados das paredes e encontrados em um local próximo, no pátio de um construtor, três dias depois).

Mas a cidade também teve duas *vidas*: uma no mundo antigo propriamente; a segunda, na recriação moderna da antiga Pompeia que visitamos hoje. Este lugar turístico ainda tenta preservar o mito de uma cidade antiga "congelada no tempo" que podemos percorrer como se isto tivesse ocorrido ontem. De fato, é surpreendente que, embora a Pompeia romana esteja vários metros abaixo do nível do solo, a disposição das suas entradas nos impede de perceber que, na verdade, *descemos* para entrar nela; o mundo dos antigos se funde quase completamente com o nosso. Contudo, ao observarmos melhor, descobrimos que ela habita aquela estranha terra de ninguém entre a ruína e a reconstrução, a Antiguidade e o tempo presente. Para começar, a maior parte dela foi absolutamente restaurada, e não só após a destruição dos bombardeios. É chocante olhar as fotos dos edifícios recém-escavados (fig. 33 do encarte) e ver as péssimas condições em que foram encontrados. Alguns foram deixados como estavam. Outros foram reformados e tiveram as paredes reerguidas e reconstruídas para sustentar telhados novos — em primeiro lugar para proteger a estrutura e as decorações, mas os visitantes frequentemente as enxergam como sobreviventes milagrosos do período romano.

Mais do que isso, a cidade ganhou uma nova geografia. Hoje percorremos por Pompeia seguindo uma série de nomes modernos das ruas, entre elas a Via dell'Abbondanza (a principal avenida, que vai de leste a oeste e leva diretamente ao Fórum foi batizada com o nome da deusa Abundância, esculpida numa das fontes da rua), a Via Estabiana (perpendicular à dell'Abbondanza e que segue para o sul, até a cidade de Estábia), e a Vicolo Storto (viela torta, assim chamada por motivos óbvios). Quase não temos ideia de como se chamavam estas ruas no mundo romano. Uma inscrição que sobreviveu parece sugerir que o que hoje chamamos Via Estabiana chamava-se, então, Via Pompeiana, e também faz referência ao nome de outras duas ruas (a Via Jovia, ou Rua de Júpiter, e a Via Dequviaris, talvez ligada à administração municipal, ou decúria) que não foram localizadas. Mas talvez muitas não tivessem um nome no sentido moderno. Certamente não havia placas de rua e nenhum sistema com nomes de ruas e números de casas formando um endereço. Em vez disso, usava-se pontos de referência locais: um proprietário de terras, por exemplo, mandou entregar suas ânforas de vinho (como pode-se ler ainda hoje na boca de uma delas): "Para Euxino [que, numa tradução aproximada, significa "sr. Hospitalidade"], o estalajadeiro, em Pompeia, perto do Anfiteatro".

Também demos nomes modernos às portas da cidade, denominando-as de acordo com a localização ou direção que defrontam: a Porta Nola, a Porta de Herculano, a Porta do Vesúvio, a Porta do Mar e assim por diante. Neste caso temos uma ideia mais clara de quais podem ter sido os nomes antigos. O que denominamos Porta de Herculano, por exemplo, para os habitantes romanos era a Porta Salinense ou Porta Salis, isto é, Porta do Sal (havia uma salina perto dali). A nossa Porta do Mar pode muito bem ter se chamado Porta do Fórum, como sugerem grafites antigos, combinados com a dedução moderna; afinal, ela não só defrontava o mar como era a porta mais próxima do Fórum.

Na ausência de endereços antigos, os modernos mapas geográficos da cidade usam um sistema do final do século XIX para indicar edifícios específicos. O mesmo arqueólogo que aperfeiçoou a técnica de moldagem dos cadáveres, Giuseppe Fiorelli (que foi um político revolucionário e o diretor mais influente das escavações pompeianas), dividiu Pompeia em nove áreas ou *regiones*; depois, numerou cada bloco de casas destas áreas e prosseguiu numerando cada porta que dava para a rua. Em outras palavras, segundo a sua estenografia arqueológica, que se tornou um padrão, "VI.xv.1" significaria a primeira porta do bloco quinze da região seis, localizada a noroeste da cidade.

Porém, para a maioria das pessoas, VI.xv.1 é simplesmente a Casa dos Vétios. Porque, além da sucinta numeração moderna, a maioria das grandes casas e as estalagens e bares receberam títulos mais sugestivos. Alguns se devem às circunstâncias em que foram escavados: a Casa do Centenário, por exemplo, foi escavada exatamente 1.800 anos após a destruição da cidade, em 1879; a Casa das Bodas de Prata, escavada em 1893, foi batizada em homenagem ao vigésimo quinto aniversário de casamento do rei Umberto da Itália, celebrada naquele ano — ironicamente, hoje em dia a casa é mais conhecida do que o matrimônio real. Outros nomes refletem descobertas particularmente memoráveis: uma delas é a Casa de Menandro; outra, a Casa do Fauno, cujo nome provém do famoso sátiro bailarino, ou "fauno", em bronze que havia ali (fig. 35 do encarte), (o seu nome anterior, Casa de Goethe, se deve ao filho do famoso Johann Wolfgang von Goethe, que assistiu a uma parte da escavação em 1830 pouco antes de morrer — mas esta triste história foi menos memorável que a fogosa escultura). Muitas delas, porém, como a Casa dos Vétios, foram batizadas com o nome dos antigos ocupantes romanos, como parte do projeto muito mais amplo de repovoar a antiga cidade e de relacionar os restos materiais às pessoas reais que alguma vez as possuíram, as usaram ou nelas viveram.

Este é um procedimento apaixonante, apesar de às vezes ser arriscado. Há casos em que se pode estar seguro de ter feito a escolha certa. A casa do banqueiro Lúcio Cecílio Jucundo, por exemplo, quase certamente foi identificada pelos arquivos bancários que estavam guardados no sótão. Aulo Umbrício Escauro, o mais bem-sucedido produtor local do garo (molho tipicamente romano fruto da decomposição da vida marinha e eufemisticamente denominado "molho de peixe"), deixou a sua marca e o seu nome na elegante propriedade, onde uma série de mosaicos expõe jarras do produto etiquetadas com slogans, como "Molho de peixe, grau um, produzido por Escauro" (fig. 80 do encarte). A Casa dos Vétios, com seus afrescos refinados, foi confiantemente nomeada a partir de um par de (prováveis) ex-escravos, Aulo Vétio Convívia e Aulo Vétio Restituto. Isto com base em dois selos e um anel de sinete com estes nomes gravados encontrados no átrio frontal, além de alguns cartazes eleitorais, ou seu equivalente antigo, pintados do lado de fora da casa ("Restituto faz campanha... por Sabino como edil") — e na suposição de que outro selo encontrado em outra parte da casa, desta vez com o nome Públio Crustio Fausto, pertencia a um inquilino que vivera no piso superior.

Em muitos casos a evidência é muito mais frágil e se baseia talvez em um único anel de sinete (que, afinal, pode ter sido perdido tanto por uma visita quanto pelo proprietário), um nome pintado numa ânfora de vinho ou alguns grafites assinados pela mesma pessoa, como se artistas do grafite sempre escrevessem nas paredes das suas próprias casas. Uma dedução particularmente precipitada deu origem ao nome do homem que era proprietário do bordel da cidade, o ponto alto de muitos visitantes modernos e, certamente, antigos também: Africano. Trata-se de uma argumentação baseada sobretudo em uma triste mensagem rabiscada, provavelmente por um cliente, na parede de um dos cubículos das moças. Ela diz: "Africano está morto" (ou, literalmente, "está morrendo"). "Assinado, jovem Rústico, seu colega de escola, que sofre por Africano." Na verdade, Africano pode ter sido um residente local, ou isto é o que podemos inferir do fato de que, numa parede próxima, alguém com o mesmo nome pede apoio para Sabino nas eleições locais (o mesmo candidato que obteve o voto de Restituto). Mas não há razão para pensar que, ao expressar a sua tristeza pós-coito, se este for o sentido do seu grafite, o jovem Rústico se referisse ao dono do prostíbulo.

O resultado disto, e de outras tentativas excessivamente otimistas de encontrar os antigos pompeianos e colocá-los de volta em suas casas, bares e bordéis, é óbvio: na imaginação moderna, uma grande quantidade de habitantes morreu no lugar errado. Ou, generalizando, há um grande hiato entre a "nossa" cidade antiga e a cidade destruída em 79. Neste livro usarei sistematicamente os monumentos, os instrumentos de pesquisa e a terminologia da "nossa" Pompeia. Seria confuso e irritante dar à Porta de Herculano o seu antigo nome de "Porta Salis". A numeração inventada por Fiorelli nos permite assinalar rapidamente uma localização no mapa, e ela será usada nas seções de referência. E, apesar de alguns serem incorretos, os nomes famosos — Casa dos Vétios, Casa do Fauno etc. — são a maneira mais fácil de lembrar de uma casa ou de um lugar em particular. Contudo, também vou explorar este hiato mais detalhadamente e tratarei de como a antiga cidade se tornou a "nossa" Pompeia e do processo pelo qual entendemos os restos escavados.

Ao enfatizar estes processos serei atual e, de certo modo, ao mesmo tempo retornarei à experiência de Pompeia do século XIX. Claro, os visitantes da cidade no século XIX, assim como os do século XXI, gostavam da ilusão de voltar no tempo. Mas eles também ficaram intrigados com as maneiras como o passado se revelava: o "como" e o "que" sabemos sobre a Pompeia romana. Podemos perceber isto nas convenções dos guias favoritos do sítio, sobretudo o de Murray, *Handbook for Travellers in Southern Italy* [Guia do sul da Itália para viajantes], publicado em 1853 para satisfazer o início do turismo de massa (ao invés dos turistas ricos) no sítio. A linha férrea começara a funcionar em 1839 e se tornou o modo preferido de transporte dos visitantes, que eram servidos por uma taberna próxima à estação onde podiam comer algo após se cansarem entre as ruínas. A taberna foi um local de fortunas flutuantes (em 1853, ela supostamente foi gerida por "um proprietário de terras muito polido e atento"; em 1865, os visitantes eram alertados a não atacar a comida sem antes chegar a "um acordo quanto ao pagamento antecipado ao anfitrião"). Mas ela foi o germe da vasta indústria de lanches, frutas e, principalmente, água engarrafada que hoje domina os arredores do sítio arqueológico.

O guia de Murray frequentemente apresentava aos visitantes os problemas da interpretação ao difundir as diversas teorias que competiam entre si a respeito dos usos dos principais edifícios públicos. O edifício no Fórum que denominamos *macellum* (mercado) teria sido realmente um mercado? Ou foi um templo? Ou uma combinação de santuário e café? (Como veremos, muitas questões semelhantes sobre a função continuam sem resposta, mas os guias modernos tendem a privar os leitores dos problemas e controvérsias alegando poupá-los.) Eles inclusive têm o cuidado de fornecer, junto com a descrição de cada edifício, a data e as circunstâncias da sua redescoberta. É como se aqueles primeiros visitantes devessem manter duas cronologias funcionando simultaneamente em suas mentes: por um lado, a cronologia da própria cidade e de seu desenvolvimento; por outro, a história do gradual ressurgimento de Pompeia no mundo moderno.

Podemos até imaginar que as famosas simulações feitas quando os cadáveres e outras descobertas marcantes foram convenientemente "encontrados" durante a visita de dignitários representassem outro aspecto da mesma preocupação. Hoje rimos destas charadas rudimentares e da ingenuidade da audiência (será que a realeza podia ser tão cândida a ponto de imaginar que aquelas descobertas assombrosas haviam ocorrido justamente durante a sua visita?). Contudo, como costuma ocorrer, os truques do comércio turístico revelam as esperanças e aspirações dos visitantes e a astúcia dos locais. Aqui, os visitantes desejavam testemunhar não só as descobertas, mas os processos de escavação que traziam à luz o passado.

Estas são algumas das questões que desejo trazer para a discussão.

Uma cidade de surpresas

Pompeia é cheia de surpresas. Ela leva até os especialistas mais pragmáticos e bem-informados a repensar suas suposições sobre a vida na Itália romana. Uma grande jarra de cerâmica com uma etiqueta pintada indicando que o seu conteúdo é "garo *kosher*" nos faz recordar que homens como Umbrício Escauro podiam estar tentando suprir o nicho de mercado da comunidade judaica local (garantindo a ausência de crustáceos entre os ingredientes, hoje irreconhecíveis, daquele molho apodrecido). Uma maravilhosa estátua indiana de marfim, encontrada em 1938 em uma casa nomeada, por causa dela, "Casa da Estatueta Indiana" nos faz pensar mais uma vez sobre as ligações entre Roma e o Oriente (fig. 34 do encarte). Terá sido trazida por um comerciante pompeiano como um suvenir de viagem? Ou terá chegado por intermédio da comunidade dos comerciantes nabateus (da atual Jordânia) que viviam na vizinha Putéoli? Quase tão surpreendente é a descoberta recente de um esqueleto de macaco desarticulado, não reconhecido por escavadores anteriores, entre os ossos do depósito do sítio arqueológico. Talvez fosse um animal de estimação exótico ou, mais provavelmente, um animal treinado para o circo ou para as encenações de rua.

É uma cidade do inesperado, simultaneamente muito familiar e estranha. Uma cidade na província italiana cujos horizontes não ultrapassam o Vesúvio, ela ao mesmo tempo foi parte de um império que se estendeu da Espanha à Síria, com toda a diversidade cultural e religiosa que os impérios costumam abrigar. As famosas palavras "Sodoma" e "Gomorra", escritas em letras garrafais nas paredes da sala de jantar de uma casa relativamente modesta na Via dell'Abbondanza (supondo que não sejam o comentário sardônico de um saqueador) nos oferecem mais do que um comentário testemunhal — ou maldoso — sobre a moralidade da vida social em Pompeia. Elas nos recordam que este foi um lugar onde as palavras do Livro do Gênese ("Então o Senhor fez chover enxofre e fogo dos céus") e as obras de Virgílio devem ter levado alguns habitantes a meditar.

Uma comunidade de cidade pequena, com um corpo de cidadãos de apenas alguns milhares de homens — se subtrairmos da equação as mulheres, crianças e escravos — não maior do que um vilarejo ou o grêmio estudantil de uma pequena universidade, ela ainda assim tem um impacto mais forte na narrativa da história romana do que costumamos imaginar. É o que veremos no capítulo 1.

1.

VIVER NUMA CIDADE ANTIGA

Vislumbres do passado

Numa rua tranquila ao fundo de Pompeia, não muito distante das muralhas da cidade ao norte e a apenas alguns minutos de caminhada da Porta de Herculano, há uma casa pequena e pouco atraente, hoje conhecida como a Casa da Coluna Etrusca. De aparência comum vista de fora e longe do circuito movimentado, tanto na Antiguidade como agora, ela esconde uma curiosidade instigante, como indica o seu nome moderno. Instalada na parede entre dois quartos principais há uma coluna antiga cuja aparência lembra a arquitetura dos etruscos — que detiveram grande poder na Itália entre os séculos VI e V a.C., antes do surgimento da própria Roma, e cuja influência e assentamentos se estenderam para muito além da sua terra natal, no norte da Itália, até os arredores de Pompeia. A coluna muito provavelmente data do século VI a.C., vários séculos antes da construção da casa.

Escavações meticulosas sob a casa esclareceram parte do enigma. Acontece que a coluna está na posição original e a casa foi construída em volta dela. Parte de um santuário religioso do século VI a.C., ela não sustentava um edifício, mas se erguia só, possivelmente perto de um altar e sustentando uma estátua (um arranjo conhecido em outros antigos sítios religiosos na Itália). Cerâmicas gregas do século VI, presumivelmente de oferendas e dádivas, foram encontradas na área adjacente e revelaram (na forma de sementes e pólen) um número significativo de faias. Aquele não pode ter sido um bosque natural; porque, como sabemos, as faias não crescem naturalmente em terrenos baixos no sul da Itália. Portanto, especula-se que este venerável santuário antigo alguma vez esteve cercado por outra das características da religião italiana primordial: um bosque sagrado, no caso, plantado com faias. Para confirmá-lo (uma confirmação bastante débil, em minha opinião), nos pedem para compará-lo com outro santuário igualmente antigo do deus Júpiter, em Roma, instalado em seu próprio bosque de faias: o "Fagutal", como era chamado, do latim *fagus*.

Independente de como imaginamos a coluna em seu lugar original, com muitas ou poucas faias e um bosque natural ou artificial, o enredo da história é bastante claro. Quando, mais tarde, o santuário primitivo foi coberto por edificações, provavelmente no século III a.C., a coluna foi mantida intacta em meio às estruturas posteriores por respeito — ou isso imaginamos — à sua condição sacra. Séculos mais tarde, no ano 79, ela permanecia visível na casa situada no local, mas não sabemos se ainda conservava algum traço especial de sacralidade ou simplesmente se tornara um assunto interessante na conversa dos proprietários numa casa que, se não fosse por ela, não despertaria comentários.

A pequena história desta coluna recorda uma questão muito maior: ao ser destruída, Pompeia era uma cidade visivelmente velha. Ainda que, aos olhos modernos, as ruínas pareçam homogeneamente romanas, com data e estilo indistinguíveis, na verdade elas não são nada disso. Para começar, como veremos em seguida, em 79 havia menos de duzentos anos que Pompeia era uma cidade estritamente "romana". Porém, como a maioria das cidades, antigas e modernas, era às vezes um amálgama confuso de edifícios estalando de novos, antiguidades apreciadas e restaurações artísticas — além do antiquado pitoresco e do que era dilapidado na surdina. Certamente os seus habitantes estavam conscientes destas diferenças e da mescla de velho e novo que compunha a cidade.

O exemplo mais extraordinário de uma "peça de museu" é uma das mais famosas e agora mais visitadas casas de Pompeia: a Casa do Fauno. A casa é ampla, a maior da cidade e, com seus 3 mil m², tem dimensões definitivamente reais (a sua escala se aproxima, por exemplo, à dos palácios dos reis da Macedônia em Pella, no norte da Grécia). Ela hoje é conhecida não só pela estátua em bronze do "fauno" bailarino como também pela suíte impressionante com o piso decorado com mosaicos. O principal deles é o chamado "Mosaico de Alexandre" (fig. 36 do encarte), uma das mais importantes peças exibidas no Museu Nacional de Nápoles, minuciosamente construído com infindáveis pedras minúsculas ou *tesserae*: estima-se que somem entre 1 milhão e meio e 5 milhões, mas ninguém teve paciência de contá-las. Quando foi escavado pela primeira vez nos anos 1830, as suas proporções épicas e o tumulto da luta despertaram a ideia ingênua de que descrevia uma cena de batalha da *Ilíada* de Homero. Hoje estamos convencidos de que ele representa a derrota do rei persa Dario (em seu carro de guerra, à direita; fig. 15 do encarte) pelo jovem Alexandre, o Grande (montado, à esquerda) — talvez, como se crê, seja a cópia virtuosa em mosaico de uma obra-prima pintada que se perdeu, ou talvez se trate de uma criação original.

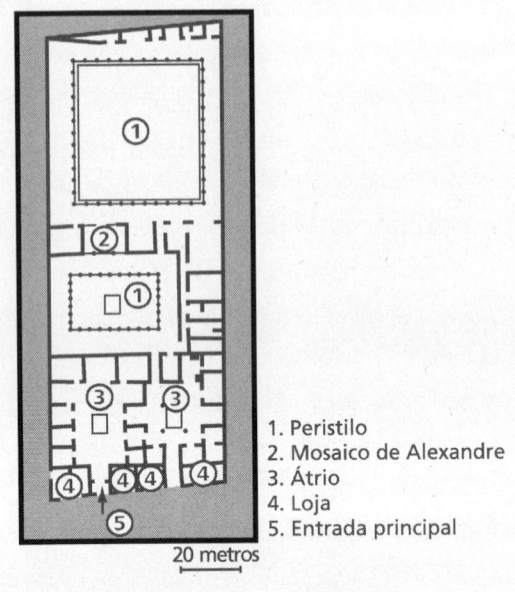

1. Peristilo
2. Mosaico de Alexandre
3. Átrio
4. Loja
5. Entrada principal

20 metros

Figura 2. A Casa do Fauno.

Apesar de ser gigantesca (ocupa um quarteirão inteiro), ela possui diversas características das casas pompeianas comuns. A fachada que dá para a rua, por exemplo, é ocupada por uma série de lojas. Esta versão da planta padrão leva o visitante por uma entrada estreita até um dos dois átrios. Mais adiante há dois peristilos.

Poucos visitantes modernos, maravilhados com o seu tamanho e admirados com os seus esplêndidos mosaicos (há outros nove no Museu de Nápoles), percebem o quanto a Casa do Fauno devia parecer antiquada à época da erupção. Ela adquiriu a sua forma final ao fim do século II a.C., quando foram instalados os mosaicos e várias paredes foram belamente pintadas no estilo característico da época, e permaneceu mais ou menos igual ao longo dos duzentos anos seguintes. As novas pinturas e restaurações foram feitas com cuidado, de modo a combinar. Não sabemos quem foram os ricos proprietários da casa (apesar da boa sugestão de que se tratava de uma tradicional família local chamada Sátrio — e, neste caso, o fauno em bronze ou "sátiro" seria uma brincadeira com o nome). Sabemos ainda menos sobre o que os encorajou (ou forçou) a mantê-la intacta ao longo dos séculos. O que *está* claro é que a experiência de visitar a Casa do Fauno no ano 79 não devia ser muito distinta da nossa própria experiência ao visitar uma casa histórica ou majestosa. Ao atravessar os portais — pisando em outro mosaico, que ostenta a palavra latina *HAVE*, significando "saudações" (embora o trocadilho desavisado [em inglês*] sobre a posse soe adequado a esta vasta mansão) — nos veríamos de volta ao século II.

A Casa do Fauno é um caso extremo. Contudo, por toda a cidade o velho se mesclava ao novo. Estilos visivelmente antiquados de decoração de interiores, por exemplo, eram cuidadosamente preservados, ou descascavam junto à última moda decorativa. O relógio de sol na área de exercícios em uma das principais termas públicas, que permitia aos banhistas ocupados ou que se exercitavam ficar de olho na hora, tinha não só dois séculos de idade à época da erupção como também uma inscrição comemorativa escrita na língua nativa pré-romana da área — o osco. Em 79, provavelmente só um punhado de habitantes de Pompeia poderia ter decifrado que ele fora pago pelo município com dinheiro obtido de multas.

É possível vislumbrar outras histórias de preservação e reutilização semelhantes à da coluna etrusca. Uma descoberta recente revelou o destino final de uma série de esculturas em terracota que (a julgar por seu tema e forma) devem ter adornado um templo na própria Pompeia ou no campo circunvizinho, talvez até o Templo de Apolo no Fórum (fig. 37 do encarte). Criadas no século II a.C. e retiradas talvez após o terremoto de 62, elas terminaram embutidas na parede do jardim de uma rica casa de vários pisos (a Casa do Bracelete de Ouro) com vista para o mar — e devia ter sido uma vista espetacular — no limite oeste da cidade. Talvez uma linda peça de resgate arquitetônico, ainda que distante da sacralidade religiosa da sua localização original.

---

* Em inglês, *to have* significa possuir, ter. (*N. da T.*)

Antes de Roma

Pompeia era uma cidade ainda mais antiga do que os seus restos visíveis sugerem. Em 79, nenhum edifício em uso — público ou privado — era anterior ao século III a.C. Mas ao menos dois dos principais templos da cidade, apesar de repetidamente restaurados, reconstruídos e renovados, datavam do século VI. O Templo de Apolo no Fórum era um deles, assim como o Templo de Minerva e Hércules, próximo dali. Este parece ter estado em ruína na época da erupção, e possivelmente havia sido abandonado, mas as escavações trouxeram à luz algumas esculturas decorativas de suas primeiras fases, cerâmicas do século VI a.C. e centenas de oferendas — muitas delas na forma de figurinhas de terracota, algumas representando claramente a deusa Minerva (a grega Atena). Além disso, como mostram as explorações em torno da coluna etrusca, escavações sob as estruturas sobreviventes em qualquer parte da cidade também produzem evidências de uma ocupação muito anterior do lugar.

De fato, atualmente uma das indústrias mais florescentes na arqueologia de Pompeia é a história da origem da cidade. A questão da moda para os especialistas deixou de ser "Como era Pompeia no ano 79?" e passou a ser "Quando surgiu a cidade e como ela se desenvolveu?". Isto provocou o surgimento de uma série de escavações bem mais abaixo da superfície do século I, com o intuito de descobrir o que havia antes das estruturas que ainda podemos ver. Trata-se de um processo diabolicamente difícil, porque ninguém está disposto a destruir os restos simplesmente para descobrir o que eles substituíram. Então, a maior parte do trabalho tem sido de "arqueologia do buraco de fechadura", com escavações em pequenas áreas onde isso pode ser feito com o mínimo de danos ao que está acima — e ao atrativo turístico da cidade. Porque, convenhamos, a maioria de nós vai ver as impressionantes ruínas sobrepujadas pelo Vesúvio, e não traços esquálidos de algum assentamento arcaico.

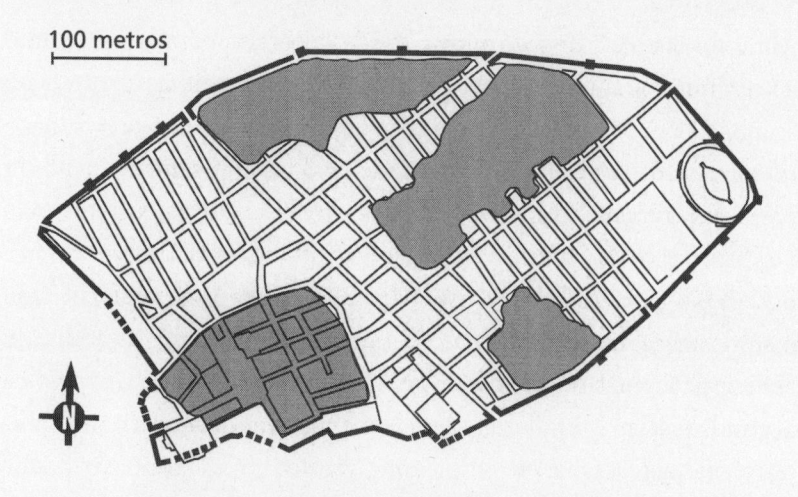

Figura 3. O desenvolvimento do mapa da cidade.
A cronologia do crescimento da cidade parece visível no mapa das ruas.
A "Cidade Antiga" no canto inferior esquerdo (sombreado) tem um padrão
de ruas irregular. Os outros quarteirões têm um alinhamento distinto.

O desafio é encaixar estes pontos isolados de evidências entre si e com as pistas da história do desenvolvimento urbano fornecidas pela planta baixa da cidade. Porque há muito se sabe que o padrão das ruas, em que diferentes áreas apresentam "quarteirões" com formas próprias e alinhamentos sutilmente distintos, muito provavelmente reflete, de alguma forma, a história do crescimento urbano (fig. 3, p. 43). Outro fator de peso é que a linha atual do circuito das muralhas da cidade data do século VI a.C., o que significa que (por mais surpreendente que possa parecer) a extensão da cidade foi estabelecida naquela época.

Dada esta evidência complicada, há um consenso incomum a respeito das linhas principais da história que ela revela. A maioria das pessoas aceita que, como sugere o mapa da cidade, o núcleo original do assentamento se localizava no canto sudoeste, onde o padrão irregular das ruas assinala o que os arqueólogos denominaram grandiosamente a "Cidade

Antiga". Mas, além disso, o número de descobertas por toda parte, tanto de cerâmica quanto de edifícios, deixou cada vez mais claro que, já no século VI a.C., Pompeia era uma comunidade relativamente espalhada no interior das muralhas. Na verdade, não há praticamente nenhum ponto em que as escavações profundas sob as estruturas existentes não produza traços de materiais do século VI, mesmo sendo fragmentos minúsculos e, às vezes, de pesquisas particularmente entusiastas (há uma história sobre Amedeo Maiuri, o "Grande Sobrevivente" — que dirigiu as escavações no sítio a partir de 1924, tendo atravessado o fascismo e a Segunda Guerra Mundial, até 1961 e que costumava oferecer um bônus aos trabalhadores que encontravam cerâmica onde ele apontava, uma tática arqueológica que costuma produzir resultados). Também está claro que há uma queda dramática nas descobertas do século V, um aumento gradual chegando ao século IV, até que o século III marca o começo do desenvolvimento urbano que vemos hoje.

Há muito menos consenso quanto à idade do núcleo original e ao fato de as descobertas ocasionais de material dos séculos VII, VIII e até IX a.C., no sítio e perto dele, representarem, ou não, uma comunidade assentada como tal. Também há fortes divergências sobre o uso da área no interior das muralhas no século VI a.C. Uma teoria é que se tratava principalmente de cultivos cercados e que os nossos achados provêm de construções agrícolas isoladas, casebres ou santuários rurais. Isto não é implausível, exceto pelo exagerado número consideravelmente grande de "santuários" que esta perspectiva parece produzir — sendo alguns muito menos óbvios do que a "coluna etrusca".

Uma premissa contrária e mais recente enxerga um quadro urbano muito mais desenvolvido, ainda que em época tão remota. O principal argumento aqui é que, pelo que é possível comprovar a partir dos agora escassos vestígios, todas as estruturas mais antigas fora da "Cidade Antiga" teriam sido erguidas segundo o alinhamento posterior das ruas. Isto não significa que a Pompeia do século VI fosse densamente ocupada como entendemos isso hoje. De fato, mesmo no ano 79 d.C. havia vastas áreas de terra aberta e cultivada no interior das muralhas. Isto implica que a malha viária já estava estabelecida, pelo menos de forma rudimentar. Segundo a interpretação, naquele momento Pompeia já era uma cidade "pronta para acontecer", ainda que três séculos tenham se passado antes deste "acontecimento".

Outro ponto igualmente controverso é quem foram os primeiros pompeianos. Não foram só as últimas fases da cidade que apresentaram um matiz decididamente multicultural, com arte grega, regras dietéticas judaicas, bugigangas indianas, religião egípcia etc. Mesmo no século VI a.C., Pompeia estava no centro de uma região — conhecida, antes e agora, como Campânia — onde, muito antes da dominação romana, os povos nativos que falavam a língua osca se misturavam com os migrantes gregos. Desde o século VIII a.C., por exemplo, havia uma importante cidade grega em Cumae, a 50 quilômetros de distância, do outro lado da baía de Nápoles. Os etruscos também foram uma presença significativa. Eles se assentaram na região a partir da metade do século VII e durante 150 anos ou mais disputaram o controle da área com as comunidades gregas. Ninguém sabe que grupo foi a força motriz por trás do desenvolvimento inicial de Pompeia, e a arqueologia não tem uma resposta: por exemplo, o fragmento de uma panela etrusca muito provavelmente ilustra o contato entre os habitantes da cidade e as comunidades etruscas da área, mas não demonstra (apesar de afirmações contundentes neste sentido) que Pompeia fosse uma cidade etrusca.

Além disto, os escritores antigos parecem não ter elucidado melhor do que nós os primórdios da história da cidade. Alguns se basearam em etimologias maravilhosamente criativas, e derivaram o nome "Pompeia" da "procissão triunfal" (*pompa*) de Hércules, que supostamente passara por ali depois de vencer o monstro Gerião na Espanha, ou da palavra osca para "cinco" (*pumpe*), e inferiram que a cidade se formara a partir de cinco aldeias. Mais sóbrio, Estrabão, o escritor grego do século I a.C., autor do tratado em vários volumes *Geografia*, apresenta uma lista dos habitantes da cidade. À primeira vista ela se encaixa perfeitamente em algumas das nossas próprias teorias: "Os oscos ocuparam Pompeia, depois os etruscos e os pelasgos [i.e., os gregos]." Mas não há como saber se Estrabão teve acesso a boas informações cronológicas, como querem crer os especialistas mais otimistas, ou se apenas fazia apostas diante da incerteza, como eu tendo a crer.

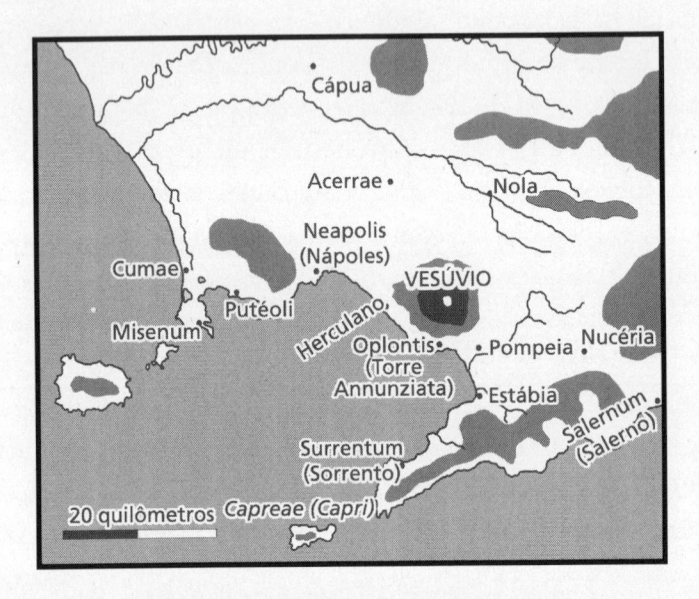

Figura 4. Mapa da área ao redor de Pompeia.

Contudo, Estrabão não ficou só nos pelasgos. "Depois disto", escreveu ele, "foi a vez dos samnitas. Mas eles também foram expulsos." Aqui ele se referia ao período entre os séculos V e III a.C., quando Pompeia começou a adquirir a forma que nos é familiar. Os samnitas eram tribos do centro da Itália que também falavam osco e, mais tarde, figuraram entre os estereótipos romanos — não totalmente sem razão — como uma raça durona de guerreiros montanheses, pragmáticos e frugais. Na cambiante geopolítica da Itália pré-romana, eles se estabeleceram na

Campânia e conseguiram controlar a região ao derrotar definitivamente os gregos em Cumae, em 420 a.C., apenas cinquenta anos depois de os gregos se livrarem dos etruscos.

Talvez essa sucessão de conflitos explique a aparente mudança nas fortunas de Pompeia no século V. De fato, diante da quase completa ausência de achados no sítio correspondentes àquela época, alguns arqueólogos concluíram que o lugar deve ter sido abandonado por algum tempo. Mas só por um período. Já no século IV a.C., Pompeia provavelmente era parte do que hoje é pomposamente denominado "Confederação Samnita" — ainda que não existam evidências concretas disto, exceto por Estrabão. No mínimo, com uma posição chave na costa e na foz do rio Sarno (cujo curso antigo tampouco se conhece com precisão, como sucede com a linha costeira), ela foi um porto para os assentamentos que havia rio acima. Como observou Estrabão, arriscando outra derivação do nome da cidade, ela se localizava junto a um rio que servia para "transportar cargas rio acima e *enviá-las para fora* (em grego: *ekpempein*)".

"Mas os samnitas também foram expulsos?" Estrabão nem precisava explicar quem estava por trás da expulsão. Porque este foi o período da expansão Romana na Itália e de sua transformação de uma pequena cidade central italiana com domínio sobre os vizinhos imediatos, no poder dominante em toda a península e, cada vez mais, no Mediterrâneo como um todo. Na segunda metade do século IV a.C., a Campânia era apenas um dos campos de operação numa série de guerras romanas contra os samnitas. Pompeia também teve um papel nisto quando, em 310 a.C., uma frota romana lá aportou e as tropas desembarcaram para logo assolar e saquear o campo no vale do Sarno.

Estas guerras envolveram muitas bases de poder da Itália: não só Roma e diversas tribos samnitas, mas também os gregos, que então se concentravam em Nápoles (*Neapolis*) e, ao norte, etruscos e gauleses. E eles não foram uma vitória fácil para Roma. Foi nas mãos dos samnitas, em 321 a.C., que o exército romano encarou uma de suas derrotas mais humilhantes e se refugiou numa garganta de montanha chamada "Forca Caudina". Até os pompeianos brigaram com vontade contra os saqueadores da frota romana. Segundo o historiador romano Tito Lívio, quando os soldados que carregavam butins estavam quase chegando aos navios, os locais lhes caíram em cima, tomaram posse do saqueio e mataram alguns combatentes. Uma pequena vitória de Pompeia contra Roma.

Mas os romanos acabaram ganhando, como sempre ocorria. No começo do século III a.C., quisessem ou não, Pompeia e os seus vizinhos na Campânia estavam aliados a Roma. Os aliados mantinham uma independência mais ou menos completa em seus próprios governos locais. Não havia a tentativa de impor-lhes instituições ao estilo romano, nem o uso do latim era exigido em substituição das línguas itálicas nativas. A língua principal em Pompeia continuou a ser o osco, como ocorrera sob o domínio dos samnitas. Mas eles eram obrigados a fornecer mão de obra para os exércitos romanos e a se ater às decisões de Roma no referente à guerra, à paz, às alianças e demais questões do que podemos, anacronicamente, chamar "política externa".

De diversos modos, Pompeia tirou proveito desta situação de dependência. A partir do final do século III a população da cidade cresceu dramaticamente, ou é o que se conclui pela tremenda expansão habitacional. No século II surgiu uma grande variedade de novos edifícios públicos (termas, ginásios, templos, teatro, cortes de justiça), e a Casa do Fauno era só a maior dentre inúmeras mansões particulares que deixaram uma marca na cena urbana do período. Foi quando Pompeia, pela primeira vez, começou a parecer o que se poderia chamar de "cidade". Por quê?

Uma resposta pode ser a invasão da Itália por Aníbal, ao final do século III. Quando os cartagineses começaram a pressionar o sul após a famosa travessia dos Alpes, a Campânia voltou a se converter numa importante arena de batalha; algumas comunidades permaneceram leais a Roma, outras se aliaram ao inimigo. Cápua, ao norte, foi uma das que passaram para o outro lado e, em contrapartida, foi atacada pelos romanos e terrivelmente punida. Nucéria, a poucos quilômetros de Pompeia, permaneceu leal e foi destruída por Aníbal. Mesmo que dificilmente saísse ilesa no meio da zona de guerra, Pompeia não foi atacada diretamente e talvez tenha servido de refúgio para muitos deslocados e desempossados pelos conflitos. O fato pode explicar, em parte, o notável crescimento da habitação neste período, e o auge de desenvolvimento urbano. Em outras palavras, a cidade saiu ganhando com um dos piores momentos de Roma.

Outra resposta é a expansão do imperialismo romano para o leste e a riqueza daí advinda. Ainda que os aliados não fossem agentes autônomos nas guerras de conquista romanas, certamente receberam parte dos lucros. Estes provieram dos saqueios e butins dos campos de batalha, mas também do aumento dos vínculos comerciais abertos no leste mediterrâneo e das novas vias de contato com os ofícios e tradições artísticas e literárias do mundo grego (além daqueles que as comunidades gregas que permaneceram na área já ofereciam).

Pelo menos uma peça, saqueada em 146 a.C. no ataque dos romanos e seus aliados à fabulosamente rica cidade de Corinto, parece ter sido exposta diante do Templo de Apolo em Pompeia. Não sabemos exatamente do que se tratava (talvez uma estátua, ou um refinado trabalho em metal), mas a inscrição sobrevivente em osco informa que foi presenteada pelo comandante romano Múmio. Mais adiante se vê sobrenomes de famílias pompeianas inscritos nos grandes centros de comércio gregos, como a ilha de Delos. É impossível ter certeza de que os indivíduos citados fossem de fato nativos de Pompeia. Contudo, é fácil perceber o impacto de contatos mercantis como estes até no cotidiano pão com manteiga da elite pompeiana (pelo menos). Após colher sementes e vestígios microscópicos de especiarias e outros ingredientes domésticos, os arqueólogos que exploraram um grupo de casas próximas à Porta de Herculano sugeriram que, a partir do século II, os habitantes locais passaram a contar com uma dieta mais variada proveniente de locais mais distantes, inclusive com boas pitadas de pimenta e cominho. Ainda que a Casa do Fauno dificilmente fosse uma residência típica de Pompeia, a variedade dos seus mosaicos — especialmente o *tour de force* que representa o Mosaico de Alexandre — atesta o alto nível da cultura artística grega que podia ser encontrada na cidade.

Em resumo, a Pompeia do século II a.C. era uma comunidade próspera e em expansão, que vicejava a partir da relação com Roma. Porém, apesar da aliança, os pompeianos não eram cidadãos romanos. Para obter os privilégios deste status e se tornar uma verdadeira cidade romana, ela precisaria recorrer à guerra.

Tornar-se romano

A chamada "Guerra Social" teve início em 91 a.C., quando um grupo de aliados italianos (ou *socii*, daí o nome) entrou em guerra com Roma. Pompeia era um deles. Hoje, ela parece um tipo peculiar de rebelião. Porque, apesar dos debates infinitos sobre os motivos dos aliados, o mais provável é que tenham recorrido à violência não para dar as costas ao mundo romano e escapar à sua dominação, mas por se ressentirem de não serem membros plenos do clube de Roma. Em outras palavras, eles queriam a cidadania romana e a proteção, o poder, a influência e o direito ao voto que isto acarretava. O conflito foi notório pela selvageria e, de fato — uma vez que os romanos e seus aliados se haviam acostumado a lutar lado a lado —, uma guerra civil. Era previsível que a vasta superioridade militar romana vencesse de algum modo, mas os aliados venceram em outro aspecto: obtiveram o que queriam. Algumas comunidades rebeldes foram imediatamente compradas com a oferta da cidadania. Mas mesmo às que resistiram Roma franqueou a cidadania após derrotá-las. A partir daí, pela primeira vez aproximadamente toda a península italiana tornou-se romana no estrito sentido da palavra.

No ano 89, durante esta guerra, Pompeia foi atacada pelo famoso general Lúcio Cornélio Sulla, que mais tarde se tornaria — ainda que por um breve período — um ditador assassino na própria cidade de Roma (entre 82 e 81 ele pôs um preço pela cabeça de mais de quinhentos ricos oponentes, os quais foram brutalmente caçados quando não conseguiam pôr fim à própria vida antes disso). Nas fileiras do exército de Sulla, pelo que diz o seu biógrafo Plutarco, estava o jovem Marco Túlio Cícero, naquele momento no final da adolescência e longe dos triunfos oratórios nas cortes romanas que alavancariam sua carreira política e se converteriam, para sempre, em livros obrigatórios para oradores iniciantes e estudantes de latim.

A obra de Sulla ainda é visível em Pompeia, na forma de numerosas balas de chumbo e de balista (o equivalente romano do trabuco) encontradas no sítio, além de uma infinidade de pequenos furos nas muralhas da cidade que, presumivelmente, visavam eliminar a defesa, mas erraram o alvo e deixaram sua marca para contar a história. No norte da cidade, as casas próximas à muralha foram duramente atingidas. A Casa das Vestais — assim designada, com base na ideia fantasiosa do século XVIII de que teria sido a residência de um grupo de sacerdotisas virgens, as "Virgens Vestais" — sofreu sérios danos, mesmo que seus abastados proprietários tenham conseguido usar o caos e a destruição em proveito próprio. Após a guerra, parece que eles se apossaram de uma propriedade vizinha e reconstruíram a casa numa escala muito maior. Devido a uma estranha coincidência, quase 2 mil anos depois a Casa das Vestais foi outra vez vítima da guerra, ao ser atingida pelas bombas aliadas, em setembro de 1943. As escavações atuais revelam peças de metralhadoras modernas lado a lado com os projéteis lançados pelos romanos.

Não sabemos por quanto tempo nem com que tenacidade os pompeianos resistiram ao fogo romano. Uma série de notícias em osco, pintadas pelas esquinas das ruas, pode fornecer pistas da preparação para o ataque. Em geral, se crê que datam da época do cerco e foram preservadas sob camadas de reboco novo, que depois descascou e as deixou à mostra. A tradução é incerta, mas elas provavelmente instruem as tropas de defesa sobre onde exatamente deveriam se reunir ("entre a décima segunda torre e a Porta do Sal"), e sob qual comando ("onde Mátrio, filho de Víbio, está no comando"). Sendo este o caso, elas sugerem um bom grau de organização, além de uma comunidade suficientemente letrada para seguir instruções escritas numa emergência. Pompeia também recebeu ajuda de fora. Um antigo relato da Guerra Social descreve como um general rebelde, Lúcio Cluentio, libertou a cidade. No primeiro enfrentamento ele prevaleceu, mas Sulla regressou para lutar, derrotou-o decisivamente e enxotou o seu exército para a fortaleza próxima de Nola, matando mais de 20 mil, segundo relatos antigos (e não necessariamente confiáveis). Pompeia deve ter caído pouco depois.

Ela não sofreu o tratamento violento imposto a algumas outras cidades aliadas derrotadas. Mas, menos de uma década depois do fim da guerra e de os pompeianos receberem a cidadania romana, Sulla se vingou de outra forma. Ao precisar de lugares onde assentar seus soldados veteranos que regressavam para casa após longas guerras na Grécia, ele decidiu instalar alguns deles em Pompeia — a estimativa conservadora é de uns 2 mil, além de suas famílias. Tratava-se de um acréscimo súbito e considerável à população, que pode ter significado um aumento de 50 por cento. Mas o seu impacto foi ainda maior. A cidade converteu-se formalmente em uma "colônia" romana, com a consequente reforma no governo local. Seus funcionários eleitos anualmente receberam novos nomes e, certamente, novas obrigações. O antigo magistrado osco, o *meddix tuticus*, foi substituído por um par denominado *duoviri iure dicundo*, literalmente "dois homens ditando a lei".

O nome da cidade também mudou, refletindo o seu novo status. Pompeia passou a se chamar oficialmente *Colonia Cornelia Veneria Pompeiana*: *Cornelia*, do sobrenome de Sulla, Cornélio; *Veneria*, de sua deusa padroeira, Vênus. Em outras palavras, "A Colônia Corneliana de Pompeia, sob a divina proteção de Vênus" (um nome comprido em latim e em qualquer língua). Como o título indica, a língua oficial da cidade passou a ser o latim, ainda que em privado o osco continuasse a ser empregado por alguns locais — certamente em número cada vez menor — até o ano 79 d.C. Aquelas poucas pessoas eram as únicas capazes de decifrar as antigas inscrições oscas ainda visíveis. Nos últimos anos da cidade, um deles, talvez um cliente, rabiscou seu nome na parede de um bordel nas letras peculiares do alfabeto osco.

Os "colonos", como geralmente são chamados hoje em dia, mudaram a aparência de Pompeia. Um grande conjunto de novas termas foi erguido perto do Fórum, e os demais foram reformados — incluindo uma nova sauna — patrocinados por dois dos novos duúnviros. O mais dramático foi a demolição das casas existentes para a construção do Anfiteatro no canto sudeste da cidade, o mais antigo anfiteatro de pedra que sobrevive em qualquer parte do mundo. Ele foi erguido, como declaram as inscrições acima das entradas principais, graças à generosidade de outro par de adventícios proeminentes, os quais também patrocinaram — embora sem pagar dos próprios bolsos — a construção de um novo teatro coberto (ou "Odeon", como às vezes é chamado hoje). Há boas razões para pensar que um deles, Caio Quíncio Valgo, fosse alguém conhecido por seu papel de figurante na literatura: "Valgo", sogro de um certo Públio Servílio Rulo, cuja tentativa de distribuir terras entre os pobres romanos foi alvo das ofensas de Cícero nos três discursos *Contra Rulo*. Se isto for verdade, e se pudermos acreditar em metade do que Cícero afirma sobre ele, então o homem que bancou o Anfiteatro de Pompeia não foi (ou não foi apenas) um benfeitor altruísta da comunidade local, mas uma figura detestável que obteve grandes vantagens financeiras com o reino de terror de Sulla em Roma.

Não está muito claro onde estes novos habitantes viviam. Na falta de sinais de um "bairro de colonos", uma ideia recente é que teriam propriedades e terras, pequenas unidades ou grandes vilas, no campo ao redor. Esta é uma solução conveniente para o intrigante problema, mas só em parte. Alguns colonos deviam viver na cidade. Bons candidatos a propriedades dos mais ricos dentre eles, que certamente não incluíam as tropas, são o conjunto de casas construídas no lado costeiro da cidade (a Casa do Bracelete de Ouro e suas vizinhas). Situadas diretamente acima das muralhas — na época desnecessárias, já que Pompeia fazia parte da Itália romana, supostamente pacífica —, elas eram estruturas de vários pisos construídas nas encostas que desciam até o nível do mar, com uma área total às vezes pouco menor que a da Casa do Fauno. Magníficos conjuntos de salões com janelas e terraços amplos se abriam para o que devia ser uma praia e para uma vista espetacular (fig. 38 do encarte). Infelizmente, elas não estão abertas regularmente ao público. Com seus vários pisos, corredores e escadas labirínticos, para não falar da vista panorâmica (quem disse que os romanos não ligavam para a paisagem?), elas são uma alternativa à imagem padrão da casa romana. Deviam ser as propriedades mais elegantes da cidade.

De alguma forma, a chegada dos colonos simplesmente acelerou o processo de "romanização" em curso na cidade. Afinal, a menos que aquele mosaico em particular seja uma inserção posterior, o dono da Casa do Fauno escolhera saudar os seus visitantes em latim (*HAVE*) já no século II a.C. Parte da onda de edifícios públicos construídos no princípio do século I, na realidade pode ser anterior à chegada dos colonos, e não uma iniciativa deles (como se costuma argumentar). A verdade é que, a menos que existam evidências firmes em inscrições, é muito difícil precisar a data destes edifícios antes ou após a fundação da colônia. O argumento de que muitos são obra dos colonos é quase completamente circular, ainda que não necessariamente equivocado (os colonos foram construtores ávidos; todos os edifícios do começo do século I a.C. são, portanto, obra dos colonos; por sua vez, isto prova que os colonos eram construtores ávidos). Ainda se discute, por exemplo, se o Templo de Júpiter, Juno e Minerva que domina uma lateral do Fórum teria uma base colonial (um arqueólogo recentemente afirmou que a sua unidade de medida parece ser o "pé romano", sugerindo uma construção romana), ou se seria um templo anteriormente dedicado apenas a Júpiter, mais tarde adaptado à divina tríade tipicamente romana. Na Pompeia "pré-romana" havia uma boa dose de "autorromanização", o que não surpreende, dada a crescente influência de Roma.

Contudo, este quadro tende a subestimar o grau de conflito que havia entre os romanos recém-chegados e os habitantes oscos nos primeiros anos da colônia. Sem dúvida, aquele foi, em parte, um choque cultural; no entanto, suspeito que seja um pouco difícil aceitar — por ser injusta com os veteranos e demasiado generosa com os locais — a perspectiva de certos historiadores modernos de que os pompeianos, sofisticados e amantes do teatro, achavam os veteranos, amantes do anfiteatro, rudes. O certo é que, ao menos por algum tempo, os forasteiros parecem ter se apossado do controle político cotidiano da cidade, em detrimento dos antigos residentes.

O próprio sítio exibe sinais desta exclusão. Os nomes dos administradores eleitos das primeiras décadas da colônia são todos romanos e não incluem os sobrenomes tradicionais das famílias oscas. A inscrição comemorativa da construção do novo Anfiteatro declara que Valgo e o cobenfeitor o doaram "aos colonos". Claro que, num sentido técnico, "aos colonos" incluía os habitantes do que então era conhecido como a *Colonia Cornelia Veneria Pompeiana*. Porém, apesar da correção técnica, é difícil imaginar que esta formulação soasse inclusiva para as antigas famílias locais. De fato, a ideia de que, no linguajar popular, "colonos" e "pompeianos" fossem tratados como grupos separados e rivais é confirmada num discurso de Cícero em Roma de 62 a.C.

Cícero defendia Públio Sulla, sobrinho do ditador, da acusação de ser cúmplice de Lúcio Sérgio Catilina, um aristocrata endividado e revolucionário azarado que morrera naquele ano numa tentativa malfadada de derrubar o governo romano. Vinte anos antes, o jovem Sulla fora o homem encarregado de estabelecer a colônia em Pompeia. Em um ponto do discurso — em resposta à alegação, não totalmente implausível, de que Sulla incitara os pompeianos a seguir o plano de Catilina — Cícero fala à audiência romana sobre a política pompeiana. Tratava-se de uma defesa suspeitamente tortuosa, que enfoca as disputas na cidade entre "colonos" e "pompeianos". Estas haviam terminado, afirma ele, em parte graças (acredite se quiser) à intervenção do próprio Sulla; e ambos os grupos — que ainda operavam separadamente, devemos observar — haviam enviado delegações a Roma apoiando Sulla. Mas em torno de que giravam as disputas? Cícero menciona vagamente as queixas dos pompeianos sobre "os votos" e o *ambulatio*, uma palavra latina que pode significar qualquer coisa, desde "caminhar", até um local onde caminhar, ir, ou um "pórtico".

É fácil pensar qual seria a disputa em torno dos "votos". Junte esta pista à ausência de nomes locais a partir dos primeiros magistrados da colônia e parece certo que os novos arranjos políticos de alguma maneira desfavoreciam os antigos habitantes. Alguns especialistas modernos chegaram a imaginar que eles haviam sido absolutamente impedidos de votar — ainda que existam formas menos extremas e mais plausíveis de desfavorecer um grupo. Muito engenho tem sido empregado na tentativa de descobrir qual teria sido a disputa em torno do *ambulatio*. Teriam os pompeianos sofrido restrições em seu direito à livre circulação pela cidade (*ambulatio* no sentido de "caminhar"), por exemplo? Teriam sido proibidos de caminhar sob um pórtico em particular, o que os teria ofendido? Ou Cícero não teria falado de *ambulatio* (como consta num manuscrito do discurso), mas sobre *ambitio*, i.e., "suborno" ou "práticas corruptas" — que podem outra vez ter relação com problemas no sistema eleitoral?

Francamente, aqui há algo misterioso. Seja qual for a solução menos implausível, uma coisa é certa. Apesar de os problemas serem temporários (em poucas décadas os nomes oscos começaram a reaparecer no governo local), os primeiros anos da vida de Pompeia como cidade plenamente romana não devem ter sido bons para a antiga população.

Pompeia no mundo romano

Há um mito bem estabelecido de que Pompeia foi uma cidade remota e insignificante no mundo romano. O seu único motivo de fama seria a produção de molho de peixe (garo). Elogiada, de passagem, por Plínio, o Velho ("... Pompeia também tem boa reputação devido ao garo"), a versão pompeiana da iguaria era amplamente comercializada na Campânia, a julgar pela variedade das peculiares jarras de cerâmica, frequentemente encontradas nas escavações. Elas foram encontradas até na Gália. Mas a descoberta isolada de uma jarra pompeiana não necessariamente indica um mercado exportador florescente, pois podia se tratar de suprimentos culinários ou até de um presente levado por um viajante pompeiano. Depois do molho de peixe estava o vinho — e aí havia de tudo. Alguns rótulos se destacavam, mas Plínio advertiu que o vinho local podia provocar uma ressaca que durava até a metade do dia seguinte.

A ideia corrente é que o povo de Pompeia seguira com a sua vida, sem perturbações, enquanto os grandes eventos da história romana se desenrolavam; primeiro, quando a quase democrática república de Roma entrou em colapso por uma ditadura e frutos de guerra civil, até Augusto (31 a.C.-14 d.C.) estabelecer o governo de um homem só do

Império Romano; mais tarde, enquanto um imperador sucedia ao outro, alguns como o próprio Augusto, ou Vespasiano (que chegou ao trono depois de outra guerra civil, em 69 d.C.) adquiriram certa reputação pela probidade e a autocracia benevolente, outros, como Calígula (37-41 d.C.) ou Nero (54-68 d.C.), foram desprezados como déspotas insanos. A maior parte do centro de ação ocorria muito distante de Pompeia, ainda que às vezes chegasse perto demais. Ao final dos anos 70 a.C., por exemplo, não muito depois da fundação da colônia, os escravos rebeldes liderados por Espártaco acamparam temporariamente na cratera do Vesúvio, apenas alguns quilômetros ao norte da cidade. O incidente talvez esteja imortalizado numa pintura rústica encontrada em uma casa de Pompeia sob camadas de decorações posteriores, ilustrando uma cena de combate que inclui um homem a cavalo e onde está escrito, em osco, "Spartaks". É uma boa ideia, mas o mais provável é que represente alguma luta gladiatória.

Muito ocasionalmente Pompeia provocava impacto na capital e na literatura romana, fosse por algum desastre natural ou por causa do ocorrido em 59 d.C. Naquele ano, alguns jogos gladiatórios ficaram fora de controle, ocorrendo uma luta assassina entre os habitantes locais e os "torcedores" de Nucéria, uma cidade próxima, e os feridos e afetados terminaram por levar suas queixas ao próprio imperador Nero. Contudo, de modo geral, se diz que Pompeia seguia com sua vida modorrenta, sem deixar marcas na vida ou na literatura de Roma — e vice-versa, sem ser muito afetada pela geopolítica internacional e as maquinações da elite da capital.

De fato, Cícero chegou a zombar do tédio da política pompeiana. Em uma ocasião ele atacou o modo como Júlio César indicava os seus favoritos ao Senado, desprezando o processo eleitoral. Numa troça que faz lembrar as referências modernas que depreciam cidadezinhas como Tunbridge Wells ou South Bend, Indiana, ele supostamente teria dito que seria muito fácil chegar ao Senado em Roma, mas que "em Pompeia é difícil". Estudantes entusiasmados do governo local pompeiano às vezes partem daí para afirmar que a vida política da cidade fervilhava com a competição, mais ainda que a própria Roma. Mas eles não captaram a forte ironia. A argumentação de Cícero segue as linhas de "É mais fácil entrar para a Casa dos Lordes que ser prefeito em Turnbridge Wells" — em outras palavras, é ainda mais fácil do que a coisa mais fácil que se possa imaginar.

Os arqueólogos saudaram a insignificância de Pompeia de duas maneiras. A maioria lamenta, abertamente ou em privado, que a única cidade do mundo romano preservada com este nível de detalhe estivesse tão distante da vida, da história e da política romanas. Outros, pelo contrário, celebram que a cidade seja tão insignificante, e consideram um bônus poder vislumbrar aqueles habitantes do mundo antigo que costumam passar despercebidos para a história. Aqui não há estilos hollywoodianos glamourosos e enganadores.

Mas Pompeia não foi, de maneira alguma, a cidade provinciana e remota que geralmente pintam. É verdade que não era Roma; e, segundo Cícero, a sua vida política (como veremos no capítulo 6) dificilmente era feroz como a da capital. De modo geral, era um lugar muito *comum*. Mas uma característica dos lugares comuns na Itália romana é a forte ligação com Roma. Geralmente eram unidos por laços de patronato, apoio e proteção aos colonos da elite romana. Por exemplo, sabemos por uma inscrição que adornava a sua estátua na cidade, que o sobrinho favorito do imperador Augusto e seu futuro herdeiro, Marcelo, em algum momento ocupou a posição semioficial de "patrono" de Pompeia. As histórias de comunidades como esta estavam unidas à de Roma. Elas forneciam um palco para reencenar os dramas políticos da capital. Seus êxitos, problemas e crises eram capazes de criar impacto na própria capital, muito além da localidade imediata. Para usar o jargão da política moderna, a Itália romana era uma comunidade "comprometida".

Pompeia distava apenas 240 quilômetros ao sul de Roma e as duas cidades eram ligadas por boas estradas. Uma mensagem urgente da capital — quando o mensageiro tinha boas trocas de montaria — podia alcançar Pompeia em um dia. Para viagens comuns eram necessários três dias ou uma semana a passo lento. Mas não era só nisso que, em termos antigos, Pompeia era acessível para a capital. A elite romana e seu séquito tinham boas razões para empreender a viagem, porque a Baía de Nápoles, naquela época como (em parte) hoje, era uma área popular para relaxar, passar as férias e, muitas vezes, ter casas de veraneio luxuosas no campo exuberante ou, ainda melhor, defronte ao mar. A cidade de Baiae, do outro lado da baía, se tornou, no século I a.C., sinônimo de mercado de luxo e balneário hedonista — mais ou menos o equivalente antigo de Saint-Tropez. Já vislumbramos o jovem Cícero que, na Guerra Social, foi recruta no ataque a Pompeia. Vinte e cinco anos mais tarde, ele adquiriu — por um pouco mais do que podia pagar — uma casa de campo "na área de Pompeia", que era o seu refúgio de Roma e, nos acontecimentos que levaram à guerra civil, enquanto ele oscilava entre Júlio César e Pompeu, o Grande, em 49 a.C., um lugar conveniente para planejar sua fuga por mar. Estudiosos do século XVIII se convenceram de ter identificado o prédio, uma grande propriedade extramuros junto à Porta de Herculano (e que depois foi novamente coberta) (Lâmina I). Com base na análise minuciosa das menções de Cícero do "*Pompeianum*" e uma boa dose de otimismo, a identificação — infelizmente — é decerto equivocada.

Os seus seguïdores no século XX ficaram igualmente entusiasmados com a ideia de identificar a propriedade de outro dignitário: desta vez, a de Popeia, a segunda esposa de Nero, beleza célebre pela qual o imperador matou a mãe e a primeira esposa, Otávia, a qual veio a morrer acidentalmente pelas mãos do marido (ele a chutou na barriga quando estava grávida, mas sem a intenção de matá-la). Como ocorrera com relação a Cícero, temos claros indícios de que ela foi uma proprietária local. Neste caso, documentos legais encontrados na cidade vizinha de Herculano informam que "a imperatriz Popeia" era dona de algumas obras em tijolo ou azulejos "na área de Pompeia". A sua família pode ter sido originária de Pompeia, e inclusive foi sugerido que eram os donos da grande Casa de Menandro. Ainda que isto não seja afirmado explicitamente em nenhuma parte nas muitas discussões antigas sobre o (mau) caráter e a história de Popeia, as obras em tijolos, combinadas às diversas evidências na cidade da proeminente família "Poppaei", indicam que muito provavelmente ela vinha de Pompeia.

Por si só, isto é suficiente para ilustrar, mais uma vez, as fortes ligações entre essa área e o mundo da elite romana, mas a tentação de encontrar vestígios da residência de Popeia tem sido muito forte, mesmo para os arqueólogos modernos mais pragmáticos. A principal candidata é a ampla vila em Oplontis (a atual Torre Annunziata, a uns 8 quilômetros de Pompeia). Talvez tenha sido dela, por tratar-se de uma propriedade muito grande, em escala imperial. Mas, apesar de ser hoje chamada "Vila de Popeia" como se isso fosse certo, as evidências são extremamente frágeis e não vão muito além de grafites ambíguos que não necessariamente têm relação com Popeia ou Nero. Consideremos o nome "Berilo", por exemplo, rabiscado em uma parede da vila. Pode se referir ao Berilo, conhecido por ter sido citado pelo historiador judeu Josefo como um dos escravos de Nero, mas pode ser outra pessoa. Berilo era um nome grego comum.

Ligações de outro tipo entre Pompeia e Roma figuram no relato do que, para nós, é a segunda aparição mais importante de Pompeia (depois da erupção), na narrativa histórica romana: a rebelião no Anfiteatro, em 59, descrita pelo historiador romano Tácito:

> Por esta mesma época, havia uma escaramuça entre os homens de Pompeia e Nucéria, ambas colônias romanas, que se transformou num horrível massacre. Isto ocorreu durante um jogo de gladiadores

oferecido por Livíneo Régulo, cuja expulsão do Senado discuti acima. No modo desregrado das rivalidades entre essas cidades, eles passaram dos insultos ao apedrejamento até que, por fim, desembainharam as espadas. Os pompeianos tiveram vantagem, pois era na cidade deles que o jogo acontecia. Então, muitos nucerianos foram levados a Roma com terríveis ferimentos e mutilações, e muitos também lamentaram a morte de filhos ou pais no confronto. O imperador instruiu o Senado a resolver a questão, e este a referiu aos cônsules. Ao voltar ao Senado, os pompeianos foram proibidos de fazer ajuntamentos públicos semelhantes durante dez anos, e foram desfeitos os clubes ilegais que haviam formado. Livíneo e os outros que haviam incitado a revolta foram punidos com o exílio.

Dentre os exilados com Livíneo estavam os duúnviros que serviam em Pompeia; ou esta é a inferência razoável a que se chega a partir do fato de que, para este ano, se conhecem os nomes de dois pares destes funcionários.

A história é ainda mais memorável porque há uma pintura sobrevivente da cidade onde, por algum motivo — impenitência patrioteira, talvez? — o artista escolheu (ou assim foi instruído) retratar o notório acontecimento (fig. 39 do encarte). O que à primeira vista parece ser gladiadores lutando na arena presumivelmente trata-se dos pompeianos e nucerianos em rebelião, lutando também do lado de fora do prédio.

A obsessão, romana e moderna, com a cultura gladiatória colocou este incidente no centro das atenções. Mas há mais no relato de Tácito do que o vislumbre vívido de uma exibição gladiatória descontrolada. Ele observa, por exemplo, que o jogo pompeiano em questão fora patrocinado por um senador romano no ostracismo, expulso do Senado alguns anos antes (para nossa frustração, o trecho em que Tácito "discute acima" a expulsão não sobreviveu). Contudo, é difícil resistir à conclusão de que um homem rico, desfavorecido por Roma, via em Pompeia um lugar onde poderia atuar como benfeitor e eminência. Mais do que isso, é difícil não imaginar se teria havido alguma ligação entre o promotor suspeito, e talvez controverso, do jogo, e a violência que ali irrompeu. Tácito lança indiretas sobre o modo como as comunidades locais podiam promover seus interesses em Roma. Porque está claro que os nucerianos (ainda que, em outras circunstâncias, pudessem ter sido os pompeianos) podiam ir à capital e conseguir que o próprio imperador desse atenção ao seu caso e providenciasse uma resposta efetiva. Não está claro como eles o encontraram (se é que o fizeram). Mas aqui entra em cena o "patrono" romano da cidade (como Marcelo em Pompeia), conseguindo para seus "clientes" uma audiência com o imperador ou um de seus funcionários ou, o mais provável, defendendo o caso em benefício deles. A regra era que as questões italianas locais tinham importância em Roma; em princípio, o palácio imperial estava aberto a todas as delegações.

Este tipo de delegação em Roma pode estar por trás de uma intervenção imperial posterior nos assuntos de Pompeia. Uma série de inscrições foram encontradas fora das portas da cidade, e registram o trabalho de um agente de Vespasiano, um oficial do exército chamado Tito Suédio Clemente, que "fez um inquérito sobre terras públicas apropriadas por indivíduos privados, investigou e as devolveu à cidade de Pompeia". Por trás disso há uma causa comum em disputa no mundo romano: terras públicas ilegalmente ocupadas por proprietários privados e os esforços do estado (Roma ou uma comunidade local) para recobrá-las. Neste caso, alguns historiadores suspeitam da intervenção espontânea do novo imperador Vespasiano, que parece ter espanado as finanças imperiais. O mais provável é que o conselho local de Pompeia tenha apelado ao imperador, como os nucerianos haviam feito antes, e pedido ajuda para recuperar a propriedade municipal e este Clemens tenha sido enviado para lá. Um profissional do exército de longa data, ele teve um papel inglório nas guerras civis que levaram ao governo de Vespasiano, descrito por Tácito como um suboficial rápido no gatilho, pronto a trocar os padrões da rígida disciplina militar pela popularidade entre os seus homens. Só podemos esperar que ele estivesse mudado ao chegar para solucionar as disputas fundiárias em Pompeia. Mas certamente ele interferiu (por solicitação ou não) de maneira mais ampla nos assuntos da cidade. Chegaram até nossos dias anúncios que exibem seu apoio público a um candidato nas eleições que se aproximavam: "Por favor, eleja Marco Elpídio Sabino para duúnviro com poder judicial, apoiado por Suédio Clemente." Não sabemos por quanto tempo ele agiu na cidade, mas parece que escapou da erupção. Em novembro de 79 ele gravou o próprio nome na chamada "estátua cantante de Memnon" (na verdade, a estátua colossal de um faraó que produzia um estranho som na alvorada), um ponto turístico romano nas profundezas do Egito.

O fato é que, em grande parte, Pompeia vivia na penumbra da cidade de Roma e a história, a literatura, a cultura e o povo da capital estavam incrustados na vida e na estrutura da pequena cidade de formas às vezes surpreendentes. Se uma fração do butim de Múmio após o saqueio de Corinto terminou na cidade, o mesmo ocorreu com ao menos parte da propriedade de um dos assassinos de Júlio César. Foi achado no jardim de uma pequena casa um magnífico suporte de mesa em mármore com cabeças de leões esculpidas e a inscrição de que pertencera a Públio Casca Longo (fig. 40 do encarte). Trata-se quase certamente do primeiro a enfiar a adaga no ditador, e a casa podia ser de um descendente seu. Mas é muito mais provável (particularmente devido à pequena dimensão da casa) que não se trate de uma herança, mas de parte das propriedades de Longo e outros culpados que foram leiloadas, depois do assassinato, pelo futuro imperador Augusto, sobrinho-neto, filho adotivo e herdeiro de César. Seja lá como foi parar em Pompeia, presumivelmente — como a coluna etrusca — devia ser um assunto histórico curioso para os visitantes da casa.

De modo geral, as pessoas iam de Roma a Pompeia a negócios ou lazer. Um grupo de quatro lápides celebrando soldados da guarda pretoriana foi encontrado recentemente em um dos cemitérios pompeianos, somando-se à meia dúzia de pretorianos conhecidos pelas "assinaturas" em grafite que deixaram nas paredes. Alguns tinham postos relativamente altos; um dos mortos era um jovem recruta que, aos 20 anos, servia havia apenas dois anos. Podemos apenas imaginar o que faziam em Pompeia — talvez, como Clemente, estivessem em missão enviada pelo imperador, talvez descansassem do serviço da guarda junto a membros da família imperial em visita à área, ou talvez até acompanhassem o imperador em uma "visita real" a Pompeia.

Muita energia acadêmica tem sido empregada na recriação dos detalhes de uma visita de Nero e Popeia em 64 d.C., pouco depois do grande terremoto, quando se sabe que Nero atuou em cena em Nápoles. É possível, claro, que o casal imperial tenha visitado a cidade, mas as evidências disto são, previsivelmente, muito menos concretas do que se costuma admitir. A indicação mais forte é um par de grafites rabiscados no interior de uma das grandes casas locais. Nada fáceis de decifrar ou interpretar, eles *podem* se referir a presentes de joias ou ouro para Vênus, ofertados pelo casal imperial, e possivelmente a uma visita ao Templo de Vênus pelo "César" (isto é, Nero) — ainda que, inconvenientemente, o templo — se é que o identificamos corretamente — estava em ruínas naquele ponto. Ainda assim, é uma evidência melhor das ligações de Nero com Pompeia do que as pinturas em um edifício, com uma série de elaboradas salas de jantar, descobertas recentemente em Moregine, fora da cidade. A começar pela observação de que uma pintura de Apolo na parede lembra visivelmente o imperador (fig. 3 do encarte), arqueólogos afirmaram que aquela era uma escala, ou residência imperial temporária, onde Nero se hospedava em visita à cidade. Isto é uma fantasia digna do antiquário mais criativo do século XVIII.

Outro grafite ilustra o quão espertos temos de ser ao interpretar este tipo de evidência. Ele diz, em latim: *Cucuta a rationibus Neronis*. A posição de *a rationibus* é aproximadamente equivalente a "contador" ou "guarda-livros". Então, isto tem sido considerado uma simples assinatura de "Cucuta, contador de Nero", que escreveu o seu nome numa parede, talvez quando acompanhava o patrão numa visita a Pompeia. Mas com isso pode-se perder a piada. Porque *cucuta* (ou, mais comumente, *cicuta*) é a palavra latina para "veneno". É muito mais plausível que se trate de um petardo satírico à custa de Nero do que o autógrafo de alguém de nome um tanto esquisito. "Veneno é o contador de Nero" soa como uma alusão jocosa às acusações de que, em dificuldades financeiras, Nero condenava pessoas à morte para colocar as mãos no seu dinheiro. Alguém em Pompeia estava por dentro desta fofoca imperial.

Porém, para um visitante em 79 d.C., o aspecto mais impressionante das ligações entre Roma e Pompeia teriam sido as diversas maneiras como a estrutura da cidade, seus edifícios e sua arte replicavam e refletiam as preocupações e até mesmo a arquitetura da capital. Isto ia do desenho do Fórum com seu templo de Júpiter, Juno e Minerva como símbolo da "romanidade" a um par de edifícios sagrados dedicados ao culto religioso dos imperadores, e até a cópia expressa de célebres monumentos romanos. Fora de um dos maiores edifícios do Fórum, no Edifício de Eumáquia (assim chamado pela mulher que o patrocinou nos primeiros anos do século I d.C.) há duas "citações" particularmente notáveis da capital. Ainda se debate a função desta ampla estrutura (as sugestões incluem o grêmio dos tecelões e, recentemente, um mercado de escravos), mas na fachada, sob o pórtico que ladeava o Fórum, há duas grandes inscrições na parede sob nichos que deviam conter estátuas. Uma inscrição traz o relato detalhado, ainda que mitológico, das conquistas de Eneias (o herói do poema épico de Virgílio que escapou da queda de Troia e fundou a cidade de Roma como uma nova Troia). O outro expõe os feitos de Rômulo, mais um dos míticos fundadores da cidade. Os dois textos derivam de inscrições similares tecendo loas às conquistas de centenas de heróis romanos, incluídos Eneias e Rômulo, que uma vez estiveram no Fórum de Augusto em Roma, o monumento do primeiro imperador. Um visitante da capital teria se sentido em casa.

Este visitante teria encontrado ressonâncias menos formais do famoso monumento. Na decoração da fachada de uma oficina de pisoamento (um ateliê onde se confeccionavam tecidos e lavavam roupas) na rua principal, que hoje se chama Via dell'Abbondanza, havia duas pinturas notáveis. Em uma, Rômulo carrega um troféu da vitória (fig. 41 do encarte); na outra, Eneias carrega o pai ancião para longe de Troia em chamas. Alguém engenhoso não só reconheceu na imagem a cena descrita por Virgílio, como rabiscou abaixo dela uma paródia da primeira linha da Eneida ("Canto os combates e o herói..."): "Eu não canto combates nem heróis, mas os pisoadores...". Estas pinturas deviam ser reconhecidas de um modo mais específico. A julgar pelas descrições sobreviventes na decoração do Fórum de Augusto em Roma, as imagens na fachada da oficina baseavam-se em dois famosos grupos de estatuária — um de Eneias e outro de Rômulo — que ocupavam lugar de destaque lá. Não há razão para supor que o pintor as tenha copiado diretamente do Fórum de Roma. O mais provável é que tenha se baseado nas estátuas que anteriormente figuravam acima das inscrições na fachada do Edifício de Eumáquia — presumivelmente de Eneias e Rômulo que, por sua vez, certamente deviam ser (assim como as inscrições) cópias dos famosos modelos romanos.

Aqui a pequena cidade de Pompeia ri por último. Porque as estátuas originais do Fórum de Augusto também se perderam. Estas pinturas, cópias de cópias, que decoravam uma loja em uma pequena cidade, são agora a melhor evidência que temos de uma grande encomenda imperial e do esquema decorativo da própria Roma. É uma boa ilustração dos vínculos complexos e intrincados que existem, até hoje, entre Roma e Pompeia.

2.

A VIDA NAS RUAS

Sob os seus pés

Todos os visitantes modernos de Pompeia recordam as ruas da cidade: as superfícies brilhantes compostas de grandes blocos de pedra vulcânica negra; os sulcos profundos formados por anos de tráfego de carroças (e perigosos para os tornozelos do século XXI, como deviam ser para os do século I); as calçadas altas, às vezes a um metro do nível das ruas; e as passarelas de pedras cuidadosamente colocadas para permitir aos pedestres cruzar as ruas sem desníveis inconvenientes, mas a uma distância suficiente que permitisse a circulação de antigos veículos de rodas.

É o sentido do imediatismo que torna as ruas de Pompeia tão memoráveis. Os sulcos são quase o equivalente a uma pegada antiga, a marca indelével do movimento humano e da passagem de carroças que uma vez avançaram por estas mesmas ruas em seus afazeres diários. Quando saltamos sobre as pedras, de calçada em calçada, parte da graça está em saber que estamos percorrendo exatamente o mesmo caminho de milhares de pedestres romanos antes de nós. Ao menos, é parte da graça para a maioria de nós, visitantes comuns. Quando o papa Pio IX fez uma visita faustosa a Pompeia, em 1849, pensou-se que seria melhor "poupar Sua Santidade de uma longa caminhada pelas ruínas", então vários blocos das passarelas foram removidos para que a sua carruagem — que, obviamente, tinha uma bitola diferente das suas ancestrais romanas — pudesse passar. Alguns nunca foram recolocados.

Este capítulo examinará de perto as ruas e calçadas da cidade antiga. Como sucede frequentemente em Pompeia, mesmo os traços ínfimos preservados sob os nossos pés, que em geral passam despercebidos pelos que caminham pela cidade, servem para revelar todo tipo de aspectos instigantes e inesperados da vida romana: um quadro que é simultaneamente familiar e profundamente distante. Vamos encontrar áreas de pedestres, ruas de mão única, lombadas, construções viárias, vagabundos e lixo; e um pouco de trabalho detetivesco nos permitirá vislumbrar o empreendimento privado envolvido na manutenção da cidade e suas vias. Contudo, também encontraremos todo tipo de coisas surpreendentes ocorrendo pelas ruas e praças de Pompeia (inclusive o castigo corporal muito constrangedor imposto a um infeliz estudante), para não falar da presença desconcertante de água por todo lado. Na verdade, Pompeia se parecia mais com Veneza do que podemos imaginar.

Grande parte dos indícios de tudo isto provém dos próprios blocos que formam a estrutura da cidade, as antigas balizas de tráfego, as marcas deixadas por gerações de carroças raspando no meio-fio ou pelas gerações de mãos que tocaram as fontes das ruas. Mas também podemos recorrer à extraordinária série de pinturas que nos apresenta uma imagem da vida nas ruas sob as colunatas do Fórum pompeiano.

Para que serviam as ruas?

Frequentemente nos esquecemos de fazer a primeira pergunta ao pular de uma calçada à outra. Por que as calçadas da cidade eram tão altas? Há duas respostas para esta questão. Elas permitem perceber as ruas de Pompeia em descompasso com sua atual condição, varridas com regularidade, limpas e arrumadas — maculadas apenas por uma garrafa de água descartada ou um mapa perdido.

A primeira é sobre a *imundície*. Os historiadores se dividem quanto à sujeira que devemos imaginar na cidade romana média, principalmente porque — como sempre — os indícios que encontramos nos escritores antigos são contraditórios. Por um lado, temos as queixas do poeta Juvenal, um satírico romano que fez da indignação profissão e dirigia a sua bile contra a condição das ruas da capital, entre outras coisas. Ele faz uma vívida reclamação acerca dos perigos de caminhar à noite pelas ruas ladeadas de altos apartamentos.

> Agora para outros riscos da noite atente.
> De altíssimos tetos já descende
> Para abrir-te o crânio um tijolo,
> Ou das janelas cai uma bacia
> Que, com ímpeto violento,
> Desfaz o calçamento.
> Se tu, intestado, acodes à cena
> Serás chamado incauto e indiscreto
> Pois a tantos perigos estás sujeito
> Quantas janelas vigilantes
> Vês abertas ao passar.
> Farás bem então, se desejares
> E ao céu pedires, que teu maior fracasso
> seja que tentem banhar-te
> entornando em ti fedorento vaso.

Ainda menos atraente é a história contada pelo biógrafo Suetônio do incidente ocorrido no início da carreira do imperador Vespasiano, morto poucos meses antes da erupção do Vesúvio. Dizem que Vespasiano estava um dia sentado tomando o desjejum quando um cão de rua entrou correndo na casa e deixou sob a mesa a mão humana que abocanhara numa encruzilhada próxima. Para Suetônio, isto não era um indício do estado da vizinhança, mas um presságio da futura grandeza de Vespasiano (a palavra latina "mão", *manus*, também significa poder).

Para os que resistem ao quadro sombrio das ruas romanas, repletas de cães vadios, excrementos atirados do alto em penicos voadores e restos humanos misturados aos detritos, outra evidência pode ser útil. Algumas linhas depois da história da mão humana, Suetônio conta outro incidente da vida pregressa de Vespasiano. Ele tinha 30 anos e havia sido eleito edil (*aedilis*), responsável pelo bom funcionamento da cidade de Roma, dos edifícios públicos e templos aos bordéis e ruas. Segundo a história, Vespasiano negligenciara terrivelmente a limpeza das ruas e o imperador Calígula impôs uma punição adequada: mandou que o cobrissem de lama, vestido com a toga oficial. Suetônio, de modo pouco convincente, vê nisto outro presságio. Mas, presságio de poder ou não, ele assumiu uma participação considerável por parte das mais altas autoridades na limpeza da cidade.

Podemos também assinalar traços ocasionais de improvisações engenhosas em comunidades locais do Império Romano para a tarefa imensa de descartar o lixo. Em Antióquia (na Síria), cerca de três séculos após a destruição de Pompeia, houve um esquema inteligente no qual os camponeses que traziam produtos para vender no mercado da cidade eram forçados, ao regressar, a transportar entulho de obras para fora da cidade nos animais de carga. Não funcionou. Os camponeses se opuseram e as suas queixas chegaram aos ouvidos do imperador.

Não sabemos onde as ruas de Pompeia se situavam no espectro entre a sujeira e a limpeza. Nenhum arqueólogo examinou sistematicamente os materiais que jaziam na superfície das ruas quando sobreveio a lava. E, ainda que se possa presumir que os edis de Pompeia tivessem as mesmas funções dos seus congêneres em Roma, não temos ideia de se a higiene das ruas tinha lugar de destaque nas suas agendas, nem se eles tiveram a vontade e os recursos necessários para manter a cidade limpa. Há motivo, como veremos, para imaginar que os proprietários tinham certa responsabilidade pelas calçadas das suas casas. Mas penso que as ruas em si eram muito mais bagunçadas do que as modernas e salubres reconstruções massivas de Pompeia tendem a sugerir.

Porque aquela comunidade não contava com coleta regular de lixo. Mesmo que grandes quantidades de lixo doméstico e comercial não fossem atiradas nas ruas (apesar de podermos presumir que isto ocorresse em parte), os cavalos, asnos e mulas, que eram o principal meio de transporte, despejavam uma quantidade razoável de excremento. E é difícil crer que todos aqueles pompeianos que viviam em um pequeno quarto acima de suas lojas, onde nem sempre havia serviços de higiene adequados, não achassem mais fácil simplesmente urinar nas ruas. Parte da quantidade de fezes e urina produzida na cidade (estimativas aproximadas apontam 6 milhões e meio de quilos por ano) provavelmente terminavam nas vias públicas. Certamente isto representava um problema suficiente para a fixação de avisos ocasionais: "Cagões — certifiquem-se de se segurar até ter passado deste local." Caminhar nas superfícies das ruas significava mais do que o risco de torcer o tornozelo; o mais provável seria deparar com uma mistura fedorenta de excrementos animais (cada cavalo produz até 10 quilos por dia), vegetais em putrefação e excremento humano — que, para completar o quadro, vivia coberta de moscas.

Contudo, a imundície não pode ser a única resposta à indagação sobre as altas calçadas. Se fosse, estaríamos frente à improvável conclusão de que os habitantes da vizinha Herculano (onde não encontramos passarelas de pedras nem calçadas particularmente altas) eram um povo mais limpo e organizado que os pompeianos. Na verdade, quem visita a cidade sob uma forte chuva testemunha uma razão de peso para o arranjo pompeiano: a *água*. Quando ela cai, as ruas transformam-se em rios. Porque a cidade está construída num terreno inclinado, às vezes bastante íngreme, de noroeste a sudoeste (a Porta de Estábia fica 35 metros abaixo da Porta do Vesúvio); e, à diferença de Herculano, tem poucos drenos subterrâneos. A função das ruas era coletar as águas pluviais e canalizá-las para fora da cidade atravessando as muralhas, ou para drenos internos, principalmente ao redor do Fórum. Mesmo quando não chovia, a água — fornecida por meio de aquedutos durante aproximadamente os cem últimos anos da história da cidade — espirrava nas ruas das fontes que jorravam sem parar, além das casas e das termas.

Em outras palavras, as ruas tinham o duplo papel de canais e esgoto. O que se pode dizer a favor deste arranjo é que as tormentas ocasionais e a corrente de água que provocavam deviam ajudar a limpar o lixo em putrefação.

Bulevares e becos

Os pompeianos mais antigos, assim como a maioria dos visitantes modernos, passavam muito tempo nas ruas da cidade. Isto não era mera consequência do clima cálido ou de um "estilo de vida mediterrâneo" relaxado. Muitos habitantes da antiga Pompeia não tinham muitas alternativas à vida ao ar livre. Não tinham para onde ir. É verdade que as famílias muito ricas tinham bastante espaço nas grandes casas e palácios: quartos sossegados para o descanso, jardins sombreados, elegantes salas de jantar e até termas privativas. Os que não participavam desse grupo viviam com suficiente conforto em casas com meia dúzia de quartos. Mais abaixo na escala da riqueza, muitos habitantes da cidade viviam em um só quarto pequeno acima de lojas, bares ou oficinas, sem abastecimento de água "encanada" e, frequentemente, sem calefação e fogão — exceto, talvez, por um pequeno fogareiro (que devia representar uma séria ameaça de incêndio). Quartos compactos para um só ocupante, este tipo de apartamento devia ser pouco mais do que um dormitório apertado para uma família de três ou quatro. Eles deviam ir às ruas para a maior parte de suas necessidades básicas: água nas fontes públicas, alimentação num dos muitos bares e cafés que se abriam diretamente para as calçadas (fig. 4 do encarte) — além de pão, frutas, queijos e qualquer preparado simples que pudesse ser feito nos braseiros. Pompeia exibe uma curiosa inversão das nossas normas sociais. Para nós, os ricos frequentam restaurantes e os pobres se alimentam de forma econômica em casa. Em Pompeia, eram os pobres que comiam fora.

Como é de esperar, as ruas de Pompeia tinham variadas formas e tamanhos. Alguns becos não eram sequer pavimentados, e permaneceram como trilhas poeirentas e vielas pouco atraentes entre blocos de habitações; nos primórdios da história da cidade, muitas devem ter sido trilhas lamacentas ou poeirentas, e não ruas pavimentadas e cuidadosamente traçadas. Algumas, particularmente as vias principais que cruzam a cidade, eram comparativamente amplas, ao passo que outras não permitiam a passagem de uma única carroça. Dito isso, todas as ruas eram estreitas para os padrões modernos, com mais ou menos 3 metros de largura. A julgar pelo tamanho da carroça encontrada na Casa de Menandro — ou, mais precisamente, pelas ferragens da roda, com seus acabamentos e encaixes, e as impressões da madeira nos resíduos vulcânicos —, só algumas ruas eram suficientemente largas para a passagem de dois veículos simultaneamente. Quando os edifícios foram erguidos, muitas vezes com três andares, até as ruas mais largas deviam parecer muito mais apertadas e apinhadas do que parecem hoje.

Elas eram também muito mais vibrantes, coloridas e mais "desafiantes". Pinturas rudimentares assinalavam os altares religiosos, frequentemente nos cruzamentos das ruas. Falos moldados em placas de terracota, ou esculpidos na pedra do pavimento, decoravam as paredes. (As explicações modernas para isto variam, incertas, do "talismã da sorte" à "proteção contra o olho gordo"; a interpretação escolhida pelos guias turísticos, de que o falo na rua indicava um bordel, certamente é equivocada.) Originalmente, muitas casas eram pintadas de cores vibrantes — vermelhos, amarelos e azuis — e eram superfícies adequadas para as propagandas eleitorais (que costumam ser superpostas), anúncios de aluguel, de jogos de gladiadores e os rabiscos de artistas do grafite. "Surpreende-me que não tenhas caído, oh parede / carregada que estás de tantos rabiscos", dizia um verso popular em Pompeia — escrito em ao menos três lugares da cidade e, portanto, contribuindo para o problema que criticava.

As lojas e bares costumavam ostentar pinturas na fachada anunciando o negócio, e destacando o nome (como num pub inglês) e as deidades protetoras. Os retratos de Rômulo e Eneias que vimos no capítulo 1 enfeitavam a fachada de uma oficina de pisoamento. Alguns blocos adiante, o que pensamos ter sido um ateliê de fabricação e venda de tecidos trazia um anúncio ainda mais chamativo (*pensamos*, porque só a fachada do edifício foi escavada, então não temos certeza do conteúdo no interior). A um lado da porta está Vênus, a deusa padroeira da cidade, numa carruagem puxada por elefantes; do outro, em seu templo, Mercúrio, deus protetor do comércio, porta uma bolsa cheia de moedas. Sob Vênus há uma cena de trabalhadores ocupados cardando lã e confeccionando feltro (o próprio dono, presumivelmente, exibe o produto final à direita); sob Mercúrio, a dama da casa, ou talvez uma empregada, se ocupa da venda de produtos (que hoje se assemelham a sapatos).

Infelizmente, um dos mais impressionantes exemplos deste tipo de pintura — e que insuflou a imaginação dos visitantes do século XIX — desapareceu completamente, vítima da intempérie. Na fachada de um bar, junto à porta que leva ao mar, havia uma grande pintura de um elefante com um ou dois pigmeus e um sinal pintado que dizia "Sítio restaurou o elefante". Sítio provavelmente foi o último proprietário, e deve ter restaurado a pintura e, talvez, todo o prédio ("O Bar do Elefante"). Sendo assim, ele tinha um bom nome para um dono de bar, tão bom que leva a pensar que se tratava de um "nome comercial". Porque a melhor tradução de "Sítio" seria "sr. Sede".

As diversas ruas — e seus vários trechos — exibiam características marcadamente distintas. Em parte isto se deve à diferença entre a rua principal, ladeada de lojas, bares e as portas de entrada das casas, pequenas e grandes e, em parte, aos becos, estreitos e pouco usados, só interrompidos por uma ou outra entrada de serviço. Um deles, entre dois quarteirões que dão para a Via dell'Abbondanza, tinha tão pouco movimento que podia ser parcialmente bloqueado por uma torre de água e, mais tarde, "privatizado" pelo proprietário da grande casa adjacente — a única com uma porta que se abria para lá. Seja com permissão da municipalidade ou simplesmente com a autoconfiança que, naquela época, assim como hoje, advinha da riqueza , ele amurou as duas pontas da rua e criou um anexo particular (área para depósito, curral ou estacionamento de carroça) ao qual tinha acesso pelo porão de serviço.

Mas há também grupos de atividades característicos de certas áreas. Ao entrar na cidade pelo norte, por exemplo, logo depois da Porta de Herculano, teríamos encontrado uma rua dominada por atividades ligadas à hospitalidade — uma gama de bares e estalagens, todas tentando persuadir o viajante a deixar o seu dinheiro em troca de um trago ou algo para comer. Há um padrão semelhante na entrada ao norte, a Porta do Vesúvio, e na Porta de Estábia, ao sul. Isto não ocorre nos demais portões da cidade, o que sugere que a maior parte do tráfego para dentro e fora da cidade seguia as rotas do norte e do sul, já que os bares tendem a seguir as massas, e não o contrário. Em outras palavras, só um pompeiano bobo teria montado uma loja onde não houvesse clientes.

Com base na posição exata do balcão, e de onde o cliente em potencial obteria a melhor visão das comidas e bebidas em oferta, arqueólogos empreendedores têm tentado descobrir de que direção os donos dos bares esperavam a chegada dos clientes. Não sei se isto é uma tentativa um pouco exagerada de adivinhar o comportamento dos romanos. Mas a conclusão é que os estabelecimentos em torno destas duas portas estavam voltados principalmente para os que vinham *para* a cidade, e serviam os viajantes famintos que acabavam de chegar. Porém, os bares na rua que levava do Fórum à Porta do Mar, a oeste, visavam (segundo esta lógica) às pessoas que deixavam a cidade ou, ao menos, às que saíam do Fórum.

Há também ausências notáveis nas cenas de rua que assinalam as distintas características das várias áreas. Para seguir com o tema dos bares, há relativamente poucos na área do Fórum (ainda que não tão poucos quanto parece hoje: ironicamente, houve três a alguns metros do Fórum, no local do atual centro de alimentação turístico moderno). Ao caminhar pela Via dell'Abbondanza para o leste, há talvez dois, no máximo, até a interseção com a Via Estabiana. Naquele ponto, eles reaparecem novamente em números significativos (na verdade, foram identificadas mais de vinte lojas de alimentação num trecho de 600 metros), que emprestam ao trecho oriental da Via dell'Abbondanza um "clima" bem diferente. Isto tem levado a todo tipo de especulação, inclusive à ideia de que as autoridades pompeianas impediam a instalação destes estabelecimentos e suas associações desacreditadas nas principais áreas formais e cerimoniais da cidade.

É possível. Mas o certo *é* que o Fórum de Pompeia, com seus edifícios públicos — templos, santuários, mercados etc. — não era como a praça central das cidades italianas modernas, com um café em cada esquina, planejados para o prazer e o entretenimento, assim como para os negócios. Sem dúvida, foi esta imagem da Itália moderna que convenceu Sir William Gell, *bon viveur* e uma das principais autoridades em Pompeia no princípio do século XIX, de que o edifício do Fórum que conhecemos como o mercado, ou *macellum*, funcionava em parte como um restaurante — as cabines a um lado seriam destinadas a jantares semiprivados. Pois afinal, como ter uma praça central sem um lugar para comer?

Contudo, ainda mais significativas que as diferenças entre as várias áreas de Pompeia são as similaridades da paisagem urbana por toda a cidade. Neste aspecto Pompeia difere muito de várias cidades ocidentais modernas, onde o que os geógrafos sociais denominam "zoneamento" tende a ser a regra. Isto quer dizer que atividades específicas (sejam elas comerciais, industriais ou residenciais) tendem hoje a se concentrar em diferentes partes da área urbana e o caráter das ruas muda de acordo com elas: as ruas de uma área residencial suburbana são claramente diferentes, não só pelo tamanho como pelo planejamento e a relação com os prédios adjacentes, daquelas do centro comercial. Existe também uma tendência às divisões claras neste arranjo entre ricos e pobres e, às vezes, entre as diferentes raças. De modo geral, mesmo em conurbações relativamente pequenas (as cidades agrárias são outro assunto), quem tem dinheiro vive separado de quem não tem. Os conjuntos de edifícios de vários andares não se misturam com as destacadas mansões dos ricos; estas ficam em partes diferentes da cidade.

Foram feitas tentativas valiosas de detectar algum tipo de "zoneamento" em Pompeia. Os arqueólogos apontaram as "áreas de entretenimento", por exemplo (embora isto dificilmente signifique muito mais do que o Anfiteatro e os teatros, nem remotamente parecidos com a Broadway ou com o West End). Eles argumentam que o setor noroeste da cidade apresenta uma boa quantidade de casas grandes e ricas, assim como a faixa oeste, com suas maravilhosas vistas para o mar, o que é algo factível porém inconclusivo. Eles tentaram assinalar não uma zona de prostituição no sentido moderno, mas áreas associadas a várias formas de "comportamento desviante", do comércio sexual aos jogos de dados (um projeto complicado por controvérsias modernas que se estendem há muito tempo a respeito do número de bordéis da cidade e como identificá-los; ver p. 265-266; 270-272).

A verdade é que Pompeia foi uma cidade sem o zoneamento que esperávamos, e sem características distintivas entre as áreas residenciais da elite e da não elite. De fato, as propriedades residenciais mais ricas existiam lado a lado de estabelecimentos bem humildes. A entrada principal da elegante Casa das Vestais, por exemplo, ficava em meio aos bares junto à Porta de Herculano, quase colada a ferrarias barulhentas. Além disso, era padrão na cidade que mesmo as residências mais suntuosas tivessem pequenas unidades comerciais construídas na fachada frontal — parte integral da propriedade, embora certamente não fossem administradas pelo proprietário, mas por dependentes ou inquilinos seus. Então, os visitantes da Casa do Fauno, um palacete, deparavam com as duas entradas principais que davam para a rua em meio a uma fileira de quatro lojas. Isto não difere muito do padrão das primeiras cidades modernas. No século XVIII, as mansões dos ricos londrinos em Piccadilly ficavam lado a lado com farmacêuticos, sapateiros, cabeleireiros e estofadores. Apesar das nossas suposições gerais sobre o zoneamento, é o que se vê ainda hoje em Nápoles. As oficinas e lojas napolitanas que ocupam pequenas unidades no térreo de grandes mansões são o mais próximo que podemos encontrar para ter uma ideia da Pompeia antiga.

Só mediante a imaginação podemos visualizar como os habitantes da cidade viviam esta justaposição notável de função e riqueza. Suspeito que para os ricos ocupantes da Casa das Vestais fosse mais fácil ignorar o martelar constante dos ferreiros e o barulho noturno da clientela nos bares do que, para os pobres lojistas, ignorar a vasta riqueza e opulência dos que viviam do outro lado das paredes dos seus comércios. Por mais que provoque divisão, o zoneamento tem suas vantagens: ao menos os pobres não precisam ser constantemente lembrados dos privilégios dos vizinhos ricos.

Abastecimento de água

As histórias das ruas de Pompeia — visões de como eram usadas e por quem — ainda podem ser traçadas a partir dos vestígios no solo. Às vezes eles são evidentes. Já tratamos das passarelas de pedras cruzando a água e o lodo; elas eram colocadas estrategicamente nas junções e outros pontos de cruzamentos muito utilizados e às vezes levavam diretamente às portas das casas principais, para a conveniência dos ricos e suas visitas. Para os visitantes modernos, quase tão memoráveis quanto as passarelas são as torres de água e, especialmente, as fontes das ruas — mais de quarenta delas sobrevivem —, espalhadas pela cidade para que todos tivessem acesso a elas; foi feito um cálculo de que pouquíssimos pompeianos viviam a mais de 80 metros de uma fonte.

As torres e fontes eram parte de um sistema complexo que supria a cidade com água encanada a partir de um "castelo de água", o *castellum aquae* (que, por sua vez, era alimentado por um aqueduto ligado às montanhas próximas), fincado dentro das muralhas junto à Porta do Vesúvio — uma inovação que substituiu o sistema anterior de abastecimento, que dependia de poços profundos e águas pluviais. O

novo serviço (imortalizado de forma mais ou menos precisa no best-
-seller *Pompeia*, de Robert Harris) costumava ser datado dos anos 20
a.C., no reino do primeiro imperador Augusto. Mas trabalhos recentes
sugerem que os primeiros pompeianos a usufruir do abastecimento
de água encanada foram os colonos de Sulla, uns sessenta anos antes
disto, embora o sistema tenha sido aperfeiçoado sob o governo de
Augusto.

As doze ou mais torres de água, feitas de concreto revestido de
pedras ou tijolos, com mais de 6 metros de altura e um tanque no alto,
eram subestações do sistema e distribuíam a água por meio de canos
de chumbo que corriam sob o pavimento até as fontes públicas e as
residências particulares próximas, cujos donos deviam pagar uma taxa
pelo privilégio. Às vésperas da erupção, algo deve ter enguiçado no
sistema de abastecimento. Porque as valas vazias, entupidas de pedras
vulcânicas na época da destruição, deixam claro que em várias partes
da cidade o pavimento fora cavado, e os canos, removidos. O mais
provável é que se tratasse de uma tentativa momentânea de pesquisar
e consertar os danos provocados no sistema pelos tremores anteriores
à erupção final.

Arqueólogos especulam que problemas semelhantes podem explicar o motivo de, em um beco (junto à Casa dos Amantes Castos
e à Casa dos Pintores Trabalhando), as fossas sépticas das latrinas
domésticas estivessem cavadas, e o seu conteúdo, amontoado no
caminho, de maneira insalubre, quando o desastre ocorreu. Ainda
assim, não está claro como os movimentos sísmicos afetariam o funcionamento das fossas. Talvez seja um retrato do estado comum de
um beco pouco transitado.

Além dos simples pontos de distribuição, as torres de água tinham
funções hidráulicas mais técnicas, e eram um bom exemplo da perícia
romana em questões de engenharia. A pressão da água era, no mínimo,
forte *demais*, especialmente nas áreas baixas ao sul, devido à queda

considerável a partir do castelo de água, instalado no ponto mais elevado da cidade. As torres coletavam a água do tanque no topo e a distribuíam, colaborando para diminuir a pressão. Elas também despejavam água nas ruas: depósitos de limo ainda visíveis junto a algumas torres sugerem que transbordavam frequentemente.

As fontes eram ainda mais difundidas do que as torres. A maioria seguia o mesmo plano geral: um grosso bico por onde corria água ininterruptamente e um tanque para represar parte do fluxo, feito de quatro grandes blocos de pedra vulcânica. Em geral elas eram construídas nas encruzilhadas e esquinas e algumas ultrapassavam a linha da calçada, atrapalhando o tráfego; para protegê-las das carroças, havia grandes pedras verticais fincadas no piso, o equivalente antigo das balizas. Os que contavam com abastecimento doméstico privado não confiavam neste serviço público, mas os menos afortunados sim — e em grande número, a julgar pelas superfícies de pedra que foram polidas em ambos os lados pelo uso. Hoje em dia, um truque dos guias locais de Pompeia é demonstrar como aquele padrão especial se formou com as visitas dos pompeianos por mais de um século à fonte, quando apoiavam uma das mãos na lateral e seguravam o balde sob o fluxo de água com a outra.

Tenham ou não se tornado um centro na organização de associações locais, como sugerem alguns estudiosos (ver p. 243, 336-337), as fontes certamente eram pontos informais de reunião dos moradores mais humildes. De fato, em um caso temos a visão de uma casa cujo proprietário aproveitou a intensa movimentação que este serviço atraía. Quando uma nova fonte foi instalada tão colada à sua casa que parte dela teve de ser demolida para acomodá-la, o proprietário respondeu transformando o cômodo da frente numa loja.

Ruas de mão única

Raspe a superfície das ruas sob as passarelas de pedras e as fontes, observe atentamente o mapa da rede viária da cidade e você verá que é possível recriar histórias ainda mais curiosas sobre a vida nas ruas de uma cidade romana. Os mais ínfimos resquícios na superfície do piso e das ruas assinalam trechos fascinantes da história.

De vários modos, o mapa esquemático do sistema viário de Pompeia, reproduzido tantas vezes, pode levar a equívocos. Pois, assim como hoje muitos motoristas descobrem que o mapa de uma cidade desconhecida pode não assinalar os trechos para pedestres nem as ruas de mão única, este mapa tende a ocultar o verdadeiro padrão do movimento na antiga Pompeia. A imagem da livre circulação indicada pelo diagrama é negada pelas evidências no piso. Aqui também encontramos zonas livres de tráfego, e parece ter havido certo controle da direção do fluxo. Trabalhos recentes — que examinaram cuidadosamente os sulcos e as passarelas de pedras — chegaram a sugerir que podemos começar a reconstituir o sistema viário de uma só mão das ruas de Pompeia.

As ruas de Pompeia podiam ser fechadas aos veículos com rodas por meio de simples recursos: grandes balizas de pedra fixadas no piso, a instalação de fontes e outros obstáculos ou as passarelas e outras mudanças de nível que impedissem a passagem de carroças. Todos foram usados para garantir que, ao menos na fase final, o Fórum pompeiano fosse uma área de pedestres. Devemos descartar quaisquer reconstruções extravagantes com carruagens e carroças cruzando a piazza central. Cada ponto de entrada ao Fórum estava bloqueado ao tráfego de veículos: na Via dell'Abbondanza por três balizas e um meio-fio elevado, na entrada sudeste por uma fonte estrategicamente posicionada, e por aí vai. É interessante notar que não só o acesso do tráfego de veículos ao Fórum era controlado. Em cada ponto de entrada algum obstáculo ou portão impedia a passagem inclusive dos pedestres. O propósito específico dos portões ainda é incerto. Talvez servissem para fechar a área à noite (embora devessem ser barreiras formidáveis para impedir o avanço de um vândalo decidido). Talvez, como foi sugerido recentemente, fossem usados na época de eleições no Fórum para controlar a entrada às eleições e excluir aqueles sem direito ao voto.

Uma praça central exclusiva para pedestres é uma coisa. Mas os esquemas de tráfego em Pompeia iam além. Pois a Via dell'Abbondanza também estava bloqueada ao transporte de veículos ao longo de quase 300 metros no cruzamento com a Via Estabiana, onde um desnível abrupto de mais de 30 centímetros impede a passagem até da carroça mais resistente. Este trecho de rua entre o Fórum e a Via Estabiana não era completamente livre de tráfego, já que era possível chegar lá a partir de cruzamentos ao norte e ao sul. Mas obviamente não era a rota fácil que o mapa sugere à primeira vista. Os sulcos relativamente rasos formados pelas carroças indicam que ali não havia grande volume de tráfego (embora um cético tenha argumentado que a relativa ausência de sulcos se explica por uma repavimentação da rua pouco antes do ano 79). Também há outros sinais de que, de algum modo, esta rua era especial. Parte dela é notavelmente larga no trecho diante das Termas Estabianas, formando uma pequena *piazza* triangular na entrada delas. À diferença do trecho ao leste, neste trecho de rua nota-se a quase completa ausência de bares e tabernas.

É difícil saber o que era "especial" ali. Uma boa sugestão é que tem a ver com a posição deste trecho da Via dell'Abbondanza, entre os teatros e o antigo Templo de Minerva e Hércules, ao sul do Fórum principal, com seus templos e outros prédios públicos. Pouco usada na circulação cotidiana, e não sendo uma artéria de trânsito importante como hoje as pessoas imaginam, terá sido parte da rota de procissões entre um centro cívico e o outro, do Fórum ao Teatro, ou do Teatro ao Templo de Júpiter? As procissões eram parte da vida pública e religiosa do mundo romano: um modo de celebrar os deuses, desfilar imagens divinas e símbolos sagrados diante do povo, homenagear a cidade e seus líderes. Não conhecemos os detalhes e o calendário das cerimônias, mas talvez tenhamos os vestígios de uma das rotas principais.

Porém, há outros bloqueios ao longo da Via dell'Abbondanza. Quando vamos da Via Estabiana à porta leste (a Porta do Sarno, assim denominada devido ao rio que corre deste lado da cidade), a maior parte dos cruzamentos para o sul, e alguns para o norte, são totalmente bloqueados às carroças ou apresentavam rampas íngremes, mas, ainda assim, eram acessíveis aos veículos, como indicam os sulcos que correm por eles. Isto devia ser assim em parte para controlar o tráfego e também para controlar a água. A Via dell'Abbondanza corta a cidade em cerca de dois terços abaixo da ladeira onde se assenta a cidade: as ruas abaixo dela deviam ser seriamente afetadas e danificadas pelas torrentes que vinham do alto. Daí as rampas e bloqueios, evitando que parte da água fluísse em direção ao setor mais baixo da cidade, dirigindo-a para a Via dell'Abbondanza e canalizando-a para fora da Porta do Sarno. Parte desta rua pode ter sido um "caminho de procissões"; a outra era certamente um dreno importante.

Então, o tráfego pompeiano era reduzido, ou, em termos modernos, "tranquilo", devido aos becos sem saída e outros tipos de bloqueios. Contudo, persiste o problema geral das ruas estreitas e do que ocorreria se duas carroças se encontrassem nas diversas ruas onde só passava um veículo. É desnecessário dizer que teria sido impossível manobrar uma carroça puxada por um par de mulas numa rua bloqueada por passarelas de pedras. Então, como os antigos pompeianos evitavam que as carroças dessem de cara uma com a outra? Como evitavam que uma rua estreita se transformasse num impasse?

Uma resposta possível é uma combinação de sinetas barulhentas, gritos e meninos correndo adiante para garantir a passagem. Os arreios encontrados na Casa de Menandro incluíam sinetas cujo som devia se distinguir e alertar sobre a passagem do veículo. Mas há sinais de que um sistema de ruas de mão única operava na cidade, de modo a manter as carroças circulando livremente. As evidências provêm de um dos mais meticulosos esforços da arqueologia pompeiana na última década e da inteligente ideia de que o padrão preciso dos sulcos das ruas e a exata posição das marcas das rodas das carroças, que colidiam com as passarelas de pedras e raspavam os meios-fios nas esquinas, informam sobre a direção do tráfego num trecho específico.

Um dos exemplos mais convincentes disto está na parte noroeste da cidade, no caminho da Porta de Herculano para o Fórum, onde a rua que hoje conhecemos como Via Consolare encontra a estreita Vico di Mercurio (fig. 5, p. 90). Ali, a combinação das marcas de colisão no lado sudoeste da passarela, no meio da Vico di Mercurio, com o padrão preciso do desgaste no meio-fio ao norte indica que o tráfego vinha do leste pela Vico di Mercurio e se dirigia principalmente para o norte até encontrar a Via Consolare, de mão dupla, no cruzamento. Em outras palavras, a Vico di Mercurio era uma rua de mão única no sentido leste-oeste. O tráfego que vinha da Via Consolare para dobrar à esquerda, para o leste, precisava avançar até a larga Via delle Terme — que era de mão dupla. Indícios semelhantes foram usados para sugerir que também havia claras distinções nas ruas no sentido norte-sul: na Vico di Modesto e na Vico del Labirinto o trânsito fluía para o norte, e na Vico della Fullonica e na Vico del Fauno, para o sul.

A Casa dos Vétios
B Casa do Fauno

80 metros

1- Vico di Mercurio   6- Vico del Labirinto
2- Via Consolare   7- Vico del Vettii
3- Vico di Modesto   8- Via del Vesúvio
4- Vico della Fullonica 9- Vicolo Storto
5- Vico del Fauno   10- Via delle Terme

Figura 5. O sistema viário no noroeste de Pompeia:
uma conjectura do mapa das ruas de mão única.

Duvido que o grau de sistematização fosse tão rígido como os arqueólogos modernos mais entusiasmados querem nos fazer crer. Quando, com base nas evidências aparentemente conflitantes em alguns pontos, escrevem que a Vico di Mercurio originalmente era transitada na outra direção e "passou por uma inversão da rota leste para a rota oeste", é difícil imaginar como teria ocorrido a inversão. Quem decidiu fazê-la? Como isso foi posto em prática? Nas cidades antigas não havia departamentos de transportes nem polícia viária. Tampouco encontramos resquícios de sinais de trânsito numa cidade repleta de anúncios públicos. Contudo, há poucas dúvidas de que existia um padrão de direção no trânsito, embora ele se impusesse pelo uso comum. Seguindo as rotas consensuais, os condutores de Pompeia tinham mais chance de evitar o engarrafamento do que se simplesmente tocassem suas sinetas em alto e bom som, contando com que não houvesse ninguém à volta da esquina.

As calçadas: públicas e privadas

As calçadas eram a fronteira entre o mundo público das ruas e o mundo mais privado detrás dos umbrais de casas e lojas — uma "zona liminar", segundo os antropólogos, entre o interior e o exterior. Nos bares repletos que se abriam para as ruas, as calçadas ofereciam um espaço extra para os clientes que "se apoiavam no balcão" ou esperavam pela comida ou a bebida para levar. Para os condutores de animais que faziam entregas ou simplesmente paravam para descansar, ou para visitantes que chegavam às casas grandes montados a cavalo, elas também forneciam postes ou, mais precisamente, *furos* para atar os animais. Por toda a cidade, diante de padarias, oficinas, bares e lojas e na entrada das residências particulares ainda é possível encontrar centenas de pequenos furos na beira das calçadas.

Eles desafiaram os arqueólogos, que a princípio pensaram que se tratava de pontos para fixar toldos e sombrear os recintos abertos — ideia parcialmente emprestada da Nápoles histórica e seus toldos acima da entrada das lojas. Se fosse o caso, as calçadas teriam sido uma floresta de tecidos e túneis escuros improvisados — ao menos nos dias ensolarados — entre as lojas e a beira das calçadas. Talvez fosse assim. Mas uma ideia muito mais simples e que encaixa melhor com a distribuição dos furos é pensá-los como pontos para atar os animais (se não fosse ali, onde mais?). Isto traz à mente um quadro estranho da vida nas ruas de Pompeia: os burros dos entregadores, amarrados à beira das ruas estreitas, forçados a se unirem aos pedestres nas calçadas quando uma carroça se esgueirasse pela rua tentando avançar.

Com toldos ou não, às vezes o sol devia tornar as calçadas da cidade desagradavelmente quentes, embora as casas de dois andares em ambos os lados das ruas (especialmente onde os andares superiores eram construídos em balanço) oferecessem mais sombra do que os visitantes cansados encontram hoje. Não é de surpreender que alguns proprietários tomassem medidas para remediar isso. Certas residências grandes tinham toldos estendidos nas fachadas, oferecendo sombra extra não só para quem entrava na propriedade como também para os transeuntes. Às vezes, bancos de pedra ladeando a porta de entrada aproveitavam esta sombra. Segundo a nossa ideia da mentalidade da elite pompeiana, podemos imaginar quem se sentaria ali. Os bancos podiam representar, ao menos em parte, um ato de generosidade para com a comunidade local: um ponto de descanso para todos. Mas também podiam servir unicamente aos visitantes à espera de serem admitidos nas casas. Na verdade, não é difícil imaginar um porteiro surgindo por trás das grandes portas frontais para enxotar a ralé que ali se sentava sem ser convidada.

Caminhando pela cidade hoje, deparamo-nos com diversos exemplos de propriedades privadas e seus serviços que invadiam as calçadas. Alguns faziam rampas defronte às casas para facilitar a entrada das carroças. Foi o que fez o dono de uma estalagem ou hospedaria perto da Porta de Herculano, para que os hóspedes pudessem entrar com carroças, pertences e mercadorias na segurança do pátio interno. Outros construíram por conta própria entradas ainda mais monumentais do que o usual. Uma grande propriedade no extremo leste da Via dell'Abbondanza, hoje conhecida como o Edifício (*Praedia*) de Júlia Félix, a antiga proprietária, ganhou pretensiosas escalinatas diretamente sobre a calçada. Mais adiante na mesma rua, em direção ao Fórum, a porta frontal da Casa de Elpídio Rufo se abria para um terraço extra com mais de um metro de altura, instalado na calçada, que já era elevada — o que emprestou à construção uma majestosa distância da rua lá embaixo. Com um objetivo mais prático, os donos da Casa dos Vétios acrescentaram uma série de balizas ao longo das paredes da mansão. A rua era estreita e não havia calçada separando a rua e a casa. Eles devem ter se preocupado com os danos que poderiam ser provocados pelas carroças mal conduzidas.

Alguns acréscimos invasivos podem ter sido autorizados pelo conselho municipal e os edis locais. Um punhado de informações pintadas nas paredes do Anfiteatro sugere que os edis autorizavam os vendedores ambulantes a comerciar sob as arcadas dos monumentos e determinavam onde instalar as barracas: "Com autorização dos edis. Licença para Caio Anínio Fortunato" etc., parece dizer o trecho num latim desbotado. Talvez os mais afluentes fizessem solicitações semelhantes às autoridades. Ou talvez simplesmente pensassem que tinham o direito de fazer o que quisessem com as calçadas das suas casas.

Os proprietários deviam ter boas razões para isso — a julgar por traços reveladores nas próprias calçadas. A maior parte delas, antigas ou modernas, são muito menos homogêneas do que o transeunte consegue perceber. As superfícies foram construídas em períodos diferentes e emendadas, frequentemente sem o cuidado de combinar com os materiais em volta. Isto vale tanto para Pompeia quanto para Londres ou Nova York nos dias de hoje. Contudo, em Pompeia, um olhar mais atento revela mais do que discrepâncias sistemáticas. Em algumas ruas, as calçadas parecem ter sido construídas originalmente com materiais diferentes (rocha vulcânica, calcário, travertino) nos trechos diante das casas. Em alguns lugares há inclusive blocos assentados no pavimento para marcar a divisão entre uma propriedade (e sua calçada) e a calçada seguinte.

A conclusão é óbvia. Apesar de terem sido planejadas por alguma autoridade municipal e terem a largura e o comprimento fixados de acordo com um padrão, algumas calçadas foram pagas por proprietários particulares de casas ou um grupo formado para tal — a escolha do material a ser empregado ficava a critério de quem pagava a conta. Esta ideia se baseia numa lei romana sobrevivente (inscrita em bronze e encontrada no extremo sul da Itália) que regulamenta, entre outras coisas, a manutenção de ruas e calçadas na própria Roma. O princípio básico é que cada proprietário era responsável pela calçada defronte à sua casa e, se não a conservasse devidamente, os edis podiam contratar pessoalmente o serviço de manutenção e cobrá-lo do faltoso. É interessante notar que, em Roma, uma obrigação adicional dos proprietários era assegurar que a água não empoçasse, para não causar incômodo aos transeuntes. Pompeia não era a única com problemas de alagamentos.

As pessoas nas ruas

Até aqui, as pessoas nas ruas de Pompeia são figuras um tanto imprecisas. Vimos os rastros que deixaram para trás: garatujas nas paredes, marcas de mãos nas fontes, riscos e rastros das carroças nos meios-fios. Mas não vimos homens, mulheres e crianças cara a cara; ainda não os pegamos em meio à rotina do dia a dia.

Podemos nos aproximar delas graças a uma extraordinária série de pinturas encontradas no Edifício de Júlia Félix. Quando ocorreu a erupção, esta imensa propriedade, cuja entrada imponente já comentamos, ocupava dois antigos quarteirões não muito distantes do Anfiteatro. Ela possuía várias unidades: um estabelecimento de termas privado, alguns apartamentos para aluguel, lojas, bares e refeitórios, um grande pomar e uma casa particular de tamanho médio. Uma grande sala (um pátio interno ou átrio, de pouco mais de 9 metros por 6) estava decorada com um friso pintado a dois metros e meio do piso que, aparentemente, representava cenas cotidianas no Fórum de Pompeia. Ele foi descoberto no século XVIII por escavadores que transferiram para o museu uns 11 metros da pintura em pequenas partes quebradas, deixando só fragmentos na parede. Não se sabe o que ocorreu com o resto nem o seu tamanho original (presume-se que a pintura chegava a cobrir todas as paredes da sala). Mas a probabilidade é que tenha sido vítima das toscas técnicas de escavação da época.

Hoje as pinturas estão seriamente desbotadas. Ainda assim, fornecem um quadro bem vívido da vida nas ruas de Pompeia — principalmente combinadas às gravuras baseadas nela, que foram feitas pouco após a descoberta e ajudam a distinguir as partes mais turvas. Claro que não se trata de uma pintura realista. A arquitetura ao fundo é a versão simplificada da colunata de dois pisos do Fórum (embora a posição das estátuas e sua relação com as colunas se assemelhem com bastante precisão ao que restou de pé). A intensa atividade em cada ponto certamente excede o que teríamos encontrado até no dia de mercado mais agitado. Não se trata da vida cotidiana, mas de uma recriação imaginativa. É uma cena de rua em Pompeia pelo prisma de um pintor pompeiano: mendigos, camelôs, colegiais, comida pronta para levar, damas indo às compras...

Em uma das partes mais detalhadas (fig. 47 do encarte) vemos vendedores de rua em atividades diversas. À esquerda um ferreiro dormita. Na sua mesa há o que parecem ser martelos e pinças, que ele levou ao mercado nas cestas alinhadas em primeiro plano (ou serão jarras de metal à venda?). Ele tem clientes: um garoto com um homem mais velho que leva uma cesta de compras no braço. Uma compra está prestes a acontecer. Mas parece que o ferreiro cochilou e precisa de uma cutucada do homem atrás dele. À direita, um sapateiro com uma túnica vermelha vibrante se mostra mais ativo e exibe os seus produtos a um grupo de quatro mulheres e um bebê, sentados no banco que ele ofereceu. Atrás dele, uma amostra de sapatos está disposta de um modo que desconcertou o copista do século XVIII (ele as reproduziu pairando no ar) e hoje é impossível distingui-la no original. O mais provável é que estivessem fixados em um mostruário apoiado nas colunas de trás. Estas se perfilam no fundo da cena, adornadas com festões pendentes. À direita, detrás de um par de estatuetas equestres diminutas (pelo lugar que ocupam, os cavaleiros provavelmente eram figurões locais — os imperadores teriam ocupado um lugar mais destacado), o espaço entre duas colunas está fechado por um portão. Tudo isto é um bom antídoto contra o aspecto austero, desordenado e sem vida que as colunatas apresentam hoje.

Há muitas outras vinhetas de compra e venda. Em uma seção (fig. 48 do encarte), mulheres negociam um corte de tecido com o vendedor; um homem (um dos poucos personagens que veste toga — embora seja vermelha, e não branca) escolhe uma panela de metal, enquanto o filho pequeno carrega a cesta de compras; um padeiro oferece a dois homens o que parece ser uma cesta de pãezinhos. Em outra parte, à sombra de um arco, um verdureiro exibe uma bela seleção de figos à venda, enquanto um homem com um braseiro se dedica a vender bebidas quentes ou guloseimas. Mas o pintor não ilustra só atividades comerciais. Há um toque sobre a vida dos humildes (fig. 49 do encarte); uma dama elegante, acompanhada do escravo ou do filho, parece ajudar um mendigo muito esfarrapado que leva um cachorro, dando-lhe esmola. Há várias cenas do trânsito pompeiano na forma de mulas e carroças (fig. 50 do encarte). Dado que, como vimos, o Fórum era uma área de pedestres, seria a carroça uma licença artística? Ou havia maneiras — rampas nas escadarias, talvez — de permitir o acesso dos transportes sobre rodas em certas ocasiões ou em certas horas?

A política local também tem um papel significativo nesta visão da vida em Pompeia. Em uma cena (fig. 7 do encarte), homens leem um longo aviso público numa tabuleta ou rolo fixado entre os pedestais de três estátuas equestres (desta vez, talvez membros da casa imperial, retratados como heróis militares). Em outra parte parece haver um julgamento (fig. 51 do encarte). Dois homens de toga sentados ouvem atentamente um terceiro de pé diante deles — às vezes identificado como uma mulher, mas o que resta da imagem é demasiado ambíguo para identificar o sexo. Ele, ou ela, expõe uma questão e aponta para a tabuleta nas mãos de uma jovem de pé à frente. É impossível saber se, como pensam alguns, a menina é o assunto do caso apresentado (talvez uma disputa sobre a sua guarda), ou se ela não passa de um acessório conveniente para a evidência em questão. Ao fundo há outra daquelas ubíquas estátuas equestres.

A seção mais notável é a cena numa sala de aula pompeiana (fig. 52 do encarte). Um dos enigmas na arqueologia da cidade é como e onde as crianças eram educadas. Existem evidências abundantes da escrita e da alfabetização (e até da prática do alfabeto, rabiscado nas paredes numa altura infantil), porém, apesar de identificações implausíveis e excessivamente otimistas, não há vestígios de escolas. Isto ocorre porque os professores romanos não trabalhavam em recintos construídos para este fim, mas sentavam-se com as turmas em qualquer lugar conveniente onde houvesse espaço e sombra. Em Pompeia, um deles provavelmente era o grande espaço aberto ou campo de exercícios (*palaestra*) contíguo ao Anfiteatro, pois foi ali, numa das colunas, que um professor registrou a sua gratidão pelo pagamento recebido e deixou implícita a frustração com as contas ainda altas: "Que os deuses concedam os desejos daqueles que me pagaram as aulas." Alguns arqueólogos chegaram a pensar que os nomes e as quantias rabiscadas na mesma coluna eram o rol dos recibos do pobre homem.

As pinturas do Edifício de Júlia Félix retratam uma aula sob a colunata do Fórum. Usando uma capa, um homem com uma barba pontuda parece supervisionar três pupilos que leem tabuletas apoiadas nos seus colos. Outros alunos, ou os que cuidavam das crianças, assistem à cena sob a colunata. O que ninguém parece notar é a cena desagradável à direita. Um menino com a túnica levantada revela as nádegas desnudas (ou foi despido, exceto por uma cinta — a imagem não é muito clara). Suspenso nas costas de outro, com os pés firmemente apertados, ele recebe chicotadas. Parece uma forma especialmente brutal de punição, mesmo pelos mais rígidos padrões do passado recente, e a posição constrangedora e indefesa do menino acentua a crueldade. No entanto, é interessante notar que este devia ser o estilo de punição escolar no mundo antigo. Um gracioso poema de Herodas, poeta grego do século III a.C., descreve a tentativa de uma mãe de corrigir Kottalos, o seu filho problemático, que negligenciara os estudos para jogar. Ela consegue que o mestre lhe dê uma surra — e a descrição dos outros meninos erguendo o infeliz Kottalos nos ombros remete justamente ao que vemos aqui.

O friso, hoje fragmentado e desbotado, fornece todo tipo de pistas preciosas para repovoar a paisagem urbana de Pompeia não só com homens de togas brancas (na verdade, há poucos destes). Ele nos faz imaginar crianças em aula, mendigos pedindo dinheiro, comerciantes e camelôs de todo tipo, administradores locais em serviço. As mulheres também se destacam, andando nas ruas a sós ou com os filhos, barganhando, conversando, comprando e inclusive distribuindo dádivas ocasionais aos menos afortunados. Porém, mais do que isso, as pinturas deixam ver as cores, a desordem e as bugigangas da vida urbana que tendem a ser esquecidas quando olhamos as ruínas hoje vazias: as roupas coloridas, as mesas e braseiros portáteis, as guirlandas e todas aquelas estátuas. Estima-se que, no início da Roma imperial, a proporção entre seres humanos e estátuas era de dois para um — o que somaria cerca de meio milhão de estátuas numa população humana de 1 milhão. Em Pompeia não havia esta concentração de estátuas. Ainda assim, a vida no Fórum seguia sob os olhares atentos dos homens de bronze (ou mármore), imperadores vivos ou mortos, príncipes imperiais e notáveis locais.

A cidade que nunca dorme

No século VI a.C., o imperador Augusto foi chamado a se pronunciar a respeito de um caso complicado na cidade grega de Cnido. Um casal de habitantes, Eubolo e Trifera, vinha sendo perturbado, noite após noite, por um grupo de meliantes locais que "fizeram o cerco" à sua casa. Por fim, já impacientes, eles disseram a um dos seus escravos que se livrasse deles jogando o conteúdo de um penico no grupo. Mas as coisas foram de mal a pior: o escravo deixou cair o penico e matou um dos atacantes. As autoridades de Cnido acusaram Eubolo e Trifera de assassinato, mas o imperador ficou do lado do casal — vítima, pensava ele, de um comportamento antissocial. O seu juízo foi inscrito publicamente numa cidade próxima, por isso conhecemos o caso.

Seja lá quais forem os erros e acertos do caso (alguns especialistas suspeitam que Eubolo e Trifera talvez não fossem tão inocentes como acreditou o imperador), este é um dos pouquíssimos exemplos que temos, exceto pela hipérbole poética de Juvenal sobre Roma, de como podia ser uma cidade antiga "comum" à noite: escura, sem policiamento, quase assustadora. Em que medida isso se aplicava às ruas de Pompeia depois que o sol se punha?

Uma imagem de Pompeia à noite nos mostraria as ruas principais negras como o breu. Embora os romanos se esforçassem com afinco em trazer luz ao seu mundo nas horas da escuridão (como atestam os milhares de lamparinas em bronze e cerâmica achadas em Pompeia), os resultados eram, no mínimo, irregulares. A maioria dos habitantes vivia ditada pelo ritmo da luz solar, da alvorada ao ocaso. As estalagens e bares serviam até a noite, parcialmente iluminados por lamparinas dependuradas acima da porta, e em alguns casos ainda se veem os pregos que as sustentavam. Um cartaz eleitoral — uma peça satírica de "antipropaganda", ou não — declara o apoio dos "bebedores noturnos" a um candidato ao serviço público: "Todos os bebedores noturnos apoiam Marco Cerrínio Vatia para edil." Mas as casas grandes fechavam as portas, apresentando ao mundo lá fora paredes lisas e pouco convidativas, às vezes furadas por uma janela diminuta. As lojas e oficinas também fechavam, trancadas com postigos cujas aberturas ainda são visíveis nos umbrais, além de impressões na própria madeira. Sem iluminação nas ruas, com calçadas desniveladas, passarelas de pedras irregulares e uma grande quantidade de imundície, os pedestres — contando só com a luz de uma lamparina portátil e a lua — deviam pensar antes de se aventurarem diante do perigo.

Mas também havia vida noturna nas ruas, e muito mais ruído e burburinho na cidade do que sugere a lúgubre escuridão. Além do latido dos cães e do zurrar dos asnos podia haver homens trabalhando. É certo, por exemplo, que em algumas ocasiões os cartazistas que pintavam os anúncios das lutas de gladiadores no Anfiteatro e anúncios eleitorais pedindo apoio para este ou aquele candidato realizavam o seu ofício à noite. Um deles, Emílio Celer, postou o anúncio de que trinta pares de gladiadores lutariam durante cinco dias e assinou cuidadosamente: "Emílio Celer escreveu isto sozinho à luz da lua." Talvez realizar esta atividade em solidão não fosse a norma. Um aviso no alto de uma parede pedindo apoio para Caio Júlio Políbio nas eleições inclui uma piada do cartazista com um colega: "Carregador de lanterna, aprume a escada." Por que eles preferiam trabalhar à noite? Talvez porque às vezes colocassem avisos sem permissão onde não deveriam (mas nem sempre, senão, por que assinar o próprio nome?). Talvez fosse mais conveniente pintar com menos gente em volta para perturbar o trabalho ou sacudir a escada.

Também podia haver um volume muito maior de trânsito do que imaginaríamos num primeiro momento. No documento sobre a manutenção das calçadas de Roma constam regras sobre a entrada de veículos com rodas nas ruas da cidade. Apesar das diversas exceções (carroças usadas na construção dos templos, na remoção de entulho das demolições públicas ou em rituais importantes), o princípio básico era a proibição da circulação de carros entre o nascer do sol e a décima hora do dia — isto é, o final da tarde ou princípio da noite, já que as horas eram divididas em doze. Em outras palavras, era no escuro quando mais havia carroças pelas ruas da capital. De fato, além de se queixar da queda de objetos e dos assaltantes, Juvenal empregou palavras afiadas para falar do ruído do trânsito noturno.

Não sabemos se estas regras se aplicavam exatamente dessa forma a Pompeia, embora seja lógico pensar que assim fosse. Tampouco sabemos com que rigor deviam ser aplicadas. A lei é uma coisa, a vontade e os recursos para aplicá-la é outra. (Recordemos que há uma carroça no friso do Fórum numa cena que claramente não era noturna...). Ainda assim, é muito provável que grande parte do tráfego, cuja administração e controle vimos neste capítulo, funcionasse depois do anoitecer. Além dos cães ladrando, da balbúrdia dos "que bebem até altas horas" e dos assovios e brincadeiras dos cartazistas, temos de imaginar o som das carroças, o repicar das sinetas e o chiado das rodas de metal raspando o meio-fio e as passarelas de pedra. Literalmente, uma cidade que não dormia e onde nunca reinava o silêncio.

3.

A CASA E O LAR

A casa do Poeta Trágico

Em *Os últimos dias de Pompeia*, o clássico romance trágico de Edward Bulwer-Lytton publicado em 1834, um casal de amantes, Glauco e Ione, consegue escapar da cidade condenada. Sob a chuva de escória vulcânica, eles são conduzidos em segurança por uma jovem escrava cega, já acostumada a andar pela cidade no escuro. Tragicamente — mas de modo conveniente na trama, já que ela também está apaixonada por Glauco —, a escrava se afoga após roubar um único beijo do seu amado. Glauco e Ione se instalam em Atenas, onde, convertidos ao cristianismo, vivem felizes para sempre.

O atrativo de *Os últimos dias*, um dos best-sellers do século XIX, deve-se em parte ao seu romance fascinante: o vulcão era só um dos problemas dos amantes — nos dias anteriores à erupção eles enfrentaram diversas barreiras, do malévolo sacerdote egípcio à prisão por equívoco. Também contribuiu a mensagem moral, que apontou a depravação do mundo pagão do qual Glauco e Ione escaparam. Mas parte significativa do seu fascínio era o pano de fundo arqueológico, vívido e cuidadosamente pesquisado, do Anfiteatro às termas, do Fórum às residências particulares. Bulwer-Lytton se baseou extensamente em *Pompeiana*, de Sir William Gell, o primeiro guia abrangente de Pompeia publicado em inglês, e inclusive dedicou o romance a Gell.

A residência do herói Glauco está calcada na Casa do Poeta Trágico, descoberta em 1824; uma propriedade pequena, mas decorada com refinamento (fig. 6, p. 82). Ela rapidamente ficou famosa como uma visão idealizada da vida doméstica da cidade e foi descrita em *Pompeiana* com riqueza de detalhes. Alguns anos depois, em 1854 — de certo modo graças à celebridade que alcançou com *Os últimos dias* —, ela foi o modelo da "Corte Pompeiana" no Palácio de Cristal, o grande centro de entretenimento que mesclava exposições comerciais com museu, aberto em Sydenham, na periferia de Londres. Foi uma estranha sobrevida para uma casa assolada pelo Vesúvio quase dois milênios antes. A Casa do Poeta Trágico foi reconstruída de modo relativamente fiel no interior do Palácio e, em princípio, a intenção era que fosse uma casa de chá para os visitantes — uma função muito apropriada, dada a sua imagem doméstica. Houve uma mudança de planos e o único visitante a sentar-se ali oficialmente para tomar chá foi a rainha Vitória. Na França do século XIX, ela teve um imitador mais elitista. A decoração da mansão na Rue Montaigne, em Paris, onde o príncipe Jérôme Napoleón e seus aristocráticos amigos se divertiam vestindo togas e fingindo ser romanos, também se baseou na Casa do Poeta Trágico.

Os restos originais desta casa ficam na área noroeste de Pompeia, entre a Porta de Herculano e o Fórum — defronte à rua de um dos principais conjuntos de termas e quase vizinha da ampla Casa do Fauno, a dois quarteirões curtos dali. Ao ser escavada, foi batizada com base em uma pintura mural — que então se acreditava retratar um poeta trágico

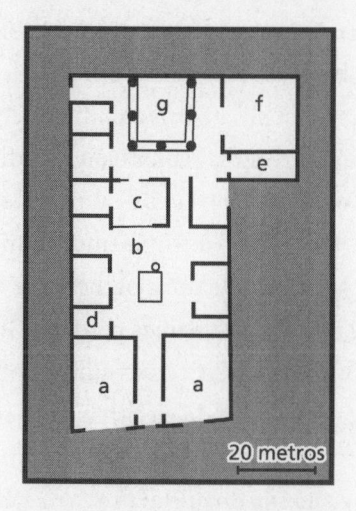

Figura 6. A Casa do Poeta Trágico.
Os visitantes adentravam entre duas lojas (a) por uma estreita passagem
até o átrio (b), com o cubículo do porteiro (d). Atrás do *tablinum* (c) e
seu mosaico de atores ensaiando (Lâmina 17) ficava o jardim (g),
para onde se abriam o triclínio (f) e a cozinha (e).

recitando para um grupo de ouvintes (hoje identificada como a cena mítica em que Admeto e Alceste ouvem a leitura de um oráculo). A casa foi construída ao final do século I a.C. e a decoração sobrevivente, inclusive uma série impressionante de pinturas murais retratando cenas da literatura e mitologia gregas, é um pouco posterior, resultado de uma reforma feita aproximadamente uma década antes da erupção. Alguns anos depois de ser descoberta, a maior parte das pinturas foi retirada e levada para o Museu de Nápoles, deixando feias marcas nas paredes. O que restou — os padrões que a circundam e o colorido das paredes — está hoje terrivelmente desbotado, embora o telhado tenha sido refeito na década de 1930, para protegê-la das intempéries. Obviamente, o impacto é muito menor do que quando foi descoberta. Dito isso, ainda é possível reconstruir com bastante precisão a sua antiga aparência e organização, além de imaginar a forte impressão que causou aos visitantes do século XIX.

A fachada que dá para a rua (fig. 54 do encarte) é dominada por um par de lojas em boa posição para atrair os clientes das termas do outro lado da rua (neste ponto há um conjunto de passarelas de pedra estrategicamente situado). Não sabemos o que vendiam. Na da esquerda foram encontradas joias finas, brincos de ouro e pérola, braceletes, colares e anéis. Mas não havia provas suficientes, como sugeriram alguns arqueólogos, de que se tratava de uma joalheria de alta classe (afinal, as peças podiam vir de uma caixa de joias perdida). As poucas janelas da casa, pequenas e no segundo piso, estão muito acima do nível de visão. Mas entre as lojas estava a entrada elegante, com mais de 3 metros de altura e portas duplas (como se vê pelos furos do pivô em ambos os lados do umbral). À esquerda do portal um cartazista pintou no batente da porta uma nota de apoio a Marco Holcônio, candidato a edil, e a Caio Gavínio. Presumivelmente isso foi feito a pedido do dono ou, ao menos, com a sua anuência; de outro modo, teria sido muita ousadia pintar o batente da porta de uma residência particular.

Aqui as portas não sobreviveram, mas em outras casas às vezes foi possível reproduzi-las em gesso com a mesma técnica usada nos corpos das vítimas — enchendo de gesso os vãos criados pela matéria em decomposição. Com isso podemos ter uma impressão não só convincente mas muito real da grande barreira de madeira com ferragens metálicas e pregos de bronze que separava a casa do mundo exterior. Não havia necessidade prática de portais desta magnitude, solidez e esplendor. O objetivo era criar impacto visual nos visitantes e passantes: eles eram uma jactância simbólica e uma barreira física.

Não que as portas ficassem sempre fechadas, claro. À noite elas certamente eram trancadas e as atividades da casa eram isoladas do mundo das ruas. Durante o dia elas talvez ficassem abertas, permitindo contemplar o seu interior. Se não fosse este o caso, uma das imagens mais icônicas da Casa do Poeta Trágico não teria sentido.

Porque exatamente após o umbral, junto ao furo que funcionava como ladrão da água, que às vezes devia transbordar do interior da casa para o átrio, há o mosaico memorável de um cão com os dentes à mostra e prestes a atacar, se não fosse pela corrente que o prende (fig. 55 do encarte). Caso você não tenha percebido, abaixo dele está escrito *CAVE CANEM* ("cuidado com o cão"). O mosaico só era visível com as portas abertas de par em par.

Há alertas semelhantes em Pompeia, pintados ou em mosaico, além do molde em gesso de um cão de verdade que morreu amarrado ao seu poste. Um deles é descrito por Petrônio em *Satíricon*, escrito no reinado do imperador Nero. A maior parte do livro se perdeu e só sobrevivem trechos, cuja parte mais famosa e preservada se passa numa cidade perto da Baía de Nápoles e gira em torno de um jantar oferecido por um ex-escravo chamado Trimálquio — homem de uma riqueza extraordinária, mas de gosto francamente grotesco. Quando o narrador e seus amigos chegam à porta principal da casa de Trimálquio, a primeira coisa que veem é um aviso que diz: "Nenhum escravo deve deixar o recinto sem permissão expressa do dono. A pena é de 100 chibatadas" (uma nota interessante para um ex-escravo). Então eles se deparam com o porteiro, trajando um uniforme verde pomposo com um cinto vermelho cereja, que cuidava da porta debulhando ervilhas numa tigela de prata; acima do umbral, uma gralha numa gaiola dourada canta, saudando as visitas. Mas logo vem o espanto: "Quase caí para trás e quebrei a perna", explica o narrador, "pois quando entramos, à esquerda, perto do cubículo do porteiro, havia um cão enorme preso por uma corrente... pintado na parede. Acima da pintura, em letras maiúsculas, lia-se *CAVE CANEM*, CUIDADO COM O CÃO." Por um minuto, ele pensou que o cão fosse de verdade — a primeira de muitas ocasiões em que os convidados de Trimálquio ficaram estupefatos.

Seria perigoso levar ao pé da letra a obra fantástica de Petrônio como um guia da vida cotidiana na antiga Pompeia. Mas ela fornece pistas para reconstruir a cena na entrada da Casa do Poeta Trágico. É provável que a porta ficasse aberta na maior parte do dia. Mas a segurança não estaria a cargo do cão de guarda de mosaico, por mais feroz e assustador que ele fosse, nem mesmo do cão real apontado pela imagem (como o que Trimálquio mais adiante traz para a ceia, com os resultados desastrosos que seria de esperar). Certamente um porteiro, embora vestido de modo mais modesto que o de Trimálquio, vigiava quem entrasse ou saísse da casa. Um quarto diminuto com piso rústico sob as escadas, no interior da casa, foi identificado, sem muita certeza, como o cubículo do porteiro.

As visitas que cruzavam o umbral deparavam com um corredor, que antes era pintado de cores vivas, ainda que pouco tenha sobrevivido. A porta estreita de cada uma das lojas dava para ali, sugerindo que o dono da casa tinha ligações próximas com os dois estabelecimentos; mesmo que não as gerenciasse, provavelmente era proprietário de ambas e se beneficiava com os seus lucros. Ao menos, esta é a visão moderna. Observadores anteriores ficaram mais intrigados com esta disposição. Na falta de instalações óbvias, e apesar das suas características, Gell se perguntou se não seriam as acomodações dos criados. Bulwer-Lytton seguiu outra pista. Teriam servido, sugeriu, "para receber visitas que, fosse pelo cargo, fosse pela familiaridade, não mereciam ser admitidas" no interior da casa. Boas ideias, mas certamente equivocadas.

Ao final do corredor fica a casa propriamente dita, construída em torno de dois pátios abertos (fig. 8 do encarte). O primeiro, o átrio, era decorado com requinte — com seis grandes pinturas murais com cenas da mitologia grega. Ao centro, o espaço era descoberto e, sob ele, uma piscina coletava as águas pluviais, que eram despejadas num poço profundo. No bocal do poço ainda se veem as ranhuras profundas deixadas pelas cordas que puxavam do fundo os baldes cheios de água. Alguns cômodos bem pequenos, pintados de cores vivas, davam diretamente para o átrio, e escadarias em ambos os lados levavam ao segundo piso, cujo interior desconhecemos. Atrás do átrio havia um jardim com colunatas perfiladas em três lados, que davam boa sombra (um arranjo chamado "peristilo" que significa "cercado de colunas"), e mais cômodos em volta, incluindo a cozinha e a latrina. Numa coluna o nome "Aninio" está rabiscado duas vezes: o dono da casa, sugeriram alguns arqueólogos; mas também poderia ser um amigo, um parente, uma visita entediada com tempo de sobra, ou o nome do amado de quem escreveu aquilo com carinho. Na parede ao fundo do peristilo havia um pequeno altar e o tema do jardim persistia, pois ela estava coberta de pinturas ilusionistas (hoje completamente apagadas) de treliças e folhagens (fig. 9 do encarte). Na esquina ao fundo outra porta dava para uma viela lateral.

Não sabemos o que se plantava ou o que se criava neste jardim (apesar de ter sido achado o casco de uma tartaruga, talvez mascote da casa). Mas novas técnicas desenvolvidas muito depois de 1824, tais como a análise de sementes e pólen e a cuidadosa escavação e confecção de moldes das cavidades das raízes permitiram aos arqueólogos reconstruir em detalhes vívidos os jardins de outras casas. Numa delas, a de Júlio Políbio (onde foram encontrados os restos da moça grávida; ver p. 18), o jardim — quase duas vezes maior do que este — era mais uma mescla de pomar e terreno silvestre do que uma sucessão de canteiros de flores elegantes e formais, como frequentemente imaginamos. Num espaço de aproximadamente 10 por 10 metros havia cinco grandes árvores, incluindo uma figueira (a julgar pela grande quantidade de figos carbonizados que foram encontrados), uma oliveira e árvores frutíferas como macieira, pereira ou cerejeira. Algumas eram tão grandes que precisavam de esteios para sustentar os ramos. Elas eram altas, também: em uma escavação no solo do pátio foram encontradas as marcas de uma escada de oito metros de altura, que devia ser usada para colher os frutos. Ainda assim, os donos da casa plantaram mais espécies. À sombra dos ramos cresciam árvores menores, arbustos e touceiras e havia uma espaldeira com mais oito árvores (como indica o padrão dos furos dos pregos) no muro oeste. Fragmentos de terracota em torno das raízes indicam que elas primeiro foram semeadas em grandes vasos e mais tarde replantadas. Talvez se tratasse de espécies exóticas que requeriam mais cuidados no início, como o limoeiro. Em geral, aquela zona devia ser suficientemente escura e sombria para criar um ambiente confortável para samambaias, cujos esporos foram achados em grande quantidade nas beiradas do jardim.

Outros jardins eram muito mais formais e decorativos. Mais adiante da Casa de Júlio Políbio, recentemente foi descoberto um peristilo com canteiros de flores com arranjos geométricos entremeados de sendas. Os canteiros tinham cercas de junco e eram plantados segundo um esquema colorido e regular de ciprestes e rosas, com outras plantas e flores ornamentais nas beiradas (inclusive artemísia e cravinas, a julgar pelo pólen encontrado). As paredes do jardim estavam cobertas de hera e havia diversas samambaias ao longo das calhas abertas que recolhiam a água pluvial do telhado — para não mencionar as urtigas e trevos, ervas comuns ontem e hoje. As numerosas conchas de vôngole encontradas no jardim estimularam a ideia simpática de que os ocupantes da casa podiam passear por ali comendo vôngoles; mas aquele podia simplesmente ser um lugar conveniente para jogar as conchas, em perambulações pelo jardim ou não.

Independentemente do estilo do jardim da Casa do Poeta Trágico (além da tartaruga e de instalações nas colunas que sugerem — ao menos em um dos lados — a existência de uma cerca, não sabemos de mais nada), Bulwer-Lytton a viu como uma residência de solteiro do século XIX e, portanto, adequada para Glauco. Ele duvidava do refinamento da pintura mural pompeiana: "A pureza do gosto dos pompeianos em matéria decorativa é questionável", alfinetou. Mas ele reconheceu que as elegantes pinturas desta casa "dificilmente envergonhariam um Rafael". De modo geral, ele a considerava "um modelo... da casa de 'um homem solteiro de Mayfair'" não só pela decoração, mas pelas facilidades de entretenimento. Uma das primeiras cenas do romance é uma ceia oferecida por Glauco na sala de jantar do peristilo: o estereótipo do banquete romano: "figos, ervas frescas salpicadas de neve, anchovas e ovos" e um belo cabrito assado acompanhado de um bom vinho de Chios. O cabrito não era a primeira opção. "Eu esperava", disse Glauco, num tom melancólico, "oferecer-lhes ostras da Bretanha; mas os ventos foram tão cruéis com Cesar que nos impediram de obtê-las."

Ao criar a imagem de uma sofisticada *garçonnière* do século XIX Bulwer-Lytton esqueceu-se de informar os leitores que na da Casa do Poeta Trágico, assim como na da maioria das casas de Pompeia, mesmo as mais grandiosas, a cozinha era diminuta e dificilmente teria sido possível preparar ali banquetes tão lautos. Ele tampouco menciona que a única latrina ficava na cozinha — ou melhor, se comunicava com ela. Este era outro arranjo típico, em que a latrina servia para eliminar os resíduos da cozinha, embora seja chocante para as ideias de higiene do século XXI (mas certamente não para Bulwer-Lytton, uma vez que a justaposição do retrete e da cozinha era comum na Grã-Bretanha do século XIX). Ele também omite que, logo atrás da parede ao fundo do jardim, que ele retrata repleto das "flores mais raras plantadas em vasos de mármore branco e apoiadas em pedestais", havia uma oficina de pisoamento, ou fula. Aquela era uma atividade muito suja, já que o seu principal ingrediente era a urina humana; daí a famosa taxa sobre a urina instituída pelo imperador Vespasiano, presumivelmente imposta à indústria das fulas. O trabalho era ruidoso e fedorento. No elegante jantar de Glauco deve ter havido um fedor característico de fundo.

A arte da reconstrução

As casas construídas em torno de um átrio, às vezes com o peristilo adicional, somam quase a metade das habitações sobreviventes em Pompeia — originalmente talvez umas 500, de um total de 1,2 mil a 1,3 mil "unidades de habitação" (incluindo uma estimativa aproximada do que permanece soterrado). Dentre elas há desde as pequenas propriedades com apenas quatro cômodos que se abrem para um átrio, aos palácios enormes, como a Casa do Fauno, com dois átrios e dois peristilos. Mas os diversos arranjos são suficientemente parecidos para serem considerados, de modo geral, um tipo único. Isto significa que, apesar das diferenças de tamanho, riqueza e detalhes, há certa previsibilidade no traçado. É mais ou menos o que se encontra nas residências modernas: independentemente das idiossincrasias da planta, *esperamos* entrar em um vestíbulo e não num banheiro; quando a casa tem dois pisos, espera-se encontrar os quartos no andar superior.

Bulwer-Lytton enfatizou a modernidade familiar da Casa do Poeta Trágico. Sob as idiossincrasias policromáticas na pintura, no design e na culinária romanas ele encontrou uma sociedade e uma arquitetura não muito distantes da elite londrina do século XIX, à qual pertencia. A maioria dos arqueólogos modernos assinalaria exatamente o contrário: o grande hiato não só entre a aparência das casas pompeianas hoje arruinadas e seu aspecto para o visitante do século I d.C., como também entre a ideia antiga da "casa e lar" e a nossa. Um dos maiores projetos arqueológicos recentes em Pompeia tentou compreender como eram estas casas e, num nível muito básico, para que *serviam*. Inevitavelmente, o trabalho se concentrou nas residências maiores e mais ricas, cujo melhor estado de conservação e a maior variedade de objetos encontrados e seus designs complexos produziam enigmas maiores e mais esperanças de encontrar respostas.

Quem entrar hoje numa grande casa pompeiana será perdoado se imaginar que os residentes ricos do século I d.C. abraçavam uma estética modernista austera, sóbria e exageradamente despojada. Mas, assim como ocorre com a paisagem das ruas, o que se vê (ou não se vê) agora pode levar a equívocos. Para começar, desapareceu quase todo o mobiliário, a maioria sem deixar rastros. Grande parte do material de maior valor, que devia incluir móveis muito apreciados, foi retirado pelos próprios pompeianos que fugiram dias antes do desastre ou por saqueadores e ladrões que vieram depois. Além disso, à diferença da vizinha Herculano, onde a composição diferente de material vulcânico e o padrão do seu fluxo preservou todo tipo de móveis de madeira carbonizados, em Pompeia poucos fragmentos de madeira carbonizada sobreviveram. Apesar disto, ainda é possível ter uma ideia do que havia lá, e que aspecto tinha — além da ocasional mesa auxiliar de mármore que permaneceu no seu lugar.

Isto se deve em parte ao que foi encontrado em Herculano e que dificilmente pode ter sido muito diferente do que existia em Pompeia: das mesas às camas (fig. 56 do encarte) e, em um caso, um biombo de madeira que podia ser aberto ou fechado e se estendia até o final do átrio. Em parte se deve às pinturas de móveis nas cenas das paredes pompeianas. A cadeira em que Menandro, o poeta grego, está sentado na famosa pintura que batizou a Casa de Menandro não pode diferir muito das que se usava na própria casa (fig. 67 do encarte). Mas às vezes também foi possível reconstruir objetos de madeira de Pompeia com a técnica familiar de moldar as impressões deixadas nos fragmentos endurecidos. É assim que sabemos, por exemplo, que cinco armários alinhados na parede da colunata da Casa de Júlio Políbio continham todo tipo de artigos domésticos, de comida em jarras (um dos armários era, na verdade, uma despensa) a baixelas, lamparinas, um selo de bronze, correntes de bronze e um dente.

Em outros casos podemos reconstruir a presença de móveis a partir de traços ainda mais apagados. Ainda se podem ver, por exemplo, os prendedores de prateleiras nas paredes — como em um cômodo no átrio da Casa do Poeta Trágico, que deve ter se convertido num depósito depois de ter sido elegantemente pintado para um tipo de uso menos banal. Também foi possível recriar baús e armários a partir dos restos de dobradiças de osso e pregos e cadeados de bronze. A verdade é que esses detalhes frequentemente foram negligenciados ou passaram despercebidos pelos primeiros escavadores; e, mesmo quando eram coletados, a abordagem improvisada dos registros arqueológicos que prevaleceu até pouco tempo significou que pode ser difícil descobrir agora exatamente onde eles foram achados (o mesmo ocorre com muitos objetos "menores" e não tão menores). Mas contamos com suficientes evidências para dizer que o átrio, grandioso e espaçoso como pode parecer, também funcionava como uma importante área de depósito.

Em um canto do átrio da Casa da Vênus de Biquíni, uma casa relativamente pequena cujo nome provém de uma estatueta de Vênus lá encontrada, foram descobertas 32 dobradiças de osso — só o que sobrou de um grande armário guarnecido com portas. O seu conteúdo sobreviveu, uma variada coleção de utensílios domésticos comuns e outras bugigangas: jarras e pratos, uma bacia e um molde de bolo em bronze, pequenas jarras e garrafas de vidro, uma lamparina, tinteiro e um compasso de bronze, um espelho, um par de anéis de sinete em bronze, algumas joias, um ovo de mármore colorido, nove dados e outras peças de jogos, alguns objetos de metal que foram identificados (correta ou equivocadamente) como grilhões, além de um punhado de moedas de ouro, prata e bronze. Em outro canto, mais dobradiças de ossos e pregos de bronze indicaram outro armário, desta vez com uma variedade de bens muito mais valiosos: a estatueta de Vênus, um cisne de vidro, um Cupido em terracota, além de algumas joias de cristal de rocha, um freio de cavalo quebrado, um par de estrígilos (usados para "pentear" o corpo depois dos exercícios) e vários pedaços e peças de osso e bronze, inclusive dois pés de lâmpadas. Parte disto pode ser o resultado da partida apressada dos ocupantes da casa e do armazenamento acelerado de bens, na esperança de um retorno. Mas, em geral, a impressão é de um par de armários domésticos comuns, com a mistura familiar que vemos em nossos próprios armários, de utensílios essenciais de uso diário, peças quebradas que deveriam ser descartadas e alguns objetos de valor colocados fora de alcance para protegê-los.

Encontramos mais ou menos o mesmo nos átrios de outras casas. Uma tinha um armário repleto de utensílios de cerâmica e vidro, inclusive algo de comida em jarras de vidro (a julgar pelas espinhas de peixe). Outra tinha um par de baús contendo candelabros, além de objetos domésticos e roupas mais mundanos (sugeridos por uma fivela), enquanto um armário alto era usado para guardar a melhor baixela, em bronze, prata e vidro, além de cerâmica. Mas não se tratava só de armazenamento. Em todas as casas que não estivessem diretamente ligadas ao abastecimento do aqueduto, havia também um poço no átrio; então poderíamos esperar encontrar neles baldes e cordas para puxar água. E tem mais, os pesos dos teares (usados para manter esticados os fios verticais da trama) geralmente achados nos átrios ou nos cômodos que abrem para eles trazem ainda mais certeza de que o átrio era um local comum para colocar o tear, ou teares, doméstico. Isso não surpreende, já que a produção de tecidos requeria um espaço considerável, o qual, exceto pelas casas grandes, só havia no átrio ou no peristilo.

A fabricação de tecidos também exigia boa luminosidade, que o átrio também proporcionava. Uma das coisas mais difíceis de recapturar é a combinação de intensa luminosidade e lugubridade sombria que caracterizava tais casas pompeianas. A grande maioria era originalmente pintada em cores vivas, que em muitos casos agora estão desbotadas e se tornaram uma pálida imitação do que já foram: os vermelhos profundos são hoje rosa-claro, os amarelos fortes se tornaram um creme pastel. E não são só as paredes coloridas. Embora os tetos raramente tenham sobrevivido, onde eles foram reconstruídos (juntando-se os cacos de gesso encontrados no piso) eram também ornamentados e coloridos com ricos tons de azul. As colunas também deviam ser decoradas. Elas costumavam ser pintadas de vermelho pelo menos até a metade do fuste, mas no interior de uma casa logo depois da Porta Herculano, algumas colunas estavam completamente cobertas de mosaicos brilhantes — um traço que chama a atenção até para os padrões pompeianos, e que deu o nome moderno à propriedade, a "Vila das Colunas de Mosaicos". Assim como as ruas de Pompeia, para o gosto moderno, muitas casas teriam sido uma agressão à vista.

A agressão talvez tenha sido mitigada pela escuridão reinante. Porque a luz do sol podia penetrar no átrio através da abertura no peristilo, mas muitos cômodos tinham pouca ou nenhuma entrada direta de luz além do que obtinham das fontes internas. É verdade que havia as casas de vários pisos na parte oeste da cidade que aproveitavam ao máximo a vista do mar com suas grandes janelas, mas as janelas externas, como vemos da rua, eram pequenas e poucas, na maioria das vezes. Diante destas limitações, os pompeianos tinham dificuldade em trazer o máximo de luz possível para os lugares escuros. Ao caminhar em volta das casas em ruínas ainda se veem pequenas fontes de luz ou aberturas nas paredes, acima das portas, destinadas a despejar luz em um cômodo mesmo quando a porta estivesse fechada.

E havia literalmente milhares de lâmpadas, de cerâmica ou bronze, simples e decoradas, com uma ou várias chamas, pendentes, com pé, ou apenas feitas para repousar sobre o chão ou sobre uma mesa. Em geral levavam azeite; mas análises químicas recentes revelaram um refinamento inesperado. Azeite misturado com sebo costumava ser queimado nas lamparinas de bronze, e azeite puro, na cerâmica sem esmalte. Será por que, sendo porosa, a cerâmica rapidamente teria absorvido o cheiro desagradável do sebo? Estes objetos eram utensílios domésticos diários, e a maior parte da cerâmica era produzida pela indústria local (foi encontrada uma oficina de produção de lâmpadas, pequena mas próspera, junto ao Anfiteatro). Há uma fileira atrás da outra de lâmpadas de todo tipo no Museu de Nápoles, inclusive uma de bronze na forma de um pé com sandália (a chama saía do dedão), e pelo menos mais uma como a cabeça africana que aquele casal infeliz que fugia deixou cair, como vimos na Introdução. Só na Casa de Júlio Políbio foram encontradas mais de setenta lâmpadas de cerâmica, e uma de bronze. Ainda assim, é difícil imaginar que os cômodos laterais fossem iluminados segundo os parâmetros modernos, ou que, à noite, a casa não estivesse coberta pela escuridão — iluminada unicamente pela lua e as estrelas, alguns braseiros (que também esquentavam) e o fraco tremeluzir de algumas poucas lamparinas.

Ajustes na luz — e na privacidade — também podiam ser feitos por meio das várias portas, postigos e cortinas instalados em quase todos os vãos. A disposição sem fechamentos da maior parte das casas pompeianas de hoje não é completamente falsa. Como veremos, parte da estrutura enfatizava intencionalmente a visão ampla da propriedade. Ao mesmo tempo, praticamente não há vão nestas casas que não pudesse ser fechado com uma porta ou cortina caso os moradores quisessem. Quando se está avisado, é fácil perceber as ranhuras e furos que sustentavam os ganchos para portas em torno do átrio e do peristilo, ou para as cortinas — certamente de cores vívidas — que deviam fazer parte daquela barafunda multicolorida. Onde não havia propriamente portas ou cortinas, podemos imaginar biombos, como o que restou em Herculano. Inclusive deve ter havido cercas vivas, como na casa do Poeta Trágico, entre as colunas do que, agora, é uma colunata aberta. Muitos cômodos que hoje parecem desnudos e abertos podem ter sido cantos privados e acolhedores. Ainda que a privacidade tivesse um preço: a escuridão.

Até aqui vamos bem. Mas a questão permanece: *o que ocorria onde* nestas casas pompeianas? Já vimos o átrio com seus armários e despensas, tecelões e escravos puxando água. Mas, supondo que entrássemos pela porta principal, o que encontraríamos nos demais cômodos? Ou, ao contrário, onde as pessoas que viviam ali comiam, cozinhavam, dormiam ou faziam suas necessidades? E as "pessoas que viveram aqui", quem e quantas eram?

Algumas atividades são facilmente localizáveis, ou chamam a atenção por sua ausência. Exceto por alguns banhos privados nas casas mais luxuosas, não havia, por exemplo, salas de banho nem lavabos nas casas. Por mais que as pessoas lavassem as mãos numa fonte ou o rosto (e os cabelos) numa tina de água, o banho propriamente dito era uma atividade pública, que ocorria nas termas. Mesmo nas casas diretamente ligadas ao abastecimento do aqueduto, muito pouca água era usada no consumo sanitário ou doméstico. A maior parte do que chegava pelos canos era utilizada nas fontes e jardins, triunfos da engenharia romana que ofereciam aos ricos a oportunidade de exibir controle sobre os elementos, em vez de estimulá-los a adotar uma atitude mais rigorosa quanto à higiene.

Em contraste, os lavatórios são um elemento comum nas casas pompeianas e facilmente localizáveis. Um arqueólogo e dedicado especialista em banheiros examinou recentemente 195 deles, um total que não inclui os que desmoronaram desde a escavação ou os que aparentemente ainda são usados pelos visitantes "apertados". Quase sempre havendo só um em cada casa (podemos imaginar todo tipo de penicos, além dos arbustos no jardim, servindo para as mesmas funções), eles, em geral, se encontravam nas cozinhas, como na Casa do Poeta Trágico. Estavam parcialmente ocultos da área circundante, mas neste caso sem nenhum sinal de uma porta — uma indicação, como as latrinas de vários assentos encontradas em Pompeia e em outros lugares, de que os romanos não tinham a nossa obsessão pela privacidade total nesta esfera da vida. O arranjo era simples: um assento de madeira sobre um dreno, que geralmente levava a uma fossa séptica. Como eles não estão ligados ao suprimento de água, presume-se que um ou dois baldes de água eram despejados ali de vez em quando, para empurrar os detritos dreno abaixo.

Na imaginação moderna, o quadro de um serviço bastante improvisado (e definitivamente fedorento) é completado por um penico com uma esponja presa em um cabo de madeira com a qual os romanos limpavam os seus traseiros, como sempre nos disseram. Certamente eles assim faziam às vezes. Mas as evidências disto são mais frágeis do que se costuma apresentar (e não vão muito além da anedota truculenta contada pelo filósofo Sêneca, o tutor do imperador Nero, sobre o prisioneiro germano que preferiu se matar enfiando a esponja da latrina goela abaixo do que encarar as feras no circo). Os pompeianos deviam improvisar com todo tipo de materiais para esta tarefa. Uma teoria interessante é que, em uma casa convertida nos últimos anos da cidade em um depósito de garo, as grandes folhas de uma figueira adjacente podem ter substituído a esponja. Novas evidências provenientes de uma grande fossa séptica perto de Herculano sugerem que eles também devem ter usado tiras de pano.

Também é fácil identificar cozinhas e salas de jantar. Ao menos nas casas mais ricas. Nas casas de tamanho médio ou mais pobres era mais provável haver uma latrina do que uma área para cozinhar, e muito menos para comer. Mas com a comida e sua preparação começamos a ter a noção, cada vez mais clara, de que nestas casas a função não se adequava aos cômodos de um modo tão preciso como gostaríamos de imaginar.

Podemos localizar a cozinha pela presença de um fogão e, às vezes, uma pia fixa de água e, ainda mais raramente, uma conexão com a rede de suprimento de água. Normalmente, como na Casa do Poeta Trágico, eram espaços reduzidos e bastante estritos (fig. 57 do encarte).

Certamente ali se cozinhava e talvez se preparasse comida também (principalmente se pensarmos que a latrina ao lado servia também para despejar as sobras). Mas muito poucas eram suficientemente grandes para acomodar todos os preparativos de um grande jantar. Devemos imaginar também que a carne era assada em braseiros portáteis no peristilo, e o esfolamento, a evisceração e todo o resto ocorriam onde houvesse espaço — assim como o porteiro de Trimálquio se desdobrava debulhando ervilhas junto à porta principal. Quanto à lavagem da louça, uma das principais funções das cozinhas modernas, fica a cargo das conjecturas saber como e onde os pratos, copos, facas e colheres (eles não tinham garfos, uma invenção medieval) eram lavados e secados.

As refeições e o jantar também se espalhavam pela casa. É verdade que, à diferença das cozinhas — geralmente tão insignificantes que podem nem ser notadas pelos visitantes modernos —, as atraentes salas de jantar eram os cômodos mais refinadamente trabalhados e ornamentados. A palavra para sala de jantar em latim, *triclinium*, significa, literalmente, "três sofás", refletindo o padrão comum dos jantares formais no mundo romano, em que os participantes se reclinavam, três em cada sofá, em três sofás separados. Em Pompeia, os triclínios tinham variadas formas e lugares pela casa. Algumas residências eram equipadas com sofás móveis de madeira (dos quais só restam traços muito escassos), outras tinham sofás fixos de alvenaria. Alguns ficavam no interior da casa, outros em áreas ajardinadas semiabertas (chamadas de "triclínios de verão" — na suposição de que eram usadas para jantar nas agradáveis noites mediterrâneas de verão).

Nenhuma era mais elegante do que a instalação parcialmente descoberta que dava para o jardim da Casa do Bracelete de Ouro (fig. 58 do encarte); ela dispunha unicamente de dois sofás fixos recobertos de mármore branco em lados opostos do cômodo. Ao fundo, no lugar de um terceiro sofá que teria formado o "U" característico do triclínio romano, havia uma instalação aquática portentosa, ou *nymphaeum*. Tratava-se de um conjunto de doze degraus ornamentado com um mosaico de vidros e conchas conectado à rede pública de abastecimento de onde a água cascateava ou, para sermos mais realistas, fluía suavemente. Da base dos degraus a água era canalizada para um recipiente que ficava entre os sofás, e dali para outro tanque ou fonte situado no extremo da sala que dava para o jardim. Este arranjo se encontra em outras partes de Pompeia, para não mencionar outros lugares, ainda mais magníficos, do mundo romano. Ele deve ter se aproximado da ideia romana do "refeitório paradisíaco". Para eles, parece que nada se assemelhava ao prazer de jantar num ambiente com o som suave da água caindo e o tremeluzir das luzes refletidas nos mosaicos. Na Casa do Bracelete de Ouro o efeito deve ter sido ampliado, na escuridão noturna, por uma fileira de lâmpadas em pequenos nichos dispostos diante dos sofás (ainda que eles também possam ter servido para depositar a comida entre um bocado e outro).

Mas nem todos os jantares eram formais. Não temos ideia de quantos jantares eram feitos neste estilo. Os especialistas modernos insistem que se tratava de um arranjo comum: "a refeição principal no cotidiano romano, *cena* ou 'jantar' era feita no triclínio ao final da tarde...", como se lê em vários livros modernos sobre o mundo antigo. Na verdade, como ocorre com muito do que se lê a respeito da vida social em Roma, isto é uma generalização baseada em um punhado de referências isoladas em autores latinos de distintos períodos, reunidas como se esta tivesse sido a norma. De fato, a maioria dos habitantes de Pompeia muito raramente jantava formalmente em sofás, se é que o fazia; a maioria das casas não tinha um triclínio. Até entre os mais ricos, com mais de uma opção de triclínio em casa, este deve ter sido um acontecimento incomum. Certamente não devemos pensar que outras refeições eram feitas deste modo; independente do que os pompeianos comiam quando saíam da cama pela manhã, não há razão para pensar que o faziam reclinados num triclínio.

Deviam-se consumir alimentos em qualquer lugar da casa. Nas casas menores não havia muita escolha: comia-se onde fosse possível. Nas casas maiores, os escravos provavelmente comiam o que conseguiam pegar no trabalho, ou fora da vista alheia, na área de serviço; presume-se que o porteiro comia no seu cubículo. Outros também deviam agarrar a comida que estivesse à mão, sentados num banco no peristilo ou em cadeiras à mesa no átrio. Certamente é o que sugere o padrão das descobertas. Mesmo tendo em mente toda a confusão antes e depois da erupção, espalhados por todas as casas de Pompeia havia pratos, copos e outros objetos de mesa. A impressão é de gente que comia em movimento.

Há uma contradição instigante nessas ricas casas pompeianas. Elas exibem uma cultura de jantares refinados, com um lugar, arranjos e equipamentos especiais. No entanto, encontramos lado a lado uma cultura muito mais próxima do churrasco ou do *fast-food* modernos. Em outras palavras, apesar de alguns cômodos terem um desenho que aponta para uma função, havia muito menos diferenciação de espaço e atividades na casa pompeiana do que nas nossas — com nossos "quartos", "salas", "banheiros" etc. bem demarcados. Como ocorria em muitos arranjos domésticos antes da era moderna, a maior parte das casas tinha múltiplas funções.

Piso superior, piso inferior

Isto fica ainda mais claro ao analisarmos outras duas questões relacionadas entre si. Onde as pessoas dormiam? E o que ocorria no piso superior? Os andares superiores são um dos mistérios mais intrigantes quando tentamos entender como essas casas teriam sido originalmente, e como devem ter sido usadas. Sabemos que muitas residências tinham um segundo piso. Às vezes, o acesso a ele era diretamente da rua, e provavelmente consistia em um apartamento para aluguel. Na lei romana, a propriedade estava ligada ao terreno, então as unidades habitacionais separadas do segundo piso não poderiam ser propriedade de seus ocupantes. Em outras casas, escadas internas levavam ao segundo piso. Este é o caso, por exemplo, da Casa do Poeta Trágico, embora Bulwer-Lytton omita a questão: as suas personagens não sobem para lá.

O que elas teriam encontrado? É particularmente difícil responder isso, porque restou relativamente pouco da estrutura superior na cidade (onde ela parece intacta, trata-se, na maior parte, de restauração moderna). Às vezes, objetos encontrados nos cômodos inferiores podem pertencer aos cômodos superiores e teriam caído com a destruição. Este é certamente o caso das famosas tabuletas de cera de registro do banqueiro Lucio Cecílio Jucundu, o que sugere que nesta casa parte do piso superior era usado como um depósito excedente para documentos antigos. Mas não sabemos quão comum teria sido este tipo de arranjo.

A resposta óbvia, baseada na nossa própria experiência, que os pisos superiores eram feitos para dormir, provavelmente só está correta em parte. Os principais ocupantes da casa dormiam no térreo. Com frequência encontramos traços de camas ou sofás naqueles pequenos cômodos junto ao átrio ou peristilo e outras casas deviam ter móveis semelhantes, mas transportáveis — embora mesmo estes não devessem ser necessariamente "quartos" no sentido que lhes damos, mas cômodos onde o divã podia funcionar como sofá e cama, usado dia e noite. O mais provável é que o piso superior fosse usado pelos escravos da família para dormir, se é que eles não dormiam no piso da cozinha, junto à porta do seu amo ou no pé da sua cama, e às vezes, claro, *nela*, devido aos deveres sexuais que os escravos deviam cumprir na Antiguidade. Outra teoria enxerga ali mais quartos para o equivalente antigo dos inquilinos, que teriam acesso a eles pela escada no interior da casa, talvez não usando a porta principal na rua, mas uma das portas ao fundo que a maioria das casas tinha. De fato, talvez estejamos lidando com uma mistura dos três usos: depósito, quartos de dormir e quartos ou apartamentos para aluguel.

Em uma casa relativamente pequena (a Casa do Príncipe de Nápoles, cujo nome provém do aristocrata local que assistiu à sua escavação nos anos 1890), há não menos do que três escadas que levam ao piso superior. Uma sai da frente, junto à rua para — presume-se — um apartamento independente alugado. Outra leva do átrio para alguns cômodos que eram no mínimo lúgubres. O último arqueólogo a estudar esta casa pensou que eram provavelmente quartos de dormir para os escravos. Também podem ter sido depósitos. Outra escada subia direto da cozinha para acomodações mais claras que davam para o jardim. Talvez se tratasse de outro apartamento para aluguel (mas com acesso pela cozinha?) ou mais quartos para os escravos domésticos, ou talvez para as crianças da casa e suas babás escravas. Esta última opção seria uma solução para outro pequeno problema em Pompeia: onde dormiam as crianças? À exceção de um berço de madeira achado em Herculano (fig. 56 do encarte), não há evidências de acomodações para as crianças dormirem. Elas simplesmente deviam dormir no térreo com os pais ou, ainda mais provável, com os escravos.

O piso superior suscita uma pergunta ainda mais importante, que é quantas pessoas teriam vivido naquelas casas e — deixando de lado os apartamentos com acesso independente da rua — que tipo de relação mantinham entre si? As casas pompeianas não eram ocupadas unicamente por um casal, seus filhos e um par de criados fiéis. Qualquer um que tenha estudado latim usando o *Cambridge Latin Course* e sua família pompeiana (parcialmente) imaginária pode tirar da cabeça Cecílio e Metella, seu filho Quinto e os escravos Clemente e Grumio, o cozinheiro.

Os romanos abastados viviam em famílias estendidas. Isto não era a mescla informal de avós, tios, tias e uma variedade de primos que costumamos designar por este termo (uma mescla que, de qualquer modo, corresponde mais à ficção saudosista do que à realidade histórica). Era uma *unidade doméstica* estendida — ou *casa cheia*, como a denominou um estudioso de modo mais adequado — que consistia em uma família mais ou menos "nuclear" e um amplo leque de dependentes e parasitas. Estes incluíam não só os escravos (devia haver muitos deles nas residências mais abastadas), como os ex-escravos.

À diferença do mundo grego, em Roma os escravos domésticos eram libertados após longos anos de serviço, num gesto de aparente generosidade da parte do amo que era fruto da mescla de empatia humanitária e interesse econômico — porque o amo se livrava dos gastos com a alimentação e o sustento dos que já não estavam capacitados para o trabalho pesado, ao mesmo tempo que estimulava os outros a serem obedientes e trabalharem duro. O Trimálquio ficcional era uma exceção entre os da sua classe. A maior parte dos ex-escravos permanecia de vários modos ligada e agradecida ao antigo amo e sua família, cuidava das lojas e negócios comerciais e inclusive morava no local — talvez com mulher e filhos. De fato, a palavra latina *familia* não significa o que conhecemos, mas a unidade doméstica mais ampla que *incluía* escravos e ex-escravos.

Então, se somarmos a família nuclear do dono da casa, os escravos e ex-escravos, e os inquilinos, quantas pessoas residiriam num local como a Casa do Poeta Trágico? A verdade é que só podemos fazer conjecturas. Uma teoria diz que o número de camas pode ajudar a calcular. Porém, quando encontramos restos claros de uma cama não temos certeza de que realmente fosse usada para dormir, nem de quantas pessoas podia acomodar ("camas de casal" como tais não foram encontradas em Pompeia nem em Herculano, ainda que muitas pareçam suficientemente largas para mais de um ocupante, criança ou adulto). E o número de pessoas que acomodamos no piso superior ou imaginamos dormidas no chão é absolutamente imponderável. Uma estimativa recente para a Casa do Poeta Trágico aponta cerca de quarenta pessoas. Em minha opinião, é muita gente. Isto envolve abrigar não menos de 28 pessoas no piso superior, o que, multiplicado por toda a cidade, daria um total implausível de 34 mil habitantes. Contudo, mesmo dividindo este número pela metade, ele apresenta a imagem de um estilo de vida relativamente superpovoado, muito distante da ideia da sofisticada *garçonnière* de Bulwer-Lytton — e com o problema considerável que teria sido a existência de uma única latrina.

Reconstruir as casas de Pompeia exige mais do que preencher os vazios do que se perdeu, por mais satisfatório que seja rechear os átrios vazios com armários, teares, biombos e cortinas, para não mencionar o escravo adormecido. Há questões mais importantes sobre o uso das casas pompeianas. Para pensá-las é preciso examinar o modo como a única discussão romana sobrevivente sobre a arquitetura doméstica encara o objetivo da casa e como isto pode nos ajudar a compreender o que restou de Pompeia.

Casas para exibição

Um guia importante sobre a função social das casas romanas é o tratado de Vitrúvio, *Sobre a arquitetura*, escrito provavelmente no reinado do imperador Augusto. Vitrúvio enfoca principalmente os métodos construtivos, os monumentos públicos e o planejamento urbano, mas no sexto livro discute o *domus*, ou "casa particular". Logo fica claro que, para ele, a casa não era "privada" como a entendemos. Para nós, o "lar" está fortemente separado do mundo dos negócios e da política, é aonde você vai para escapar das limitações e obrigações da vida pública. Na discussão de Vitrúvio, pelo contrário, o *domus* é tratado como parte da imagem pública do dono e cria o pano de fundo na condução de parte da vida pública. A história romana tem exemplos reveladores desta identificação entre a figura pública e sua residência. Quando Cícero é forçado a se exilar, um adversário ostensivamente demole a sua casa (e Cícero a reconstrói ao regressar); pouco depois do assassinato de Júlio César, a sua esposa sonhou que o frontão da casa caía.

Vitrúvio aponta diferentes funções para as diversas áreas da casa, com distinções surpreendentes. Por exemplo, ele não sugere que a casa seja dividida em áreas masculina e feminina (como era na Atenas clássica). Tampouco pensa em divisão por faixa etária: não há "ala infantil" na planta ideal da casa de Vitrúvio. Em vez disso, ele distingue entre as partes "comuns" da casa, em que as visitas podem entrar sem serem convidadas, e as partes "exclusivas", em que os visitantes só entram se convidados. As partes "comuns" incluem átrios, vestíbulos e peristilos; as "exclusivas" incluem *cubicula* ("alcovas", apesar de soar antiquado, é uma tradução melhor do que "quarto de dormir"), triclínios ("salas de jantar") e banhos. Isto é quase, mas não exatamente, uma distinção entre áreas públicas e privadas. Não é exata porque — como esclarecem outros escritores romanos — todo tipo de negócios era feito *intra cubiculum*, das declamações e jantares aos juízos legais (no caso dos imperadores). Não se tratava, como no quarto moderno, de um cômodo do qual as visitas são quase inteiramente excluídas, e não era usado principalmente para dormir. Era um cômodo cujo acesso dependia *de convite*.

Vitrúvio também ressalta a hierarquia social no desenho da casa. A elite romana, que detinha cargos públicos e políticos, necessitava das requintadas áreas "comuns" da casa. Os que estavam mais abaixo na pirâmide social se viravam sem um grande vestíbulo, átrio ou *tablinum* (o cômodo relativamente amplo que, como na Casa do Poeta Trágico, muitas vezes ficava entre o átrio e o peristilo e era usado, presume-se, pelo dono da casa). Claro que estes podiam passar sem ele, pois não tinham um papel público ou civil, com subordinados, dependentes e clientes para receber. Pelo contrário: eram eles que frequentavam os vestíbulos, átrios e *tablina* de outrem.

A teoria de Vitrúvio não se encaixa inteiramente nas evidências de Pompeia. Por exemplo, os átrios não eram exclusivos, como ele parece implicar, das grandes casas exibidas ao público, pois estavam presentes também em estabelecimentos bem pequenos. Diante dos restos com que nos deparamos no sítio arqueológico, pode ser difícil apontar os nomes que ele emprega para cômodos específicos (embora os mapas modernos estejam repletos da sua terminologia latina). Vitrúvio apresentou um ideal da arquitetura romana no nível mais alto e abstrato, e certamente não pensava nas casas de uma pequena cidade ao sul da Itália. Ainda assim, a sua visão da função pública do *domus* pode nos ajudar a entender melhor pelo menos as casas mais grandiosas de Pompeia.

Independentemente de o porteiro permitir ou não o acesso às casas (certamente entrar "sem ser convidado" é uma proposta mais teórica do que real), os interiores eram feitos *para serem vistos*. Claro, eles ficavam fechados e tinham o acesso proibido à noite, e mesmo durante o dia era possível impedir a visão do centro da casa com tecidos, portas internas e cortinas. Mas isso não invalida a lógica subjacente, segundo a qual a porta de entrada devia permitir uma visão cuidadosamente planejada do espaço interior. Ao mirar atentamente a Casa do Poeta Trágico, por exemplo, o olhar seria atraído primeiro pelo amplo salão entre o átrio e o peristilo (o *tablinum* de Vitrúvio), depois diretamente pelo peristilo ou pelo altar na parede ao fundo do jardim. Fora do campo de visão ficavam as áreas mais "exclusivas", tais como a grande sala que, provavelmente, servia para jantar junto ao peristilo e as áreas de serviço e a cozinha.

Na Casa dos Vétios há efeitos mais criativos sobre um tema "priápico" que costuma atrair a atenção dos visitantes modernos. No vestíbulo da casa está uma das imagens mais fotografadas e reproduzidas de Pompeia: uma pintura do deus Príapo, protetor do lar, que sopesa o seu enorme falo numa balança usando uma bolsa de dinheiro como contrapeso (fig. 59 do encarte). Aqui há uma questão mais esperta que não se percebe à primeira vista, pois, além de exibir uma ereção jactanciosa, a imagem ilustra um trocadilho com as palavras *penis* e *pendere*, "pesar". Mas esta não era a única figura na casa. Na linha de visão do visitante antigo, muito provavelmente este Príapo estivesse ligado a outra imagem priápica. Da porta de entrada, olhando diretamente pelo átrio, o peristilo e o jardim (não havia *tablinum* na Casa dos Vétios), o olhar era atraído para uma grande estátua de mármore de Príapo numa fonte que rimava com a figura da entrada — embora, neste caso, a brincadeira fosse a água que jorrava do seu pênis ereto. A mensagem implícita de poder e prosperidade era reforçada pelo desenho do átrio. Em ambos os lados, grandes baús de bronze — para guardar o tipo de riquezas que o Príapo da entrada está sopesando — eram exibidos com destaque. Em outra direção estavam as áreas mais "exclusivas" e os cômodos de serviço.

Mais uma vez, seguindo a dica de Vitrúvio, que relacionava o desenho da casa às hierarquias da sociedade romana (especialmente as relações entre os homens da elite e seus vários dependentes), alguns arqueólogos tentaram imaginar como teria sido um ritual social caracteristicamente romano naquele ambiente pompeiano. O ritual em questão é o *salutatio* matutino, no qual "clientes" de todo tipo visitavam os seus patronos ricos para receber favores ou dinheiro em troca de votos ou para fornecer serviços mais simbólicos (serviço de acompanhamento ou simples aplausos) que aumentassem o prestígio do patrono. Em Roma, temos várias queixas sobre isso, do ponto de vista dos clientes, na poesia de Juvenal e Marcial; como dependentes relativamente ricos, causaram muito alarde, como era de se prever, pelas indignidades que tiveram de passar em troca de retribuições modestas. "Prometes-me três denários", queixa-se Marcial, "e me dizes para ficar à disposição no teu átrio vestido com a minha toga. Depois devo estar ao seu lado, caminhar adiante da tua cadeira enquanto visitas dez viúvas, mais ou menos...". Em Pompeia é fácil imaginar como era este ritual no interior do *domus*: os clientes se alinhavam nos bancos de pedra e quando as portas da casa se abriam pela manhã atravessavam a estreita passagem da entrada até o átrio para esperar a sua vez de falar com o patrono, orgulhosamente sentado no *tablinum* a dispensar favores, ou não, segundo o seu humor.

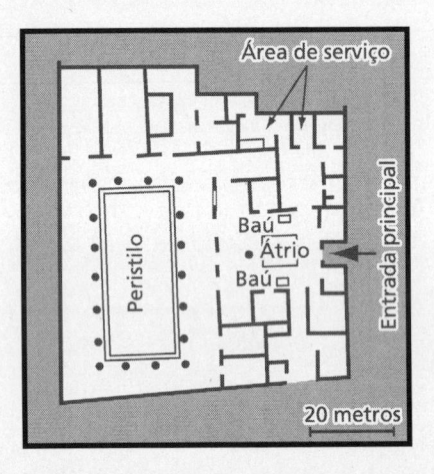

Figura 7. A Casa dos Vétios.
Um grande peristilo domina a casa, para onde se abrem cômodos magnificamente decorados. As visitas se deparavam com isto e com os baús que simbolizavam (e certamente continham) a riqueza do dono.

Certamente esta imagem é demasiado grandiosa e formal em comparação com o que realmente devia ocorrer em Pompeia. Ainda que em Roma o ritual do *salutatio* matutino fosse regular e estruturado, como sugerem os poetas (e tenho minhas dúvidas quanto a isso), ele não podia ser igual numa cidade pequena. Além disso, temos de recordar que em Pompeia o ritual devia ocorrer num espaço que era também a principal área de depósito da casa e podia incluir um ou dois teares, bem como um poço. Em vez de imaginar o *salutatio* interrompido pela roçadura das mulheres tecendo e o rebuliço dos escravos indo e vindo dos armários, alguns arqueólogos afirmam ver ali um tipo de zoneamento temporal. Neste modelo, o átrio seria o território do amo pelas manhãs e só seria ocupado pela família e os escravos depois que ele saísse para o Fórum e outros assuntos públicos. Mas continuo duvidando que isso fosse assim tão bem organizado.

Também corremos o risco de simplificar demais a dinâmica social das relações, seja em Roma ou em Pompeia. As ansiedades e humilhações dos que esperavam ser admitidos na presença do patrono são uma coisa. Imagine o que devia ser explicar o seu caso a um manda-chuva para que ele decidisse se estava ou não disposto a ajudá-lo (um emprego para o seu filho, um empréstimo, relevar o aluguel atrasado). A outra parte também devia ficar ansiosa. Naquele mundo de status e exibição, os patronos precisavam dos clientes quase tanto quanto estes precisavam deles. Imagine a ansiedade e a humilhação de um patrono instalado no seu *tablinum* à espera dos clientes se ninguém aparecesse.

No entanto, estes rituais de poder, dependência e patronato ajudam a revelar a lógica da casa romana e seus arranjos. Eram casas feitas para a exibição — e esta ideia se espalhava, ainda que diluída, pelas propriedades compostas por um punhado de cômodos ao redor do átrio.

Para ricos e pobres: não "casa pompeiana"

As casas construídas em volta de um átrio e, muitas vezes, de um peristilo, passaram a representar o mundo doméstico de Pompeia. Em parte por causa de livros como *Os últimos dias de Pompeia*, elas há muito tempo cativaram a imaginação popular e hoje são conhecidas simplesmente como "*a* casa pompeiana", como se houvesse uma só arquitetura doméstica na cidade. De fato, elas são uma dentre muitas. Isto é algo significativo por si só. A variedade no tamanho, no tipo e na grandiosidade das habitações assinala a enorme disparidade de renda na cidade. Há um forte contraste com as habitações relativamente homogêneas em algumas cidades gregas escavadas, onde as diferenças entre ricos e pobres eram ao menos disfarçadas pelas casas, que tinham mais ou menos o mesmo tipo e tamanho. Em Pompeia havia um fosso muito grande entre a maior e a menor casa com átrio, mas até a menor delas estaria muito além das posses de centenas de habitantes livres da cidade. Ironicamente, uma boa quantidade de escravos, ainda que confinados a sótãos sujos, vivia em condições e ambientes que alguns pobres livres teriam invejado.

Então, onde viviam os pobres? Isto depende um pouco do que entendemos por "pobre" — e *quão* pobre. Uma teoria particularmente sombria é a de que se por "pobreza" queremos dizer "indigência", então havia muito poucos pobres na Antiguidade, pela simples razão de que a indigência era o primeiro passo no atalho para a morte. Os "pobres" necessitavam de meios razoavelmente seguros de sustento simplesmente para sobreviver, fosse um comércio ou um ofício, ou ligações com as unidades domésticas estendidas dos ricos. Os que não tinham meios não sobreviviam e ponto final.

Já observamos os cômodos apertados e exíguos que se comunicavam com as lojas e oficinas. Eles provavelmente eram unidades habitacionais assim como as casas com átrio, ainda que, obviamente, acomodassem menos pessoas. Num nível inferior, o mendigo retratado em cenas do Fórum dá uma ideia da vida à beira da indigência. É difícil imaginar onde ele podia dormir à noite. Contudo, dada a ansiedade dos códigos de direito romano diante dos que profanavam grandes túmulos, ocupando-os para viver ("Quem quiser pode denunciar os que vivem em tumbas ou fazem delas a sua morada", como dizia a antiga lei romana), os impressionantes mausoléus familiares erigidos à beira das estradas que deixavam a cidade seriam os candidatos mais prováveis. Mas havia muitas outras opções, dos arcos do Anfiteatro às colunatas dos templos.

Quase no limite estavam aqueles que ocupavam os quartos espremidos entre as casas e lojas, que se abriam para a rua, mas não tinham nada além de uma cama de alvenaria (fig. 60 do encarte). Eles costumam ser identificados como cubículos de prostitutas e, de fato, vários têm um falo proeminente acima da entrada. Mas eles também podiam ser os cômodos minúsculos e austeros dos pobres — sendo o falo um símbolo otimista de boa sorte, e não um anúncio de serviços sexuais. Ou, claro, podiam ser as duas coisas. Porque a prostituição no mundo romano era, como costuma ocorrer, o último recurso dos menos favorecidos. Podia ser a última esperança de sobrevivência daqueles sem as redes de apoio usuais: do escravo fugido ao órfão ou à viúva.

Subindo na escala da riqueza havia outras variedades de habitação. No extremo sudeste da cidade existe um grupo característico do que chamaríamos de pequenas casas *em terraços*. Estreitas habitações de um só andar, com um pátio aberto central sem átrio, estão alinhadas, têm o mesmo padrão e a mesma escala (aproximadamente do tamanho de uma pequena casa com átrio) e foram construídas na mesma época, ao final do século III a.C. Possivelmente parte de um plano habitacional para receber uma leva de novos habitantes (talvez os desalojados na guerra contra Aníbal), elas ainda eram usadas no momento da erupção, ainda que à época muitas tivessem sido acrescidas de átrio e piso superior.

Havia também os apartamentos alugados. Já vimos claros sinais de acomodações alugadas nos pisos superiores das casas com átrios. Há também claras evidências de um mercado de aluguel mais sistemático, em larga escala e construído com este fim. Assim, uma mescla de apartamentos grandes e outros dotados de átrio ocupam os três andares superiores de um edifício ostentoso que se debruça sobre a ladeira ao sul da cidade, com vista para o vale por onde corre o rio. Os pisos inferiores eram usados por uma das termas privadas da cidade, hoje denominada Termas do Sarno pela vista que tem do rio (lá foram encontrados os grafites das crianças que esperavam suas mães; ver p. 27). Único prédio deste tipo na cidade, o seu estilo remete a edifícios de apartamentos mais caros encontrados em Ostia. Muitos cômodos eram claros e arejados, com grandes janelas e terraços que ofereciam vistas maravilhosas — muito diferentes da casa com átrio, que olhava para si mesma. Dificilmente teriam acomodado gente realmente pobre. Seriam eles mais semelhantes aos apartamentos de solteiro de Bulwer-Lytton?

Contudo, havia inconveniências. Embora um grande número de apartamentos nos pisos superiores de outras casas tivesse privadas (um assento de madeira num buraco na parede), pelo que sabemos estas não as tinham. E a proximidade das termas podia ser irritante para os que apreciavam a paz e o silêncio. Ao menos é o que se deduz das queixas do filósofo Sêneca, que viveu em condições similares em Roma:

> Vivo exatamente sobre umas termas. Imagine agora todo tipo de sons que me fazem odiar a capacidade de ouvir. Quando os jovens musculosos se exercitam e erguem e baixam pesos de chumbo, quando estão se exercitando ou fingindo fazê-lo, ouço seus grunhidos... Finalmente imagine o depilador com sua voz aguda e estridente que não se cala nunca, exceto ao arrancar os pelos do sovaco de alguém, e então é o cliente quem grita.

Sêneca podia ser um desmancha-prazeres, mas neste caso podemos entendê-lo.

Em outra grande propriedade a cinco minutos de caminhada para o norte do Fórum foi encontrado algo que nos permite vislumbrar a organização do mercado de aluguel e os vários tipos de propriedades disponíveis. Junto a uma esquina de rua havia um anúncio visível (ainda que hoje esteja apagado):

Para alugar a partir de 1º de julho. Na *insula* Arriana Polliana, propriedade de Caio Aleio Nigídio Maio, unidades comerciais/residenciais com mezaninos [*tabernae cum pergulis suis*], apartamentos de qualidade no segundo piso [*cenacula equestria*] e casas [*domus*]. Agente: Primo, escravo de Caio Aleio Nigídio Maio.

O escravo que atuava como agente tinha três tipos de acomodação em oferta, que se pode identificar em diferentes pontos da ampla propriedade onde estava pintado o anúncio (fig. 8, p. 108).

No centro do conjunto — a *insula* Arriana Polliana — há uma grande casa com átrio, um peristilo e (ao menos na sua forma final) outro jardim ao fundo. Por um erro de identificação, esta casa era chamada de Casa de Pansa, mas na verdade deve ter pertencido a Caio Aleio Nigídio Maio, membro de uma antiga família da região e ativo no governo local da cidade entre os anos 50 e 60 d.C., que procurava locatários para seus *tabernae*, *cenacula* e *domus*. *Tabernae* costuma ser traduzido por "lojas" ou "oficinas", e é o que encontramos, ao longo da rua principal, nas unidades com as características fachadas abertas (números 21-3, 2-4); os mezaninos, onde o lojista e sua família costumavam viver, desapareceram, mas em alguns lugares os furos das vigas ainda são visíveis. Na rua lateral, os números 14-16, sem a loja frontal característica, podiam ser apenas residenciais, daí a minha tradução "unidades comerciais/residenciais".

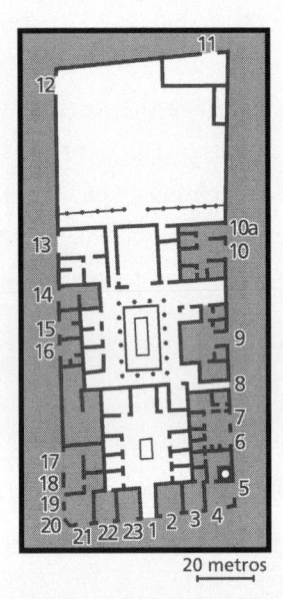

20 metros

Figura 8. *Insula* Arriana Polliana.
Toda esta propriedade estava dividida em residências de elite (área não
sombreada), com átrio e peristilo e cujo acesso era pela entrada 1, e várias
unidades menores nas laterais – lojas e apartamentos – disponíveis para
aluguel. Escadas davam acesso aos apartamentos do piso superior.

Era possível ascender aos apartamentos do piso superior, *cenacula*,
pelas escadas na rua nos números 18, 19, 6, 8 e 10a. A descrição *equestria* refere-se literalmente à elite romana dos "cavaleiros", um grupo
rico que vivia em circunstâncias muito mais luxuosas do que aquelas.
Aqui, o adjetivo é provavelmente usado como uma promessa (ou
expectativa) de alguma respeitabilidade social, assim como a antiga
frase "fornecedor para cavalheiros". As casas (*domus*) provavelmente
ficavam nos apartamentos do térreo, números 7, 9 e 10, a menos que a
casa com átrio no centro também fosse alugada e Nigídio Maio tivesse
se mudado para outro lugar.

É difícil saber exatamente como localizar os ocupantes destas várias
unidades no espectro social da população da cidade, embora diversas

observações no *Satíricon* de Petrônio confirmem a posição relativa do prestígio advindo dos bens materiais. Em certo momento, durante uma discussão conjugal, Trimálquio lança um comentário mordaz sobre as origens humildes da esposa: "Quem nasce num mezanino não sonha com palácios." Em outra parte, a ascensão social de uma visita de Trimálquio é ressaltada pelo fato de que ele vai sublocar o seu *cenaculum* (curiosamente, "a partir de 1º de julho", a mesma data dos contratos de Nigídio Maio), pois havia comprado um *domus*. Tampouco podemos ter certeza da duração destes aluguéis e, portanto, da segurança de que gozavam os locatários. Mas outro anúncio de aluguel na cidade, de acomodações na Casa de Júlia Félix, menciona "uma elegante sala de banho para clientes de prestígio, *tabernae*, acomodações no mezanino (*pergulae*) e apartamentos no piso superior [*cenacula*] com contrato de cinco anos".

O que fica claro, entretanto, é que a *insula* Arriana Polliana reúne num só conjunto, e de modo agradável, a diversidade de acomodações disponíveis na cidade. Hoje temos pena dos habitantes pobres da *pergula*, constantemente afrontados pela amplidão palaciana da casa vizinha com átrio.

Mas não só os pompeianos mais pobres viviam em acomodações de todo tipo. Nem todos os habitantes mais ricos da cidade viviam em casas com átrio "padrão". Algumas, por exemplo, nas últimas fases da história da cidade apresentam áreas ajardinadas tão desenvolvidas e amplas que o foco e a característica da propriedade parecem completamente alterados, mesmo conservando parte dos elementos básicos que observamos.

Um caso clássico é a Casa de Otávio Quartio (assim denominada devido a um anel de sinete com esse nome gravado encontrado em uma das suas lojas), que estava em reforma no momento da erupção. Como mostra a planta (fig. 9, p. 134), os cômodos não eram particularmente espaçosos e o foco estava no grande jardim e nos elaborados ornamentos e instalações de água (que aproveitavam o abastecimento público). Na parte frontal do jardim, uma longa pérgula cobria um estreito canal de água, cruzado por uma ponte, onde originalmente havia uma fileira de estátuas. De um lado havia uma sala de jantar ao ar livre, do outro, um "altar" decorado que abrigava uma imagem da deusa Diana ou de Ísis (a pintura sobrevivente inclui Diana banhando-se e um sacerdote de Ísis). Mais adiante, em um nível mais baixo, outro canal estreito coberto por pontes e arcos se estendia por uns 50 metros ao longo do jardim com fontes elaboradas no centro, ao final, e pinturas decorando todas as superfícies possíveis. De ambos os lados do jardim havia aleias com arbustos e árvores, além de mais pérgulas. A água servia como ornamento e também para a criação de peixes (fig. 62 do encarte).

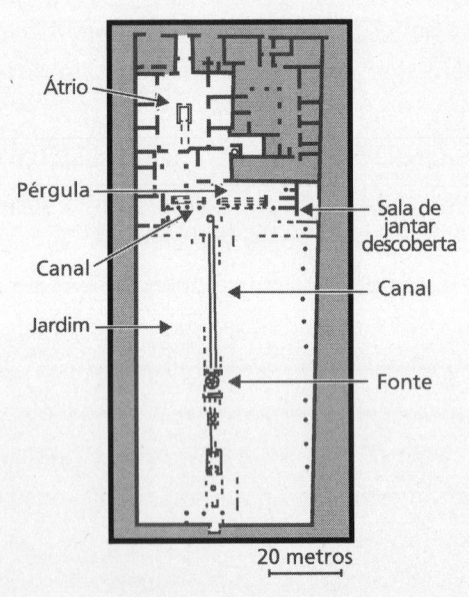

Figura 9. A Casa de Otávio Quartio.
Um local relativamente pequeno e mesmo assim o jardim ornamental supera amplamente a pequena área construída. As áreas sombreadas pertencem a outras propriedades.

138

Por trás de muitos destes detalhes está a influência da arquitetura da casa rural romana, ou "vila". Os elementos característicos dos jardins das vilas eram os cursos de água ornamentais, altares e aleias entre flores e árvores. Uma vez Cícero zombou dos nomes desabusados com que a elite romana batizava os canais dos seus jardins: "Nilo" ou "Euripo" (estreito entre a ilha de Eubeia e o continente grego). No entanto, ele gostava muito de um Euripo que havia numa das propriedades rurais do seu irmão Quinto e, em determinado momento, pensou em construir um altar para a obscura deusa Amalteia, imitando um detalhe elegante do jardim da vila do seu amigo Atico. Mais tarde, o imperador Adriano instalou um "Canopus" (outro canal egípcio) muito ostensivo no palácio rural em Tivoli, que ainda sobrevive. Outra marca do jardim das vilas era a combinação de produtividade e ornamentação que encontramos neste tanque ornamental/de peixes em particular. Para o proprietário romano, parte do prazer da casa rural era integrar os cultivos produtivos ao esquema decorativo: uma combinação de agricultura e elegância.

Este modelo, então, traz o estilo das propriedades rurais à cidade. Ele faz muito sucesso entre os atuais visitantes, que adoram passear junto aos canais e sob as pérgulas, como os antigos residentes deviam fazer. Contudo, alguns arqueólogos desdenham disso. Segundo eles, há coisas demais apinhadas num único espaço ("duas pessoas não conseguem caminhar lado a lado sob a pérgula sem topar a toda hora com uma fonte, uma pequena ponte, um pilar ou um poste ou tropeçar nas estatuetas na grama"). Este é um "mundo de Walt Disney" em que o dono, com pouco gosto, tentou imitar o mundo recreativo dos seus superiores e escolheu a quantidade em detrimento da qualidade.

É justo encarar o fato de que a arte e o design antigos podem ser decididamente de quinta categoria. E algumas pinturas nesta casa são de "qualidade modesta", para usar um eufemismo. Mas é difícil não suspeitar que, ao achar que a casa é de "mau gosto", estamos — ainda que inconscientemente — partilhando dos preconceitos de muitos romanos da elite, que zombavam dos esquemas palacianos erigidos em escala doméstica. Afinal de contas, Trimálquio, o ex-escravo, devia ser horrivelmente vulgar. Mas parte da brincadeira do romance de Petrônio é que ele imita à perfeição a cultura da elite aristocrática. Ao rir dele, nos vemos rindo deles (ou de nós mesmos) também.

Ninguém desdenhou deste modo do grupo de casas no lado oeste de Pompeia, construídas diretamente sobre a velha muralha da cidade no início da colonização romana (depois do ano 80 a.C., talvez por alguns dos primeiros colonos) — cuja forma final, com quatro ou cinco pisos, desce pelo declive em direção ao mar (fig. 38 do encarte). De muitas formas, elas são hoje as casas mais impressionantes de toda Pompeia, em parte porque caminhar à sua volta em diferentes níveis, subindo e descendo as escadas remanescentes, dá a impressão de estar *bem dentro* de uma antiga casa que raramente se vê em outra parte.

Elas também contam uma das histórias mais lamentáveis das escavações modernas. Bombardeadas em 1943, foram escavadas nos anos de 1960, mas nunca foram devidamente publicadas e mesmo os registros inéditos e as anotações são escassos. Isto significa que temos poucas informações sobre a história do seu desenvolvimento e de detalhes da planta interna. Em alguns pontos é difícil identificar onde estão as divisões entre as casas e quantas unidades habitacionais havia. Elas tampouco estão abertas ao público (ainda que se possa ter uma boa visão da entrada do sítio na Porta do Mar). O resultado disto tudo é que, apesar de serem um ponto alto do sítio arqueológico, apreciado pelos que tiveram a sorte de obter autorização para visitá-las, elas não têm destaque nos guias, nas histórias da cidade e nem mesmo nos cursos. Elas não influenciaram a nossa visão das casas de Pompeia tanto quanto deveriam.

O melhor modo de entender estas casas grandes de vários andares é pensá-las como casas com átrios, organizadas, segundo os princípios de Vitrúvio, na vertical, em vez de horizontalmente, e voltadas para o mar e não para si mesmas. Na mais magnífica delas, a Casa de Fábio Rufo (nome que aparece em diversos grafites na casa), entra-se pelo térreo do lado da cidade num átrio relativamente modesto para um prédio deste tamanho. Mas, em vez de avançar pela casa em direção às áreas "exclusivas", avança-se dois pisos para baixo onde, junto ao mar, há uma série de cômodos suntuosos para entretenimento, com amplas janelas e terraços. As áreas de serviço parecem estar em cômodos escuros, erguidos junto à colina, sem vista e com pouca luz natural (fig. 63 do encarte).

Para os donos e convidados, aquele era um lugar para desfrutar da luz, do ar e da vista. Um artista do grafite que trabalhou numa escadaria na casa entendeu isto. Em meio aos rabiscos de um tal Epafrodito, que escreveu diversas vezes o próprio nome e o da sua amada ("Epafrodito e Thalia") e logo abaixo de uma rima de amor tão clichê que foi reproduzida inúmeras vezes pela cidade ("Quisera ser um anel no seu dedo por apenas uma hora..."), alguém escreveu as primeiras três palavras do segundo livro do poema filosófico de Lucrécio, *Da natureza das coisas*: "*Suave mari magno*" — "É doce quando, no vasto mar...". Ele prossegue, como provavelmente o nosso rabiscador conhecia: "...os ventos encrespam as ondas, fitar da terra firme o trabalho de um outro."

Realmente, devia ser muito agradável contemplar o mar da Casa de Fábio Rufo.

Nomes e endereços

No vão da porta de uma pequena casa no sul da cidade cujo interior permanece sem escavação foi achada uma pequena placa de bronze. Ela diz: "Lúcio Sátrio Rufo, secretário imperial (aposentado)". Se, como parece plausível, ela for a placa da porta, então é a única deste tipo conhecida na cidade até agora. Aqui viveu um homem que pertenceu, ou foi ligado, a uma das mais antigas famílias de Pompeia. A sua genealogia exata é incerta, porque ex-escravos e seus descendentes tomavam o nome de família dos amos, então um Sátrio pode ser alguém desta linhagem de notáveis locais ou pode remeter a um dos seus escravos. Neste caso, dado o tamanho aparente da casa e a natureza do seu trabalho, podemos suspeitar que se trata da última possibilidade. Seja como for, parece que estamos lidando com um homem local que trabalhou na administração do palácio imperial em Roma, aposentado em sua cidade natal. Orgulhoso, ele alardeava na placa fixada à porta o seu emprego a serviço do imperador.

Conhecemos os nomes de milhares de pessoas de Pompeia, das grandes famílias dos Sátrios e Holcônios Rufos aos nomes de batismo e os apelidos dos que rabiscaram ou tiveram seus nomes rabiscados nas paredes (os quais, claro, não eram necessariamente menos importantes, já que a prática do grafite não se restringia às classes baixas): "Olá, minha Prima, onde quer que você esteja. De Segundo. Por favor, ame-me, querida", "Ladicula é um ladrão", "Atimeto me engravidou". Às vezes podemos até colocar rostos nos nomes, ainda que algumas estátuas formais dos notáveis locais que resistiram tendam a favorecer os seus retratados para além dos limites da credibilidade. Ereto em seu pedestal na praça diante das Termas Estabianas na Via dell'Abbondanza, Marco Holcônio Rufo, figurão da cidade na época de Augusto, tinha uma vestimenta mais adequada a um imperador romano conquistador do que ao funcionário de uma cidade pequena (fig. 94 do encarte). Talvez mais realista — ou pelo menos mais engraçada — é a caricatura de um "Rufo", com nariz romano e tudo (fig. 64 do encarte).

É particularmente difícil ligar as casas aos sobrenomes, e este processo fica ainda mais enrolado quando tentamos pensar no monte de gente e dependentes que costumavam viver juntos no mesmo estabelecimento. Como vimos, muitas identificações não passam de conjecturas, com base em cartazes eleitorais que indicam que o candidato em questão, ou o seu cabo eleitoral, vivia por ali, ou em anéis de sinete e sinetes de pedra. Não é exagero dizer que, para os arqueólogos, os pobres fugitivos da cidade deviam viver nos lugares onde tiveram a infelicidade de deixar cair os seus anéis de sinete durante a correria para escapar da erupção.

Às vezes as conjecturas resultam verdadeiras, ou parcialmente verdadeiras. Há algumas décadas, alguém sugeriu que o dono de um pequeno bar uma quadra ao sul da Via dell'Abbondanza se chamara Amaranto, com base num anúncio eleitoral na fachada, no qual um "Amaranto pompeiano" (isto é, "Amaranto de Pompeia") incita seus conterrâneos a elegerem o seu candidato. Ao mesmo tempo, a partir de um anel de sinete, decidiram que a pequena casa vizinha havia pertencido a Quinto Mestrio Máximo.

Há pouco tempo estas propriedades foram escavadas novamente. O novo trabalho mostrou que, nos últimos anos da cidade, as duas casas estavam unidas e num estado deplorável. O balcão do bar estava em ruínas, o jardim, abandonado (a análise do pólen encontrou um punhado de esporos de samambaias) e a propriedade geminada era usada como um depósito de ânforas de vinho (*amphorae*). O esqueleto da mula que era usada para transportá-las foi encontrado ali junto com um cão (de guarda). Em duas ânforas estava escrito "Sexto Pompeio Amaranto", ou apenas "Sexto Pompeio". O negócio devia realmente estar nas mãos deste Amaranto, cujo nome também aparece em grafites em outras partes da vizinhança. De fato, pode não ser muito absurdo pensar que o sujeito narigudo (ou talvez o homem barbudo) retratado junto à garatuja "Olá, Amaranto, olá" seja o próprio Amaranto (fig. 65 do encarte). E Quinto Mestrio Máximo? Ele podia ser o seu sócio, ou simplesmente o dono de um anel perdido.

A verdade é que em raras ocasiões podemos ter certeza sobre a identidade dos ocupantes de uma casa. Um exemplo seria a casa de Lúcio Cecílio Jucundo, cujos registros bancários caíram do sótão. Com um pouco mais de frequência é possível saber com razoável certeza quem eles eram. Apesar da velha dúvida insistente, o equilíbrio de probabilidades deve indicar que a Casa dos Vétios foi a propriedade de um ou de ambos os irmãos Aulo Vétio Conviva e Aulo Vétio Restituto (embora um arqueólogo cético recentemente tenha elaborado a teoria de que eles eram dependentes encarregados de etiquetar mercadorias que entravam e saíam da casa). A Casa de Júlio Políbio ganhou este nome por um homem que é mencionado como candidato e cabo eleitoral em anúncios na fachada e no interior da casa. Mas ela também está fortemente ligada a Caio Júlio Filipo, provavelmente um parente, cujo anel de sinete foi encontrado em um armário — e, portanto, não caiu ali por acaso — e que também é mencionado em escritos no interior da casa.

Mas quando conhecemos a identidade dos ocupantes, que informação extra isto nos dá? Com Amaranto, não nos dá nada além da satisfação de conseguir colocar nome numa casa. Em outros casos, informações complementares sobre as pessoas envolvidas ou só o nome podem apontar em direções interessantes. Um dos irmãos Vétios era membro do *Augustales* local (parte clube social, parte sacerdócio, parte escritório político, ver p. 243-244), é uma pista certeira de que ambos eram ex-escravos, pois o *Augustales* era quase totalmente composto por este estamento da sociedade romana. No caso de Júlio Filipo e Júlio Políbio, independentemente da exata relação entre eles, os seus nomes sugerem — por mais alto que fosse o seu status na elite política de Pompeia na metade do século I d.C. — que também podiam traçar a sua ascendência aos escravos livres; porque o nome Júlio muitas vezes indica um escravo liberto por um dos primeiros imperadores cujo sobrenome era Júlio. Estes são dados interessantes sobre os limites permeáveis entre escravos e homens livres na sociedade romana.

Ano 79 d.C.: tudo muda

É quase inevitável que saibamos mais sobre as casas de Pompeia e seus ocupantes do modo que eram nos anos imediatamente anteriores à erupção. Mas ainda podemos ver um pouco das reformas, acréscimos e mudanças de função que marcaram a sua história. Como qualquer cidade, Pompeia estava sempre em movimento. Os donos das casas obtinham mais espaço comprando partes das propriedades vizinhas e abrindo uma comunicação entre elas. Os limites da Casa de Menandro se expandiram e contraíram, na medida em que seus donos compravam ou vendiam parte das casas vizinhas. A Casa dos Vétios foi formada pela união e reforma de duas propriedades menores. Lojas eram abertas e fechadas. O que alguma vez fora uma unidade residencial foi mais tarde reformado para outros usos: bares, oficina de pisoamento e oficinas. Ou vice-versa.

Há uma tentação óbvia de atribuir qualquer empobrecimento aparente às consequências do terremoto de 62 d.C. De fato, onde não há mais evidências, sempre pareceu conveniente datar as conversões industriais ao "pós-62". Mas atenção. É claro que este tipo de mudanças tinha uma história muito mais longa na cidade. Um estudo detalhado de três oficinas de pisoamento, que geralmente se presume teriam "invadido" casas particulares após o terremoto, deixou claro que elas coexistiram com a função residencial das casas (apesar do fedor hediondo). Ao menos uma das reformas foi feita certamente antes do ano 62.

Contudo, *havia* uma grande quantidade de obras civis e de decoração acontecendo no momento da erupção, mais do que parece compatível com os processos comuns de mudança e renovação. E há evidências de desativação e declínio. Para usar como exemplos unicamente as casas que vimos até agora: na Casa do Príncipe de Nápoles, o que fora um grande salão para convidados parece que estava sendo usado como depósito; o mesmo ocorria na Casa de Júlio Políbio (onde em alguns quartos vazios foram encontradas jarras de cal, sugerindo que havia uma reforma em andamento); na Casa da Vênus de Biquíni, a redecoração fora iniciada e suspensa; parece que ela ainda estava em curso na Casa de Fábio Rufo e na Casa das Vestais; na Casa de Menandro, a sala de banho particular estava em grande parte fora de uso e havia desabado ou fora desmontada; na pequena Casa de Amaranto também foram encontrados materiais de construção, mas não havia sinais de trabalhos em andamento (os planos podem ter sido abandonados).

Parece implausível que toda esta atividade tenha sido provocada pela necessidade geral de fazer consertos ou pelo terremoto de 62 (de fato, alguns trabalhos obviamente eram para refazer os reparos "pós-62"). É quase certo que muito do que vemos seja uma resposta aos danos causados pelos tremores pré-erupção ao longo das semanas ou meses anteriores à erupção final. O verão de 79 d.C. não foi comum para os proprietários em Pompeia. Para os otimistas, pode ter sido uma série de rachaduras incômodas nas pinturas que exigiram restauração. Para os pessimistas (e aqueles que tinham tempo para pensar no futuro), pode ter sido motivo para refletir sobre o que viria a seguir.

Em seguida, vamos acompanhar a reação de uma família de otimistas que vivia na Casa dos Pintores Trabalhando.

4.

AS PINTURAS E DECORAÇÕES

Cuidado: pintores trabalhando

Na manhã de 24 de agosto de 79 d.C., uma equipe de pintores, talvez três ou quatro, foi até uma casa grande quase ao lado da Casa de Júlio Políbio para dar seguimento ao trabalho que haviam começado algumas semanas antes. Ainda não sabemos exatamente quão grande ou grandiosa era a casa, pois ela ainda não foi totalmente escavada. O que temos até agora é a parte dos fundos: um peristilo (descrito na p. 106), os quartos à sua volta e uma pequena entrada numa viela lateral (fig. 10, p. 144). Entre a parede do fundo do jardim e a Via dell'Abbondanza havia — na justaposição pompeiana característica de residência elegante e infraestrutura econômica — uma loja e uma padaria (que visitaremos no próximo capítulo). A porta frontal principal da casa — hoje conhecida, por razões óbvias, como a Casa dos Pintores Trabalhando — devia dar para uma rua ao norte.

Claramente, importantes trabalhos de redecoração estavam em curso. Havia pilhas de cal nas colunatas do peristilo, além de areia e *tesserae* de mosaico e outros revestimentos de piso amontoados junto da cozinha. Os pintores estavam trabalhando no cômodo mais impressionante da casa, de uns 50 metros quadrados, que dava para o jardim. Eles devem ter fugido por volta do meio-dia, largando o equipamento e as pinturas para trás no meio das pinceladas. Ali foram achados compassos, restos de andaimes, jarras de gesso, tigelas para misturar, além de mais de cinquenta pequenos potes de tinta (inclusive alguns — a maioria vazios — guardados numa cesta de vime num quarto ao norte do peristilo, que obviamente estava sendo usado como depósito durante a obra).

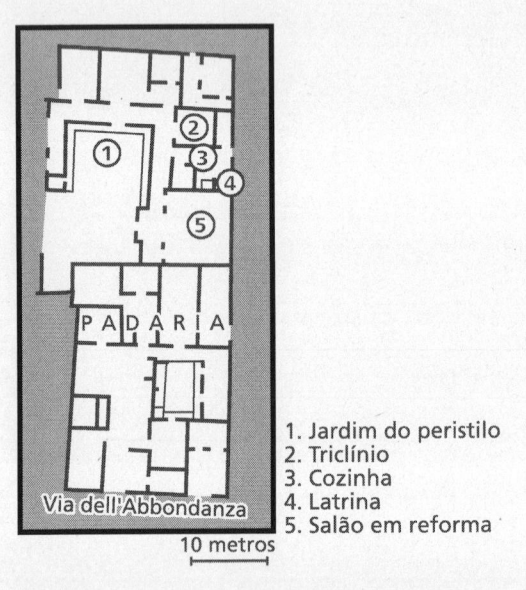

Figura 10. A Casa dos Pintores Trabalhando.
Esta casa ainda não foi totalmente escavada. A parte de trás faz parede com a Padaria dos Amantes Castos. A entrada principal devia estar em algum ponto no norte (no alto).

Graças à súbita interrupção, temos uma rara visão do trabalho manual em andamento, o que nos permite começar a reconstruir o método de trabalho, a sua ordem e ritmo e quantos pintores havia. Um princípio básico — e não passa de senso comum — é que eles começaram pelo alto e foram descendo. Embora a parte mais alta do salão esteja quase totalmente destruída, está claro que a parte mais alta das paredes havia sido terminada e pintada. A julgar pelos fragmentos caídos no chão, o mesmo ocorria com o teto abaulado. A base das paredes ainda não tinha recebido a última camada de revestimento.

Quando a erupção começou, os pintores estavam trabalhando na decoração da ampla área do meio. Eles usavam a técnica do afresco. Isto quer dizer que a tinta foi aplicada no gesso úmido, produzindo cores muito mais estáveis, pois a tinta adere ao gesso e não descasca com o uso e as batidas. Mas isso significa que os pintores tinham de trabalhar rapidamente, aplicando a tinta antes que o gesso secasse. Os pintores do Renascimento tinham exatamente o mesmo problema e às vezes dependuravam tecidos molhados no gesso para mantê-lo úmido. Olhos atentos detectaram o que poderiam ser marcas de tecidos molhados em outras casas de Pompeia, mas não aqui. Do mesmo modo, em outras pinturas é possível perceber marcas da pressão feita pelo pintor para trazer a umidade que sobrava superfície.

Observando mais atentamente a parede do norte temos uma boa ideia de até onde eles haviam avançado (fig. 66 do encarte). Dois dos painéis principais, um preto e outro vermelho, já estavam terminados. Eles eram principalmente lisos, mas decorados com diversos grupos de pequenas figuras, que incluem o que parece ser um deus amoroso roubando uma ninfa e cupidos desportistas que correm em bigas puxadas por bodes (e um feio acidente com o par na liderança). Separando estes painéis coloridos havia seções mais estreitas, onde uma arquitetura fantástica e colunas incrivelmente delgadas estão entrelaçadas por guirlandas de flores, folhagens e pássaros num equilíbrio precário. À esquerda há uma seção a ser pintada: a camada final de gesso estava úmida e possivelmente teria sido pintada de preto até o fim do dia — se não fosse pelo desastre.

A pintura principal, que teria sido o ponto focal no centro da parede, também estava no estágio final. Aqui um esboço em ocre fora feito no gesso úmido para guiar o pintor no que deveria ter sido um trabalho rápido da imagem final. O que se vê hoje é que haveria algumas figuras (uma sentada à esquerda, outras de pé à direita) e que a seção superior, onde já havia sido aplicada pintura, seria azul: presume-se, como indicam quase com certeza muitos outros exemplos sobreviventes, que teria sido uma cena retirada do repertório da mitologia. Neste painel o esboço está relativamente detalhado e a anatomia está cuidadosamente traçada.

Não é o que sucede com as delicadas imagens arquitetônicas. Na parede leste elas estão inacabadas, mas aqui o esboço no gesso se resume a nada mais que retas esquemáticas, curvas geométricas (daí os compassos) e diagramas com uma forma difícil, como uma urna. É como se estes desenhos elegantes e aparentemente caprichados fossem tão banais para os pintores que eles eram capazes de preencher os detalhes — os pássaros e a folhagem, as extravagâncias arquitetônicas — partindo de linhas gerais muito vagas.

Não podemos ter certeza do tema planejado para o painel central da parede norte pela simples razão de que a maior parte dos esboços foi coberta por uma camada irregular de gesso líquido. Mas isso nos permite entender melhor como os pintores trabalhavam. Porque a forma na parede só pode ter sido o resultado da queda de um balde de gesso da escada ou andaime quando os pintores fugiram ou quando ocorreu a erupção. Dois furos abaixo do painel central, um de cada lado e com uma linha entre eles, sugerem que uma prateleira temporária havia sido fixada ali para apoiar os potes de tinta do homem que pintava a cena principal.

Análises químicas das tintas que restaram apontam novas pistas. Eles usavam sete cores básicas (preta, branca, azul, amarela, vermelha, verde e laranja) em tons distintos, confeccionadas a partir de quinze pigmentos diferentes. Alguns podiam ser obtidos facilmente na localidade. A fuligem, por exemplo, dava o preto, e diversas formas de cré ou cal produziam tintas brancas. Mas eles também usavam ingredientes mais sofisticados obtidos em locais mais distantes: celadonita, talvez proveniente de Chipre, para o verde; hematita para o vermelho, também provavelmente importado; e o chamado "azul egípcio", produzido comercialmente pelo aquecimento simultâneo de areia, cobre e algum tipo de carbonato de cálcio (segundo Plínio, era pelo menos quatro vezes mais caro do que um amarelo ocre básico). As tintas eram de dois tipos. O primeiro incluía uma "liga" orgânica (provavelmente ovo). O segundo não tinha liga e era misturado com água. Isto indica duas técnicas de pintura diferentes. A liga era usada na tinta do acabamento (voltas extras nos desenhos arquitetônicos ou até nos cupidos nas bigas) aplicada *a secco*, isto é, no gesso ou na pintura secos. Ela não era empregada na tinta aplicada diretamente no gesso úmido (afresco).

Ao reunir todas estas evidências temos um esquema geral da equipe que estava fazendo este serviço e da divisão do trabalho. Devia haver pelo menos três pessoas. Na manhã de 24 de agosto, um se ocupava do painel central na parede norte. Um trabalhava ao lado dele, encarregado da tarefa menos especializada de dar uma demão de tinta preta (talvez fosse seu o balde de gesso que caiu). Outro pintava a decoração arquitetônica inacabada na parede leste (o painel central ainda não tinha recebido o gesso, então seria pintado num outro dia). Outro podia estar trabalhando nos detalhes a *secco*. Mas, como estes não tinham a pressão do tempo (à diferença do afresco), provavelmente eles seriam acrescentados pelos outros pintores quando o afresco estivesse terminado. Então, trata-se de um pequeno negócio: um aprendiz, filho ou escravo servia de assistente para o trabalho de um par de artesãos experientes.

Não temos como saber quem eram eles, como eram contratados, quanto cobravam ou como eram escolhidos os desenhos dos murais. Só foram encontradas duas assinaturas possíveis nas pinturas de Pompeia, e não há evidências locais dos preços destes trabalhos. De fato, o melhor que temos é muito posterior, um conjunto de regulamentos imperiais sobre os preços máximos, formulados no começo do século IV. Neles, um "pintor de figuras" (que pode ser o equivalente daqueles que pintavam os painéis centrais) podia receber duas vezes mais por dia do que um "pintor de paredes" e três vezes mais do que um padeiro ou um ferreiro. Se o "pintor de figuras" for o equivalente aos que trabalhavam aqui nos painéis centrais (e não, como creem alguns estudiosos, um retratista), então estas decorações deviam ser caras, mas dificilmente um luxo que só os ricos podiam pagar. As negociações entre cliente e pintor provavelmente não diferiam das que conhecemos hoje. Muito dinheiro pode comprar o que você quiser. Se não, trata-se de uma troca entre os desejos e caprichos do cliente e as preferências do pintor, sua competência e seu repertório conhecido.

O certo é que as pinturas das casas de Pompeia, os seus vívidos esquemas decorativos e o impacto que causam nos nossos sentidos visuais eram o resultado dos métodos de trabalho e do negócio em pequena escala que podemos deduzir na Casa dos Pintores Trabalhando. Uma pequena propriedade numa rua lateral, duas portas depois do Bar de Amaranto, era provavelmente a sede de um destes negócios de pintura ou de uma família que vivia parcialmente disto. Perto da porta de entrada havia um armário de madeira com mais de uma centena de potes de tinta, além de ferramentas como prumo de chumbo e compassos, colheres, espátulas e equipamentos para moer pigmentos em um fino pó, pronto para ser misturado. Considerando o trabalho itinerante e até encomendas especiais de firmas de prestígio de fora da área, um pequeno número de oficinas como esta devia ser responsável pela maior parte das casas pintadas de Pompeia, então deve haver muitos exemplos do trabalho do mesmo pintor em diferentes propriedades.

A questão de encontrar trabalhos feitos pelas mesmas "mãos" sem a ajuda de evidências escritas é uma tarefa sedutora e perigosa. Um arqueólogo muito renomado conseguiu inclusive se convencer de ter encontrado o mesmo pintor trabalhando em Fishbourne, na Inglaterra, no chamado "Palácio Real" de Togidubno[*], e em Estábia, ao sul de Pompeia. Na própria Pompeia há todo tipo de teorias — às vezes disparatadas — sobre "quem

---

[*] Construção romana do século I a.C. Um rei celta romanizado supostamente teria vivido ali. (*N. da T.*)

pintou o quê". Por exemplo, o trabalho do autor de várias cenas figurativas na Casa do Poeta Trágico também foi identificado em mais de vinte casas da cidade, da famosa efígie de Menandro que dá nome à casa (fig. 67 do encarte) à pintura naturalista de um homem fazendo suas necessidades num corredor que leva à latrina de uma pequena casa geminada com loja. Talvez seja verdade, ou não. Mas quero me dar ao luxo de brincar por um instante: a minúscula vinheta dos cupidos no acidente com a biga no friso pintado na parede norte que estivemos observando é tão similar a uma cena com cupidos na Casa dos Vétios (fig. 21 do encarte) que é difícil imaginar que não sejam obra do mesmo pintor, ou pintores.

Cores pompeianas

Se os pintores não tivessem sido interrompidos, o produto final na Casa dos Pintores Trabalhando teria sido muito semelhante à "pintura pompeiana" que habita a imaginação moderna. A redescoberta de Pompeia no século XVIII inaugurou na Europa a moda da decoração de interiores "romana". Viajantes que visitavam as ruínas ou aqueles que simplesmente desfrutaram das esplêndidas publicações sobre as decorações locais começaram a reinventar as paredes de Pompeia em suas casas, fosse no centro de Paris ou na zona rural inglesa. Qualquer um que tivesse dinheiro podia recriar o ambiente de um salão romano seguindo uma fórmula simples: paredes pintadas com painéis de vermelho profundo, hoje conhecido como "vermelho pompeiano" (ou um amarelo de características quase idênticas), decorados com figuras arquitetônicas fantásticas, ninfas esvoaçantes e cenas extraídas da mitologia clássica. Para nós isto se tornou o estereótipo do estilo doméstico pompeiano.

Claro que isto não era simples invenção. De fato, o "estilo pompeiano" reflete o formato mais comum da decoração doméstica na antiga cidade. Para os romanos, o vermelho-escuro era uma das cores preferidas, junto com o preto, o branco e o amarelo (embora não possamos esquecer que o calor dos detritos vulcânicos deve ter produzido mais vermelhos do que havia antes e descolorido o que era amarelo). Muitos desenhos combinam cenas mitológicas de temas sedutores como Narciso admirando o próprio reflexo na água, ou terríveis, como Medeia a ponto de atravessar os filhos com a espada, com versões exuberantes de formas arquitetônicas. Estas podem ser precariamente longas e delgadas, e às vezes um *trompe l'oeil* bem-feito revela vistas que se estendem ao longe, fazendo quase desaparecer a superfície da parede. Como vimos no cômodo inacabado, outra característica detalhadamente reproduzida nas imitações modernas é a divisão tripartida do desenho em registros verticais: uma seção central larga com as cenas figurativas principais, uma base e uma zona superior, com outra decoração acima da cornija (fig. 68 do encarte).

Não obstante, a imaginação do pintor pompeiano e do seu cliente era ainda mais fértil. Olhando as casas da cidade, teríamos percebido nas paredes uma variedade de temas, assuntos e estilos muito mais ampla do que o estereótipo sugere. Delicadas paisagens surgem entre as fantasias arquitetônicas, além de retratos tocantes (fig. 69 do encarte) e naturezas-mortas, para não falar dos anões raquíticos, cenas de sexo e bestas selvagens assustadoras, tanto em miniatura quanto em grande escala. Também há estilos decorativos muito mais semelhantes ao papel de parede moderno do que se poderia imaginar. Muitos proprietários pintavam longos trechos dos corredores e cômodos de serviço com um desenho branco e preto conhecido, por razões óbvias, como "listras de zebra" que não teriam parecido estranhos nos anos 1960. Até um salão de prestígio podia ser decorado com faixas de padrões geométricos ou florais repetidos, completamente distintos do que tendemos a pensar como "pompeiano" (fig. 70 do encarte). Esta variedade saltava aos olhos antes de fitarmos o chão, onde, ao menos nas casas mais ricas, tudo o que era pintado nas paredes podia se converter em imagem num mosaico, dos cães de guarda à batalha em escala natural. A "decoração de interiores" em Pompeia traz todo tipo de surpresas.

Particularmente memoráveis são as grandes pinturas que frequentemente cobrem as paredes no fundo dos jardins. Vimos traços de folhagens e outros detalhes de jardins nas paredes da Casa do Poeta Trágico, fundindo o jardim real ao imaginário. Em outras casas escolheram coisas mais exóticas. Da porta de entrada de uma propriedade relativamente modesta (conhecida como Casa de Orfeu) os visitantes podiam ver, pintado na parede junto ao peristilo ao fundo, um Orfeu nu, em tamanho muito maior do que o natural, sentado em uma pedra numa paisagem rural dedilhando a sua lira para o deleite de uma variada coleção de animais selvagens (fig. 2 do encarte). Em outra parede do jardim, uma Vênus colossal emerge do mar reclinada numa concha de um modo desajeitado (fig. 120 do encarte). Em outra, uma paisagem fantástica, com palmeiras no primeiro plano e grandes vilas ao fundo, é o cenário para o altar (pintado) de um trio de deidades egípcias: Ísis, Serápis e o pequeno Harpócrates, símbolo do sol nascente.

As cenas de caça também estavam entre as favoritas (fig. 19 do encarte). Até o pequeno jardim da Casa de Ceii (nome dos possíveis donos) oferecia ao visitante a emoção da perseguição. Na parede ao fundo deste espaço, com não muito mais de 5 ou 6 metros, há uma cena de caça dramática com leões, tigres e outras criaturas mais ou menos ferozes (fig. 71 do encarte). Mas vire-se para a direita ou a esquerda e as paredes laterais estão cobertas de imagens do Nilo e seus habitantes — pigmeus caçando um hipopótamo, esfinges, altares, pastores cobertos com mantos, palmeiras, veleiros e barcaças (uma delas carregada de ânforas). Este trabalho é ligeiramente malfeito. Presumivelmente, a ideia era que entrar neste pequeno espaço seria como entrar em outro mundo, parte parque de animais selvagens, parte território estrangeiro exótico.

Uma grande variedade de outros temas era exibida em frisos que podiam ser muito elaborados — e, às vezes, em locais surpreendentes.

Já exploramos as seções sobreviventes do friso do Edifício de Júlia Félix e suas imagens da vida no Fórum. Mas ele era um dentre muitos. Na Casa de Menandro, o saguão da suíte de banhos particular exibia uma série de caricaturas dos feitos de deuses e heróis e paródias humorísticas de mitos famosos: Teseu mata o Minotauro disfarçado de anão com peito largo; uma Vênus de meia-idade e nada atraente diz a Cupido para onde apontar sua flecha (fig. 74 do encarte). Na mesma casa a pintura se derrama pela superfície apertada do tramo baixo entre as colunas do peristilo: garças saltitam em meio a plantas luxuriantes, enquanto uma coleção variada de animais selvagens perseguem uns aos outros: cão atrás de veado, javali atrás de leão.

Em uma casa muito mais modesta na Via dell'Abbondanza, perto do Fórum, conhecida como Casa do Doutor (porque lá foram achados alguns instrumentos médicos), havia um friso com pigmeus na parede entre as colunas do pequeno peristilo. Eles foram retratados em todo tipo de aventuras e confusões: alguns tentam capturar um crocodilo (fig. 22 do encarte), um é comido por um hipopótamo (enquanto o amigo tenta, em vão, puxá-lo para fora da boca da criatura), um casal faz sexo diante de uma multidão de pigmeus maravilhados. Mas a imagem mais impactante é a cena que parece representar uma paródia pigmeia do julgamento de Salomão ou uma história muito parecida. Aqui, um soldado ergue um machado acima do bebê em disputa, pronto para parti-lo em dois, enquanto uma das mães reclamantes, presumivelmente a verdadeira mãe, apela para os juízes, que assistem à cena do alto de um palanque (fig. 72 do encarte). Pigmeus não são incomuns nos esquemas decorativos da cidade (eles foram encontrados pintados nos sofás de pedra de um triclínio luxuoso ao ar livre, por exemplo, bem como na Casa de Ceii), mas a cena do bebê não tem paralelo em Pompeia.

Ainda assim, em matéria de impacto visual e temas curiosos, o friso mais importante é a série de extraordinárias pinturas da Vila dos Mistérios (ao mesmo tempo uma fazenda e uma luxuosa propriedade doméstica), 400 metros fora da Porta Herculano. Elas hoje rivalizam com o Príapo dos Vétios como ícone da arte pompeiana. São reproduzidas nos suvenires modernos, de cinzeiros a ímãs de geladeira — com a vantagem de que você não precisa escolher muito a quem presenteá-los.

Figuras em tamanho real dispostas contra um fundo em vermelho forte se estendem pelas quatro paredes de um amplo cômodo e quase incluem o visitante na pintura, num exemplo magnífico de saturação visual (fig. 73 do encarte). Numa ponta o deus Dioniso descansa no colo de Ariadne, resgatada por ele ao ser abandonada pelo herói Teseu — ele próprio um tema favorito na pintura de Pompeia. Nas outras paredes encontramos um leque curioso de humanos, deuses e animais: um menino nu lê um rolo de papiro (fig. 14 do encarte); uma mulher portando uma bandeja se vira para atrair o nosso olhar; um sátiro idoso toca uma lira; uma versão feminina do deus Pan (uma "Panisca") amamenta um bode; um "demônio" alado chicoteia uma moça nua; outra mulher nua dança ao som de castanholas; enquanto uma mulher tem os cabelos trançados, um Cupido segura o espelho para ela. Isto descreve só a metade do que ocorre ali.

Para ser sincera, tudo é absolutamente desconcertante e nenhum estudo moderno conseguiu esclarecer o seu significado — ao menos, não de forma convincente. Alguns afirmam que as imagens referem-se especificamente à iniciação ao culto religioso de Dioniso. Note, por exemplo, a flagelação e a revelação do que pode ser um falo na parede ao fundo, junto ao casal divino. Sendo esse o caso, então todo o salão deve ter sido algum tipo de recinto sagrado dentro da casa. Isto não é impossível, mas certamente não está oculto, como seria de se esperar de um salão de culto esotérico. Na verdade, ele se abre para um pórtico sombreado com uma linda vista do mar; do outro lado, uma janela dá para as montanhas ao longe. Outros consideram as pinturas uma alegoria bastante extravagante do casamento, e a jovem que se fita no espelho de Cupido seria a noiva. Neste caso não estamos lidando com nada especificamente religioso, mas com um conjunto decorativo perfeitamente plausível, ainda que idiossincrático, de um grande salão de festas. A casa foi chamada Vila dos *Mistérios* a partir dos "mistérios" iniciáticos de Dioniso, segundo uma leitura estritamente religiosa do friso. A verdade é que as pinturas também são *misteriosas* no sentido popular moderno da palavra.

A maioria das casas em Pompeia perdeu o esplendor — como já observamos, as pinturas interiores estão tristemente desbotadas, ou pior do que isso. Das caricaturas nos banhos da Casa de Menandro (fig. 74 do encarte), apenas fragmentos instigantes sobreviveram. Nunca conseguiremos recapturar a paisagem do jardim egípcio em todo o seu frescor vibrante, pois — graças à combinação de chuva, sol, geadas e um ou dois terremotos — ela simplesmente desapareceu depois de ser descoberta, no início do século XIX. Visite a casa hoje e você dificilmente encontrará uma pintura nas paredes, e o que resta requer o olhar da fé para adivinhar algo além de vagas manchas. Tudo o que temos deve-se à cortesia dos entusiasmados artistas que trabalharam em Pompeia nos anos seguintes ao seu descobrimento copiando as pinturas para arqueólogos e estetas de gabinete. Elas já haviam desaparecido, ao que tudo indica, nos anos de 1860.

Mas também há choques desagradáveis de outro tipo. Não é só o tema curioso que torna o friso na Vila dos Mistérios tão memorável. É também a inteireza das imagens que o rodeiam, o vívido vermelho do fundo por trás das figuras e o brilho lustroso da pintura. Este é um dos poucos lugares na cidade onde a experiência antiga das pinturas murais parece ter sido preservada.

Infelizmente, não é assim. O fato é que não se trata de uma conservação milagrosa, mas de uma restauração agressiva após a escavação, em abril de 1909. Para ser justa, o que vemos agora pode dar uma impressão próxima do original. Mas as pinturas não estavam neste estado tão perfeito ao serem retiradas do solo num empreendimento particular realizado pelo dono do hotel local, e foram muito danificadas pelas diversas estratégias de conservação que se seguiram. Nos meses após o descobrimento as imagens ficaram expostas à intempérie, protegidas apenas por tecidos dependurados, o que não ajudou a evitar os danos na área acima de Dioniso num terremoto em junho de 1909.

Um problema ainda pior era o aumento da umidade. A partir do momento em que foram expostas, emanaram sais do solo que penetraram nas pinturas e deixaram desagradáveis manchas brancas. Poucos dias depois do descobrimento, elas foram removidas com uma mistura de cera e petróleo aplicada sobre a superfície diversas vezes. Daí não só o lustre impressionante (embora na Antiguidade possa ter havido aplicação de cera), que em si não é antigo, como também o azul profundo. Uma "escavação" recente que chegou à pintura romana original revelou uma cor de fundo bem mais clara. O mais radical é que, sendo uma prática comum na época, trechos das paredes originais foram demolidos e substituídos por versões à prova de umidade, sendo as pinturas retiradas da superfície original e recolocadas na nova. Tudo isto ocorreu antes da chegada de uma equipe alemã, no outono de 1909, que restaurou os afrescos e, na medida do possível, os devolveu ao seu estado original.

A Vila dos Mistérios é uma casa esplendorosa. Porém, apesar de ser um ícone, o seu esplendor não é antigo. Em grande parte, ela é fruto do trabalho dos restauradores modernos.

O que ficava onde

Quando comprava esculturas para decorar as suas muitas casas e vilas, Cícero era muito exigente quanto ao que ficava onde. Em certa ocasião, nos anos 40 a.C., ele escreveu zangado para um amigo que fazia as vezes de seu agente. Entre outras coisas, o infeliz Marco Fábio Galo havia comprado um conjunto de "bacantes" em mármore — as seguidoras do deus Dioniso (ou Baco), um conhecido símbolo do estado selvagem da intoxicação e do descontrole no mundo antigo. Cícero admitiu que ele era "muito bonitinho", mas totalmente inadequado para uma biblioteca sóbria. Um conjunto de Musas, por outro lado, teria sido perfeito. Mas suas queixas não acabavam aí. Galo também adquirira uma estátua de Marte, o deus da guerra. "De que serve isso a mim, que defendo a paz", reclamou o ingrato Cícero.

A lógica dos esquemas de Cícero para a decoração interior é bastante clara. O tema deve se adequar à função do cômodo ou à imagem que ele quer apresentar. Será possível traçar esta ou outra lógica por trás das escolhas decorativas nas casas de Pompeia? Em meio àquela variedade, é possível tentar explicar por que uma pintura em particular foi escolhida para um determinado cômodo?

Devia haver um capricho pessoal envolvido nisto. Independentemente do sentido do friso na Vila dos Mistérios (o rito sagrado de Dioniso, uma alegoria do casamento ou qualquer uma das brilhantes ideias que os acadêmicos tiveram ao longo dos anos), o conjunto é tão esplêndido e inconfundível que assinala um padrão com firmes ideias do que devia figurar nas paredes daquele salão e o dinheiro para pagar por isso. O mesmo sucede no Mosaico de Alexandre na Casa do Fauno, uma instalação incrivelmente cara, com seus milhões de minúsculas *tesserae*, que pode ter sido feita para o local ou importada do Oriente. Alguém queria muito que aquilo fosse instalado ali — ainda que não saibamos o motivo. Mas a decoração não é só uma questão de capricho pessoal. Tal como consideramos no nosso próprio mundo, existem "regras" culturais sobre a pintura e a decoração. Podemos reconstruí--las em Pompeia? O que elas nos dizem sobre a vida na cidade romana?

Estas perguntas mantiveram os arqueólogos ocupados ao longo de gerações. Uma das respostas favoritas, que veio à tona inicialmente no século XIX, é que a moda ou a mudança de gosto explicaria os variados estilos que vemos nas paredes da cidade. Em outras palavras, há um desenvolvimento cronológico na pintura, e os distintos estilos indicariam as datas das decorações. Por este prisma foram feitas análises principalmente do modo "pompeiano" de pintar, com amplas superfícies coloridas, cenas mitológicas e fantasias e molduras arquitetônicas. Os arqueólogos pesquisaram várias pistas para a datação precisa de determinadas pinturas — fossem elas fornecidas por Vitrúvio ou pelas impressões em moedas feitas com o trabalho ainda úmido (p. 27), — para reconstruir a cronologia completa do desenho. Segundo esta argumentação, o que, aos olhos leigos, parece uma série razoavelmente homogênea de pinturas pode ser dividido em quatro estilos cronológicos sucessivos numa cidade preocupada com a moda. São o que conhecemos no jargão arqueológico (que costuma ser difundido nos guias e etiquetas dos museus) simplesmente como "Quatro Estilos", encontrados não só em Pompeia, mas em toda a Itália romana.

Estes estilos se caracterizam por suas diversas técnicas ilusórias, da imitação de blocos de mármore colorido no Primeiro Estilo às criações arquitetônicas às vezes barrocas do Quarto Estilo. Entre os dois, há o *trompe l'oeil* do Segundo Estilo (que se afirma ter sido introduzido na cidade pelos colonos romanos), mais sólido, e a ornamentação delicada do Terceiro Estilo, que reduziu as colunas a simples talos e os frontões a volutas de folhagens. Vitrúvio, que escreveu durante o reinado do imperador Augusto, não tinha tempo para a novidade do Terceiro Estilo e o achava irrealista e quase imoral:

> Como pode um talo realmente apoiar um telhado ou um candelabro suportar ornamentos de um frontão? Como pode um talo tão fino e flexível suportar uma figura sentada, e como podem flores e estátuas de meio corpo emergir de raízes e brotos? Contudo, as pessoas que fitam estas mentiras não encontram erro nelas. Pelo contrário, elas as admiram e não pensam se aquilo realmente poderia existir... Nenhuma pintura que desobedeça aos princípios da autenticidade deveria ser autorizada.

Se ele tivesse vivido para ver, o Quarto Estilo tampouco o teria agradado. Abarcando das composições relativamente limitadas em vermelho e branco às extravagâncias surpreendentes e, às vezes, francamente estridentes, elas não expressavam a menor preocupação com a "autenticidade".

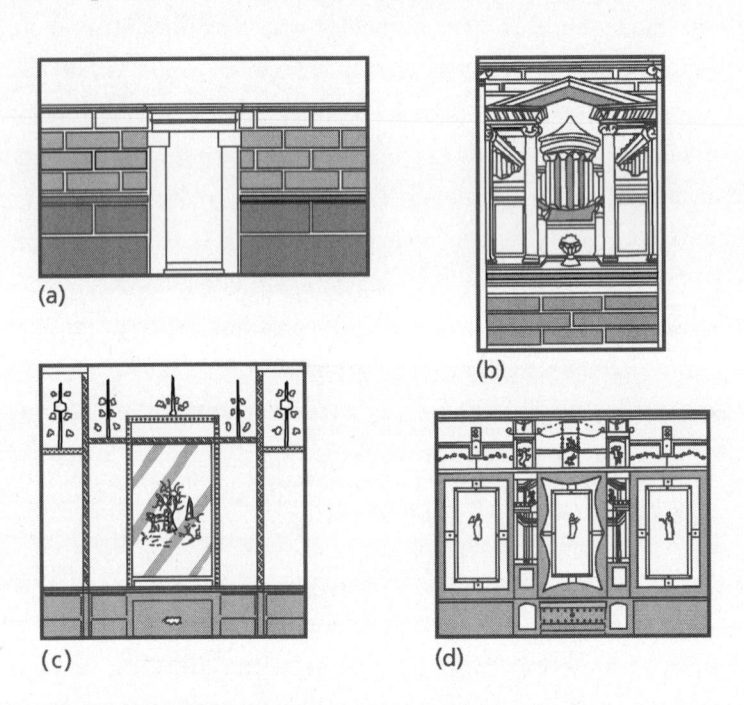

Figura 11. Quatro estilos de decoração de paredes.
No alto à esquerda (a), o Primeiro Estilo. Século II a.C. No alto à direita (b),
o Segundo Estilo, que em Pompeia costuma ser datado a partir da chegada
dos colonos romanos, em 80 a.C. Abaixo, à esquerda (c), o Terceiro Estilo.
Do período de Augusto (c. 15 a.C.) a meados do século I d.C.
Abaixo, à direita (d), o Quarto Estilo. O estilo dos últimos anos
de Pompeia a partir da metade do século I d.C.

Há muito a dizer a favor deste modelo de desenvolvimento cronológico na decoração de interiores de Pompeia. Afinal, é inteiramente plausível que o gosto pompeiano para a decoração de interiores mudasse com o tempo. Qualquer construtor moderno acostumado a trabalhar em casas velhas sabe exatamente o estilo de papel de parede que pode esperar encontrar ao descascar as camadas de decoração aplicadas a cada nova moda dos séculos XIX e XX. Por que não teria havido este tipo de mudanças em Pompeia? De fato, diversas evidências no sítio encaixam perfeitamente na ideia da progressão dos Quatro Estilos. A grande maioria — uns 80 por cento — das paredes pintadas em Pompeia foi feita no Quarto Estilo, como seria de esperar segundo a sequência cronológica. Além disso, apesar de as datações das estruturas e pinturas pompeianas serem aproximadas, não há evidências da aplicação do esquema do Quarto Estilo antes de meados do século I d.C.

Ainda assim, a fixação de certos arqueólogos modernos pelo Quarto Estilo é muito rígida. É verdade que qualquer visitante na Pompeia de 79 d.C. teria visto que as pinturas do Quarto Estilo dominavam a paisagem doméstica. Mas não é preciso dizer (porque ainda estão lá e os vemos) que os demais estilos também estavam em exibição. A Casa dos Quatro Estilos, cujo nome é óbvio, exibia decorações de cada um deles, talvez como resultado de uma decoração pouco sistemática em diferentes períodos. Como já vimos, a Casa do Fauno preserva um longo trecho de decoração no Primeiro Estilo, com seu ambiente antiquado, quase como um museu, e chegou a aplicá-lo novamente nas paredes úmidas. Até o fim da vida da cidade houve alguns outros maravilhosos exemplos de pinturas do Primeiro Estilo cuidadosamente preservadas e, certamente, retocadas e repintadas. Parece, inclusive, que nos edifícios públicos (como a Basílica do Fórum, um prédio de uso comercial, legal e político) a decoração no Primeiro Estilo continuou a ser regularmente usada muito depois de deixar de ser a escolha popular na decoração doméstica. A decoração pompeiana dentro e fora das casas era uma combinação do velho e do novo.

Além disso, como costuma ocorrer com esquemas tão rígidos, a distinção entre um estilo e o seguinte não é tão clara, como sugerem os "exemplos de tipos" apontados na maioria dos livros (inclusive neste). Ainda que um pequeno grupo de arqueólogos continue trabalhando para refinar a cronologia e as categorias estilísticas e crie cada vez mais subdivisões (Terceiro Estilo Fase 1A, B, C, 2A etc.), o olhar leigo pode não se equivocar completamente ao perceber que há mais similaridades do que diferenças entres eles. Gerações de estudantes fizeram a primeira visita a Pompeia armados de leituras sobre as divisões estilísticas para descobrir, como me ocorreu há alguns anos — apesar da particulari-dade do Primeiro Estilo —, que em muitos casos é muito mais difícil identificar o Segundo, o Terceiro e o Quarto estilos do que se poderia imaginar. Inclusive os especialistas às vezes ressaltam este problema ao se referirem ao Quarto Estilo como "eclético" e dizerem que ele "toma emprestado elementos do que havia antes e os combina de modos novos e inesperados". Um deles chega a admitir que é "difícil distinguir entre o Terceiro e o Quarto Estilos" — o que significa que apenas os relati-vamente escassos exemplos do Primeiro e do Segundo estilos seriam claramente diferenciados.

Mas o maior problema é que a teoria dos Quatro Estilos quase não atenta para a possibilidade de um vínculo entre a função do cômo-do e o tipo da decoração na parede. Nas casas modernas este é um fator importante nas escolhas decorativas. Entre numa propriedade vazia hoje e, mesmo sem camas e armários, você certamente poderá distinguir entre o quarto de dormir, a sala de estar e o quarto das crianças, com base unicamente nas cores e padrões das paredes. Cícero sugeriu que uma atenção semelhante com a função devia pautar a escolha romana da estatuaria. Será que o mesmo se aplica a Pompeia, onde — como vimos — as atividades domésticas eram muito menos ligadas a cômodos específicos ou áreas da casa do que no nosso ambiente doméstico?

Sim — pelo menos até certo ponto. O desenho de zebra está ob-viamente associado à área de serviço. É verdade que há um ou dois cômodos mais caros na cidade decorados neste estilo, mas, de modo geral, esta era uma decoração barata aplicada em latrinas, quartos de escravos, áreas de serviço e corredores (o equivalente antigo de uma demão rápida de tinta branca). Vimos também que as paredes dos jardins frequentemente eram decoradas com temas de folhagens luxuriosas e apontavam para um estado selvagem imaginário (povoado por feras, pigmeus e outras figuras exóticas) que levavam os olhos da mente para muito além dos limites da casa. Também é significativo que as paródias de mitos conhecidos, tratados com grande seriedade na maior parte das outras pinturas em Pompeia, fossem encontradas em uma terma particular. Porque estes eram locais de prazer e relaxamento das normas sociais, como se vê na Casa de Menandro, no mosaico no piso da entrada do "quarto quente": um escravo negro, apressado e escassamente vestido, com uma guirlanda na cabeça, carrega duas jarras de água que combinam, em cor e forma, com o seu (grande) pênis; logo abaixo, um arranjo de quatro estrígilos (para raspar o óleo do corpo) e uma jarra numa corrente, todos definitivamente fálicos.

Podemos traçar alguns elos mais gerais entre o uso de diferentes áreas da casa e as cores, temas e decoração das paredes. Na casa ocidental moderna, os tons pastel costumam assinalar os quartos e banheiros. Em Pompeia, os proprietários geralmente escolhiam a pintura preta de fundo para os cômodos mais grandiosos, apesar de seu ingrediente ser bastante barato (curiosamente, Plínio menciona pigmentos pretos muito mais caros, inclusive um importado da Índia). O amarelo e o vermelho eram alternativas com um status relativamente alto.

A julgar pelo custo e os comentários dos escritores romanos, o cinabrino ou vermelhão ("sulfeto de mercúrio" para um cientista), pigmento vermelho muito especial minerado na Espanha, era o suprassumo do luxo. Segundo Plínio, ele era tão cobiçado que uma lei ditou o seu preço máximo (duas vezes o valor do azul egípcio), para mantê-lo "no limite". Ele observa que os patronos geralmente pagavam separadamente por esta e algumas outras cores mais dispendiosas, que estavam muito acima do contrato padrão. Não é difícil imaginar como seriam estas negociações: "... bem, claro, eu *poderia* fazer isto em cinabrino, senhor, mas isto irá lhe custar. O senhor teria de pagar por fora. Provavelmente seria melhor o senhor conseguir um pouco por sua conta..." talvez as negociações entre cliente e construtor não tenham mudado muito ao longo dos séculos.

O cinabrino, um tom de vermelho muito cobiçado, era muito difícil de usar (o que certamente aumentava o seu valor). Em algumas condições, particularmente ao ar livre, ele desbotava rapidamente e se transformava num preto manchado, a menos que fosse aplicada uma camada especial de óleo ou cera. Como quem põe o ponto final no assunto, Vitrúvio conta a história de um "escriba" de Roma, humilde, porém rico, que mandou pintar o seu peristilo com cinabrino e em um mês ele estava de outra cor. A moral da história é que ele mereceu passar por isso, por não ser bem informado. O trabalho que estava em curso na Casa dos Pintores Trabalhando não incluía o cinabrino. Mas ele foi encontrado em dois dos esquemas decorativos de maior prestígio em Pompeia: o friso da Vila dos Mistérios e os cômodos junto ao peristilo na Casa dos Vétios.

Os estilos decorativos também assinalam diferentes funções ou níveis de exclusividade na casa. O fato de o Primeiro Estilo estar mais preservado nos átrios domésticos e de ter seguido em uso nos edifícios públicos da cidade não deve ser uma coincidência. Na esfera doméstica ele assinalava os espaços públicos da casa. De igual maneira (embora esta argumentação talvez seja demasiado circular), podem-se identificar cômodos, pequenos ou grandes, destinados a impressionar os convidados com uma concentração de pinturas mitológicas e paisagens arquitetônicas extravagantes, quase como numa galeria de arte. Um estudioso chegou a sugerir uma regra prática e simples que funciona muito bem, ao menos para o Segundo e o Quarto Estilos: "quanto maior a profundidade sugerida pelos efeitos da perspectiva, maior o prestígio do cômodo".

Portanto, as escolhas decorativas dos proprietários pompeianos eram um compromisso entre moda e função. Isto se aplicava a todo o espectro social. Pois, como vimos na arquitetura das casas, não há indícios de diferenças particulares de gosto ou da lógica subjacente à decoração entre as propriedades dos ricos e as daqueles com menos posses, ou entre as antigas famílias da elite e os ex-escravos ricos. Ainda que as casas dos pobres não tivessem uma função pública, quando podiam pagar os donos seguiam as normas culturais de decoração. As várias tentativas dos arqueólogos modernos de descartar a vulgaridade do estilo Trimálquio dos novos-ricos têm revelado, principalmente, a projeção dos seus próprios preconceitos de classe. Afinal, as diferenças entre as pinturas nas casas ricas e pobres não passam disto: os pobres tinham menos cenas figurativas, menos extravagâncias dramáticas no desenho e nenhum cinabrino e (apesar de alguns borrões de segunda classe em propriedades da elite), a pintura nestas casas geralmente era mais tosca. Pompeia era uma cidade onde você obtinha aquilo pelo que podia pagar.

Os mitos podem mobiliar um cômodo

Quando os escavadores do século XVIII descobriram as pinturas de Pompeia, o que os fascinou foram as cenas figurativas do Terceiro e do Quarto Estilos em diversas paredes, e não as fantasias extravagantes ou caprichosas. Porque aquelas foram as primeiras representações visuais de mitos antigos descobertas em tamanha quantidade. Elas também permitiam conhecer a tradição de pintura perdida que Plínio e outros escritores apontavam como um dos pontos altos da arte antiga. É verdade que Plínio muitas vezes se referia a obras-primas de pintura de cavalete de famosos artistas gregos dos séculos V e IV a.C., posses valiosas de templos e monarcas, e aqueles painéis eram pintados diretamente nas paredes úmidas das casas residenciais de uma pequena cidade romana. Mas, na ausência das obras originais de Apeles, Nicias, Polignoto e outros, elas eram a melhor evidência de que dispunham. Muitos dos exemplos mais magníficos foram retirados das paredes e levados para o museu próximo — onde, é claro, passaram a evocar ainda mais a "arte de galeria".

A variedade de mitos escolhidos por pintores e proprietários é muito ampla. Há algumas ausências intrigantes. Por que, por exemplo, há tão poucos traços do mito de Édipo em Pompeia? Alguns temas da pintura pompeiana são nossos favoritos: Dédalo e Ícaro, Acteon, que acidentalmente (mas desastrosamente) surpreende a deusa Diana no banho, Perseu, que resgata Andrômeda da rocha, Narciso, que admira a si mesmo, e uma infinidade de cenas familiares da história da guerra de Troia (o julgamento de Páris, o cavalo de Troia etc.).

Outros favoritos soam mais arcaicos. Foram encontradas ao menos nove pinturas similares ilustrando uma lenda antecessora da Guerra de Troia: Aquiles na ilha de Esquiro. À primeira vista, o tema se assemelha a qualquer luta heroica. Mas há um curioso antecedente. O herói grego fora ocultado pela mãe, Tétis, para afastá-lo do conflito; disfarçado de mulher, ele se hospeda com a filha de Licomedes, o rei da ilha. Sabendo que só será possível invadir Troia com a ajuda de Aquiles, Odisseu chega disfarçado de mascate e o desmascara com uma artimanha inteligente. Quando expõe as suas mercadorias — bugigangas, enfeites e armas —, as moças "de verdade" são atraídas pelos enfeites, ao passo que Aquiles revela a sua hombridade ao escolher as armas. Odisseu, como vemos aqui (fig. 76 do encarte), aproveita a oportunidade e se lança sobre o renegado.

Uma história ainda mais estranha consta em pelo menos quatro pinturas, além de um par de estatuetas de terracota (fig. 77 do encarte).

Trata-se da imagem da piedade filial mais extrema que se possa imaginar. Micon, um velho, foi encarcerado sem comida e pode morrer de fome. Conta a lenda que a sua filha, que tivera um bebê pouco antes, o visita. Para mantê-lo vivo, ela alimenta o pai com o leite dos seus seios. Em uma versão na Casa de Marco Lucrécio Fronto (o provável proprietário), a cena e a mensagem são ressaltadas em versos pintados junto à imagem: "Vejam no seu pescoço como as veias do pobre velho pulsam com o fluxo do leite. Pero fita Micon e o acaricia. É uma triste combinação de recato [*pudor*] e o amor de uma filha [*pietas*]." Talvez esta explicação seja superficial. Porque as pinturas que retratam esta história eram famosas em Roma pelo impacto visual: "Os olhos dos homens fitam surpresos ao verem o que ocorre", explica um escritor romano quase contemporâneo.

Por que há tantas versões da mesma cena? Em certos casos, o mais seguro é que se tenham inspirado no mesmo mestre famoso da arte grega. Os arqueólogos do século XVIII não se equivocaram inteiramente ao imaginar que as pinturas em Pompeia poderiam dar uma ideia, ainda que vaga, das obras de arte gregas perdidas. De fato, às vezes há similitudes tentadoras entre as imagens destas paredes e as descrições de pinturas muito anteriores apresentadas por Plínio e outros.

Um dos painéis mais conhecidos da Casa do Poeta Trágico, por exemplo, ilustra o sacrifício da jovem Ifigênia pelo próprio pai, Agamenon, antes da partida da armada grega para a Guerra de Troia — sacrifício oferecido à deusa Ártemis em troca de bons ventos (fig. 78 do encarte). A moça, quase desnuda, é carregada para o altar enquanto o pai, aflito com a própria atitude, cobre a cabeça consternado. É exatamente essa a descrição feita por Plínio e Cícero de uma pintura sobre o mesmo tema de Timantes, pintor grego do século IV a.C.: "o pintor... sentiu que a cabeça de Agamenon devia ser coberta, pois a sua dor profunda não poderia ser representada com o pincel". No final, porém, o que se vê em Pompeia não é de nenhum modo uma cópia exata da obra-prima de Timantes, em que também figuravam Odisseu e o tio da moça, Menelau, e Ifigênia não era carregada como aqui, mas esperava calmamente o seu destino junto ao altar. Também é provável que algumas cenas de Aquiles entre as mulheres de Esquiro se baseiem na famosa pintura de cavalete de um Atenion: "Aquiles oculto em roupas de mulher quando Ulisses [i.e., Odisseu] o encontra", como a descreveu Plínio brevemente; as diferenças dos detalhes nas versões pompeianas sugerem que se trata de variações sobre o tema e não cópias exatas do original.

O mais provável é que os pintores pompeianos trabalhassem com um leque de obras de arte conhecidas e "citáveis" que compunham o seu repertório. Não há razão para supor que as tenham visto alguma vez ou que tivessem livros com padrões de onde copiar. Estas imagens famosas eram tão difundidas artisticamente quanto a *Mona Lisa* e os *Girassóis* de Van Gogh no Ocidente. Portanto, podiam ser adaptadas à vontade a novos lugares, improvisadas e refeitas para *evocar* o original, mais do que *reproduzi-lo* com exatidão. E não só na pintura. Aquiles em Esquiro também aparece em um mosaico, e uma teoria popular afirma que o Mosaico de Alexandre na Casa do Fauno seria uma versão da pintura de Filoxeno de Erétria, artista grego mencionado por Plínio.

A grande questão, no entanto, é o que significavam, para os moradores de Pompeia, os mitos que decoravam as suas paredes. Seria o equivalente antigo do papel de parede que às vezes olhamos e admiramos, mas sempre como fundo? Teriam os pompeianos tido tanta dificuldade quanto nós para explicar o que muitas destas imagens significavam? Ou seriam elas cuidadosamente estudadas, repletas de significados e destinadas a transmitir uma mensagem específica a quem as contemplasse? E sendo este o caso, que mensagem seria?

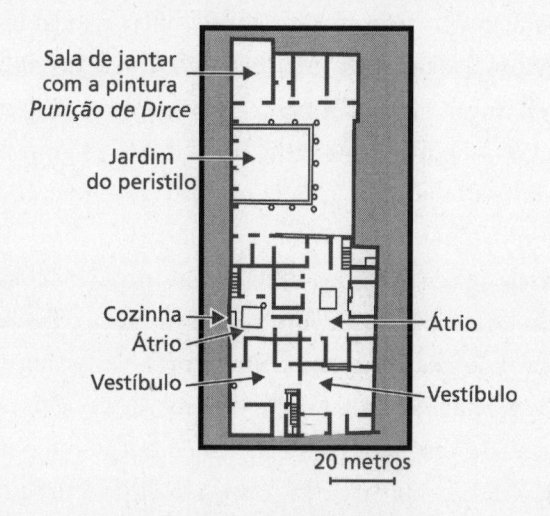

Sala de jantar com a pintura *Punição de Dirce*

Jardim do peristilo

Cozinha

Átrio

Átrio

Vestíbulo

Vestíbulo

20 metros

Figura 12. A Casa de Júlio Políbio.
Ela apresenta o arranjo incomum de grandes vestíbulos amplos,
além do átrio padrão. Ali foram encontradas as doze vítimas
da erupção (p. 18) em quartos junto ao peristilo.

Os arqueólogos se dividem quanto a isto. Alguns não veem muito mais do que uma decoração atraente na maioria destas imagens. Outros gostam de detectar significados complexos e até místicos. É claro que as pinturas certamente tinham significados distintos para diferentes pessoas, e algumas delas eram mais observadoras do que outras. Mas há pistas de que os observadores às vezes perscrutavam as imagens ao redor ou que isso era o esperado. Embora as teorias modernas mais engenhosas — que veem a decoração interior de muitas casas pompeianas como um "código" mitológico elaborado — sejam decididamente pouco convincentes, alguns pintores e patronos planejaram com esmero o conteúdo e o arranjo.

Os escritores da Antiguidade contam histórias vívidas do impacto das pinturas mitológicas no observador. Uma dama romana a ponto de se despedir do marido foi às lágrimas certa vez ao ver Heitor, o herói troiano, dizer o último adeus à esposa Andrômaca (ele partia para a batalha da qual não regressaria). Em Pompeia não há lágrimas. Mas alguém teve uma ideia muito boa do que observou e deixou um registro das suas reflexões — provavelmente tratava-se de um homem — numa parede na Casa de Júlio Políbio (fig. 12, p. 167). No grandioso cômodo junto ao peristilo há uma grande pintura de outra cena favorita no repertório mitológico pompeiano: a "Punição de Dirce" — uma lenda sangrenta na qual as vítimas de Dirce, rainha de Tebas, se vingam amarrando-a nos chifres de um touro selvagem e lhe infligem uma morte lenta, dolorosa e sangrenta. Em termos pompeianos não há nada extraordinário na pintura, uma das oito sobre este tema pelas casas da cidade. Mas esta versão causou suficiente impacto no nosso escritor e ele registrou num grafite na área de serviço da propriedade: "Veja. Não há só as mulheres tebanas; também se vê Dioniso e a mênade real."

Escavada antes da pintura, a mensagem intrigou os arqueólogos que trabalhavam na casa nos anos 1970. O que fazia o escriba na cozinha divagando sobre mulheres tebanas? Aquilo só encaixou ao ser contemplado junto da imagem. Porque, além da punição final de Dirce, a pintura também ilustra a cena da sua captura, vestida como uma seguidora de Dioniso (a "mênade real" do grafite), um altar do deus e, em primeiro plano, um grupo maior de mênades ("as mulheres tebanas"). Quem escreveu o grafite observou a pintura atentamente e conhecia suficientemente a história para identificar Tebas e Dirce (como insistem as versões escritas do mito) como seguidora de Dioniso. O que o terá levado a escrever? Seja como for, ele certamente teria se espantado ao descobrir que, 2 mil anos depois, as suas palavras se tornaram a prova rara e contundente de que algumas pessoas na cidade dirigiam um olhar inteligente às pinturas nas paredes.

Em outra ocasião, um tema particular em um local particular implica claramente em escolhas calculadas do pintor e do patrono. Quem decidiu decorar a parede acima de um dos sofás na sala de jantar ao ar livre na Casa de Otávio Quartio com uma pintura do mítico Narciso mirando o próprio reflexo na água deve ter pensado que os convivas gostariam da brincadeira. Porque se trata de uma daquelas instalações luxuosas (como na Casa do Bracelete de Ouro, p. 117) com um canal de água reluzente entre o par de sofás em que os convivas se reclinavam. Presumivelmente, ao ver o seu reflexo na água, você devia sorrir ironicamente diante da sobreposição de mito e realidade e refletir, talvez, sobre as trágicas consequências de se apaixonar pela própria imagem.

Subjacente à pintura de Micon e Pero, na Casa de Lucrécio Fronto, com seus versos sublinhando as virtudes combinadas do recato ou decência (*pudor*) e piedade (*pietas*) que a história celebra, pode haver uma referência semelhante. Embora alguns arqueólogos a considerem adequada para um quarto de criança (uma escolha esquisita, em minha opinião), pode haver uma ressonância política mais específica na imagem. Seria só coincidência que o *pudor* de Marco Lucrécio Fronto tenha destaque no par de versos do anúncio eleitoral pintado na fachada desta casa?

Se a decência [*pudor*] ajuda na vida o homem a vencer
Ao nosso Lucrécio Fronto este alto cargo deve pertencer

Se Marco Lucrécio Fronto realmente tiver sido o ocupante da casa (e a combinação de grafites indica que isto é muito provável), então parece que a pintura tinha por objetivo estampar uma de suas virtudes públicas.

Ainda mais frequente, a *combinação* de temas para decorar um cômodo parece ser significativa. A remoção das pinturas de seus locais originais para a segurança dos museus certamente contribuiu para preservar o colorido e os detalhes. Contudo, impediu observá-las no contexto inicial e relacioná-las entre si e com a posição original. Na Casa do Poeta Trágico, por exemplo, muitas pinturas que hoje estão no Museu de Nápoles como exemplos individuais da arte de galeria costumavam combinar-se e formar um ciclo sobre a Guerra de Troia:

Helena parte para Troia com Páris; o sacrifício de Ifigênia; Aquiles vê a sua querida concubina Briseida, capturada como prêmio, ser levada para longe — motivo da disputa com Agamenon que inaugura a *Ilíada* de Homero, ilustrado em outro painel da casa. Aqui havia mais do que simples coerência temática. Nos locais originais todo tipo de questões deviam ser levantadas pela inteligente justaposição visual e as "correspondências provocativas" entre as pinturas individuais e os temas.

Parece que, originalmente, as cenas de Helena e Briseida estavam em painéis adjacentes no átrio (fig. 23 do encarte). Trata-se de duas vinhetas da deserção das mulheres, eixos da história da Guerra de Troia, e os paralelos são realçados por seus vestidos parecidos, suas cabeças baixas e o grupo de soldados que as cercam. No entanto, para qualquer pessoa familiarizada com a história troiana, a comparação devia despertar reflexões sobre as diferenças e similitudes entre as cenas. Porque Helena, a rainha grega, abandonava o marido Menelau e embarcava, por vontade própria, numa jornada adúltera — e, ao fazê--lo, provocaria a guerra catastrófica entre gregos e troianos. Briseida, prisioneira de guerra troiana, deixava Aquiles e, contra a sua vontade, seria entregue ao rei Agamenon — e, como conta o épico de Homero, a ira de Aquiles com a perda levaria diretamente à morte do amigo Pátroclo e de Heitor, príncipe de Troia. Virtude, culpa, status, sexo, motivação e causas do sofrimento são expostos neste par de pinturas. O pintor certamente conhecia os mitos troianos e esperava que a audiência também os conhecesse.

É possível detectar uma inquietação subjacente em outra série de pinturas sobre o adultério de Helena com Páris. Três painéis decoram um pequeno cômodo na Casa de Jasão, assim chamada por uma pintura do herói grego Jasão em outro cômodo. Cada uma ilustra o momento de calma anterior ao golpe da tragédia: Medeia observa os filhos brincarem antes de matá-los para se vingar do marido que a deixou; Fedra conversa com uma aia antes de se matar pelo amor não correspondido do enteado Hipólito, depois de acusar o jovem inocente de incesto; Helena recebe Páris na casa do marido antes de fugirem — fato assinalado pelo pequeno cupido no umbral da porta (fig. 79 do encarte).

Como ocorre com a série na Casa do Poeta Trágico, rimas visuais entre as pinturas levam o observador a comparar e contrastar as diferentes versões do desastre doméstico exibido. Por exemplo, Medeia e Fedra estão sentadas, como se espera das matronas romanas respeitáveis; porém, na outra cena é Helena quem está de pé, enquanto o amante efeminado e "oriental" ocupa o lugar da mulher. Porém, o fundo arquitetônico acrescenta uma dimensão perturbadora. A similitude une as três cenas, mas o estilo arquitetônico e as grandes portas pesadas têm mais do que uma semelhança superficial com a arquitetura doméstica de luxo em Pompeia. É como se as pinturas falassem sobre a relevância do mito na vida romana contemporânea ao expor a trágica disfunção — do adultério ao infanticídio — que pode assolar qualquer família, em qualquer parte.

Um quarto com vista?

A decoração das casas pompeianas manteve os acadêmicos ocupados durante anos em busca da cronologia, das escolhas funcionais, da estética e do significado dos mitos nas paredes. Detalhes fascinantes continuam a ser descobertos em todos os aspectos, da lógica dos desenhos aos procedimentos técnicos dos pintores que os executaram (a Casa dos Pintores Trabalhando só começou a ser escavada ao final dos anos 1980 e o trabalho ainda não terminou). Contudo, uma questão óbvia e importante sobre o estilo doméstico desta cidade romana frequentemente se perde em meio aos detalhes.

A julgar pelas plantas e os restos, a maior parte das casas pompeianas era claustrofóbica. Só uns poucos dentre os muito ricos exploraram algum tipo de vista para o mundo exterior; a grande maioria olhava para dentro, com não mais que um par de janelas minúsculas dando para as ruas que deixavam passar alguma luz. Os cômodos eram pequenos e escuros. Ainda que alguns (outra vez os ricos) tivessem átrios amplos, jardins internos e passagens extensas, em muitas casas até o átrio devia ser relativamente abarrotado (especialmente com todos aqueles armários e teares) e o jardim não era muito maior do que um lenço de bolso, sendo mais um prisma de iluminação do que um lugar de prazer e relaxamento.

No entanto, as decorações pintadas contam outra história. Os espertos truques ilusionistas sugerem vistas que se estendem além dos limites da casa. Nos casos mais extravagantes, as paredes internas parecem se dissolver nas perspectivas que competem entre si e as vistas ao longe, para além do horizonte. Nas bordas dos minúsculos jardins às vezes devia ser difícil saber onde acabavam as plantas domésticas e onde começavam as paisagens selvagens ou o rio Nilo. Até no Primeiro Estilo, mais severo, o observador duvida do que seria realmente a parede que fita: seria de gesso e estuque pintados ou de blocos de mármore, como finge ser?

Este sentimento de algo para além da casa é fortemente reforçado pelos temas das pinturas murais. Afinal, Pompeia era uma pequena cidade ao sul da Itália. No entanto, é impressionante como eram extensos os seus pontos de referência culturais e visuais: iam do Mediterrâneo e seu repertório de literatura e arte antigas às costas exóticas mais distantes. O mundo imaginário da decoração não era nem um pouco claustrofóbico. Ele abarcava uma galáxia de mitos e literatura greco-romanos, dos épicos homéricos em diante; evocou e adaptou as obras-primas da pintura grega clássica; explorou os pontos altos da cultura egípcia, das esfinges e da deusa Ísis às sátiras e comédias sobre os habitantes e seus costumes esquisitos. Nem tudo era multiculturalismo benigno, é claro. Os pigmeus estereotipados que perseguiam crocodilos ou faziam sexo desenfreado foram retratados com uma mescla de humor agressivo e xenofobia. Mas o fato crucial é que estes horizontes distantes tenham sido retratados. Além das raízes culturais amalgamadas no sul da Itália, Pompeia era parte do Império Romano global — e isto se vê.

Vê-se também em outras formas de ornamentos e bugigangas encontrados nessas casas. A estatueta indiana de Lakshmi (fig. 34 do encarte) pode ser um caso extremo e incomum de "alcance" cultural. Mas muitos outros materiais sugerem que o mundo da casa pompeiana podia se voltar para fora, ao menos para aqueles com suficiente dinheiro para gastar em decoração. Há colunas, pisos e tampos de mesa em caros mármores coloridos importados de partes distantes do império — do Peloponeso e das ilhas gregas; do Egito, Numídia e Tunísia, na África; da costa da atual Turquia. De modo geral, a Grécia e sua história estavam em primeiro plano: uma estatueta tosca em terracota identificada na base como "Pítaco de Mitilene" (sábio e moralista grego do século VI a.C.) encontrada no Edifício de Júlia Félix; um elegante mosaico com um grupo de filósofos gregos que conversam sob uma árvore, com o que parece ser a Acrópole de Atenas ao fundo, encontrado em uma Vila na periferia da cidade; e, claro, o Mosaico de Alexandre.

Uma das descobertas mais magníficas ocorreu na Casa de Júlio Políbio. Guardado no grande salão com a pintura de Dirce e outros bens de valor na época da erupção havia uma jarra de bronze grega do século V a.C. Originalmente, como informa a inscrição, ela fora um prêmio nos jogos celebrados em homenagem à deusa Hera em Argos, no Peloponeso. Após uma carreira acidentada em que perdeu as asas (uma sugestão é a de que tenham sido usadas num enterro) e teve uma bica acrescentada, ela foi parar em Pompeia. Fosse uma compra cara ou uma herança familiar, era uma bela lembrança de um mundo e uma história alheios a Pompeia.

Nunca saberemos como os pintores da Casa dos Pintores Trabalhando pretendiam decorar aqueles painéis grandes e vazios. Tampouco sabemos se escaparam a tempo e em segurança. Mas não há dúvida de que o seu trabalho foi criar, em pintura, "um quarto com vista".

A SOBREVIVÊNCIA: O PADEIRO, O BANQUEIRO E O FABRICANTE DE GARO

Margens de lucro

Descendo a rua da Casa de Fábio Rufo, no trecho de grandes mansões com vista para o mar, houve, nos últimos anos da cidade, uma casa ocupada por Aulo Umbrício Escauro, que ganhava dinheiro negociando molho de peixe (garo). De fato, ele era o maior comerciante de garo da cidade. A julgar pelas etiquetas pintadas nas jarras encontradas na área, ele e seus sócios e subsidiários controlavam quase um terço do fornecimento local deste ingrediente básico da culinária romana. A casa em si é algo grande e desconjuntado, composto pela união de pelo menos duas propriedades mais antigas. Hoje está tristemente dilapidada, em parte devido ao bombardeio de 1943, que atingiu severamente essa área da cidade. Na sua forma final ela não tinha dois, mas três átrios, além de um ou mais peristilos (um deles com um tanque ornamental de peixes), além de uma sala de banhos num piso inferior.

Sabemos que Aulo Umbrício era o dono porque a decoração em mosaico no piso do terceiro átrio chegou a ostentar uma jarra de molho de peixe nos quatro cantos (fig. 80 do encarte). Agora retirados por questões de conservação, eles eram feitos de *tesserae* brancas sobre fundo preto e cada um levava uma inscrição sobre as variedades de molho de peixe vendido por Umbrício Escauro: "O melhor garo de Escauro, feito de cavala, da fábrica de Escauro", "Melhor molho de peixe", "O melhor garo de Escauro, feito de cavala", "Molho de peixe, grau um, da fábrica de Escauro". A menos que pensemos que um consumidor satisfeito tenha resolvido decorar o piso do seu átrio com jarras dos seus molhos favoritos, esta deve ter sido a casa de Escauro. Aqui, a decoração interior servia para a autopropaganda e a venda dos produtos.

Umbrício Escauro não era o único residente de Pompeia que celebrava explicitamente o seu negócio no piso da casa. Numa das principais entradas de outra propriedade enorme o visitante era saudado com o bordão no mosaico: "Bem-vindo, lucro!". As enormes dimensões desta casa sugerem que o desejo foi fartamente concedido. Em outros lugares o bordão podia expressar uma esperança vã. No piso do átrio de uma casa minúscula ainda se pode ver a frase "Lucro é prazer". Mas não há muitos indícios de que isto não tenha ido além do desejo.

A economia romana

Gerações de historiadores têm discutido a vida econômica do Império Romano, seu comércio e indústria, suas instituições financeiras, os sistemas de crédito e as margens de lucro. Por um lado, há os que enxergam a antiga economia em termos muito modernos. De fato, o Império Romano foi um vasto mercado único. Fortunas se criaram com a demanda de bens e serviços, que elevaram a produtividade e estimularam o comércio de modo inédito. Uma ilustração muito usada — ainda que pareça improvável — provém das profundezas da capa de gelo da Groenlândia, onde ainda é possível encontrar resíduos da poluição da metalurgia romana, a qual só teve paralelo na Revolução Industrial. A arqueologia submarina conta a mesma história. Foram encontrados mais barcos naufragados do período entre os séculos II a.C. e II d.C. no fundo do Mediterrâneo do que de quaisquer outros períodos até o século XVI. Isto não é um indicador da má qualidade da construção naval nem da náutica no Império Romano, mas do intenso volume de tráfego marítimo.

Por outro lado, há quem afirme que a vida econômica romana era absolutamente distinta da nossa e, de fato, decididamente "primitiva". A riqueza combinada com o prestígio social se baseava na terra e o principal objetivo das comunidades era se alimentarem, e não explorar recursos para lucrar ou investir. O transporte de longa distância das mercadorias era arriscado por mar (como testemunham os muitos naufrágios) e proibitivamente caro por terra. O comércio não passava de uma fina cobertura no bolo econômico, que funcionava em pequena escala e não era particularmente respeitável. As inscrições nos pisos de mosaico podem celebrar margens de lucro saudáveis, mas poucos autores romanos, por elitistas que fossem, escreveram algo bom sobre os comerciantes e o comércio. De modo geral, o comércio era algo vulgar e os comerciantes não eram confiáveis. De fato, a partir do final do século III a.C., os maiores postos da sociedade romana, os senadores e seus filhos, foram expressamente proibidos de possuir "barcos oceânicos", definidos como os que tinham capacidade para 300 ânforas ou mais.

Além disto, Roma não desenvolveu uma instituição financeira necessária para apoiar uma economia sofisticada. Como veremos, o "banco" era limitado em Pompeia. Não está claro se havia coisas como notas de crédito ou se era preciso empurrar um barril cheio de moedas para fazer uma compra grande, como uma casa, por exemplo. A metalurgia romana pode ter poluído a Groenlândia, mas há escassos traços de inovações tecnológicas como as que acompanharam a Revolução Industrial no século XVIII. A maior invenção do período romano provavelmente foi o moinho d'água e isto — segundo esta teoria — não significa muito. Mas por que se preocupar com novas tecnologias quando há grandes quantidades de mão de obra escrava para atiçar o fogo, empunhar a alavanca e girar as rodas?

A vida no campo e a produção rural

Criteriosamente, a maioria dos historiadores fica entre dois extremos. E a própria Pompeia tem características do modelo econômico "primitivo" e "moderno". É quase certo que a base da maior parte da riqueza da cidade estivesse na terra das áreas rurais e que as famílias proprietárias das maiores casas possuíam também outras propriedades na região circundante. Como unidade econômica e política, "Pompeia" consistia no centro urbano e no interior. A área para além da cidade provavelmente cobria uns 200 km² — este é um bom cálculo, ainda que um pouco generoso, já que não temos provas concretas dos limites entre as terras pompeianas e as das cidades vizinhas. Isto não foi explorado muito a fundo pelos arqueólogos, cujo interesse se concentra mais na cidade. De fato, a localização de vilas, granjas e outros assentamentos rurais sob vários metros de escombros vulcânicos é uma tarefa incerta.

No total, foram encontrados restos de quase 150 propriedades no interior da cidade, mas o que sabemos sobre o tipo de estabelecimento e quem eram os proprietários é muito vago, pois raramente foram escavados sistematicamente. Algumas certamente eram residências de veraneio dos ricos, até daqueles distantes, de Roma: Cícero não foi o único a possuir uma "casa em Pompeia". Algumas eram fazendas produtivas. Outras eram uma combinação dos dois. Certamente, um viés no que descobrimos nos leva a privilegiar os escombros mais substanciosos em detrimento das cabanas e choças dos camponeses mais pobres. Alguns arqueólogos suspeitam que houvesse o equivalente a favelas ou assentamentos de trabalhadores pobres no campo, fora das muralhas, mas não foram encontrados vestígios deles.

Em um caso podemos identificar a propriedade rural de uma família pompeiana proeminente. Nos anos 1990, uma escavação em Scafati, a alguns quilômetros ao leste de Pompeia, achou um túmulo familiar com oito monumentos a vários Lucrécio Valente do século I d.C., a maioria dos homens tendo exatamente o mesmo nome: Décimo Lucrécio Valente. Eles iam de crianças pequenas, como a que morreu aos dois anos de idade, ao jovem notável, enterrado em outro lugar à custa do governo local, em cuja placa honorífica ao lado do restante dos parentes se lê que patrocinou, junto com o pai, uma exibição de gladiadores com 35 pares de lutadores. Este era o máximo de generosidade que um patrono pompeiano podia demonstrar.

Na própria Pompeia, a sua família estava associada a um grupo de casas ao final da Via dell'Abbondanza, perto do Anfiteatro, inclusive a Casa da Vênus Marinha com a deusa reclinada na parede do jardim. De fato, grafites numa destas propriedades mencionam Décimo Lucrécio Valente e também duas mulheres com os nomes menos comuns dos túmulos, Justa e Valentina — o que confirma a associação entre a família e a casa. Mas por que o grupo de túmulos familiares está neste local particularmente afastado da cidade? Presumivelmente porque os Lucrécio Valente tinham ali uma casa, adjacente ao túmulo, que foi parcialmente escavada.

Os Lucrécio Valente, como a maior parte da aristocracia pompeiana, fizeram fortuna com os produtos das suas terras, mesmo se não a trabalhassem diretamente. Algumas propriedades deviam ser lavradas por arrendatários. Outras eles deviam controlar de forma mais direta. Frequentemente, como ocorria na Vila dos Mistérios e na casa de Scafati, sem dúvida, os salões de prestígio para receber convidados eram combinados com um estabelecimento agrícola operado por um capataz que usava mão de obra contratada e escrava. Há claras evidências do uso da força de trabalho escrava nestas fazendas, como uma espécie de dispositivo metálico, quase certamente cepos, ou grilhões (um deles suficientemente grande para prender catorze pessoas), encontrados em algumas propriedades fora da cidade. Na Vila das Colunas de Mosaico, do lado de fora das muralhas, foram desenterrados ossos de pernas humanas, ainda agrilhoados. A ideia de escravos e prisioneiros que encontram um fim terrível por não conseguirem se safar dos grilhões é um poderoso mito nas histórias de desastres, da destruição de Pompeia ao filme *Titanic*, e os primeiros guias impressos da cidade costumavam assinalar vários exemplos (fictícios) deste horror. Neste caso, a história se confirma pelas fotografias dos ossos ainda presos pelo metal, que foram tiradas ao serem descobertos, porém não sabemos se o escravo em questão era um trabalhador agrícola ou doméstico.

Parte do território rural que circunda Pompeia certamente era usado para a pastagem de ovelhas, que forneciam lã e leite. Sêneca nos faz ver que parte desta criação podia ter uma escala relativamente grande quando afirma que um rebanho de pelo menos 600 reses morreu com o terremoto de 62 d.C. Quanto ao resto, devemos imaginar um panorama agrícola de solo vulcânico muito fértil produzindo cereais, uvas e azeitonas. Esta era a dieta básica da antiga vida mediterrânea; essencial para a subsistência e também para a iluminação (com azeite de oliva), na maior parte consumida localmente. É difícil saber exatamente quanto das terras disponíveis era usado em cada cultivo. Os escritores romanos tendem a ressaltar as vinhas e vinhos da região, e muitas vezes as fazendas escavadas conservam vestígios claros de produção vinícola na forma de barris e prensas. Mas isto pode superestimar a importância das videiras. A ênfase literária pode ser, em parte, um reflexo do fato de que os romanos da elite costumavam se interessar mais pela variedade das uvas do que pela variedade dos grãos, e a proeminência arqueológica pode se dever, em parte, à facilidade de reconhecer a parafernália para a produção vinícola.

Uma pequena propriedade ao norte de Pompeia recentemente escavada por completo, a Vila Regina (conhecida pelo nome moderno do lugar), perto de Boscoreale, demonstra o quão diversificada podia ser a produção mesmo quando havia o predomínio do vinho (fig. 81 do encarte). Descoberta nos anos 1970, trata-se de uma casa relativamente humilde com apenas dez cômodos no térreo e construída em torno de um pátio. Ela está muito distante do estilo grandioso das propriedades rurais dos ricos. A maior parte dos cômodos tinha serventia para o trabalho agrícola, e só dois eram decorados com pinturas. Presume-se que tenha pertencido a um fazendeiro com poucos recursos, embora, como muitos na cidade, estivesse remodelando a casa quando ocorreu a erupção. O lintel de uma das portas tivera de ser aprumado, as fundações estavam sendo reforçadas, o revestimento do piso fora removido e a cozinha e a sala de jantar pintada não estavam em uso.

Grande parte dos implementos agrícolas se destinava à produção vinícola, incluindo uma prensa e dezoito imensas jarras, ou *dolia*, com capacidade para cerca de 10 mil litros de vinho, que estavam enfileirados. A menos que a vida doméstica romana fosse vivida num torpor alcoólico, aquela quantidade não devia ser apenas para consumo doméstico. Ainda assim, a produção teria exigido menos de dois hectares de vinha (numa pequena vila próxima, obviamente muito maior, havia 72 *dolia* para armazenar o vinho ali produzido). Parte do vinhedo foi escavado, as cavidades das raízes foram recheadas de gesso e os restos de sementes e pólen foram analisados. O resultado inclui vestígios de videiras guiadas por estacas e o cultivo entremeado de outras plantas — azeitonas, damascos, pêssegos, amêndoas, nozes e figos, para citar só algumas das mais de oitenta espécies identificadas.

Os restos físicos da casa também assinalam um leque de cultivos mais amplo que as videiras. O que parece ser uma superfície para a debulha sugere que também se cultivavam cereais e havia um silo de feno para abrigar e alimentar animais. Dentre os animais da granja certamente havia mulas, burros ou cavalos para puxar a grande carroça cujas rodas de ferro e acessórios foram encontrados. Havia porcos também, para a carne, como comprova o molde em gesso de um esplêndido porco jovem cevado encontrado num cômodo em reforma. Ele deve ter se abrigado ali durante a erupção afastando-se da vara ou fugindo da pocilga. No vinhedo, os escavadores desenterraram o crânio de um cão de guarda.

A produção de vinho nesta escala se destinava ao mercado local, mais do que à exportação, e talvez fosse entregue aos clientes da cidade no tipo de transporte retratado nas paredes de uma estalagem de Pompeia: um enorme odre de pele no alto de uma carroça cujo conteúdo é decantado diretamente nas jarras de vinho (fig. 82 do encarte). Pelo que sabemos sobre o preço dos vinhos à venda na cidade (às vezes escritos para os clientes nos bares) e sobre a margem de lucro entre o preço de produção e a venda final sugerida pelos escritores romanos, aqueles 10 mil litros de vinho podiam render entre 5 mil e 7,5 mil sestércios ao proprietário rural. Porém, se considerarmos todos os custos de produção e de equipamentos (uma mula podia custar mais de 500 sestércios), o lucro real devia ser muito menor, apesar da renda obtida com a venda das demais frutas, cultivos e animais. Aquilo não era cultivo de subsistência. É consenso que 500 sestércios mantinham uma família de quatro pessoas no mínimo absoluto da subsistência, vivos porém famintos, durante um ano; enquanto isso, o soldo básico anual de um soldado legionário era de 900 sestércios. Tampouco era um soldo farto. Presume-se que era suficiente para sustentar, alimentar, vestir e abrigar uma unidade doméstica — incluídos os escravos — de cinco a dez pessoas, com algum dinheiro de sobra para pequenos luxos esporádicos, tais como enfeitar alguns cômodos com uma pintura decorativa.

Teria o campo sustentado a população de Pompeia com a dieta básica sem a necessidade de importações, graças a granjas como esta e a outras propriedades maiores? Isto tem sido tema de intensos debates e pouco consenso. Parte do problema é que só podemos especular sobre os números, vitais para qualquer cálculo preciso: não só o tamanho total da população como também o tipo de rendimento que os romanos extraíam da terra e os níveis de consumo (um quarto de litro de vinho por dia para cada homem, mulher e criança estaria dentro da ordem de magnitude ou não?).

Para seguir uma linha de especulação: suponhamos que, em 79 d.C., a cidade tinha aproximadamente 12 mil habitantes, além de outros 24 mil na área rural circundante (um tiro no escuro, baseado parcialmente em estimativas posteriores). Então, dada a fertilidade do solo e do clima, seria razoável supor que, do total de 200 km², entre 120 e 130 km² fossem cultivados com grãos, o que teria fornecido o necessário para alimentar o total de 36 mil habitantes. Certamente era possível produzir vinho suficiente para que todos tivessem um quarto de litro ao dia com menos de 2 km² de vinhedos. Quanto ao azeite de oliva, podemos pensar que cada habitante consumia (ou queimava) dez litros por ano, o que podia ser produzido em menos de 4 km² de olivais. Não devemos imaginar campos contínuos de monocultura, como estes cálculos podem fazer supor. Os cultivos na Vila Regina, com oliveiras e árvores frutíferas entremeadas às videiras, são um exemplo de como a agricultura antiga podia ser entremeada.

Claro, qualquer mudança nestas estimativas aproximadas — se aumentarmos a população em cinquenta por cento, por exemplo, ou diminuirmos a quantidade de terra disponível —, e o quadro geral se transforma drasticamente. Mesmo com estes cálculos otimistas, deve ter havido anos de escassez, seca ou perda de cultivos, levando os pompeianos a buscar alimentos em outras partes. Ainda assim, é provável que, de modo geral, tenha havido o suficiente para exportar, como indica outra evidência. Os escritores antigos certamente associaram a área ao redor do Vesúvio a variedades conhecidas de uvas, uma das quais inclusive era conhecida como *pompeiana*. Esta fama sugere que os vinhos extrapolavam o consumo local. Os comentários desdenhosos de Plínio sobre a inferioridade de parte da vinhaça pompeiana (p. 57) sugere que não se tratava de um produto rústico feito para o consumo local e sim, como sugeriu recentemente um historiador, que a produção era incrementada para satisfazer um amplo mercado ("a velha história de sacrificar a qualidade pela quantidade"). O vinho não foi o único produto de Pompeia a adquirir reputação alhures. Columela, escritor do século I que tratava de agricultura, recomendava particularmente a cebola pompeiana, e Plínio descreveu em detalhes o repolho local, advertindo quem pensasse cultivá-lo que ele não suportava o clima frio.

A arqueologia, tanto terrestre quanto submarina, às vezes nos leva a seguir a trilha da produção de Pompeia pelo Mediterrâneo e para além dele — ou, pelo menos, as ânforas para armazenar vinho, praticamente indestrutíveis depois de 2 mil anos, o que não ocorre com os repolhos. No início do século I a.C., provavelmente antes da fundação da colônia de Pompeia, o vinho deixava a baía de Nápoles em direção ao sul da França. Sabemos disso por causa de um navio cargueiro que não conseguiu chegar até lá, tendo naufragado diante de Anthéor, não muito longe de Cannes. Ele levava ânforas de vinho com rolhas inscritas em osco (daí a datação do naufrágio) com um nome muito raro: Lássio. Os únicos outros Lássio que conhecemos no mundo romano são de Pompeia e Sorrento, que estão próximas, e incluem Lassia, sacerdotisa pompeiana da deusa Ceres cujo túmulo foi descoberto fora das muralhas da cidade. É possível que o vinho proviesse de Pompeia ou da circunvizinhança.

Outros carregamentos chegaram aos seus destinos a salvo. Eles incluem ânforas de vinho pompeiano que terminaram em Cartago, no norte da África. Alguns levavam uma inscrição com o nome L. Eumáquio. Fosse o viticultor ou simplesmente o fabricante das jarras (os selos podiam indicar ambas as atividades), muito provavelmente tratava-se do pai de outra sacerdotisa pompeiana, Eumáquia, mais conhecida por ter patrocinado um dos maiores edifícios públicos no Fórum que agora leva o seu nome, o Edifício de Eumáquia. Outras ânforas, algumas com o mesmo selo de Eumáquio, apareceram na França e na Espanha e em outras partes da Itália. Uma, inclusive, foi encontrada em Stanmore, em Middlesex, Inglaterra. Porém, antes de saltarmos à conclusão tentadora de que havia um mercado dinâmico para o vinho pompeiano na Britânia, devemos recordar que uma ânfora solitária não necessariamente revela uma importante rota comercial. De qualquer modo, as ânforas eram boas e resistentes demais para terem uma só finalidade, e frequentemente eram reutilizadas ao longo dos anos, ou das décadas. A que foi encontrada em Stanmore pode ter sido fabricada em Pompeia, mas não necessariamente o seu conteúdo final.

Também havia muito comércio na outra direção. Se, em teoria, Pompeia podia suprir inteiramente as próprias necessidades com o território adjacente, ela certamente preferiu não fazer isto — ou, ao menos, não nos seus últimos anos. As ânforas para vinho e outros alimentos contam uma clara história de importações numa escala relativamente grande. Muitas delas provinham de partes não muito distantes da Itália. Os pompeianos mais ricos, por exemplo, desfrutavam do vinho falerno, um dos mais finos *premier crus* do mundo romano, produzido a uns 80 quilômetros ao norte da cidade. Mas também havia importações de lugares mais distantes. Na Casa de Menandro foram encontradas umas setenta ânforas e outras jarras, muitas das quais ainda traziam indicações do conteúdo e lugar de origem. É verdade que havia produtos absolutamente locais: algumas trazem o selo de Eumáquio, outras contêm vinho de Sorrento e uma, muito menor, mel local. Algumas haviam transportado azeite de oliva ou molho de peixe da Espanha, outras de Creta, e pelo menos uma veio de Rodes e o selo indica que continha *passum*, uma variedade especial de vinho suave feito de passas e não de uvas frescas. Em grande parte, o mesmo quadro se encontra no depósito de ânforas — umas cheias, outras vazias — na destruída Casa de Amaranto. Provavelmente trata-se de uma mescla de recipientes de primeira, segunda e terceira mãos, com uma quantidade significativa proveniente de Creta (trinta, aparentemente cheias, devia ser um carregamento recente), algumas da Grécia e uma — espécie rara — proveniente da cidade de Gaza, que, em forte contraste com a sua atual condição, no início da Idade Média foi um dos centros de viticultura mais famosos e lucrativos.

O negócio de importação tinha mais a ver com o conteúdo das ânforas e outras jarras, fosse vinho, azeite de oliva ou garo. Vimos que análises microscópicas jogaram luz sobre vestígios de ervas e especiarias exóticas (ver p. 50). Mas outros materiais relativamente indestrutíveis, como os belos trabalhos de vidraria e mármores coloridos do Egito, são ainda mais fáceis de identificar. As baixelas comuns de cerâmica também podiam ser de lugares distantes. De fato, um pacote com aproximadamente noventa tigelas novas fabricadas na Gália e quase quarenta lamparinas de cerâmica foi achado intacto, provavelmente porque não houve tempo de abri-lo; deve ter chegado à cidade pouco antes da erupção. Neste caso, se os arqueólogos estiverem certos ao afirmarem que as lamparinas não eram da Gália e sim do norte da Itália, devemos imaginar que algum tipo de "intermediário" teria empacotado uma encomenda de origens diferentes.

De modo geral, não há razão para duvidar de que, independentemente da sua localização exata e do seu tamanho reduzido em comparação com os grandes centros comerciais de Putéoli ou Roma, o porto de Pompeia deve ter sido pujante, internacional e multilíngue.

Comércios urbanos

A agricultura não era apenas uma atividade da zona rural. As atuais estimativas indicam que dentro das muralhas da cidade uns dez por cento das terras tinham uso agrícola, mesmo antes da erupção; em períodos anteriores esta proporção teria sido ainda maior. Parte era usada para a criação de animais, uma parcela subestimada da população de Pompeia, principalmente porque as gerações anteriores de arqueólogos costumavam negligenciar os ossos de animais. Mas nem eles deixaram de reparar nos esqueletos de duas vacas que estavam na Casa do Fauno quando a erupção eclodiu, e mais adiante neste capítulo vamos tratar de uma descoberta ainda mais dramática. Havia muitos cultivos também. Já vislumbramos o pequeno "pomar" na Casa de Júlio Políbio, com figueira, oliveira, limoeiro e outras árvores frutíferas. Havia outros casos de cultivos urbanos numa escala comercial muito maior.

Escavações minuciosas nos anos 1960 revelaram um denso vinhedo (fig. 13, p. 188) entremeado de oliveiras e outras árvores e, possivelmente, também vegetais (é o que se deduziu a partir de um grão de feijão carbonizado) numa faixa de terreno perto do Anfiteatro onde antes se pensava que teria havido um cemitério de gladiadores ou um mercado de gado. O vinhedo cobria cerca de meio hectare e o vinho — milhares de litros — não só era produzido no local (como provam a prensa e o grande *dolia*) mas também vendido num bar na Via dell'Abbondanza e servido aos fregueses que jantavam num dos dois triclínios abertos construídos nas partes mais acessíveis da propriedade. E há muito outros vinhedos, pomares e hortas menores (que talvez produzissem os famosos repolhos e cebolas) identificados por vestígios das raízes, sementes carbonizadas, pólen e sistemas de irrigação e canteiros extremamente bem-planejados. Em um jardim com um sistema de irrigação particularmente elaborado parece ter havido um cultivo comercial de flores — talvez para a produção de perfume, como se supõe pela quantidade de jarras de vidro e tigelas rasas encontradas na casa adjacente. Outras escavações muito recentes encontraram evidências de "viveiros" que, provavelmente, supriam os jardineiros locais de plantas.

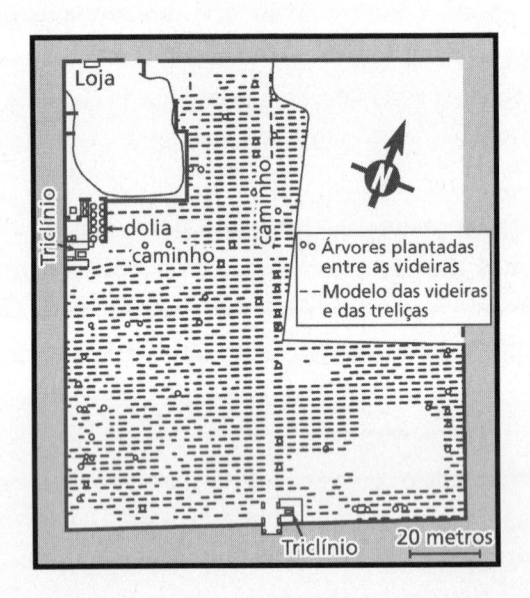

Figura 13. Plano de um vinhedo escavado.
Escavações modernas minuciosas revelaram o plantio deste vinhedo comercial (além de instalações para jantar) dentro das muralhas da cidade.
Ele estava bem posicionado para diversos tipos de comércio.
Ao norte, abria-se para a Via dell'Abbondanza; ao sul, era conveniente para os clientes do Anfiteatro.

Não surpreende, então, que tenham sido encontrados tantos exemplares de implementos agrícolas nas casas da cidade: forcados, pás, enxadas, ancinhos etc. Alguns certamente eram usados por habitantes da cidade que diariamente cruzavam os seus limites para trabalhar no campo, fora das muralhas. Outros deviam ser usados nos cultivos intramuros.

Contudo, a impressão que se tinha ao caminhar por Pompeia não era a de um mundo de cultivos pacíficos e outros objetivos pastoris. A cidade mercantil era agitada e animada. É verdade que provavelmente a terra e a agricultura fossem a base mais importante da riqueza da cidade. Pompeia não era um equivalente antigo da Florença renascentista como sugerem algumas fantasias modernas, onde o sucesso econômico se baseava nas indústrias manufatureiras, e o poder político, nas associações que controlavam suas indústrias e nos investidores que se arriscavam a financiá-las. As oficinas de pisoamento e os trabalhadores têxteis da antiga Pompeia não eram a força motora do poder econômico. O "banqueiro" Lúcio Cecílio Jucundo, cujo negócio exploraremos em seguida, não era um Cósimo de Médici. Dito isso, a cidade contava com uma ampla gama de serviços, das oficinas de pisoamento à fabricação de lamparinas, e era o centro de trocas de uma comunidade com provavelmente mais de 30 mil pessoas, incluindo os moradores da área rural.

Isto requeria uma infraestrutura de compra e venda. O município regulamentava o padrão de pesos e medidas usados pelos comerciantes. O medidor oficial fora estabelecido no Fórum no século II a.C., segundo os padrões de medida oscos (fig. 83 do encarte). Eles foram ajustados ao final do século I, como informa uma inscrição, para se adequarem ao sistema romano — uma mudança que, independentemente das normas municipais, pode ter sido tão irregular, contestada e politicamente marcada quanto a mudança, no fim do século passado, das medidas imperiais britânicas (libras e onças) para o sistema métrico decimal (quilos e gramas).

Mas o envolvimento do governo local na vida comercial da cidade ia além. Já vimos os edis distribuindo postos de venda entre os mercadores (p. 90). Eles também deviam regulamentar os dias de mercado. Um grafite muito confuso na parede de uma loja grande ("Lia de garo à venda em jarras") lista um ciclo de mercado de sete dias baseado nos dias da semana muito similar ao nosso: "Dia de Saturno em Pompeia e Nucéria, dia do Sol em Atella e Nola, dia da Lua em Cumae etc...". Isto pode refletir um calendário comercial oficial, mais do que o horário para uma semana. Pelo menos é o que a maioria dos arqueólogos supõe, passando por alto o fato de que outro grafite parece indicar que o dia de mercado em Cumae era o dia do Sol, e o de Pompeia, o dia de Mercúrio. De qualquer modo, isto aponta certo grau de planejamento e coordenação oficiais.

Também é provável que a municipalidade controlasse os prédios comerciais e comunais mais importantes. Eles são mais difíceis de identificar do que se imagina. De fato, uma das maiores incógnitas na arqueologia pompeiana é saber a finalidade de muitos prédios grandes que circundam o Fórum, apesar de diversas declarações confiantes. Segundo as teorias mais aceitas atualmente, o longo edifício estreito no noroeste do Fórum (reconstruído pela metade depois da *Blitzkrieg* aliada) era uma espécie de mercado, talvez de cereais. Defronte dele, na esquina nordeste, ficava o mercado de peixes e carnes. Não há evidências da primeira identificação, além do fato de o medidor oficial estar perto dali. A segunda pode estar correta. Mas ela depende de um exame muito sério das escamas de peixe encontradas na área central e do descarte dos elementos possivelmente religiosos e da decoração pintada, que parece demasiado elegante para um mercado (fig. 84 do encarte). Alguns arqueólogos preferem considerá-lo um altar ou um templo — ou, no caso de William Gell, um altar com restaurante.

À parte o envolvimento oficial no comércio local, chama atenção a enorme variedade de comércio e negócios que ocorria na cidade. Hoje, passeando pelas ruas, é fácil identificar as pesadas mós e os grandes fornos de pão das padarias e os tanques e cubas usados pelos lavadeiros nos processos têxteis. As vitrines do Museu de Nápoles estão repletas de ferramentas e instrumentos de todo tipo de ofícios encontrados nas escavações: dos machados e serras para trabalho pesado às balanças e básculas, prumos de chumbo, pinças e equipamentos médicos de precisão (alguns deles estranhamente modernos, como o espéculo ginecológico (fig. 30 do encarte).

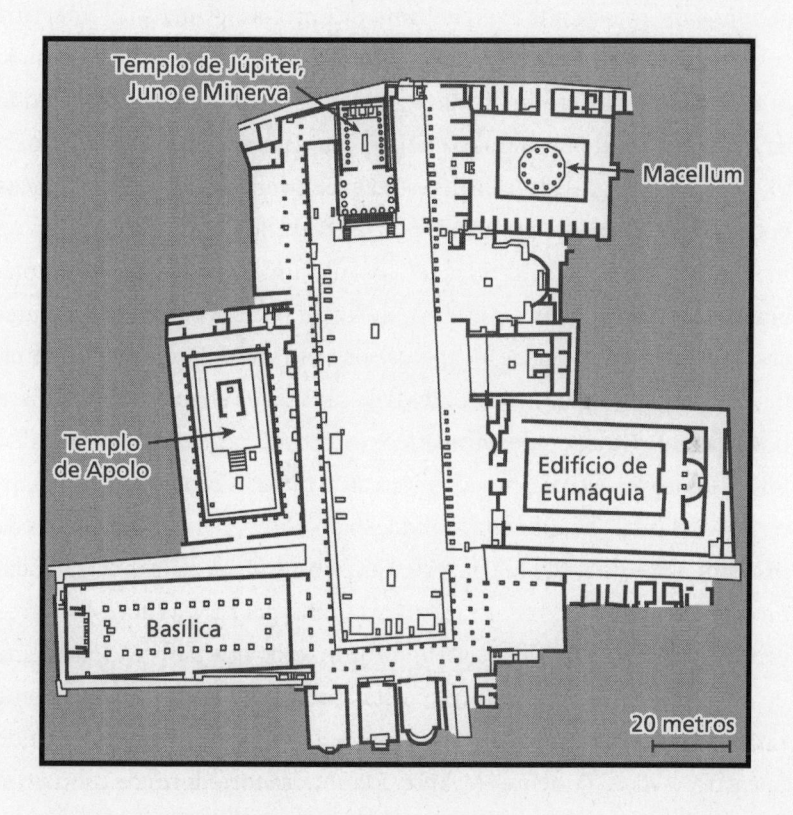

Figura 14. Plano do Fórum.
O centro cívico de Pompeia. Até hoje não se sabe ao certo o nome e
a função de muitos prédios em torno do Fórum.

195

Às vezes é possível vinculá-los a anúncios de ofícios ou lojas. Uma placa improvisada que antes estava fixada na fachada de uma oficina, por exemplo, parece anunciar as habilidades de "Diógenes, o construtor" com imagens das suas ferramentas (prumo de chumbo, espátula, cinzel, marreta), além de um falo para trazer sorte. Eles podem ocasionalmente figurar até em túmulos, para celebrar a destreza do morto. Um tal Nicostrato Popídio, agrimensor, ostentava os seus instrumentos — varas de medir, estacas e a inconfundível *groma*, ou cruz, para traçar linhas retas — no túmulo que mandou erigir para si próprio, o sócio e os filhos de ambos. Ele exerceu uma das profissões mais caracteristicamente romanas, traçando lotes de terreno, demarcando limites entre propriedades, mediando disputas por terras. Era o tipo de homem que deve ter sido muito procurado quando Tito Suédio Clemente, agente de Vespasiano, foi à cidade para investigar um problema de terras públicas ocupadas ilegalmente por proprietários privados.

As pinturas e esculturas trazem os instrumentos mudos destes ofícios de volta à vida ou, ao menos, ilustram o seu uso. Já vimos muita compra e venda (de pães a sapatos) nas pinturas da vida no Fórum. Outra série famosa de minúsculos frisos pintados em um salão na Casa dos Vétios mostra cupidos simpáticos (ou *kitsch*, para quem aponta ali o gosto dos novos-ricos) ocupados com todo tipo de atividades manufatureiras. Alguns se ocupam da fabricação do vinho, outros, de oficinas de pisoamento e de perfumaria. Alguns parecem se dedicar ao negócio de confecção de guirlandas (outro uso comercial para as flores). Outros produzem joias e grandes vasilhas de bronze, no que parece uma oficina de metalurgia (fig. 85 do encarte). Esta atividade é descrita vividamente numa placa de mármore que pode ter sido um anúncio de loja, ainda que extraordinariamente elegante. Ela retrata forjadores de bronze ou cobre — é o que se deduz pelos produtos acabados dispostos ao fundo — e enfoca três estágios do processo de produção. À esquerda, um homem pesa a matéria-prima numa grande balança (e se recusa a ser distraído pela criança atrás dele que exige atenção). No centro, um homem está a ponto de martelar o metal numa bigorna, enquanto outro o segura com um par de pinças. À direita, um quarto artesão dá acabamento numa grande tigela. E não se pode pedir ilustração melhor da ubiquidade dos cachorros em Pompeia. Ainda que o relevo lembre estranhamente um ornitorrinco, a criatura encolhida numa prateleira acima da cabeça do último artesão só pode ser um cão de guarda.

Muitos materiais escritos em grafites, em anúncios formais e em túmulos contribuem para o quadro ou nos fazem recordar outras ocupações que não deixaram vestígios tão inconfundíveis. Se contarmos todos os que são mencionados deste modo (sem incluir os ofícios conhecidos, como oleiro ou ferreiro, não mencionados explicitamente nos escritos), somamos mais de cinquenta modos de sobreviver em Pompeia: do tecelão ao lapidador de gemas, do arquiteto ao confeiteiro, do barbeiro à ex-escrava Nigella, descrita no seu túmulo como "guarda de porcos pública" (*porcaria publica*). À parte dela, as mulheres não são mencionadas com muita frequência, embora sejam encontradas em contextos às vezes inesperados. Uma delas, chamada Faustilla, era o que poderíamos chamar uma pequena agiota. Sobreviveram três grafites em que seus clientes escreveram o que tomaram emprestado, os juros que pagaram (de aproximadamente três por cento ao mês) e, em dois casos, o que deixaram como garantia — dois capotes e um par de brincos.

É muito mais complicado ligar os ofícios às ruínas do sítio. Apenas certas atividades, tais como bancos e oficinas de pisoamento, possuíam instalações permanentes que nos permitem localizá-las com alguma certeza. Da maior parte das pequenas unidades que se alinhavam nas ruas, sem móveis, arranjos e equipamentos, resta muito pouco suficientemente característico para ajudar-nos a inferir o que se fazia ou vendia ali. Um grafite ("Curtume de Xulmo") ajudou a identificar um destes estabelecimentos, e especulações razoáveis identificaram tapeceiros e sapateiros. De qualquer modo, diversos ofícios eram executados no que parecem ser casas comuns. Faustilla dificilmente teria precisado de um escritório. A base dos pintores (p. 149) só foi identificada pelo armário repleto de tintas. E bastaria acrescentar um par de teares e de escravas a um átrio para transformar a tecelagem para consumo doméstico numa empresa comercial.

Dito isso, há hiatos ainda mais curiosos em nosso conhecimento. A julgar pela profusão de implementos metálicos encontrados por toda a cidade, as imagens na placa de mármore e as pinturas na Casa dos Vétios, a metalurgia devia ser um grande negócio na antiga Pompeia. Contudo, diversas dúvidas persistem. Não sabemos muito bem como eles conseguiam as matérias-primas. Até agora, além de um punhado de pequenas oficinas e lojas identificadas de modo impreciso (em uma delas foi encontrado o único exemplo de *groma* de agrimensura do mundo antigo), só foi descoberta uma forja importante, fora da Porta do Vesúvio. Devido ao risco de incêndio, talvez este ofício fosse executado principalmente extramuros. O mesmo devia se aplicar à indústria cerâmica. Porque só foram encontrados dois pequenos ateliês de cerâmica intramuros, e um deles era o de um especialista na confecção de lamparinas.

No que resta deste capítulo, vamos explorar unicamente três exemplos da vida comercial de Pompeia onde é possível ligar o ofício ao lugar — e quase ao rosto do profissional em questão: um padeiro, um banqueiro e um fabricante de garo.

Um padeiro

Entre a Casa dos Pintores Trabalhando e a principal artéria da Via dell'Abbondanza havia uma grande padaria cuja escavação terminou recentemente. Era comum ver padeiros pelas ruas de Pompeia.

Conhecemos mais de trinta estabelecimentos na cidade. Alguns eram responsáveis por todo o processo produtivo: moíam o grão, assavam o pão e o vendiam. Outros, a julgar pela ausência de equipamentos para moer, produziam pão com farinha pronta. Ainda que existam alguns nichos curiosos (em uma rua a nordêste do Fórum havia sete padarias num trecho de 100 metros), era possível encontrá-las por toda a cidade, de modo que os pompeianos nunca estavam muito distantes da oferta de pães. Além disto, eles também podiam ser vendidos em bancas desmontáveis e, certamente, com entrega em domicílio, puxados por um burro ou uma mula (figs. 48, 87 do encarte).

Esta padaria na Via dell'Abbondanza combina a moenda à fabricação de pães — e, talvez, ao entretenimento (fig. 15, p. 196). Trata-se de uma propriedade de dois andares com uma sacada que cobria a parte da frente da casa, dando para a rua. Há partes consideráveis do piso do andar superior ruídas no térreo, algo incomum em Pompeia e um triunfo da conservação arqueológica, é verdade, mas que impede o observador leigo de imaginar a planta, a aparência e o funcionamento do lugar como um todo. Na esquina do prédio havia um dos inúmeros altares nos cruzamentos das ruas que encontramos por toda a cidade: um altar improvisado dependurado acima da calçada com a pintura de um sacrifício religioso na fachada.

Uma porta na rua principal dá para a padaria, a outra (junto ao altar), para uma loja de duas salas razoavelmente espaçosa. No térreo elas parecem ser duas unidades inteiramente separadas, mas a localização da escada para o segundo piso sugere que elas eram interligadas. Presume-se que havia um só dono, ainda que seja possível imaginar que na loja se vendia mais do que pães (pois, neste caso, deve ter havido uma passagem direta entre a loja e o lugar na porta ao lado, onde o pão era confeccionado). Havia também uma entrada lateral, levando a um estábulo, à qual se acedia por uma viela que saía da Via dell'Abbondanza, entre este complexo e a grande Casa de Júlio

Políbio. Esta é a viela onde as fossas das latrinas haviam sido cavadas e limpas pouco antes da erupção e ainda havia sujeira amontoada no chão, como vimos no capítulo 2.

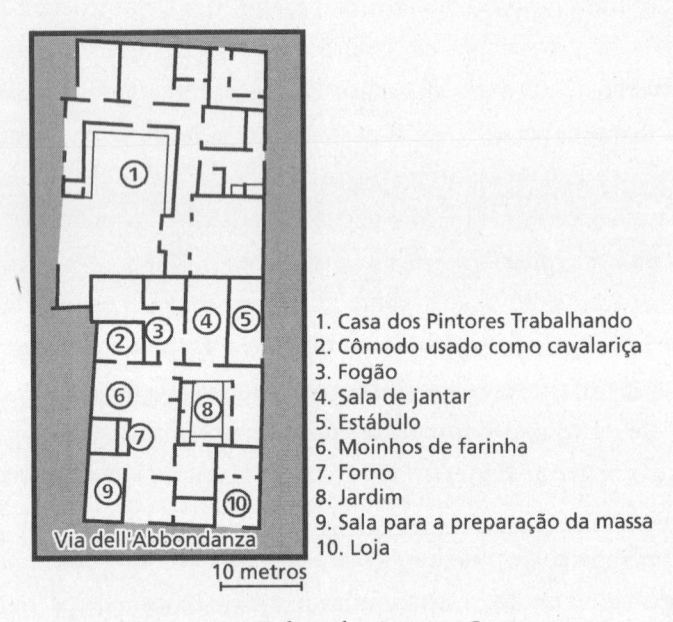

1. Casa dos Pintores Trabalhando
2. Cômodo usado como cavalariça
3. Fogão
4. Sala de jantar
5. Estábulo
6. Moinhos de farinha
7. Forno
8. Jardim
9. Sala para a preparação da massa
10. Loja

Figura 15. A Padaria dos Amantes Castos.
Uma padaria comercial que também funcionava como um bufê.
A sala de jantar (triclínio) aqui é tão ampla que certamente era usada
por outras pessoas além do padeiro e sua família. À época da erupção,
dois cômodos estavam sendo usados como cestábulos.

Entrando na padaria pela porta principal chegava-se a um amplo vestíbulo, de onde uma das muitas escadarias de madeira levava ao piso superior. A julgar pelo grafite na parede à esquerda, que consiste principalmente em números, era ali que se fazia parte do comércio — verificação das encomendas de pães, ou talvez até venda aos fregueses. Quem chegasse certamente podia ver e ouvir a padaria em funcionamento, pois o forno principal — muito semelhante aos grandes fornos de pizza a lenha que há hoje na Itália — ficava alguns metros adiante (fig. 86 do encarte). À esquerda havia um amplo salão para a preparação da massa. Uma janela deixava entrar um pouco de luz para os empregados que trabalhavam a massa em grandes tigelas de pedra ou a moldavam numa mesa de madeira (a madeira não sobreviveu, mas sobraram os apoios da marcenaria). O local devia ser quente, e o ambiente, lúgubre. Mas houve uma tentativa de melhorá-lo: numa das paredes estava pintada uma Vênus desnuda admirando-se no espelho. É difícil não pensar nas *pin-ups* das fábricas.

Quando a massa estava pronta e moldada em bisnagas, era passada por uma pequena abertura no fundo da sala diretamente para a área do forno. Às vezes o padeiro podia até estampar o seu produto. Foram encontrados vários pães carbonizados em Herculano, marcados com as palavras "Feito por Celer, escravo de Quinto Granio Vero" — muito provavelmente, uma parte ou a maioria dos trabalhadores dessa padaria também eram escravos. No outro lado da abertura o pão era colocado em bandejas e assado para ser armazenado ou vendido.

Este forno em particular já viveu dias melhores. Uma grande rachadura na estrutura foi consertada e remendada antes da erupção — certamente após o terremoto de 62 d.C. Outras rachaduras apareceram depois, provavelmente devido aos tremores e abalos nos dias e semanas anteriores à erupção, e todo o prédio estava em obras. O forno ainda devia estar funcionando, embora em ritmo reduzido. Infelizmente não houve ali um achado dramático como o que ocorreu em outra padaria, na metade do século XIX, quando foram encontrados dentro do forno 81 pães assados há quase 2 mil anos. Eles eram redondos e estavam divididos em oito partes, como às vezes vemos nas pinturas (fig. 87 do encarte).

Ao fundo do salão principal ficavam os moinhos de farinha. Originalmente havia quatro deles, o que fazia desta uma das maiores padarias da cidade. Os moinhos pompeianos seguiam a mesma planta padrão e eram erguidos com pedras cortadas no norte da Itália, perto da atual cidade de Orvieto (um impressionante exemplo de importação especializada, pois, presumivelmente, as pedras locais teriam servido, ainda que talvez não tão bem). Trata-se de um sistema simples em duas partes (fig. 88 do encarte). O grão era despejado na pedra oca no alto, que era girada (com o uso de cabos de madeira) contra o bloco sólido inferior — moendo o grão que caía na forma de farinha numa bandeja mais abaixo. Porém, à época da erupção, só um dos moinhos funcionava com ambos os elementos intactos e posicionados. Uma das peças superiores dos outros moinhos estava quebrada e duas estavam sendo usadas para guardar a cal para os consertos e reformas em curso.

Como giravam os moinhos? Por tração humana ou animal? Ambas são possíveis, mas neste caso podemos ter certeza de que o processo dependia da força de mulas, burros ou cavalos pequenos. Restos de dois desses animais foram achados no cômodo de preparação da massa, onde eles devem ter sido surpreendidos na tentativa de fuga. Parece que o estábulo ficava em um quarto que dava para a área da moenda — um cômodo antes muito mais notável, com pinturas murais razoáveis, depois convertido em estábulo com cocho. Mas estes não eram os únicos animais que havia no estabelecimento. Outros cinco estavam guardados em maior segurança em outro estábulo que dava para a viela lateral. Ao serem descobertos, eles foram identificados — pelos métodos tradicionais de classificação óssea — como quatro burros e uma mula de idades diferentes, entre 4 e 9 anos. Contudo, análises mais recentes do DNA dos animais provaram que dois seriam cavalos ou mulas (nascidos de égua e jumento) e três seriam jumentos ou bardotos (resultado do cruzamento de cavalo com jumenta). Obviamente, o reconhecimento de animais ao longo dos séculos é mais difícil do que um leigo possa imaginar.

Os esqueletos dos animais no segundo estábulo continuam exatamente onde foram encontrados (fig. 89 do encarte) e um dia, quando o prédio finalmente for aberto ao público, a sua exibição será macabra.

No entanto, de modo geral eles fornecem todo tipo de informações sobre a vida na padaria e o mundo de Pompeia. Para começar, o número de animais indica, quase certamente, que a escala reduzida do funcionamento da padaria era temporária. Afinal, ninguém manteria sete animais, com o que implica sustentá-los, diante de uma redução permanente para um só moinho. Eles sugerem também que eram usados tanto para a moenda dos grãos como para a distribuição dos pães assados. E, a menos que a ausência de sinais de uma carroça se explique por ter sido usada numa tentativa de escapar, eles deviam fazer as entregas carregados de cestas de pão.

Mais do que isto, a cuidadosa escavação do estábulo produziu a primeira boa evidência que temos das condições de vida dos habitantes de quatro patas. O piso era duro, feito de uma mistura de entulho e cimento. Entrava um pouco de ar e luz por uma janela que dava para a viela. Um cocho de madeira se estendia ao longo da parede mais comprida e havia um recipiente para água que parece ter sido derrubado antes da erupção. A posição de dois animais sugere que estavam amarrados ao cocho, embora um deles certamente estivesse desamarrado ou teria se soltado, pois parece que tentou escapar pela porta que dava para a viela. Eles viviam à base de uma dieta de aveia e favas, que eram armazenadas no mezanino do estábulo. Em outras palavras, era tudo muito parecido com o que existe hoje.

Esta padaria trouxe ainda outra surpresa. A maior parte dos outros quartos é modesta em tamanho e decoração e, possivelmente, ali viviam o padeiro, sua família e os escravos, no andar superior e no térreo. Um pequeno pátio interno funcionava como prisma de iluminação do que, de outro modo, teria sido uma atmosfera muito sombria — ali foram encontrados vestígios ligeiramente destruídos de uma mosca romana (a sua espécie exata ainda está em debate). No fogão da cozinha há restos da última refeição: algum tipo de ave e parte de um javali estavam em preparação. Mas a verdadeira surpresa é a sala de jantar, enorme e ricamente decorada e com uma grande janela que se abria para o jardim. Embora fora de uso no momento da erupção (a julgar pelo monte de cal encontrada ali), ela estava pintada com uma série de painéis alternados em vermelho e preto e no centro de cada uma das três paredes principais havia cenas com pessoas bebendo e banqueteando e casais reclinados nos braços uns dos outros (fig. 10 do encarte). Comparadas com certas cenas pompeianas de sexo desenfreado, elas expressam a paixão de um modo muito decoroso e deram nome ao lugar: a Casa dos Amantes Castos.

Por que aquela padaria modesta ostentava um triclínio tão grande? Talvez fosse uma extravagância do padeiro. Contudo, provavelmente era outra forma de fazer dinheiro. Ainda que não se tratasse de um restaurante no sentido moderno da palavra, aquele provavelmente era um lugar onde as pessoas pagavam para comer — e a comida devia ser preparada na cozinha adjacente ou trazida de fora. Os arredores não eram exatamente glamourosos. Chegava-se à sala de jantar atravessando o estábulo ou o salão onde ficavam o forno de pão e os moinhos de farinha. Mas a decoração da sala era suficientemente elegante e ela certamente acomodava mais pessoas do que as que se amontoavam nos cômodos médios dos pobres. Este provavelmente não era o único arranjo semelhante na cidade. Em outra casa há uma sala de jantar igualmente superdimensionada junto a um número suspeitosamente grande de grafites elogiando os pisoeiros. Terá sido aquele um espaço alugado pelos pisoeiros para suas reuniões noturnas, como sugerem alguns arqueólogos?

Quando não estava fazendo obras, o nosso padeiro produzia pães em uma escala relativamente grande e aumentava a sua renda com a venda de alimentos. Não sabemos quem ele era. Contudo, podemos dar um nome ao seguinte comerciante pompeiano que vamos pesquisar: o "banqueiro" Lúcio Cecílio Jucundo.

Um banqueiro

Em julho de 1875 foram encontrados 153 documentos, guardados numa caixa de madeira no piso superior do que hoje se chama a Casa de Cecílio Jucundo, uma das descobertas mais extraordinárias na história das escavações de Pompeia. O texto principal de todos eles fora originalmente gravado numa capa de cera que recobria uma tabuleta de madeira com 10 a 12 centímetros (muitas estavam unidas formando um documento de três páginas, com um resumo escrito a tinta na face externa da madeira). Não é preciso dizer que a cera desapareceu, mas o texto continua legível, ou parcialmente legível, porque o estilo, instrumento metálico usado para escrever, perfurara a cera, marcando a tabuleta.

Todos os documentos, à exceção de um, registram transações financeiras envolvendo Lúcio Cecílio Jucundo feitas entre 27 d.C. e janeiro de 62 d.C., pouco antes do terremoto. A única exceção, um texto anterior datado do ano 15 d.C., envolve um homem chamado Lúcio Cecílio Félix, provavelmente pai ou tio de Jucundo. A maioria dos documentos se refere a leilões conduzidos por Jucundo: recibos em que os vendedores declaram formalmente que Jucundo pagou o combinado (i.e., o dinheiro arrecadado na venda, menos a sua comissão e outros custos). No entanto, dezesseis documentos referem-se a vários contratos de Jucundo com o conselho municipal. Hoje tendemos a dizer que Jucundo era "banqueiro", mas o sentido moderno do termo dificilmente descreve o papel que ele desempenhava. Ele era uma combinação romana peculiar de leiloeiro, intermediário e agiota. Na verdade, como atestam as tabuletas, ele ganhava pelos dois lados no processo dos leilões, cobrando comissão dos vendedores por um lado e, do outro, emprestando dinheiro a juros para os compradores financiarem suas compras.

Estes documentos são uma mina de ouro para a história econômica de Pompeia. Eles nos permitem ver em primeira mão transações financeiras da cidade, saber o que era vendido e comprado, quando e por quanto. Além disso, eles eram assinados por até dez testemunhas e, por isso, fornecem o mais amplo registro que temos das pessoas da cidade. Contudo, é preciso fazer algumas ressalvas. Não sabemos por que os documentos haviam sido guardados, que proporção representavam dos negócios de Jucundo entre os anos de 27 e 62 d.C., nem o motivo destes terem sido escolhidos para serem guardados. Por que, por exemplo, há um único documento referente a Félix? Terá sido guardado apenas por razões sentimentais, como uma recordação do antecessor de Jucundo? Por que os registros dos leilões só cobrem o período entre 54 e 58, se o homem estava em atividade desde 27 d.C.? Por que eles não vão além do ano de 62? Terá ele falecido no terremoto, como teorizam alguns estudiosos modernos? Ou os documentos mais recentes haviam sido guardados em um local mais conveniente, em vez de serem entulhados no sótão? Uma coisa é certa. Não temos o quadro completo das atividades de Jucundo em nenhum período. O que temos é apenas uma parte de seu arquivo de escritório, talvez aleatória, ou, ao menos, baseada em princípios que já não conseguimos reconstruir.

Dito isso, trata-se de um material maravilhosamente vivo. O documento relacionado a Cecílio Félix refere-se ao último pagamento de uma mula leiloada por ele no valor de 520 sestércios — esta é a principal evidência sobre o preço dos animais em Pompeia. Aqui, vendedor e comprador eram ex-escravos e os fundos do comprador não lhe foram entregues pelo próprio Félix, mas por um escravo seu. Tudo foi selado e datado segundo o sistema romano padrão, que designava o ano segundo os dois cônsules no poder em Roma:

A soma de 520 sestércios por uma mula vendida a Marco Pompônio Nico, ex-escravo de Marco. Dinheiro que Marco Cerrínio Eufrates diz ter recebido segundo os termos do contrato com Lúcio Cecílio Félix.

Marco Cerríneo Eufrates, anteriormente escravo de Marco, declarou ter recebido a soma supracitada, entregue por Filadélfio, escravo de Cecílio Félix. (Selado).

Negociado em Pompeia, no quinto dia antes das calendas de junho [28 de maio], no consulado de Druso César e Gaio Norbano Flaco [15 d.C.].

Os registros do leilão do próprio Jucundo nem sempre especificam o que foi comprado e vendido. Na maioria dos casos eles se referem simplesmente ao "leilão de", com o nome do vendedor. Porém, às vezes há registros da venda de escravos. Em dezembro de 56 d.C., uma mulher chamada Umbrícia Antioquis recebeu 6.252 sestércios pela venda do escravo Trofimo. Ele obviamente era uma mercadoria valorizada, pois arrecadou mais de quatro vezes a soma paga por outro escravo, poucos anos antes, que chegou a pouco mais de 1,5 mil sestércios. Pensar que isto significa aproximadamente três vezes o preço de uma mula traz à memória a inquietante transformação dos seres humanos em "commodities" que jazia ao coração da escravidão romana, apesar das expectativas de liberdade que os escravos podiam ter. Sabe-se, também, que Jucundo vendeu "buxinho" (uma madeira muito usada na fabricação de tabuletas para escrever, mas não as suas, que são de pinho) por quase 2 mil sestércios, além de uma quantidade de linho, propriedade de um certo "Ptolomeu, filho de Masilo, de Alexandria"; este é outro bom exemplo de importação e de um comerciante estrangeiro, embora infelizmente não se saiba o preço da venda.

Em geral, Jucundo não negociava grandes quantidades de dinheiro nem operava na base da escala. A soma mais alta negociada nos leilões registrados é de 38.079 sestércios. Independentemente dos objetos vendidos (aparece simplesmente como o "leilão de Marco Lucrécio Lero"), este leilão arrecadou mais de cinco vezes o provável faturamento anual do pequeno empreendimento que vimos antes neste capítulo.

Contudo, em todos os arquivos havia apenas três pagamentos acima de 20 mil sestércios, e apenas três abaixo de mil. A quantia média era de aproximadamente 4,5 mil sestércios. A comissão de Jucundo devia variar. Em duas tabuletas consta que era de dois por cento. Na maior parte dos casos só nos resta especular a comissão com base na soma total paga ao vendedor — que às vezes chega a sete por cento. Para Jucundo, fazer fortuna com isto dependia inteiramente do número de leilões e do valor dos bens.

Mas os leilões não eram a sua única fonte de renda. O outro conjunto de dezesseis documentos se refere a contratos de negócios com o governo da cidade. Como era comum no mundo romano, os impostos locais de Pompeia eram coletados por contratantes privados (que lucravam com isso, claro). Durante uma parte da sua carreira, pelo menos, Jucundo se dedicou a coletar ao menos dois impostos: um imposto sobre o mercado, provavelmente cobrado dos que detinham postos de vendas, e um imposto sobre a pastagem, provavelmente cobrado dos que apascentavam rebanhos nos pastos públicos. Dentre os documentos há diversos recibos a este respeito: 2.520 sestércios por ano de imposto sobre o mercado, 2.765 de imposto sobre a pastagem (às vezes pagos em duas prestações). Ele também alugava, e presume-se que trabalhava ou sublocava prédios de propriedade pública. Um deles era uma fazenda, cujo aluguel anual era de 6 mil sestércios. Este valor parecia estar no limite do que Jucundo podia pagar — ou o seu fluxo de caixa, e não a sua ineficácia, parece ter sido o motivo de seus atrasos ocasionais. Outro era uma oficina de pisoamento (*fullonica*), para a qual ele precisava conseguir 1.652 sestércios ao ano.

É notável ver outra vez aqui o papel do governo local não só na cobrança de impostos como também na aquisição de propriedades urbanas e na área rural circundante, alugando-as com fins de lucro. Uma "fazenda ancestral", como afirma o documento, talvez não seja surpreendente. Mas é um mistério como a cidade chegou a possuir uma oficina de pisoamento. De fato, isto é tão misterioso que alguns historiadores suspeitam que aqui *fullonica* não se refira a "oficina de pisoamento", mas ao "imposto sobre a pisoamento". Em outras palavras, era outro tipo de cobrança de impostos de Jucundo, e não uma evidência da ampliação dos seus negócios nos ramos têxtil e de pisoamento. Quem sabe? Porém, à parte os detalhes destas e outras propriedades (Jucundo dificilmente teria sido o único inquilino da cidade), as tabuletas falam sobre a organização destes assuntos do ponto de vista da cidade. Os documentos mostram que esta administração cotidiana dos bens públicos não estava nas mãos de um funcionário escolhido na elite local, mas de um escravo público — ou, como os documentos às vezes o descrevem, um "escravo dos colonos da *colonia Veneria Cornelia*". Dois deles são mencionados nas tabuletas de Jucundo: o primeiro chamava-se Segundo e recebeu as rendas do aluguel da fazenda em 53 d.C.; presume-se que tenha sido substituído por Privato, que recebeu todos os pagamentos posteriores.

Juntos, compradores e vendedores, criados e funcionários e (os mais numerosos) as testemunhas listadas nos dão os nomes de uns quatrocentos residentes de Pompeia em meados do século I d.C. Estes vão dos escravos públicos a Cnaio Aleio Nigídio Maio, um dos membros proeminentes da elite política local e dono da grande propriedade alugada que exploramos no capítulo 3, que é testemunha em um dos documentos de leilão de Jucundo. Até um olhar desatento permite perceber a preocupação com o status subjacente às relações sociais e de negócios em todo o mundo romano. Quando aparecem nos documentos, os escravos são claramente referidos como tais, e os nomes dos seus donos são mencionados; o mesmo ocorre com os ex-escravos. A ordenação das listas de testemunhas não é tão óbvia à primeira vista. Contudo, análises minuciosas recentes demonstraram, sem deixar muitas dúvidas, que os nomes das testemunhas foram registrados de acordo com o prestígio social de que gozavam. Na lista em que figura

Nigídio Maio, por exemplo, ele ocupa o primeiro lugar. Em duas ocasiões essa sutil calibragem foi contestada ou, ao menos, revisada. Em duas listas, o escritor apagou (ou, mais precisamente, raspou) um nome e mudou a hierarquia.

Apesar da ênfase na posição social, as tabuletas sugerem uma sociedade mista de compra e venda e de empréstimos em Pompeia. Embora constem ao final da lista, ex-escravos eram testemunhas destas transações junto a membros das famílias mais antigas e da elite da cidade. As mulheres também têm destaque. Elas não podiam testemunhar. Contudo, dentre outros 115 nomes preservados nas tabuletas, catorze eram femininos. As mulheres eram vendedoras nos leilões (como a que vendeu o escravo Trofimo). Claro que a proporção não é significativa, mas sugere que elas eram mais "visíveis" na vida comercial do início do Império Romano do que nos fazem crer alguns relatos atuais melancólicos sobre o papel e a posição das mulheres.

Sobre o próprio Cecílio Jucundo, sabemos relativamente pouco além do que consta nos documentos. A dedução mais comum (e não passa muito disto) é que descendia de uma família de escravos, mas teria nascido livre. Não sabemos onde ocorriam os leilões, ou se ele trabalhava em um "escritório" separado da casa. Contudo, a casa pode nos contar um pouco mais. Ela era grande e ricamente pintada, num claro sinal de que o negócio era rentável. A decoração incluía uma grande caçada na parede do jardim, tão desbotada que há muito tempo está irreconhecível; há a pintura de um casal fazendo amor, que hoje está no Gabinete Secreto do Museu de Nápoles e antes ficava na colunata do peristilo (uma exibição tocante ou, talvez, um tanto vulgar, segundo o ponto de vista); um cão de guarda de bondade implausível está representado em mosaico na porta da frente; e há os famosos painéis com relevos em mármore que parecem ilustrar o terremoto de 62 (fig. 28 do encarte).

Também é possível que exista um retrato dele. No átrio da casa há dois pilares quadrados (ou hermetas), de um tipo usado no mundo romano como pedestal de bustos em bronze ou marfim. No caso dos retratos masculinos, havia uma genitália na metade do hermeta formando um conjunto que, para ser sincera, era bastante estranho. Em um destes pilares sobreviveram a genitália e uma cabeça de bronze — um retrato altamente individualizado de um homem de cabelos ralos e uma verruga saliente na face esquerda (fig. 91 do encarte). Os dois pilares têm exatamente a mesma inscrição: "Félix, ex-escravo, instalou isto para o nosso Lúcio". Não sabemos qual era a relação entre este Félix, este Lúcio, o Lúcio Cecílio Félix e o Lúcio Cecílio Jucundo das tabuletas. O Félix do hermeta pode ser o banqueiro, ou um ex-escravo da família de mesmo nome. O Lúcio Cecílio Jucundo das tabuletas pode não ter nenhuma relação com a estátua. Mas, embora às vezes os arqueólogos insistam, com base no estilo, que o retrato pode ser anterior a meados do século I d.C., não é totalmente inconcebível que o personagem seja o nosso leiloeiro, intermediário e agiota.

As tabuletas de Cecílio Jucundo não são os únicos registros escritos encontrados na cidade. Em 1959, fora de Pompeia, foi descoberto outro grande conjunto de documentos do século I d.C. Eles detalhavam todo tipo de transações legais e negócios no Porto de Putéoli — contratos, empréstimos, promissórias e garantias — envolvendo uma família de "banqueiros" de Putéoli, os Sulpícios. Não se sabe como as tabuletas foram parar perto de Pompeia, a uns 40 quilômetros de distância de Putéoli, pela Baía de Nápoles.

Um achado particularmente curioso na própria Pompeia é um par de tabuletas guardadas com um punhado de talheres na fornalha de uma terma. Elas registram o empréstimo feito por uma mulher, Dicídia Margare, a outra, Popeia Note, uma ex-escrava. Como garantia do empréstimo, Popeia deu dois escravos, "Símplix e Petrino, ou o nome que tenham". Se ela não devolvesse o dinheiro até o dia 1º de novembro, Dicídia Margare estava autorizada a vendê-los para recuperar o dinheiro "nos idos [dia 13] de dezembro... no Fórum de Pompeia em plena luz do dia". Havia acordos meticulosos para o caso de os escravos arrecadarem uma soma maior ou menor que o estipulado. Mais uma vez, é impressionante ver um acordo de negócios entre duas mulheres (ainda que, neste caso, Dicídia Margare fosse representada por seu guardião). Também é surpreendente ver escravos entregues como uma garantia viva. Porém, o mais curioso é a data do documento. O acordo tem a data de 61 d.C., mas as tabuletas obviamente ainda eram consideradas suficientemente importantes para, dezoito anos depois, serem guardadas, por questões de segurança, junto com a prataria da família. Por quê? Teria havido disputa quanto ao pagamento do empréstimo ou a venda dos escravos — e uma das mulheres pensou que seria necessário ainda ter o acordo por escrito?

Inevitavelmente, isto traz a questão dos níveis e usos do letramento em Pompeia. É muito fácil pensar que a cidade era altamente alfabetizada, e mesmo culta. Foram encontradas mais de 10 mil peças escritas, a maioria em latim, algumas em grego ou osco e pelo menos uma em hebraico. Cartazes eleitorais, grafites e todo tipo de avisos — listas de preços, anúncios de jogos de gladiadores, de lojas — cobrem as paredes. Grande parte dos grafites tem o padrão familiar dos pedidos de auxílio ("Uma jarra de bronze sumiu desta loja. Há uma recompensa de 65 sestércios para quem a devolver") e das bravatas masculinas ("Aqui eu fodi um monte de mulheres"). Mas alguns dão uma impressão mais sofisticada. Encontramos, por exemplo, mais de cinquenta citações ou adaptações de clássicos conhecidos da literatura latina, inclusive versos de Virgílio, Petrônio, Ovídio, Lucrécio e Sêneca, além de um trecho da *Ilíada*, de Homero (em grego). Há também diversos trechos de poemas que podem ser composições originais de um rimador pompeiano ou parte do repertório popular.

Os atuais estudantes de latim, surpresos com o estranho gênero de poesia romântica romana que visualiza o amante trancado fora da casa da sua amada dirigindo palavras angustiadas à porta fechada, se divertirão com um poema semelhante de Pompeia, escrito no vão de uma porta:

> Poderia eu, em torno do seu pescoço, entrelaçar meus braços
> E deitar beijos nos seus adoráveis lábios... etc.

Os críticos consideram-no uma tentativa poética extremamente pobre, talvez a compilação de vários versos num conjunto nada satisfatório. Contudo, eles não conseguem decidir se devem tomar literalmente (ou como outra evidência de um trabalho ruim) o fato de que o poema parece ter sido escrito *de* uma mulher *para* outra.

Embora o material seja atraente e evocativo, a moda mais recente entre os historiadores e arqueólogos é jogar um balde de água fria na ideia de que ele comprova o letramento generalizado e as altas aspirações culturais da população de Pompeia. À primeira vista, os trechos isolados das grandes obras literárias criam uma boa impressão. Porém, ao olhar mais de perto vemos, com suspeição, que eles tendem a girar em torno do início das obras ou das linhas mais conhecidas. Assim, por exemplo, 26 das 36 citações da *Eneida*, de Virgílio, limitam-se às primeiras palavras do primeiro ou do segundo livro do poema (quatro outras correspondem às primeiras palavras dos livros sétimo e oitavo). Isto indica mais a familiaridade com refrões famosos que um conhecimento literário sério. A capacidade de rabiscar nas paredes *"Arma virumque cano..."* ("Armas canto, e o varão..." *Eneida*, I,I) não indica um conhecimento maior do texto de Virgílio do que "Ser ou não ser" com relação a Shakespeare.

Também tem havido indagações sobre a extensão da habilidade de ler e escrever fora da elite. É conveniente pensar que os grafites grosseiros sobre experiências sexuais sejam obra dos membros mais pobres e menos cultos da sociedade romana. Mas, na verdade, não há motivo para supor que os escalões mais elevados da cidade estivessem imunes às bravatas sobre as próprias conquistas (certo ou não, uma das citações da *Eneida* na verdade foi encontrada em um bordel). Também tem sido assinalado que vários grafites não eram escritos de rua, mas foram encontrados nas paredes internas das casas — casas ricas, e nem sempre num ponto muito elevado da parede. Não teriam sido escritas pelo transeunte comum, mas por membros das famílias ricas e, às vezes (a julgar pela altura), por crianças.

Estas são alertas significativos de que não se deve levar a sério o verniz letrado de Pompeia. No entanto, não é necessariamente correto argumentar, como é comum hoje em dia, que o letramento não se estendia para além dos membros do conselho municipal, o resto da elite masculina e alguns ofícios. A questão aqui não são os grafites, ainda que sejam tão atraentes. Muitos podem inclusive ter sido rabiscados por crianças da elite. Tampouco os anúncios eleitorais, que pouca gente podia ler ou prestar atenção. A questão é o tipo de documentos que encontramos no dossiê de Jucundo, o acordo de empréstimo cuidadosamente preservado entre Popeia Note e Dicídia Margare, ou as etiquetas nas ânforas de vinho, que registram sua procedência e lugar de distribuição. Eles deixam claro que, para muita gente bem abaixo da linha de riqueza, ler e escrever devia fazer parte da organização do cotidiano e da habilidade para trabalhar e ganhar a vida.

O fabricante de garo

Podemos acompanhar o negócio de garo de Aulo Umbrício Scauro e sua família a partir de uma variedade de etiquetas pintadas nos vasos cerâmicos e dos mosaicos do átrio. O molho de peixe era parte da dieta básica da culinária romana e era usado como condimento em quase tudo. Na interpretação mais favorável e otimista, seria algo semelhante aos molhos orientais atuais, elaborados com peixe fermentado (o *nuoc-*

-*mam* do Vietnã ou o *nam-pla* da Tailândia). Ou também podia ser um preparado muito fedorento de frutos do mar podres e salgados. Parece que os romanos partilhavam da nossa ambivalência diante do produto. Em um petardo, Marcial, o satirista do século I, zomba de um homem chamado Flaco (o que em si já era irônico), que conseguira ter uma ereção apesar de sua namorada ter comido seis porções de garo. Em outra parte, com aparente seriedade, o mesmo poeta descreve a substância como "nobre" e "afetada". De modo geral, há uma infinidade de referências antigas ao seu odor pungente, a favor ou contra.

O processo de fabricação misturava nacos de frutos do mar com sal num barril e durante uns dois meses aquilo fermentava sob o sol (na versão *kosher* (p. 35), o fabricante punha atenção especial nos produtos a serem misturados). O resultado permitia produzir uma variedade de molhos. O líquido claro que subia depois da fermentação era o garo — ainda que não se saiba em que diferia do outro termo usado, *liquamen*. O que restava no fundo do barril era o *allec*, sedimento ou lia, também usado para cozinhar. Outro subproduto era uma salmoura conhecida como *muria*. A principal parte do processo devia ocorrer em Pompeia, pois Plínio afirma que a cidade era conhecida por seu garo. Mas não há restos dos equipamentos na cidade. Presume-se que fosse fabricado extramuros em grandes tigelas de sal, perto da costa. A loja de garo da cidade se dedicava mais à distribuição que à produção. O molho era guardado em seis grandes *dolia*, e depois decantado — para ser vendido na frente da loja — em ânforas e outros recipientes menores. Vestígios de *allec*, na forma de espinhas de anchova, sobreviveram nos *dolia*.

Umbrício Scauro e sua família certamente comercializavam, e provavelmente fabricavam, todo tipo de molhos de peixe, cuidadosamente diferenciados pelas etiquetas nas jarras. Eles alardeavam a alta qualidade dos seus produtos com a hipérbole usual de um anúncio de venda: não só "o melhor molho de peixe" (*liquaminis flos*), mas "molho de peixe da melhor qualidade" (*liquaminis flos optimus*) ou "definitivamente o melhor molho de peixe" (*liquaminis floris flos*); eles também ressaltavam um tipo de garo feito unicamente de cavala, o mais apreciado pelos *connoisseurs*. Mas as etiquetas também nos permitem conhecer a estrutura do comércio e as relações de negócios da família. Algumas dizem claramente que o produto era "da manufatura de Scauro". Outras, por exemplo, referem-se à "manufatura de Aulo Umbrício Abascanto" ou "a manufatura de Aulo Umbrício Agatopo". Os nomes sugerem que os homens em questão haviam sido escravos de Umbrício Scauro e mantinham oficinas ou outros postos de venda de garo parcialmente dependentes do antigo amo. Outras etiquetas mostram que a família de Umbrício Scauro tinha outros negócios. Uma delas indica que eles também importavam garo da Espanha (o maior produtor de molho de peixe do mundo romano) para revender em Pompeia.

O extraordinário no negócio do garo é a escala dos lucros envolvidos. A maioria dos diversos ofícios e lojas em Pompeia operava em pequena escala e, para grande parte dos envolvidos, os lucros eram igualmente modestos, suficientes para sobreviver com um pouco de sobra. A quantidade de dinheiro em espécie encontrada com os cadáveres, ou deixada em caixa, confirma isso. Ela raramente excede mil sestércios. Mas o tamanho da casa e a quantidade de produtos que restaram sugerem que ali havia uma pequena fortuna. Pelo que sabemos, a família não foi ativa nem proeminente antes do século I d.C. Já em meados do século I, Aulo Umbrício Scauro enriquecera com o garo e o seu filho, de mesmo nome, obtivera um dos cargos mais altos no governo local como duúnviro anual. Ele morreu cedo, antes do pai, e foi homenageado num túmulo fora da Porta de Herculano:

> Em memória de Aulo Umbrício Scauro, filho de Aulo, da tribo meneniana, duúnviro com poderes judiciais. O conselho municipal doou a terra para este monumento, 2 mil sestércios para o funeral e uma estátua equestre que será instalada no Fórum. O seu pai Scauro erigiu isto para o filho.

O funeral de Marco Obélio Firmo (p. 13), que ocorreu aproximadamente na mesma época, teve um financiamento muito mais generoso. De qualquer modo, aquela foi uma magnífica honraria a um dos homens mais notáveis da cidade. Contudo, devemos observar que, se não fosse por outras evidências da atividade comercial da família, o túmulo não nos teria feito pensar que os Umbrício Scauro eram novos-ricos que enriqueceram com peixe podre.

Esta é uma das razões pelas quais é tão difícil chegar ao fundo da economia romana e encontrar quem, ou o quê, lhe dava consistência.

6.

QUEM ADMINISTRAVA A CIDADE?

Voto, voto, voto

O jovem Aulo Umbrício Scauro galgou a política local de Pompeia até onde era razoável esperar. Ele fora eleito por seus concidadãos para servir por um ano como duúnviro, um dos "dois homens" que atuavam como administradores seniores da cidade. Embora o seu túmulo não o mencione, antes ele deve ter sido eleito para o outro cargo anual de "edil" (*aedilis*). Este cargo inferior não só dava ao homem acesso quase automático ao governo municipal (o *ordo* dos decuriões) pelo resto da vida como também lhe permitia pleitear um cargo mais elevado. Em outras palavras, ninguém podia ser duúnviro sem antes ser edil. Só havia um cargo na cidade com mais prestígio do que o dos duúnviros. A cada cinco anos os duúnviros tinham a tarefa extra de inscrever os novos membros do conselho e atualizar a lista de cidadãos locais, uma responsabilidade que se refletia no título especial dos duúnviros quinquenais. Estes eram os verdadeiros figurões da cidade. Um deles, que vamos encontrar mais adiante neste capítulo, foi duúnviro por cinco vezes, incluídos dois períodos como quinquenal. Apesar do seu sucesso, Umbrício Scauro não chegou a tanto.

A atmosfera destas eleições anuais em Pompeia foi capturada de um modo extraordinário em mais de 2,5 mil cartazes eleitorais pintados com letras grandes em vermelho ou preto. Eles cobrem as fachadas de algumas casas sobrepondo-se uns aos outros, já que eram pintados por cima dos do ano anterior. Não surpreende que eles estejam concentrados nas vias mais transitadas da cidade, onde podiam ser vistos pela maior quantidade de pessoas. Mas também era possível encontrá-los em túmulos e, ocasionalmente, no interior de grandes propriedades — tais como a Casa da Júlio Políbio, onde há um anúncio no interior (e outro na fachada) pedindo apoio para a candidatura de Caio Júlio Políbio a duúnviro.

Os anúncios seguem um padrão bastante comum. Dão o nome do candidato e a posição que ele almeja, edil ou duúnviro (também podem dar o nome de dois candidatos, que, se presume, teriam um acordo para concorrer juntos, como uma equipe). Com frequência, mas não sempre, identificam aqueles que o apoiam e talvez o motivo para tal. "Por favor, eleja Popídeo Segundo para edil, um jovem excelente" ou "Africano e Victor promovem a candidatura de Marco Cerrenio para edil" são os formatos típicos. Em algumas ocasiões eles chegam a apelar diretamente a um eleitor em potencial: "Por favor, eleja Lúcio Popídeo Ampliato, filho de Lúcio, para edil — isto quer dizer vocês, Trébio e Soterico".

Às vezes os cartazes também trazem os nomes dos cartazistas, pois parece que a pintura dos anúncios era um trabalho especializado. No total temos o nome de mais de trinta destes propagandistas habilidosos, que certamente cobravam pelo trabalho. Eles não eram cartazistas de tempo integral, claro. O membro de uma equipe se identifica pelo trabalho diurno, de pisoador ("Mustio, o pisoador, fez a caiação"). Em alguns casos eles pareciam ter um "território". Emílio Celer, por exemplo, que vimos (p. 97) pintando o anúncio de uma luta de gladiadores "por conta própria à luz da lua", assinou um número significativo de anúncios eleitorais numa área ao norte da cidade, perto de onde ele vivia (a julgar por outro anúncio que diz "Emílio Celer vive aqui"). Em um anúncio no qual pede apoio para Lúcio Estácio Repécio como duúnviro, ele assinou "Emílio Celer, o seu vizinho, escreveu isto" e — obviamente temendo que aparecesse um grupo rival com um pote de tinta ou um punhado de cal — acrescentou a advertência: "Se você maldosamente apagar isso, espero que pegue alguma doença nojenta." Não sabemos como estes homens escolhiam o pedaço de muro onde exibir os seus bordões. Mas deviam ter o consentimento tácito ao menos do dono do prédio em questão. Caso contrário, corriam o risco de que as palavras cuidadosamente pintadas fossem caiadas no dia seguinte.

Apesar de serem pautados por fórmulas, os anúncios permitem todo tipo de visões da vida política em Pompeia. Os nomes dos cabos eleitorais contam histórias às vezes curiosas. Algumas parecem ser simples recomendações pessoais, embora provavelmente fossem feitas a pedido do candidato. Alguns apelam em nome de Tito Suédio Clemente, o agente do imperador Vespasiano (p. 63-64) que, em certo momento, usou a sua posição imperial para influenciar (ou se intrometer) no governo da cidade. Eles declaram abertamente que o candidato é "apoiado por Suédio Clemente". Outros alegam falar em nome de grupos de cidadãos. Podemos ver os pisoadores, por exemplo, os moleiros, os criadores de galinhas, os colhedores de uvas, os fabricantes de tapetes, os vendedores de unguentos, os pescadores e os adoradores de Ísis declararem apoio a um candidato em particular. Alguns grupos são mais enigmáticos. Quem são os "campanienses" que apoiam Marco Elpídio Sabino para edil? E os "salinienses" que apoiam Marco Cerrínio?

Aqui temos quase certeza de estar vendo a infraestrutura da organização eleitoral de Pompeia. O método eleitoral romano usual consistia em dividir o eleitorado em subgrupos. Cada grupo votava entre si para registrar uma só escolha, e vencia o candidato que obtivesse o apoio da maioria dos grupos. Por sua complexidade, este sistema frequentemente é comparado de modo desfavorável à simples reunião das massas com as mãos para o alto adotado na antiga democracia ateniense, mas de fato se assemelha muito ao sistema eleitoral da maioria dos Estados modernos. É muito provável que campanienses e salinienses, os forenses e urbulanenses que encontramos em outros anúncios se refiram a quatro grupos de eleitores de determinados bairros da cidade, talvez batizados segundo as diversas portas da cidade (já vimos (p. 31) que a atual Porta de Herculano era, para os antigos habitantes, a Porta Salis ou Saliniense). Também teria havido distritos eleitorais na zona rural.

No dia da eleição devemos imaginar que os cidadãos locais fossem até o Fórum, divididos segundo os distritos, entregassem o voto distrital e depois aclamassem como vencedores os candidatos que obtivessem os votos da maioria dos distritos. Não está claro o modo como votavam, mas certamente havia um tipo de cédula secreta. Recentemente, uma sugestão engenhosa é que a principal finalidade dos dispositivos de fechamento que ainda se vê nas entradas do Fórum seria impedir a entrada, nos dias de eleições, daqueles não qualificados para votar.

Os eleitores eram todos homens. Deixando de lado a monarquia ocasional que produziu uma ou duas rainhas, nos mundos grego e romano nenhuma cidade ou estado deu qualquer poder político formal às mulheres. Elas não podiam votar em nenhuma parte. Todavia, um fato surpreendente dos anúncios eleitorais de Pompeia é que mais de cinquenta deles nomeiam uma mulher, ou um grupo de mulheres, que apoiam candidatos. Seria a demonstração do interesse ativo das mulheres num processo do qual estavam excluídas? Em alguns casos, sim — embora o que estivesse em jogo nem sempre fosse o engajamento político estrito. Tédia Segunda, por exemplo, que emprestou o próprio nome à candidatura de Lúcio Popídeo Segundo a edil, era sogra dele, como explicita o anúncio. Em diversas ocasiões, a lealdade familiar e pessoal deve ter motivado o apoio feminino. Ainda assim, o simples fato de valer a pena exibir o apoio das mulheres fala da *visibilidade* delas na vida pública pompeiana.

No entanto, às vezes parece haver mais nos bordões do que se percebe à primeira vista. O nome de diversas mulheres estampa a fachada de um bar na Via dell'Abbondanza em apoio a diferentes candidatos: Aselina, Aegle, Zmirina e Maria. Pode-se pensar que elas trabalhavam no bar (o nome de duas delas, Aegle e Zmirina, de origem definitivamente grega, sugere que eram escravas). Talvez tivessem preferência por alguns candidatos e tenham pedido ao cartazista local que exibisse as suas escolhas. Talvez aqui haja um chiste, ou um pouco de propaganda negativa. Algum satirista de rua, ou um oponente político, pode ter feito um anúncio eleitoral comum, mas com o nome das atendentes do bar local defendendo aquela candidatura.

Independentemente de quem patrocinou os cartazes, Caio Júlio Políbio e seus amigos certamente não ficaram satisfeitos. Porque no anúncio em que Zmirina declara apoio a "C.J.P." (Júlio Políbio era tão conhecido que podia ter o nome abreviado) alguém fez justamente o que Emílio Celer tinha em mente quando ameaçou com "uma doença nojenta" quem apagasse o seu trabalho. Pelo menos conseguiram fazê-lo em parte. Porque aqui só o nome de Zmirina foi apagado com uma camada de cal, e o resto permaneceu legível, como se o candidato ansioso só quisesse remover aquela perigosa menção de apoio inadequado.

De fato, em mais de uma ocasião nas eleições em Pompeia a propaganda negativa parece que consistia em exibir apoios inconvenientes.

Até agora não foram achados cartazes listando os fracassos de um candidato em particular nem tentando dissuadir os eleitores de votar em alguém. No entanto, alguns apoiadores eram bastante estranhos. Pode ser que o cartaz dos "bebedores noturnos" de apoio à campanha de Marco Cerrínio Vatia para edil fosse uma brincadeira amistosa — talvez encomendado após uma sessão de bebedeira noturna. Mas é difícil imaginar que o apoio dos "larápios", dos "escravos fugidos" ou dos "ociosos" não fosse um desestímulo ao voto no candidato em questão.

Quais eram os motivos para a escolha de um candidato? Quando são explicitados, seguem fórmulas tão simples quanto os anúncios. A palavra preferida e a que mais aparece é digno — no sentido de "de valor" ou "capaz para o cargo". Um termo carregado de significados em latim, ele tem importantes conotações de estima pública e honra (por exemplo, foi para proteger a sua *dignitas* que Júlio César cruzou o Rubicão em 49 a.C. e entrou em guerra com a rival Pompeia). Mas há poucas indicações nos cartazes do tipo de ação que podia conquistar e justificar esta estima ou garantir que um edil ou um duúnviro seriam bem-sucedidos. Um grafite — que não aparentava ser um anúncio eleitoral, embora esteja desaparecido — elogiava Marco Casélio Marcelo por ser "um bom edil e um grande patrocinador de jogos". As raras tentativas de explicar concretamente o apoio eleitoral não vão muito além de "ele traz bons pães" (que pode se referir às qualidades de Caio Júlio Políbio como dono de padaria ou a um plano de distribuição gratuita de pães) e "ele não vai desperdiçar o dinheiro da cidade" (que pode ter relação com a prudência econômica de Bruto Balbo com as finanças locais — ou, o mais provável, a sua disposição à generosidade no uso do próprio dinheiro para o interesse público).

Claro que entre o eleitorado devia haver todo tipo de debates sobre política e a política municipal — no jantar, no Fórum e nos bares —

que não foram traduzidos em cartazes. Talvez Pompeia tivesse uma intensa cultura política. Mas é igualmente provável que, para os homens e as mulheres da cidade, a escolha dos candidatos dependesse de vínculos familiares, lealdades pessoais e amizades. Tédia Segunda é a única a explicitar uma relação familiar, mas outros se identificam como "clientes" ou "vizinhos" do candidato em questão. Claro que continua sendo "política", mas com um sabor bem diferente. Certamente a função dos cartazes era mais declaratória do que persuasiva. Isto significa que, mais do que influenciar o voto dos eleitores mediante argumentações, o seu objetivo era demonstrar apoio — um processo cuja conclusão lógica é o respaldo ao candidato em sua própria casa (na suposição razoável de que Caio Júlio Políbio tenha vivido na casa que leva o seu nome).

Ainda não foi encontrado nenhum cartaz de apoio à eleição do jovem Aulo Umbrício Scauro, seja para edil, seja para duúnviro. Isto não surpreende, pois ele provavelmente ocupou estes cargos por algumas décadas antes da erupção, antes até do terremoto de 62. É verdade que há cartazes eleitorais de períodos anteriores. Alguns, inclusive, são pouco anteriores à criação formal da colônia, em 80 a.C., e quase uma dúzia está escrita em osco. Mas, como seria de esperar, a grande maioria foi feita nos últimos anos da cidade, após os danos provocados pelo terremoto e a redecoração que ele suscitou. Neste período, diversos candidatos figuram em mais de cem anúncios diferentes. Esta quantidade encorajou os historiadores a esboçar conclusões ainda mais detalhadas sobre a política pompeiana do que se extrai dos anúncios.

Algumas pesquisas mais complicadas tentaram, em primeiro lugar, estabelecer uma ordem relativa nas campanhas eleitorais — e, se possível, elaborar uma cronologia completa da última década das eleições pompeianas. Quem concorreu a que cargo e em que ano? O método por trás disto é, na verdade, uma "arqueologia" das superfícies pintadas dos muros, apoiada no fato de que os anúncios eleitorais não eram apagados nem removidos ao final de cada campanha, mas simplesmente cobertos no ano seguinte com novas versões de novos candidatos. Iniciando pela camada superior, vemos que alguns anúncios sobrevivem em grande número e não parecem ter sido repintados. É lógico supor que estes eram os candidatos das últimas eleições ocorridas em 79 d.C. (provavelmente na primavera, para assumir o cargo em julho). Sendo esse o caso, os candidatos ao cargo de edil no último ano da cidade foram Marco Sabélio Modesto, que aparentemente concorreu com Cnaio Hélvio Sabino contra Lúcio Popídeo Segundo e Caio Cúspio Pansa. Nesta mesma linha de raciocínio, os candidatos a duúnviros foram Caio Gavio Rufo e Marco Holcônio Prisco.

Descascando as camadas de cartazes, a próxima tarefa é determinar qual se sobrepõe a qual e quais são mais recentes. Em teoria seria possível montar a cronologia dos candidatos. Esta operação é muito mais complexa do que simplesmente identificar os últimos candidatos. À medida que os muros envelhecem e as pinturas se desbotam, nem sempre é possível estabelecer uma correlação exata entre os diversos anúncios e, além disso, é extremamente complicado coordenar os vestígios de diferentes partes da cidade. Nenhuma lista de candidatos da década de 70 d.C. foi convincente. Dito isso, há consenso a respeito de ao menos uma coisa: havia mais candidatos a edil do que a duúnviro. De fato, em uma reconstrução do período entre os anos de 71 e 79 só houve dois candidatos por ano ao duunvirato; em outras palavras, um candidato para cada vaga.

Se isto foi assim (e certamente foi, em alguns anos), o objetivo dos cartazes não seria persuadir os eleitores a escolher seus candidatos. À primeira vista, temos uma impressão desfavorável da democracia pompeiana. Isto é, apesar da aparência de uma cultura democrática dinâmica, o eleitorado não tinha a oportunidade de votar para o cargo mais importante. Pensando melhor, vemos isto de outro modo. Pois, como a regra em Pompeia (e nas cidades romanas em geral) era que ninguém podia ser duúnviro sem primeiro ter sido edil, e uma vez que só dois edis eram eleitos a cada ano, por definição a competição pelo cargo mais elevado era quase inexistente.

Às vezes havia forte competição ao cargo de edil. Cnaio Hélvio Sabino, candidato em 79, tentara antes ao menos uma vez, sem sucesso, ser eleito, como sabemos pelo que devem ser anúncios anteriores. Só havia competição para duúnviro caso mais de dois elegíveis desejassem concorrer no mesmo ano — talvez por estarem particularmente ansiosos para alcançar o cargo mais prestigiado de duúnviro quinquenal, ou por desejarem ocupá-lo mais de uma vez. De fato, a menos que todos os antigos edis estivessem disponíveis para o cargo de duúnviro (e pelo menos alguns teriam morrido nos anos seguintes, ou se mudado, ou mudado de opinião sobre os cargos públicos), então alguns deles teriam de ser duúnviros mais de uma vez simplesmente para ocupar a vaga. Em outras palavras, em Pompeia a competitiva porta de entrada para a vida pública e o prestígio era o cargo de edil.

No entanto, ao pensar na vida política de Pompeia é importante recordar que o número de eleitores era pequeno. Voltemos à estimativa aproximada da população total que sugeri no capítulo anterior: 12 mil na cidade, 24 mil na zona rural adjacente. Se seguirmos a regra improvisada que se costuma usar em cálculos semelhantes, podemos pensar que aproximadamente a metade da população era formada por escravos. Do restante, mais da metade devia ser mulheres e crianças, sem direito ao voto. Isto significa que na cidade o eleitorado devia girar em torno de 2,5 mil homens e talvez uns 5 mil na zona rural. Em outras palavras, os eleitores residentes em Pompeia equivaliam aproximadamente ao número de alunos de uma grande escola britânica moderna ou de uma escola de ensino médio nos Estados Unidos. Incluindo os residentes das áreas circundantes, o total era inferior à metade da atual população estudantil de uma universidade britânica média.

Estas comparações dão um sentido de proporção bastante útil. Discussões recentes sobre as eleições em Pompeia têm debatido o papel dos "agentes eleitorais" e os vários modos de "reunir apoio", e eu mesma me referi aos "propagandistas" e, mais de uma vez, a uma "campanha" eleitoral. Mas estas expressões sugerem um processo numa escala muito grande e com organização formal. Claro que todo tipo de controvérsias ideológicas deviam dividir a população pompeiana, especialmente quando os colonos foram impostos à cidade após a Guerra Social, e há indícios de diversas tensões internas (p. 55-57). Mas é difícil resistir à conclusão provável (como os próprios anúncios eleitorais sugerem) de que, nos últimos anos da cidade, a maioria das eleições era conduzida como uma extensão das relações familiares, de amizade e outras. Os pesquisadores sempre se perguntam como seria o controle da participação nas eleições em uma cidade como Pompeia, em que não havia sinais de como provar a própria identidade e o direito ao voto. Como, por exemplo, escravos e estrangeiros seriam impedidos de comparecer e usurpar direitos políticos? A resposta é muito simples. Depois que os poucos milhares de eleitores tivessem chegado ao Fórum, passado a barreira e se dividido nos diversos distritos eleitorais, quaisquer intrusos teriam sido facilmente descobertos. Aquela gente se conhecia.

Os ossos do ofício?

A dimensão não é o único fator para entender a cultura política de Pompeia. Há também a questão do grau de autonomia que a cidade desfrutava e o tipo de decisões que cabiam à comunidade local. Em Pompeia, os cidadãos do sexo masculino se reuniam para eleger os edis e duúnviros. A assembleia de cidadãos tinha esta função exclusiva (quaisquer poderes mais amplos anteriores ao período pré-romano se perderam quando a cidade se tornou uma colônia romana). Contudo, indiretamente, como os edis provinham do conselho local ou *ordo*, a assembleia também elegia o conselho — ou, como veremos em seguida, a sua maior parte. Mas o que faziam aqueles funcionários eleitos? Que poderes eles ou o *ordo* possuíam? Por que as decisões do eleitorado teriam importância? Como uma cidade romana de princípios do século I a.C., Pompeia não tomava grandes decisões em matéria de guerra ou paz e política nacional. Estas provinham da capital. Mas era uma prática romana deixar as comunidades locais gerirem os seus assuntos internos. Então, o que realmente estava em jogo?

A própria cidade dá algumas pistas. Textos sobreviventes inscritos em túmulos, edifícios públicos, pedestais de estátuas, e também nas tabuletas de cera de Lúcio Cecílio Jucundo e em outros documentos menos formais registram ou mencionam as ações e decisões dos governantes e do conselho local. Já vimos que o *ordo* decidira ajustar o sistema pompeiano de pesos e medidas ao padrão romano, e os edis assinaram ou confirmaram as bancas dos comerciantes. Nas tabuletas de Jucundo vimos também que os impostos locais foram aumentados e a cidade possuía propriedades alugadas pelo conselho e os governantes eleitos, embora a administração do dia a dia estivesse nas mãos de um "escravo público". Os títulos dos dois principais cargos pompeianos também indicam claramente a natureza de algumas tarefas envolvidas. Os "duúnviros com poder judicial" presumivelmente tratavam de questões ligadas à justiça. Os edis, a julgar pelas tarefas de seus iguais em Roma, se ocupavam principalmente da trama da cidade, as construções e as ruas. De fato, ocasionalmente eles eram mencionados não como edis, mas como "duúnviros encarregados das ruas e dos edifícios públicos e sagrados".

Outras atividades são reveladas em outros textos. Claro que o conselho da cidade tinha autoridade para decretar a colocação de estátuas de notáveis e membros da família imperial. Em outros casos, podiam ceder terras para monumentos à honra: um cidadão podia tomar a iniciativa e pagar a estátua do próprio bolso, mas, ainda assim, precisava da permissão do *ordo* para instalá-la em um local público. De igual maneira, o conselho podia pagar o enterro público de membros proeminentes da comunidade, além de um local prestigioso para o enterro. No caso dos edifícios públicos, o conselho estabelecia o orçamento, mas os duúnviros contratavam os construtores e eram responsáveis pela aprovação final do trabalho. Este procedimento está descrito numa inscrição na entrada do Teatro Coberto ("Odeon"), construído nos primeiros anos da colônia (fig. 92 do encarte): "Caio Quinto Valgo, filho de Caio, e Marcos Porcio, filho de Marcos, duúnviros, por decisão dos conselheiros fizeram a contratação para a construção do Teatro Coberto e aprovaram a obra". Esta tradição era anterior à tomada da cidade por Roma. Como vimos, a inscrição em osco no relógio de sol numa das principais termas da cidade registra que um administrador do século II a.C., Mara Atínio, filho de Mara (um bom nome osco), o instalara "com o dinheiro das multas".

A ênfase particular em estátuas, túmulos e obras honoríficos pode ser mal interpretada. Ela tem muito a ver com o fato de que grande parte das evidências que temos provém de pedestais, túmulos e inscrições em edifícios públicos. Mas o tema subjacente das doações, patrocínios e da generosidade pública e privada é importante. Porque está claro que, independentemente do que fizessem, era esperado, e até exigido, que os governantes eleitos fossem generosos com a comunidade no emprego dos seus próprios fundos. O mesmo par de duúnviros que supervisionou a construção do Teatro Coberto construiu o Anfiteatro à própria custa "e o entregou aos colonos a perpetuidade".

Em uma escala mais modesta, embora representem um patrocínio importante, estão os presentes dados à cidade por Aulo Clódio

Flaco, no início do século I d.C., nas três ocasiões em que foi duúnviro, todos minuciosamente registrados no seu túmulo. Da primeira vez ele patrocinou jogos em homenagem a Apolo no Fórum — com procissão, touros e seus lutadores, boxeadores e shows musicais e de cabaré, incluindo um artista conhecido, Pilades, cujo nome é citado. (Outro uso surpreendente do Fórum e — devido aos touros — mais um motivo para que as entradas e saídas fossem protegidas.) Da segunda vez que ocupou o cargo, como duúnviro quinquenal, ele patrocinou mais jogos no Fórum com aproximadamente o mesmo programa, exceto pela música; no dia seguinte exibiu "atletas", gladiadores e bestas selvagens (javalis e ursos) no Anfiteatro, alguns dos quais pagou sozinho, outros, com o seu colega. Da terceira vez a demonstração foi menos pródiga, ou foi descrita de modo mais reticente no túmulo: "com seu colega, ele ofereceu jogos com uma trupe de primeira categoria e música extra".

Parece que jogos e espetáculos eram a norma neste tipo de patrocínio. Cneu Aleio Nigídio Maio patrocinou uma grande exibição de gladiadores quando era duúnviro quinquenal em 50 d.C., "sem incorrer em gastos públicos", como ressalta um anúncio pintado. Contudo, as obras de construção podiam ser substituídas. Uma série de inscrições no Anfiteatro registra que vários magistrados construíram trechos de assentos em pedra (provavelmente em substituição das versões originais em madeira), "em vez de jogos e luzes, por decisão dos conselheiros". Isto implica que o *ordo* lhes permitia gastar o dinheiro necessário na melhoria das instalações, e não em um show, ou no que seja que "luzes" signifique. Seriam instalações feitas à noite, talvez, com iluminação especial?

Também havia transferência direta de dinheiro do duúnviro ou do edil para os fundos públicos. Aulo Clódio Flaco observa que "no [primeiro] duunvirato, deu 10 mil sestércios para os fundos públicos".

Isto provavelmente era a taxa que conhecemos em outras partes no Império Romano, paga pelos governantes locais e novos membros do *ordo*. Em conjunto, elas representavam uma parte significativa do orçamento de qualquer cidade. Os herdeiros de Flaco certamente sublinharam este pagamento em particular, para deixar claro que ele pagara acima da média.

A filosofia subjacente ao serviço público no mundo romano era muito distinta da nossa. Nós esperamos que os conselheiros locais sejam compensados pelos gastos que fazem enquanto representam a sua comunidade. Os romanos esperavam que os homens pagassem pelo privilégio de serem membros do *ordo* ou um governante eleito: o status tinha um preço. Em outras palavras, quando os eleitores pompeianos votavam em diferentes candidatos a um cargo, escolhiam entre patronos em disputa.

Um documento, nunca encontrado nas escavações, teria permitido precisar os detalhes do governo da cidade, os deveres dos governantes e a regulamentação do conselho. Como colônia romana, Pompeia devia ter uma constituição formal ou uma carta (*lex*, em latim), provavelmente inscrita em bronze e exposta publicamente num templo ou outro edifício cívico. Ela nunca apareceu — talvez tenha sido resgatada (ou roubada) por saqueadores logo após a erupção. Na sua falta, os estudiosos vêm tentando montar a constituição com base em outros documentos sobreviventes. A justificativa básica para isto é que as disposições legais romanas se aplicavam de modo equivalente na maior parte do mundo romano. O que valia para uma colônia na Espanha, por exemplo, provavelmente valia para Pompeia também.

Há uma boa dose de verdade neste argumento (apesar da tendência de atribuir uma consistência exageradamente uniforme aos romanos no que concerne à lei e outras coisas). Em alguns aspectos, as constituições sobreviventes se encaixam nas práticas que observamos em outro tipo de evidências em Pompeia. Uma exigência formal na carta espanhola estipula que os duúnviros e edis patrocinassem pessoalmente parte dos jogos que ofereciam. A linguagem da *lex* diz:

> Quem quer que sejam os duúnviros, exceto por aqueles eleitos imediatamente depois deste estatuto, em seu tempo de serviço devem organizar uma apresentação ou um espetáculo dramático para Júpiter, Juno, Minerva e os deuses e deusas, durante quatro dias e a maior parte do dia, a maior que for possível segundo a decisão do conselho, e cada um deve gastar no espetáculo e na apresentação não menos que 2 mil sestércios dos seus próprios fundos, e é legal cada duúnviro tomar e gastar até 2 mil sestércios de dinheiro público, e é legal que o faça sem responsabilidade pessoal...

Isto é típico da minuciosa redação romana: note-se que está disposto explicitamente que as apresentações devem durar "a maior parte do dia" (não podiam ocorrer só pela manhã). A julgar pelo túmulo de Aulo Clódio Flaco, é quase certo que havia uma cláusula muito semelhante na constituição pompeiana.

As constituições sobreviventes também nos remetem a questões que a versão pompeiana devia cobrir. Elas vão de questões específicas da prática e dos procedimentos legais (que casos podiam ser ouvidos localmente e em quais circunstâncias deviam ser levados às cortes de Roma?) aos arranjos sobre o horário das reuniões do *ordo* e às normas sobre onde deviam viver os conselheiros (a mesma constituição espanhola especifica que deviam residir por cinco anos na cidade ou a uma milha de distância). Contudo, muito mais difícil é saber exatamente como quaisquer destes detalhes se refletiam no documento perdido de Pompeia.

Outra cláusula da versão espanhola estabelece com precisão quais assistentes cada um dos governantes devia ter e quanto eles deveriam receber. Ela segue o mesmo estilo legal formal:

> Quem quer que sejam os duúnviros, devem ter o direito e o poder de contratar, cada um, dois lictores, um servente, dois escribas, dois mensageiros, um auxiliar, um arauto, um harúspice, um flautista... E o pagamento deles, de cada um dos que devem servir aos duúnviros, deve ser o seguinte: para cada escriba, 1.200 sestércios, para cada servente, 700 sestércios, para cada lictor, 600 sestércios, para cada mensageiro, 400 sestércios, para cada auxiliar, 300 sestércios, para cada harúspice, 500 sestércios, para um arauto, 300 sestércios.

Isto não é apenas cuidadosamente planejado. Note como o emprego das palavras deixa absolutamente claro a que tipo de assistentes *cada* duúnviro tem direito (embora, denotando menos cuidado, o pagamento do flautista tenha sido omitido). Ele também apresenta o papel do administrador local e como deve exercer o cargo. O harúspice e o flautista falam do dever religioso do duúnviro (o harúspice examinava as entranhas dos animais sacrificados em busca de sinais dos deuses — capítulo 9). Os escribas — de longe os que recebiam mais — e o auxiliar deixam ver que o trabalho implicava em muita escrita, embora o arauto indique que as informações também eram transmitidas oralmente. A menção dos lictores, os guardas que em Roma portavam um feixe de varas e um machado, os *fasces*, símbolo da autoridade oficial romana, sugere que os duúnviros viviam rodeados de certo grau de pompa e cerimonialismo.

A questão é: podemos concluir que os duúnviros pompeianos contavam com os serviços de uma equipe igual ou similar? Ela certamente não tem destaque nas evidências escritas — que dificilmente vão além de um único "escravo público" encarregado dos negócios da cidade, nas tabuletas de Jucundo, e de um grupo de quatro "funcionários" cujos nomes constam na parede de uma estalagem. Isto não prova que não tenham existido. Como diz o velho clichê arqueológico, "a falta de evidências não é evidência da falta". De todo modo, é difícil não suspeitar, com base nos resquícios, que os duúnviros pompeianos trabalhavam com uma equipe reduzida, em comparação com seus congêneres em outras partes. Certamente, se esta era a sua *entourage*, só a folha salarial teria comido quase 75 por cento do que Aulo Clódio Flaco pagou ao assumir o cargo de duúnviro.

Contudo, aqui há um ponto mais importante. Porque devemos sempre ter em mente que muitas afirmações confiantes de estudiosos modernos sobre o funcionamento do governo local de Pompeia se baseiam não em evidências encontradas na cidade ou seus arredores, mas em documentos de outras comunidades, ainda que similares. Claro que pode ser certo, como se costuma afirmar, que o *ordo* em Pompeia era composto por cem membros; ou que duúnviros e edis usavam a toga pretexta (toga com barra roxa, usada pelos senadores em Roma). No entanto, trata-se de uma conjectura baseada no que se conhece sobre cidades semelhantes.

Talvez o hiato mais intrigante no que sabemos sobre como a cidade era governada consista nas tarefas práticas do cotidiano da vida política pompeiana. Por exemplo, o que ocorria numa reunião do *ordo* de decuriões? Como era o dia do duúnviro e do edil? Ainda mais simples: onde aconteciam as transações políticas formais? É razoável supor que a maioria ocorresse no Fórum, mas não sabemos exatamente onde. Presume-se que os três prédios ao sul da piazza estivessem ligados ao governo local e estão marcados em muitos mapas modernos da cidade como "câmara do conselho", "escritório do governo" e "arquivo" (fig. 14, p. 191). Mas a única evidência disto é a sua localização, o fato de que não têm outro propósito óbvio, e de que o conselho e outros governantes certamente precisavam de um lugar para se reunir. Este argumento não é contundente: na própria Roma o Senado se reunia em um templo — por que não aqui?

Os casos legais podiam ser decididos no prédio amplo e grandiosamente decorado do Fórum conhecido por Basílica (fig. 93 do encarte). Talvez o duúnviro dirigisse as reuniões e emitisse seu julgamento do alto de uma plataforma elevada ao fundo — embora um pedestal de estátua justo diante da plataforma, bloqueando a visão, torne esta reconstrução muito mais improvável do que parece à primeira vista. De todo modo, pensar nele como uma corte permanente, para ser usada exclusivamente com este fim, seria superestimar o tempo gasto em questões legais na cidade. Os romanos podiam ser gênios nestas questões, mas o mais provável é que, em Pompeia e em outras partes do mundo antigo, a maioria das disputas fossem resolvidas, e os crimes, punidos, fora dos mecanismos plenos da lei. Até os duúnviros deviam operar de um modo relativamente informal, como vimos nas pinturas do Fórum onde, aparentemente, uma disputa era resolvida sob as colunatas (fig. 51 do encarte).

A única coisa que sabemos com certeza sobre a Basílica é que muita gente circulava por ali com tempo livre, pois é onde está a maior quantidade de grafites da cidade, centenas e centenas deles. Raros têm um tom claramente legal (ainda que a máxima "Um pequeno problema se torna enorme quando você o ignora" possa se aplicar a uma mentalidade legal prolixa). A maioria trata do tipo de fofoca que vimos antes, inclusive um par de versos memoráveis desejando a um infeliz chamado Chio uma sorte ainda pior ("que eles queimem ainda mais do que já queimaram"). Contudo, um grafite pode se referir aos duúnviros e suas equipes, embora esteja encoberto sob um chiste grosseiro. Ele diz: "Quem comer o *accensus* pode queimar o pau." Em latim, *accensus* pode significar "fogo". Então, à primeira vista, trata-se de um humor terreno ("Quem brinca com fogo etc..."). Mas na constituição romana há outro sentido para a palavra *accensus*: o "criado" do duúnviro ou do edil. Seria o grafite uma brincadeira sobre quem se intromete com os auxiliares do duúnviro?

Talvez isto seja um caminho para imaginar a vida pública pompeiana: menos formal e, ao mesmo tempo, menos familiar que a imagem que costumamos fazer seguindo a combinação da alta literatura latina, as pinturas e romances do século XIX e os filmes de sandálias e espada. Não podemos pretender reconstruir com exatidão uma reunião do *ordo* pompeiano. Não sabemos onde, nem com que frequência, ele se reunia, quantos membros tinha e que assuntos discutia. (Será que "estabelecia" as eleições para o duunvirato e fazia arranjos prévios sobre quais ex--edis concorreriam? Será que debatia os problemas de administração da granja pública e os atrasos no aluguel de Lúcio Cecílio Jucundo?.) É muito improvável que houvesse uma porção de figuras de togas engomadas, exercendo a oratória de pé num estilo grave e franco, como se governassem o mundo (esta imagem não deve se aplicar nem ao Senado romano). Provavelmente tudo era mais simples e menos pomposo — mesmo para os nossos padrões, um pouco bagunçado, creio eu.

O mesmo se aplica aos negócios dos duúnviros e dos edis. É verdade que estes cargos deviam conter elementos de pompa e grandeza. Esta é a imagem que transmite o túmulo de Aulo Clódio Flaco e as menções, nas cartas de outras cidades, a lictores e togas elegantes. Mas é difícil não suspeitar que a realidade cotidiana fosse menos grandiosa e mais improvisada e precária. É bastante fácil criar um calendário impressionante para aqueles mandachuvas locais, como os especialistas fazem com frequência: despertar e receber clientes no *salutatio* matinal, sair de casa para o Fórum, tratar de assuntos financeiros, assinar contratos, lidar com casos legais, socializar nas termas, receber para o jantar... Há evidências de quase todas estas atividades (as horas do dia, anotadas nos documentos assinados de Putéoli (p. 207) indicam uma clara preferência pelas transações financeiras no final da manhã). Mas outra questão é saber quão regular e sistemática seria esta agenda e até onde podemos imaginar o que parte destas atividades implicava. O quanto se ocupavam os administradores, quantas horas ao dia dedicavam a assuntos oficiais, que tipo de ajuda especializada conseguiam reunir para administrar os assuntos da cidade, como conduziam as questões legais se muitos deles tinham pouca ou nenhuma instrução legal são alguns quebra-cabeças curiosos sobre a vida em Pompeia.

A cara do sucesso

Sabemos muito mais sobre os homens que ocuparam cargos em Pompeia do que sobre as práticas cotidianas do governo local. Mesmo nos períodos iniciais, cujos anúncios eleitorais se perderam (e, com eles, os nomes dos candidatos aos cargos), ainda podemos descobrir em muitos casos quem eram os duúnviros e edis eleitos e inclusive em quais anos ocuparam os cargos. É uma tarefa delicada listar os nomes e datas encontrados, por exemplo, nas tabuletas de Jucundo, nas inscrições comemorativas dos que patrocinaram obras ou jogos de gladiadores e nos nomes e cargos exibidos nos túmulos.

O resultado final é que para certas décadas sabemos os nomes de mais da metade dos ocupantes dos cargos; nos reinados de Augusto e Tibério (em parte porque houve muitas obras públicas em Pompeia) a proporção chega a quase três quartos. Alguns não passam de nomes. Outros podemos conhecer mais intimamente e descobrir suas conquistas e aspirações individuais e como preferiram ser lembrados. Raras vezes conseguimos juntar um rosto a um nome.

Eles seguiam certo padrão. Nem todos em Pompeia podiam se candidatar a uma eleição, nem mesmo os cidadãos livres. Pressupondo que as coisas eram organizadas como em outras cidades do mundo romano, os que se propunham a ser edil ou duúnviros deviam ser homens, adultos, nascidos livres, respeitáveis e ricos. Isto significa, por exemplo, que um ex-escravo não podia concorrer. Um escravo que obtivesse a liberdade de um cidadão romano tornava-se ele próprio um cidadão e podia votar nas eleições, uma estratégia de incorporação quase sem paralelo em outras sociedades escravocratas. Mas só na geração seguinte — pois os seus filhos não tinham estas restrições — a família de um ex-escravo podia começar a agir de modo absolutamente livre no governo local. Isto também significa que os pobres não eram apenas desestimulados a concorrer aos cargos em vista das suas várias obrigações (pois como poderiam pagar a taxa de entrada e os patrocínios exigidos?). Eles eram formalmente impedidos de fazê-lo por uma qualificação proprietária mínima: em outras cidades, o mínimo era o valor de 100 mil sestércios. Havia normas que excluíam uma variedade de profissões inadequadas, como a dos atores, e ditavam a idade mínima para o cargo. Em Pompeia, ninguém com menos de 25 anos, ou talvez trinta, podia ser edil.

No entanto, ainda havia espaço para uma grande variedade de ocupantes de cargos públicos em Pompeia: daqueles que mal cumpriam a exigência da qualificação proprietária aos homens que possuíam grandes fortunas; da aristocracia local aos novos-ricos. Como vimos, a família de Aulo Umbrício Scauro acabara de enriquecer com o garo. O nome de Caio Júlio Políbio indica que a sua família descende de escravos da casa do imperador. Outros, como Marco Holcônio Rufo, que logo encontraremos cara a cara, pertencia a uma família proeminente de Pompeia havia gerações e sua riqueza provinha principalmente da terra.

Gerações de estudiosos procuraram um padrão nestas variações. É possível, por exemplo, identificar períodos em que os novos-ricos tiveram proeminência? Depois do terremoto, talvez? Apesar da enorme quantidade de trabalho (e engenho) investida, a única conclusão certa é pouco surpreendente. Algumas famílias antigas ocuparam um lugar de destaque na hierarquia da cidade do início do século I a.C. até a erupção.

Ao longo deste tempo, membros de famílias novas conquistaram cargos públicos, somando em torno de cinquenta por cento dos edis e duúnviros, mas raramente parecem ter posto o pé na elite. Em outras palavras, era uma sociedade mista, mas o dinheiro sempre contava.

Só muito ocasionalmente encontramos um intruso, quando um dos duúnviros não pertencia à comunidade. Isto podia romper as regras sobre a residência local, mas nestes casos dificilmente significou um transtorno, já que o ocupante do cargo era o próprio imperador ou um príncipe imperial. Calígula foi duúnviro de Pompeia por duas vezes, uma em 34 d.C., no reinado de Tibério (quando possivelmente não tinha a idade mínima exigida para o cargo), e como imperador, seis anos depois. De fato, ao ser assassinado em janeiro de 41 d.C., ele cumprira a metade do seu período como duúnviro quinquenal de Pompeia. Parece que não havia ilusões de que ele realizasse quaisquer dos deveres práticos do duunvirato, pois em cada ocasião encontramos um acréscimo: "pretor com poder judicial" — agindo, como consta oficialmente numa inscrição, em nome do imperador. O cargo de "pretor" foi um apoio útil em outras ocasiões. Os homens experientes obviamente esperaram que "um par de mãos seguras" fossem apontadas para assumir a liderança na emergência no cargo de pretor após a revolta no Anfiteatro e o terremoto de 62.

Como exatamente terá funcionado o duunvirato de Calígula? De onde terá vindo a iniciativa: do palácio imperial ou da própria Pompeia? Uma teoria afirma que ao colocar um imperador ou príncipe, ainda que honorário, no governo local, as autoridades centrais em Roma tentavam controlar os assuntos da cidade. Em outras palavras, era uma punição ou uma aposta no resgate depois de uma crise na administração local. Embora seja muito difícil imaginar o louco Calígula como uma ajuda, e não um empecilho, talvez uma presença imperial nominal facilitasse o escrutínio e a intervenção do governo central. Contudo, o mais provável é que um nome imperial entre os duúnviros fosse uma honra para a cidade e que a iniciativa tenha partido de Pompeia. A concordância de Calígula seria o resultado de uma hábil negociação entre Pompeia e os funcionários palacianos — não muito diferente, imagino, dos delicados protocolos de segurança durante a visita de um membro menor da realeza britânica a uma festa escolar.

A honra estava em jogo em algumas indicações extraordinárias para o conselho da cidade. Um jovem, Numério Popídeo Celsino, entrou para o *ordo* "sem pagamento" com apenas 6 anos, por ter reconstruído o templo de Ísis à própria custa. Isto é o que diz a inscrição — mas presume-se que o pai, um ex-escravo, o tenha reconstruído em nome do filho, abrindo-lhe caminho para a elite local. Outro conselheiro precoce foi um jovem membro da antiga família da elite cujo túmulo foi descoberto em Scafati (p. 179). Décimo Lucrécio Justo foi nomeado sem cobrança para o conselho aos 8 anos; morreu aos 13. Quase certamente estes "membros honorários" não tinham direitos plenos no *ordo*. Documentos de outra parte no mundo romano sugerem que podia haver distintas categorias de conselheiros, alguns dos quais não tinham direito de se expressar nos debates. Ainda assim, um punhado de pré-adolescentes é um acréscimo surpreendente ao nosso quadro do *ordo*.

Edis, duúnviros e conselheiros eram a nata da sociedade pompeiana em termos de riqueza, influência e poder. Formavam a classe governante local — ou a "classe da decúria", como a denominamos hoje (de "decurião", que significa conselheiro). Ainda assim, os figurões locais estavam muito abaixo dos ricos corretores da capital. A qualificação patrimonial de 100 mil sestércios (se isto é o que se usava em Pompeia) é bastante vultosa. A partir do reinado de Augusto era preciso dez vezes aquela soma, ou 1 milhão de sestércios, para se qualificar como senador em Roma, a categoria mais alta da hierarquia social. De fato, muitos senadores provinham das cidades rurais italianas. Mas não conhecemos nenhum senador que certamente fosse proveniente de Pompeia ou de uma família pompeiana; eles podiam ter lindas vilas com vista para o mar, mas aquela não era a sua terra natal.

Isto não significa que os cidadãos pompeianos não tivessem influência e conexões com o mundo da capital. Depois de obter a cidadania romana na Guerra Social e antes que a centralização do poder estabelecida pelo primeiro imperador Augusto (31 a.C.–14 d.C.) pusesse um fim à votação democrática na capital, os pompeianos podiam votar em Roma, tanto nas eleições quanto nas leis — caso se dispusessem a ir até lá. Eles se reuniam principalmente em um mesmo grupo (a "tribo meneniana") incluído nos títulos formais ("Aulo Umbrício Scauro, filho de Aulo, da tribo meneniana") (p. 212), muito depois de o voto cair em desuso. Alguns tinham vínculos mais próximos com o centro de poder romano, como percebemos ao seguir a carreira de um líder pompeiano. Ele é Marco Holcônio Rufo, que viveu no reinado do imperador Augusto: cinco vezes duúnviro e duas vezes quinquenal. Difícil defini-lo como um conselheiro típico, pois era membro de uma antiga família notória pela produção de vinhos (o vinho "horconiano" ou "holconiano" é mencionado por Plínio como uma especialidade local). Ele provavelmente é o pompeiano mais poderoso que conhecemos, e teve um grande impacto na cidade.

Hoje no Museu de Nápoles, a estátua de mármore em tamanho natural de Marco Holcônio Rufo estava instalada num cruzamento da Via dell'Abbondanza, na sua parte mais larga (quase uma pequena piazza), diante das Termas Estabianas, junto a um grande arco que cruzava a rua que pode ter exibido estátuas de outros membros da família (fig. 94 do encarte). Isto não está muito longe do Fórum, onde ficava a maioria das imagens dos notáveis e imperiais locais, instaladas por um conselho municipal agradecido (ou cuidadosamente calculista) — o imperador e seus parentes ocupavam posição proeminente na piazza e os locais estavam dispostos à sua volta, para não ofuscar a família imperial. Contudo, Holcônio Rufo sobressaía por estar ligeiramente separado dos outros, e provavelmente a localização explica a sobrevivência da estátua. As operações de salvamento romanas após a erupção aparentemente passaram em linha reta sobre as estátuas do Fórum, restando poucas para os arqueólogos do futuro, como a de Holcônio Rufo, que estava afastada do grupo principal, um pouco além na rua.

A estátua é a de uma figura militar orgulhosa, trajada com um corselete e uma capa, e na mão direita originalmente portava uma lança. Ao ser redescoberta, nos anos 1850, ainda havia claros sinais de pintura: a capa era vermelha, a túnica sob o corselete, branca com uma barra amarela, e os sapatos eram pretos. É uma peça maravilhosa. O único elemento dissonante é a cabeça, que parece pequena demais para o conjunto. De fato, ela não se encaixa. É uma substituição, talvez da cabeça original danificada com o terremoto de 62 (isto é o que se imagina). Um exame cuidadoso permite ver que não foi feita para a nossa estátua. Outro retrato foi retalhado com a fisionomia de Holcônio Rufo e unido ao pescoço.

Então, qual retrato sofreu o ultraje de ser removido e retrabalhado, numa versão antiga de roubo de identidade? Uma teoria interessante é que a cabeça substituta teria pertencido a uma estátua do imperador Calígula, dispensável após o seu assassinato em 41. Não só a cidade muito provavelmente encomendou uma estátua de Calígula devido aos seus dois períodos como duúnviro, como arqueólogos que examinaram a cabeça retrabalhada creem ter detectado traços indicativos do corte de cabelo de Calígula sob a total reformulação do retrato. Para nós, a ideia de reciclar a cabeça de um imperador em desgraça para figurar como Holcônio Rufo parece um tanto ridícula, mas, na verdade, a prática de "mudar as cabeças" era surpreendentemente comum no mundo romano.

Sob a estátua, ainda visível no pedestal junto às Termas Estabianas, uma inscrição detalha os principais cargos que ele exerceu. Ali podemos ver que ele participou repetidamente do duunvirato pompeiano. Em destaque, uma delas assinala: "tribuno militar por demanda popular". "Tribuno militar" era um cargo do exército romano para jovens da classe dos oficiais. Mas "demanda popular"? Isto parece se referir não a um verdadeiro oficial militar, mas a uma posição honorária concedida pelo imperador Augusto por recomendação das comunidades locais, daí a "demanda popular". O cargo trazia consigo a categoria formal romana de "cavaleiro" (logo abaixo do senador) — sem dúvida gratificante para quem o recebia e útil, em outros aspectos, para o imperador. Como escreve o biógrafo romano Suetônio sobre esta iniciativa em *Vida de Augusto*, "o seu propósito era manter uma reserva suficiente de homens em posição de prestígio"; e leais, devia ter acrescentado.

A honraria certamente envolvia algum tipo de contato com o próprio imperador ou com gente próxima a ele. Porque a inscrição registra que Holcônio Rufo era também "patrono da colônia", papel semioficial que podia implicar na intervenção, a favor da cidade, junto aos poderes em Roma (podia-se esperar que o patrono ajudasse a colocar um príncipe ou imperador como duúnviro local, por exemplo). Por fim, ele era "Sacerdote de Augusto" na cidade. Mesmo antes da morte do primeiro imperador, ele detinha um leque de honrarias religiosas como se fosse um deus (p. 337) — coordenadas em Pompeia pelo leal Holcônio Rufo.

Ao fitar novamente a estátua podemos ver o sentido do garbo militar. Não há razão para supor que Holcônio Rufo tenha participado do exército. O corselete elaborado é um lembrete do cargo de tribuno militar, prestigioso, mas absolutamente civil. Para os observadores que conheciam os monumentos da cidade de Roma, no entanto, havia também a simpática referência — embora ligeiramente exagerada — a um dos mais grandiosos prédios de Augusto, chamado Fórum de Augusto. Este grande empreendimento no centro de Roma, repleto de estátuas, obras de arte e mármores coloridos brilhantes, tinha por centro o templo de "Marte, o Vingador" — um recordatório, caso isso fosse necessário, de

1. Mosaico de músicos, provavelmente retratando uma cena de uma comédia do dramaturgo grego do século IV, Menandro (p. 296-7). Ele vem da chamada Vila de Cícero, do lado de fora da Porta de Herculano. [Museu Arqueológico Nacional, Nápoles. MANN 9985. Foto cortesia de Corbis]

2. A parede do jardim de uma casa exibia a admirável cena de Orfeu encantando os animais com sua música (p. 155). [V. Loria em F. e F. Niccolini, *Le Case dei Monumenti di Pompei* (Nápoles, 1854-1896)]

3. Seria este o imperador Nero? A pintura encontrada em uma sala de jantar luxuosa em um edifício nos arredores de Pompeia foi identificada como Nero sob o disfarce do deus Apolo. Assim, como foi sugerido, este pode ter sido o local onde se hospedou ao visitar Pompeia – isto é, se ele realmente a visitou (p. 67). [Foto cortesia de Foglia Fotografica]

4. Reconstrução de uma fachada tipicamente colorida na Via dell'Abbondanza. Mais à direita, um altar no cruzamento e, em seguida, um bar aberto ou balcão de loja. Avisos sobre as eleições estão pintados na casa ao lado. Acima, coberturas fornecem sombra para as ruas e entradas. [V. Spinazzola, *Pompei alla luce degli scavi nuovi di Via dell'Abbondanza* (Roma, 1953), Tavole III]

5. Os carpinteiros exibem seu trabalho em uma procissão. Mais à esquerda, havia uma imagem de sua deidade padroeira, Minerva, embora pouco tenha restado além de seu escudo característico. No meio, há um modelo de seus trabalhos de carpintaria. [Museu Arqueológico Nacional, Nápoles. MANN 8991. Foto de M. Larvey]

6. Pintura retratando uma mesa de jogos em um bar localizado na Via de Mercúrio (p. 270). Os trajes coloridos e casuais contrastam com a imagem dos romanos vestidos com togas brancas. [Foto de R. Cormack]

7. Uma das cenas mais bem preservadas da vida no Fórum, do Edifício de Júlia Félix. Um grupo de homens consulta um aviso posicionado ao longo das bases das estátuas em frente à colunata (p. 96). [Museu Arqueológico Nacional, Nápoles. MANN 9068. Foto cortesia de Corbis]

8. A maquete da Casa do Poeta Trágico mostra uma seção da casa, desde a porta de entrada até o peristilo ao fundo (p. 105). No átrio central, um poço se aprofunda abaixo do piso. A parte superior da frente da casa tem uma quantidade substancial de quartos. [N. Wood]

9. Modelo do jardim em peristilo da Casa do Poeta Trágico. A parede ao fundo foi pintada com uma cena de jardim. Abaixo da colunata, localiza-se a famosa pintura do sacrifício de Ifigênia (fig. 78). [N. Wood]

10. Pintura na parede da ampla sala de jantar na Padaria dos Amantes Castos. À primeira vista, uma cena elegante, com tecidos e almofadas confortáveis e recipientes de vidro arrumados harmoniosamente sobre a mesa. Mas a mulher ao fundo está tão embriagada que mal consegue equilibrar-se, e, entre os dois casais reclinados, vê-se um homem que desmaiou. [Foto de M. Larvey]

11. Um ato de equilibrismo. Cópia, do século XIX, de uma pintura perdida do Bar na Via de Mercúrio. As cordas bambas provavelmente são um acréscimo da imaginação do artista moderno (p. 270-1). [COLONEL FAMIN, *MUSÉE ROYALE DE NAPLES, PEINTURES, BRONZES ET STATUES ÉROTIQUES DU CABINET SECRET* (PARIS, 1857), LÂMINA XXXV]

12. Uma vaidade tipicamente romana. Esta figura idosa esquelética foi designada para portar todos os tipos de acepipes em sua bandeja, em benefício dos jantares opulentos. [MUSEU ARQUEOLÓGICO NACIONAL, NÁPOLES. MANN 143760. FOTO CORTESIA DE SUPERSTOCK]

13. Esta série de pinturas na parede da Taberna de Sálvio é quase uma "tirinha". O casal na primeira cena costumava ser interpretado como dois homens, até que uma limpeza revelou que a figura da esquerda era uma mulher. Apesar de a cena final estar danificada, a regra que o senhorio procurou transmitir é clara: "Se quiser brigar, vá lá para fora." [Museu Arqueológico Nacional, Nápoles. MANN 111482. Foto de M. Larvey]

14. Dentre os conjuntos de humanos e deuses que decoram o friso da Vila dos Mistérios (p. 157), um menino lê um rolo de papiro, observado por uma mulher, talvez sua mãe. Parte da "piada" visual consiste no fato de que nós, observadores, não podemos ver ou ouvir o que ele está lendo em voz alta. [Foto cortesia de Corbis]

15. O rosto do rei Dario expressa derrota, do Mosaico de Alexandre na Casa do Fauno (p. 41). [Museu Arqueológico Nacional, Nápoles. MANN 10020. Foto de R. Cormack]

16. As termas ofereciam um toque de luxo para o banhista pompeiano comum. Essa pintura do século XIX recria o ambiente das Termas Estabianas (p. 288-9). [G. Abbate, em Niccolini, *Case e Monumenti*]

17. No centro (*tablinum*) da Casa do Poeta Trágico (p. 105), esse mosaico retratava um grupo de atores se preparando para subir ao palco. A performance devia ser uma peça satírica, daí os atores estarem se espremendo em fantasias de bode. [em Niccolini, *Case e Monumenti*]

18. Pintura retratando o recinto sagrado de Ísis, em uma cópia do século XIX. A sacerdotisa grega Io, uma das amantes de Zeus, é recebida no Egito pela deusa Ísis. De acordo com o mito, Io teria sido perseguida pela ciumenta Hera, esposa de Zeus – que, em dado momento, transformou-a em uma bezerra, daí os chifres. Ela está sustentada por um deus dos rios. [D. RAOUL-ROCHETTE, *CHOIX DE PEINTURES DE POMPÉI* (PARIS, 1848-1856), LÂMINA XVII]

19. A parede do jardim da Casa do Antigo Caçador, nomeada por causa desta pintura. [RAOUL-ROCHETTE, *CHOIX DE PEINTURES*, LÂMINA XVI]

20. Versão do século XIX de um friso em miniatura na Casa dos Vétios, mostrando cupidos como metalúrgicos. [V. LORIA, EM *NUOVI SCAVI DI POMPEI: CASA DEI VETTII* (NÁPOLES, 1887)]

21. Aqui, na pintura original da Casa dos Vétios, os cupidos se envolvem em um acidente de bigas (p. 153). [FOTO CORTESIA DE LATTANZI]

22. Panorama de um mundo estrangeiro. Nessa pintura, pigmeus se envolvem em todo tipo de aventura. Um está montando um crocodilo, outro aparentemente está sendo devorado por um hipopótamo, embora a ajuda esteja a caminho. [MUSEU ARQUEOLÓGICO NACIONAL, NÁPOLES. MANN, 113195]

23. Imagem composta das paredes da Casa do Poeta Trágico. Na parte esquerda inferior, Helena sai em sua jornada até Troia. À direita, em outro momento da Guerra de Troia, a prisioneira Briseida é tomada de Aquiles para ser entregue a Agamenon. [F. MORELLI, SOPRINTENDENZA ARCHEOLOGICA DI NAPOLI, ADS 263]

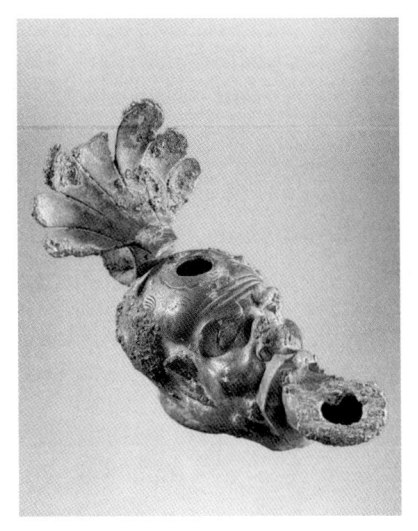

24. Pequenas lamparinas em forma de cabeças (ou pés) humanos eram comuns no primeiro século d.C. O óleo era despejado na fenda da testa e a chama ardia na boca da figura, que tem apenas 12 centímetros de comprimento, incluídas as pétalas que formam a alça. [Museu Arqueológico Nacional, Nápoles. MANN, 133320]

25. As reproduções em gesso moldadas nos corpos das vítimas recordam constantemente a sua humanidade – que era exatamente como a nossa. Este molde extraordinário de um homem moribundo com a cabeça entre as mãos foi guardado num depósito por questões de segurança. Ele agora parece lamentar o próprio encarceramento. [Foto de R. Cormack]

26. Um bem precioso que pertenceu a alguém? Esta figurinha rechonchuda em âmbar vermelho do Báltico foi encontrada com um fugitivo malsucedido. Com apenas 8 centímetros de altura, talvez representasse uma personagem do repertório de mímica romana, entretenimento popular em Pompeia (p. 14). [Museu Arqueológico Nacional, Nápoles. MANN, 25813]

27. Uma reencenação das escavações em Pompeia para visitantes célebres. Aqui, em 1769, o imperador da Áustria observa um esqueleto encontrado em uma casa que, para homenageá-lo, foi nomeada "A Casa do Imperador José II". A dama demonstra maior interesse na cena. [F. MAZOIS, *LES RUINES DE POMPÉI*, PARIS, 1824-1838, VOL. 2, LÂMINA XXXIV]

28. Gravuras de um dos dois painéis esculpidos, com quase 1 metro de comprimento, retratando o terremoto do ano 62 d.C. À esquerda, o Templo de Júpiter, Juno e Minerva no Fórum oscila visivelmente. À direita, vê-se um sacrifício. O touro é levado ao altar, e em volta há vários instrumentos sacrificiais – faca, tigelas e pratos com oferendas. [A. MAU, *POMPEJI IN LEBEN UND KUNST* (LEIPZIG, 1900), FIG. 21]

29. O Templo de Ísis foi um dos pontos preferidos dos primeiros turistas e inspirou escritores e compositores, do jovem Mozart a Edward Bulwer-Lytton, autor de *Os últimos dias de Pompeia*. A gravura retrata o prédio do templo principal ao centro e, à esquerda, o pequeno recinto amuralhado do tanque que continha a água usada nos rituais de Ísis. [MAZOIS, *LES RUINES*, VOL. 4, LÂMINA VIII]

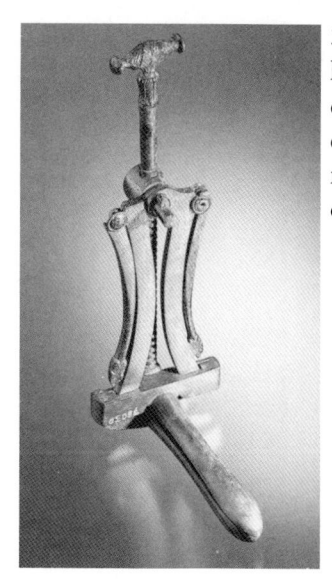

30. Há um estranho parentesco entre o nosso espéculo ginecológico e esta versão antiga de Pompeia. Ainda que estejam faltando algumas partes, fica claro que os "braços" do instrumento se abriam com a torção do manípulo em forma de T. [Museu Arqueológico Nacional, Nápoles. MANN 78030]

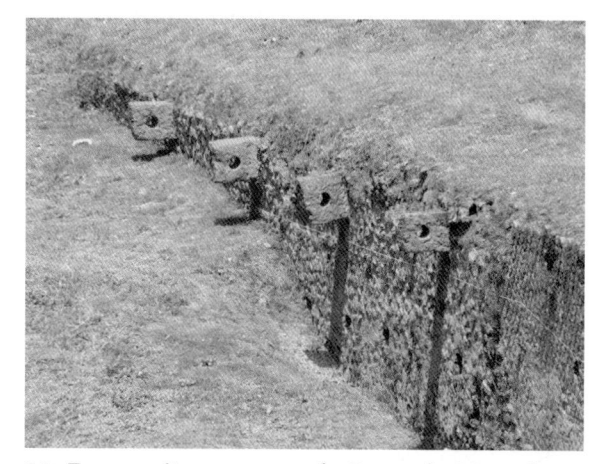

31. Estes anéis, no muro da Porta do Mar, obviamente parecem servir para a atracação de navios. É quase certo que a linha costeira tenha se modificado nos últimos séculos da existência da cidade, deixando os anéis em local alto e seco. [Foto de B. Letwin]

32. O bombardeio aliado de 1943 fez estragos tremendos em Pompeia e destruiu muitos edifícios importantes. A foto mostra o estado da Casa de Trébio Valente após o ataque. Depois da guerra, vários edifícios bombardeados foram reconstruídos com tanta maestria que não se percebia que haviam sido praticamente destruídos antes. [V. Spinazzola, Pompei alla luce degli scavi di Via dell'Abbondanza (Roma, 1953), vol. 1, fig. 12]

33. Uma escavação na década de 1930. As casas não emergem imaculadas do solo. Na verdade, a força da erupção é semelhante a um bombardeio. Aqui, o gesso pintado no segundo piso desabou nos quartos do piso inferior. [Spinazzola, *Pompei*, vol. 1, fig. 17]

34. Esta estatueta indiana de marfim permite vislumbrar os amplos vínculos culturais de Pompeia. Quase nua, a não ser pelas joias suntuosas, será ela Lakshmi – como se pensa –, a deusa da fertilidade e da beleza? Ou será uma simples dançarina? [Museu Arqueológico Nacional, Nápoles. MANN 149425]

35. A Casa do Fauno era uma das mais grandiosas e, por volta do século I, das mais antigas da cidade, embora hoje esteja tristemente dilapidada. Aqui vemos a porta de entrada, que dá para o átrio principal, com o sátiro dançante – ou fauno. Mais ao fundo, há dois amplos jardins com peristilos e o famoso Mosaico de Alexandre (fig. 36). [Foto de B. Letwin]

36. O mais complexo mosaico antigo já descoberto, o Mosaico de Alexandre cobria o piso de uma das várias salas da Casa do Fauno. Esta gravura mostra todo o desenho. Alexandre, o Grande, à esquerda, luta com Dario, o rei da Pérsia. Como indicam os seus cavalos (que já deram a volta), Dario está a ponto de fugir diante do massacre perpetrado pelo jovem macedônio. Há diversos tipos de toques artísticos virtuosos aqui – como o cavalo no centro da cena, que é visto por trás (ver também fig. 15). [MAZOIS, *LES RUINES*, VOL. 4, LÂMINA XLVII]

37. Um dentre uma série de relevos em terracota (com 60 centímetros de altura) reutilizados no muro do jardim da Casa do Bracelete de Ouro – originalmente enfeitou algum edifício sagrado, possivelmente o Templo de Apolo no Fórum. Neste painel, à direita, vemos a deusa Diana – Ártemis, para os gregos –, e, à esquerda, a figura da Vitória. [SUPERINTENDÊNCIA ARQUEOLÓGICA DE POMPEIA. SAP 40633. FOTO CORTESIA DE FOGLIA FOTOGRAFICA]

38. Localizada no limite ocidental da cidade, acima da muralha da cidade velha, a Casa de Fábio Rufo desfrutava de uma invejável vista do mar. Ela foi desenhada para aproveitar a vista ao máximo, com grandes janelas e terraços. [FOTO DE A. WALLACE-HADRILL]

39. Esta pintura representa o auge da revolta no Anfiteatro em 59 d.C. O Anfiteatro, à esquerda, é meticulosamente retratado com a íngreme escada externa, o toldo sobre a arena e uma variedade de barracas no lado de fora. À direita, a luta se estende ao campo de exercícios adjacente, ou *palestra*. [Museu Arqueológico Nacional, Nápoles. MANN 112222. Foto de M. Larvey]

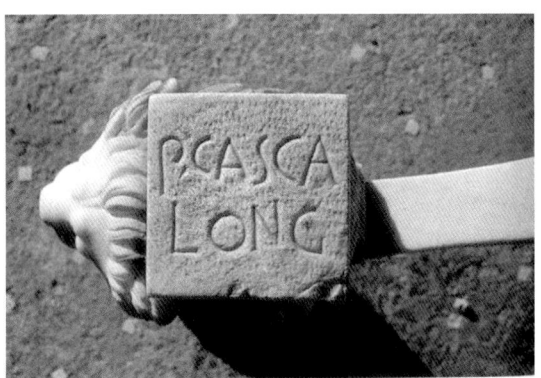

40. Qual teria sido a relação entre Pompeia e o assassinato de Júlio César, em 44 a.C.? O nome de um dos assassinos de César está inscrito neste apoio de mesa encontrado numa pequena casa da cidade. A explicação mais provável é que foi parar em Pompeia depois que as propriedades dos culpados foram leiloadas em Roma.

41. Na fachada externa de um lavadeiro pompeiano, havia pinturas de dois dos fundadores de Roma. Aqui, a figura de Rômulo portando a armadura do inimigo derrotado faz par com a de Eneias, que carrega o pai para fora de Troia. Elas se baseiam em esculturas do Fórum de Pompeia, as quais, por sua vez, se inspiraram em esculturas romanas. [Spinazzola, *Pompei*, vol. 1, fig. 184]

42. Uma cena característica de Pompeia. Esta rua leva à Porta do Vesúvio e ao *castellum aquae* ("castelo de água"), que se vê ao fundo. Passarelas de pedras cruzam as ruas entre as altas calçadas. [FOTO DE R. CORMACK]

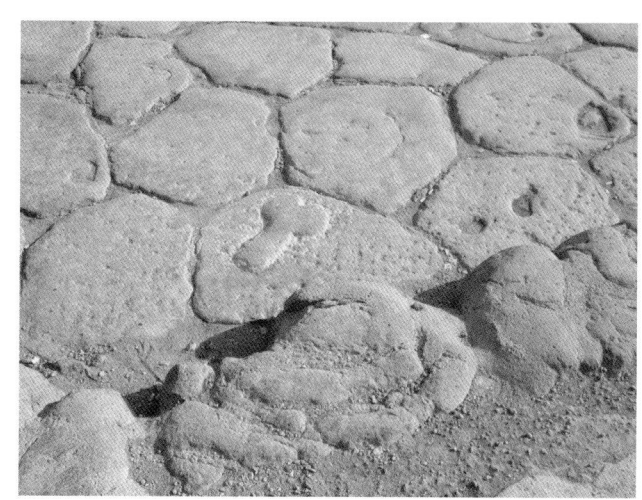

43. A ubiquidade do falo. Aqui, um falo esculpido na pedra do calçamento da rua. Mas será que ele realmente aponta para o bordel mais próximo, como afirmam alguns? [FOTO DE R. CORMACK]

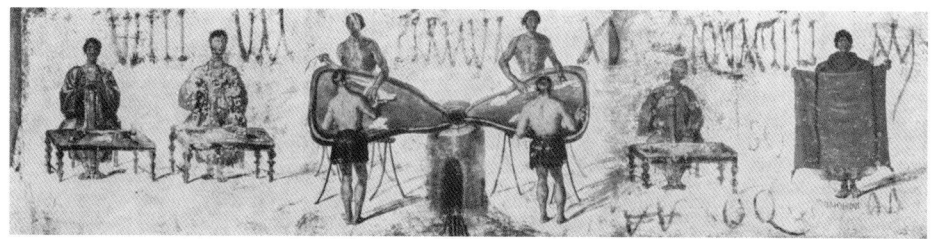

44. O ofício dos fabricantes de lã. À esquerda, um homem carda lã numa mesa baixa. No centro, quatro homens dedicam-se à complicada tarefa de confeccionar feltro a partir de uma mistura de lã e pelo de animais, presos num bastidor – isto dava aos romanos o equivalente de um "à prova d'água". À direita, depois de outro cardador, um homem exibe o produto terminado; o nome Verecundo aparece em letras miúdas abaixo da figura. As letras grandes acima são parte de um cartaz eleitoral. [SPINAZZOLA, *POMPEI*, TAVOLE, XI B]

45. Neste cruzamento, encontramos tanto uma fonte de rua quanto uma dentre as dúzias de torres de água da cidade. A água do "castelo de água" era armazenada em um tanque no topo de cada torre e, então, distribuída para as propriedades próximas. O objetivo era reduzir a pressão da água, que, de outra forma, desceria do *castellum* com muita força. [FOTO DE B. LETWIN]

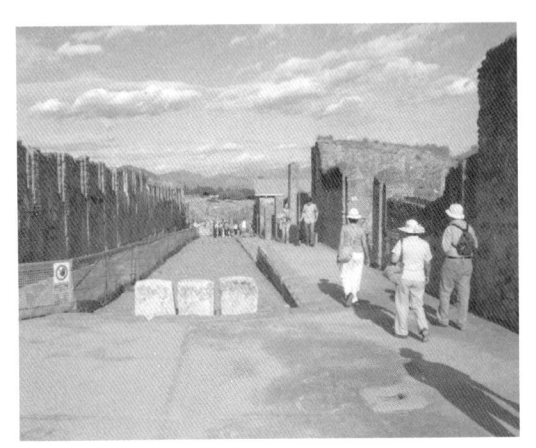

46. Antigas e novas barreiras ao tráfego. Os três blocos de pedra enfatizam a proibição do tráfego entre o Fórum, que está atrás de nós, e a Via dell'Abbondanza, que se estende até o final. À esquerda, as autoridades arqueológicas instalaram uma cerca plástica para impedir a passagem dos visitantes em meio aos edifícios em restauração. [FOTO DE R. CORMACK]

47. A gravura do século XVIII preserva detalhes de uma pintura esmaecida com cenas da vida no Fórum. Atrás dos comerciantes, é interessante notar como podiam ser as colunas nuas da colunata do Fórum no mundo antigo: decoradas com festões pendentes e utilizadas para apoiar temporariamente tabiques e portões. [*LE ANTICHITÀ DI ERCOLANO ESPOSTE* (NÁPOLES, 1755-1792), VOL. 3, LÂMINA 42]

48. Compra e venda. À esquerda, duas mulheres negociam a compra de um tecido. À direita, um homem acompanhado do filho examina uma panela. [*ANTICHITÀ DI ERCOLANO*, VOL. 3, LÂMINA 42]

49. Uma senhora dá esmolas a um mendigo (com um cão) e, ao fundo, duas crianças brincam de esconde-esconde ao redor de uma coluna. Em primeiro plano, vemos uma das várias estátuas que circundavam o Fórum. [*ANTICHITÀ DI ERCOLANO*, VOL. 3, LÂMINA 43]

50. Meios de transporte. À direita, um burro ou uma mula recebe a sela pesada — note-se a ausência de estribos. À esquerda, o tipo de carro que costumava transitar pelas ruas da cidade. [*ANTICHITÀ DI ERCOLANO*, VOL. 3, LÂMINA 43]

51. Dois homens sentados num banco sob as colunatas do Fórum, talvez julgando um caso. Atrás deles, três homens assistem à cena com certo interesse; ao fundo, uma cena doméstica: uma criança pede colo à mãe. [ANTICHITÀ DI ERCOLANO, VOL. 3, LÂMINA 41]

52. Uma justiça rude na sala de aula pompeiana. Um estudante em falta leva uma surra, enquanto o resto da turma continua trabalhando e observa atentamente as suas tabuletas. [ANTICHITÀ DI ERCOLANO, VOL. 3, LÂMINA 41]

53. Loja fechada? As amplas aberturas das lojas podiam ser fechadas com pesados postigos de madeira. O molde em gesso de um conjunto de postigos na Via dell'Abbondanza mostra como a parte à direita podia funcionar como uma pequena porta quando a loja estava fechada. [FOTO DE B. LETWIN]

54. Uma reconstrução do exterior da Casa do Poeta Trágico. Com uma loja fechada e poucas janelas no piso superior, a aparência é bastante austera. O balcão em balanço na lateral era a característica mais comum na arquitetura pompeiana do que se imagina; contudo, por serem de madeira, poucos sobreviveram ao tempo. [N. Wood]

55. Na entrada principal da Casa do Poeta Trágico, marcada aqui pelas ferragens redondas da porta, havia este mosaico de um cão de guarda e, abaixo, as palavras *CAVE CANEM*. O furo redondo abaixo, no centro, é para a drenagem – os pompeianos estavam sempre preocupados com a água. [Desenho de N. Wood]

56. Este berço de madeira encontrado perto de Herculano sugere o mobiliário que devia existir nas casas de Pompeia – onde a matéria vulcânica destruiu a maior parte da madeira, deixando apenas dobradiças e pregos para nos ajudar a reconstruir armários, cadeiras, camas etc. [Superintendência Arqueológica de Pompeia. SAP 78444]

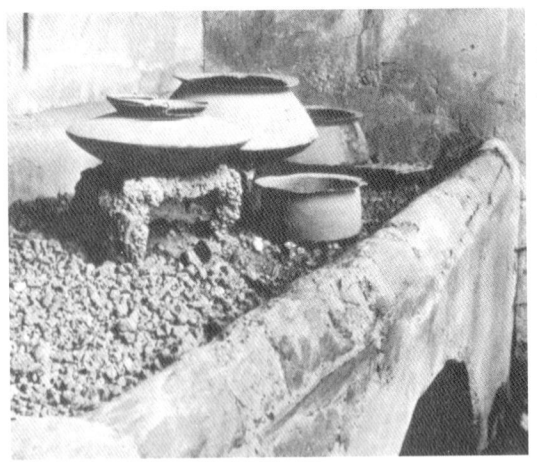

57. Fogão de uma cozinha tipicamente estreita na Casa dos Vétios. As panelas e tigelas foram colocadas aqui como demonstração – elas não foram encontradas nesta posição.

58. Um triclínio de sonho. Os convivas se reclinavam em torno da água, que fluía do nicho ao fundo para o tanque entre os sofás. Imagine a cena à noite, com os comensais fitando o jardim ao som do murmúrio da água – e talvez houvesse lâmpadas cintilando nos pequenos nichos sob os sofás. [FOTO DE A. WALLACE-HADRILL]

59. Uma representação da abundância. Junto à porta de entrada da Casa dos Vétios, o deus Príapo saúda o visitante e sopesa seu grande falo usando uma bolsa de dinheiro. [FOTO DE M. LARVEY]

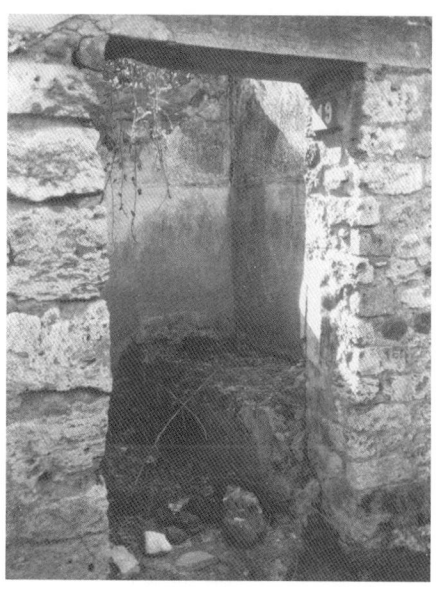

60. Habitação de um só cômodo com cama de alvenaria. O cubículo de uma prostituta? Ou a forma mais barata de alojamento em Pompeia? [Foto cortesia de Foglia Fotografica]

61. Banhos com vista para o rio: as Termas do Sarno. O balneário ficava no térreo. Nos pisos superiores havia apartamentos residenciais. [Foto de R. Cormack]

62. Vista do amplo jardim da Casa de Otávio Quartio. Uma elegante série de canais e pérgulas num desenho em miniatura de uma joia? Ou um esquema completamente fora de proporção para o espaço, um caso clássico de pretensão de novo-rico que deu errado? Os arqueólogos divergem quanto a isso. [Casa de Otávio Quartio]

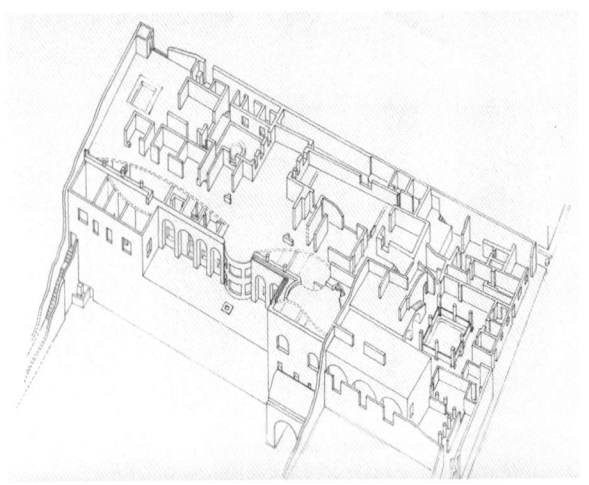

63. A Casa de Fábio Rufo. Esta reconstrução axionométrica permite perceber a complexidade da planta de vários pisos. Os cômodos para recepção têm vista para o mar. Os cômodos de serviço estão colocados no fundo, junto à colina, e são estreitos e sombrios, como sempre. [RECONSTRUÇÃO AXIONO-MÉTRICA SEGUNDO V. KOCKEL]

64. "Este é Rufo" – "*Rufus est*", no original em latim. O tema – ou a vítima – desta caricatura porta uma coroa de louros, tem o queixo pontudo e o magnífico nariz "romano". [*CIL* IV, 9226]

65. "Olá, Amaranto, olá" (ou, no latim difícil de decifrar, "*Amarantus sal(utem) sal(utem)*"). Presume-se que um destes homens seria Amaranto, o dono do bar onde está o grafite. [*CIL* IV, 10008]

66. Uma parede inacabada, abandonada pelos pintores no momento da erupção. À primeira vista não há muito o que perceber, mas é possível reconstruir parcialmente o método dos pintores. Os painéis do centro e da direita já haviam recebido uma base de cor – exceto pela cena figurativa central, que só estava esboçada. A seção à esquerda ainda estava coberta de gesso nu. Na parte inferior do painel central, a pintura de cupidos que se divertem numa perigosa corrida de bigas. [Foto de R. Cormack]

67. A pintura que deu nome à Casa de Menandro. O escritor de peças cômicas Menandro, do século IV a.C., é visto aqui segurando um rolo com sua própria obra.

68. Nas paredes das casas pompeianas costumava haver colunas pintadas, frontões e bases, criando a ideia de uma arquitetura fantástica. O efeito destas duas pinturas é muito diferente, mas a divisão padrão da pintura em três áreas é evidente em ambas. [À esquerda, A. Carli, em F. e F. Niccolini, Le Case ed i Monumenti di Pompei. (Nápoles, 1854-1896). À direita, da Casa de Marcos Lucrécio (IX.3.5), G. Abbate, em Niccolini, Case e Monumenti]

69. A imagem impressionante de uma jovem com uma pluma apoiada no lábio, detalhe de menos de 10 centímetros no original. A imaginação moderna acredita – sem motivo – que pode se tratar de um retrato de Safo, a poetisa grega. [MUSEU ARQUEOLÓGICO NACIONAL, NÁPOLES. MANN 9084. FOTO DE R. CORMACK]

70. Certas decorações nas paredes de Pompeia parecem surpreendentemente modernas. Este desenho na Casa dos Cupidos Dourados, que se acredita tratar-se de uma imitação de tecidos decorativos, quase poderia passar por papel de parede. [FOTO CORTESIA DE LATTANZI]

71. Ilustração na parede no jardim da Casa de Ceii retrata animais caçando. A pintura é bruta e irregular, mas traz, de modo vívido, a natureza selvagem para dentro do minúsculo jardim urbano. [FOTO CORTESIA DE LATTANZI]

72. Nesta pintura, pigmeus representam a história do julgamento de Salomão – ou uma lenda muito parecida. O bebê em disputa está deitado na mesa, prestes a ser partido ao meio. À direita, uma das "mães" em disputa apela aos juízes sentados em um palanque. [MUSEU ARQUEOLÓGICO NACIONAL, NÁPOLES. MANN 113197]

73. O misterioso friso da Vila dos Mistérios. Ao fundo do salão, o deus Dioniso cai no colo de sua amante, Ariadne. À esquerda, diante da grande janela, veem-se figuras que participam da procissão: uma criança lê um rolo, observada por uma mulher sentada, talvez a sua mãe (ver também a fig. 14). [FOTO CORTESIA DE WHITESTAR EDITORES]

74. Paródias dos deuses nos banhos da Casa de Menandro. Neste desenho de uma pintura, hoje em dia bastante apagada, um pequeno cupido aponta desajeitadamente a flecha, orientado por uma deusa do amor mal-ajambrada. [SEGUNDO A. MAIURI, *LA CASA DEL MENANDRO* (ROMA, 1933)]

75. O piso de mosaico na entrada do quarto quente na Casa de Menandro. Um escravo negro seminu exibe seu grande pênis, e abaixo dele os estrígilos usados pelos banhistas para esfregar o suor e o óleo estão dispostos num arranjo fálico. Que mensagem isto levava aos banhistas desnudos? [FOTO DE M. LARVEY]

76. Uma lenda de travestismo – e um tema favorito na pintura pompeiana. Aquiles, no centro, esconde-se da Guerra de Troia vestido de mulher e convive com as filhas do rei de Esquiro. Mas ele é desmascarado por Odisseu, que o agarra pela direita e o arrasta de volta às suas obrigações de guerreiro. [W. GELL, *POMPEIANA* (LONDRES, 1838), VOL. 2, LÂMINA LXIX]

77. Uma filha devota alimenta o pai aprisionado. O mito da piedade filial fascinava os pompeianos. Aqui, ele é representado numa figura em terracota. Em outras partes é tema de pinturas. [MUSEU ARQUEOLÓGICO NACIONAL, NÁPOLES. MANN 124846, DESENHO DE H. VON ROHDEN, *DIE TERRAKOTTEN VON POMPEJI* (STUTTGART, 1880), LÂMINA 47]

78. O rei Agamenon, à esquerda, não suporta a visão da filha Ifigênia sendo levada para o sacrifício à deusa Ártemis, que aparece no céu. Este desenho (assim como a fig. 76) ilustra *Pompeiana,* o famoso guia do sítio arqueológico do século XIX escrito por Sir William Gell. [GELL, *POMPEIANA,* VOL. 2, LÂMINA XLVI]

79. Um pequeno cupido está parado no umbral enquanto Páris e Helena decidem fugir, provocando a Guerra de Troia. Mas a pintura na Casa de Jasão traz mais do que pode parecer à primeira vista. Porque aqui Páris está sentado como se ocupasse o papel da mulher, ao passo que Helena está de pé – e o fundo arquitetônico recorda Pompeia, sugerindo que o mito do adultério, fuga e destruição doméstica também era relevante na "vida real". [MUSEU ARQUEOLÓGICO NACIONAL, NÁPOLES. MANN 114320]

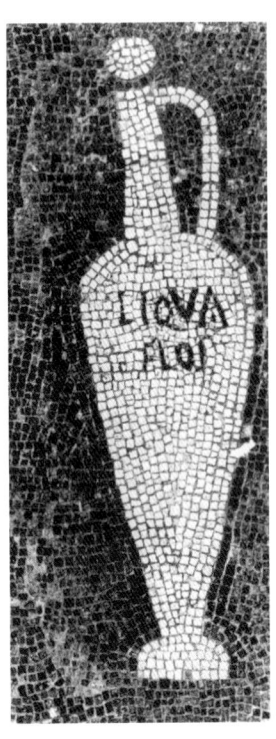

80. No átrio da Casa de Umbrício Escauro, quatro jarras de molho de peixe, em mosaico, proclamam a fonte da riqueza da família. Esta jarra anuncia "O melhor molho de peixe" – em latim, "*Liqua (minis) flos*", literalmente "Flor de *liquamen*". *Liquamen* era a variedade de garo mais conhecida (por nós). [Superintendência Arqueológica de Pompeia. SAP 15188]

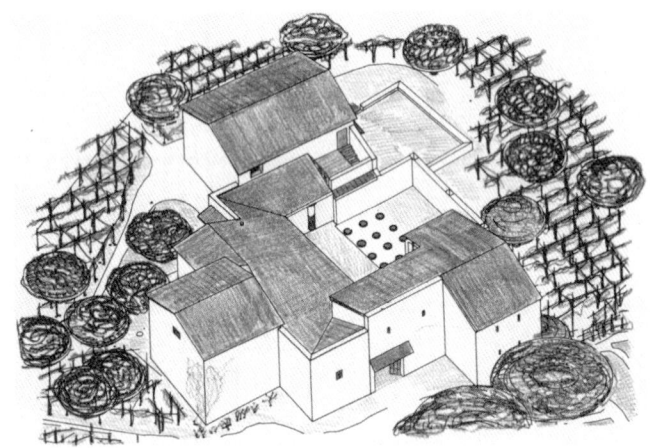

81. Reconstrução da pequena propriedade da Vila Regina, perto de Pompeia. Tratava-se de uma granja despretensiosa cercada de vinhedos. No pátio central se veem os *dolia*, ou jarras para armazenamento, enfileirados no chão. [Desenho de S. de Caro, *La Villa rústica in Località Villa Regina di Boscoreale* (Roma, 1994), fig. 24. Cortesia de Giorgio Bretschneider]

82. O vinho era transportado de carroça para os comerciantes e estalajadeiros locais em odres imensos. Neste desenho do século XIX, baseado numa pintura já esmaecida de um bar em Pompeia, os homens o decantam em jarras ou ânforas. [Gell, *Pompeiana*, vol. 2, lâmina LXXXI (arremate moderno)]

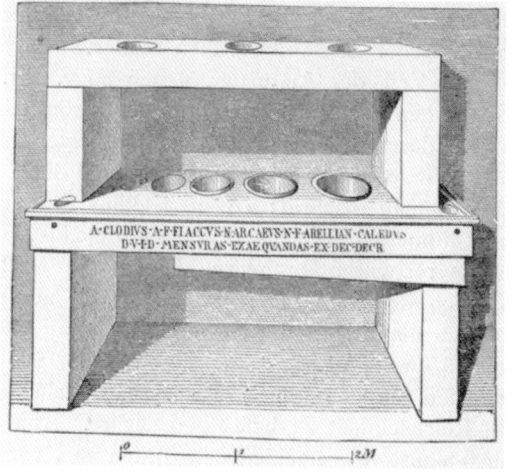

83. Cuidado com as trapaças. Um medidor oficial foi instalado no Fórum. Originalmente ele se guiava pelo antigo padrão osco, porém, como informa a inscrição, no século I a.C., foi ajustado conforme os padrões romanos. [MAZOIS, *LES RUINES*, VOL. 3, LÂMINA XL]

84. No século XIX, as pinturas do *macellum* eram das mais admiradas na cidade. Esta parte da decoração despertava a imaginação dos visitantes de um modo especial, pois a mulher fora identificada como uma pintora portando uma paleta. Na verdade, ela porta um prato com oferendas, como se usava nos sacrifícios. [G. WIEDENMÜLLER, EM NICCOLINI, *CASE E MONUMENTI*]

85. Esta escultura evoca muito bem a atmosfera de uma oficina de metalurgia. Além dos homens trabalhando, a cena se completa com uma criança e um cão de guarda. Ao fundo, os produtos finalizados estão em exibição. [MUSEU ARQUEOLÓGICO NACIONAL, NÁPOLES. MANN 6575]

86. O grande forno da Padaria dos Amantes Castos. Um tanto dilapidado, mas ainda exibe as rachaduras causadas pelo terremoto de 62 d.C. e os tremores que, certamente, antecederam a erupção. [FOTO CORTESIA DE LATTANZI]

87. Um posto de pão – ou talvez um dispensário financiado por um mandachuva local. Esta cópia da pintura original, feita no século XIX, dá uma boa ideia do tipo de móveis de madeira e da marcenaria que havia originalmente nas lojas e postos de rua. Em geral só sobrevivem os pregos, bem visíveis aqui nas tábuas do balcão. [V. LORIA, EM NICCOLINI, CASE E MONUMENTI]

88. Um moinho de trigo. Ele era movido com cabos de madeira – inseridos no buraco quadrado – para girar a mó, que era puxada por escravos ou mulas. [A. MAU, POMPEII ITS LIFE AND ART (NOVA YORK, 1899), FIG. 210]

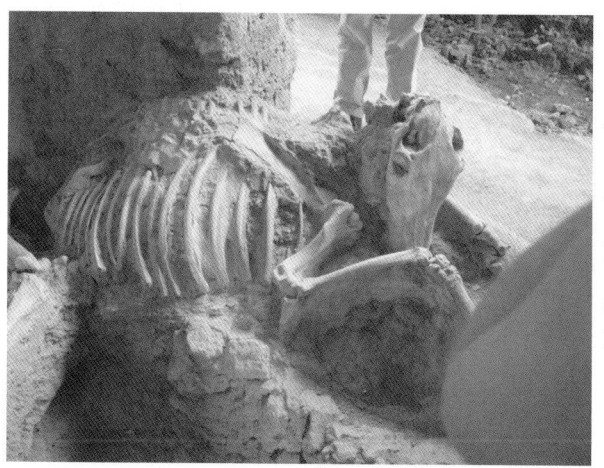

89. Esta vítima da erupção nos recorda como os animais eram importantes para os diversos ofícios na cidade, fosse tracionando máquinas ou transportando mercadorias. Eles também deviam contribuir consideravelmente para a sujeira das ruas. [FOTO DE R. CORMACK]

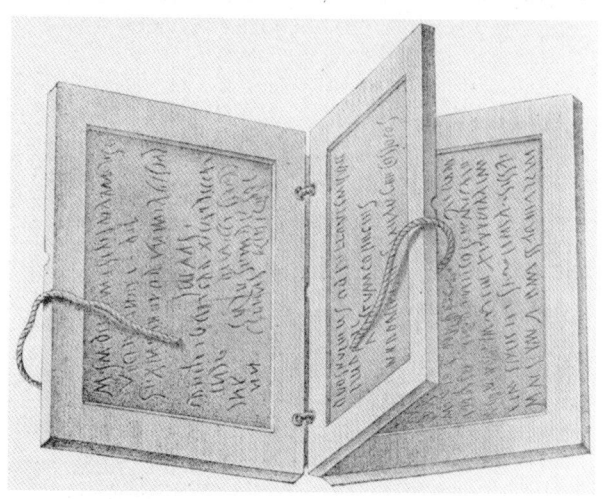

90. As tabuletas de Jucundo originalmente eram encadernadas com várias folhas, e a escrita na cera do interior era protegida pela superfície externa. Isto as tornava relativamente fáceis de guardar como um registro das transações. [RECONSTRUÇÃO, MAU, POMPEII, FIG. 262]

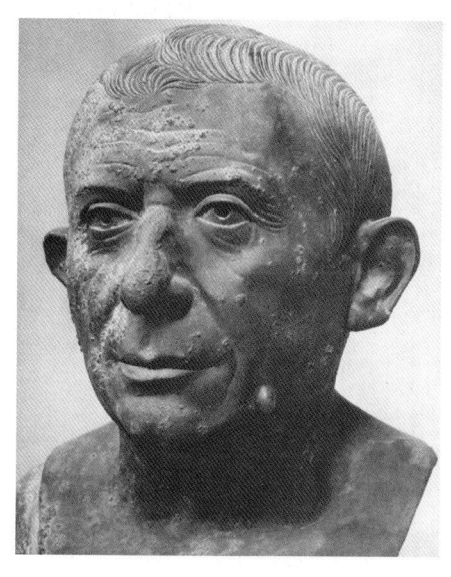

91. Encontrado na Casa de Cecílio Jucundo, este retrato em bronze pode ser do próprio banqueiro, o mais provável, ou de um ancestral da sua família estendida. De qualquer modo, é a imagem vívida de um pompeiano de meia-idade, com verrugas e tudo. [MUSEU ARQUEOLÓGICO NACIONAL, NÁPOLES. MANN 110663. FOTO DE R. CORMACK]

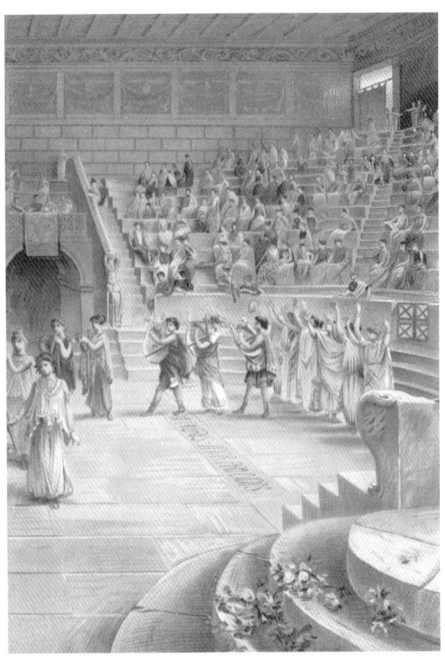

92. O que ocorria no Teatro Coberto? As fantasias sobre música e dança do século XIX são um péssimo guia sobre estas apresentações. Porém, dão uma ideia de como o teatro, hoje a céu aberto, pode ter sido quando o telhado estava no lugar. [G. CEL, EM NICCOLINI, *CASE E MONUMENTI*]

93. Um esboço reconstrói o interior da Basílica no Fórum, prédio imponente para uma cidade pequena. As colunas formavam um espaço conveniente para os grafiteiros locais deixarem mensagens. [MAU, *POMPEII*, FIG. 26]

94. Marco Holcônio Rufo, um dos cidadãos pompeianos mais bem-sucedidos – aqui em sua estátua que ficava junto às Termas Estabianas. Ele exibe imponência suficiente para ser um imperador. Na verdade, a cabeça provavelmente foi refeita com base num retrato do imperador Calígula. [MUSEU ARQUEOLÓGICO NACIONAL, NÁPOLES. MANN 6233]

95. Este túmulo de um ex-escravo, erguido, como era o costume, à beira de uma rua que conduz para fora da cidade, alardeia as honrarias cívicas conquistadas por Caio Calvêncio Quieto. Na morte é difícil distinguir entre os monumentos dos antigos aristocratas pompeianos e estes, dos novos-ricos. [MAZOIS, *LES RUINES*, VOL. 1, LÂMINA XXIV]

96. Nesta maquete detalhada das escavações feita no século XIX e exibida no Museu Arqueológico de Nápoles, vê-se o Edifício de Eumáquia. A Via dell'Abbondanza está à direita, o amplo pátio aberto do Edifício de Eumáquia ao centro e a colunata do Fórum na parte inferior. [MAQUETE DO SÉCULO XIX, MUSEU ARQUEOLÓGICO NACIONAL, NÁPOLES]

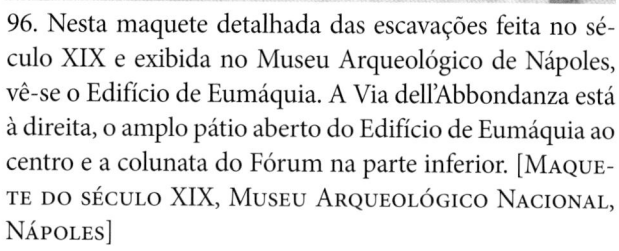

97. A estátua de Eumáquia, no edifício que ela financiou no Fórum. É instrutivo recordar que esta figura modestamente vestida foi capaz de financiar um dos maiores edifícios da cidade. [MUSEU ARQUEOLÓGICO NACIONAL, NÁPOLES. MANN 6232]

98. Uma gaiola pompeiana para arganazes. Às vezes os romanos realmente os comiam, como fazem nos filmes. Eles eram mantidos nestes pequenos potes de cerâmica – de uns 20 centímetros de altura – com tampa, onde eram cevados antes de serem consumidos. As arestas na lateral do jarro serviam como pistas de corrida para as criaturinhas. [SUPERINTENDÊNCIA ARQUEOLÓGICA DE POMPEIA. SAP 10744]

99. Cópia do século XIX de uma pintura de uma festa romana, da Casa do Triclínio. Observe como os criados, escravos ou livres, parecem menores que os convidados. Mas eles são coadjuvantes úteis: um deles, à esquerda, remove os sapatos do convidado; outro, à direita, cuida de alguém que se sente mal. [F. E F. NICCOLONI, EM NICCOLINI, CASE E MONUMENTI]

100. Uma mensagem engenhosa para um rico jantar. Esta taça em prata de Boscoreale exibe esqueletos alegres com bordões morais inscritos ao lado. [LOUVRE BJ, 1923]

101. Equipamentos culinários de Pompeia próprios para um banquete. Na parte inferior, caldeirões e caçarolas. Acima, utensílios mais sofisticados – conchas, panelas, fôrmas e algo que se parece com um utensílio para cozinhar ovos. [Mau, *Pompeii*, fig. 196]

102. Com sinos pendurados...? Esta extraordinária lamparina fálica pendia acima da entrada de um bar. Ela fornecia luz à noite e os sinos de vento deviam soar com a brisa. A pequena estátua no centro tem pouco mais de 15 centímetros de altura. [Superintendência Arqueológica de Pompeia. SAP 1098]

103. A vida no bar. Este desenho do século XIX mostra quatro homens em volta de uma mesa saboreando uma bebida, servidos por um criado diminuto; acima deles pendem alguns itens alimentícios do bar. [Gell, *Pompeiana*, vol. 2, lâmina LXXX]

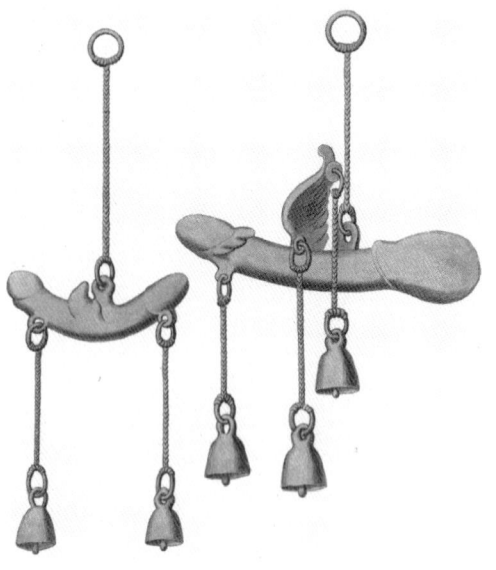

104. O "pássaro-falo" era uma das criaturas mais extraordinárias do mundo romano. Impressionante, poderoso – ou apenas bobo? [COLONEL FAMIN, *MUSÉE ROYAL DE NAPLES, PEINTURES, BRONZES ET STATUES ERÓTIQUES DU CABINET* (PARIS, 1857), LÂMINA XXVI]

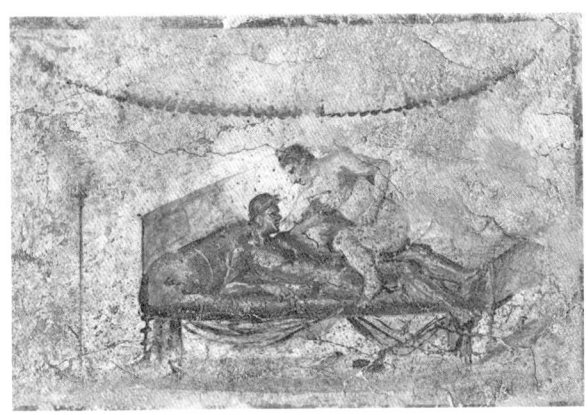

105. A imagem do ato sexual no bordel ocorre num cenário com mais luxo do que o próprio lugar parecia oferecer. A cama está confortavelmente arrumada, com um travesseiro fofo. Junto a ela, à esquerda, há uma lamparina, uma pista de que a cena deve ser imaginada à noite.

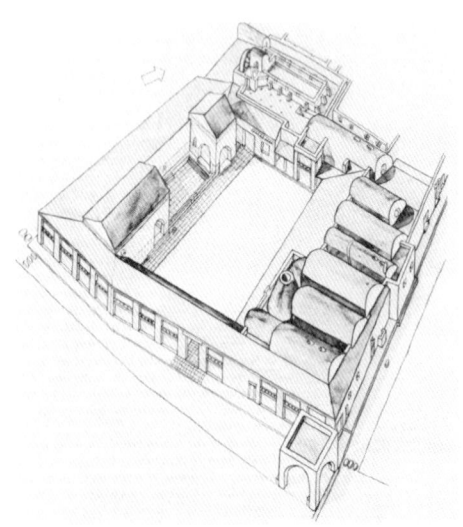

106. As Termas Estabianas. No centro do desenho que reconstrói o complexo está a área de exercícios descoberta. À direita, as salas abobadadas das suítes de banho masculina e feminina. A fachada do complexo fica na Via dell'Abbondanza (abaixo, à esquerda) com o grande arco, associado à família de Marco Holcônio Rufo. [DE F. YËGUL, *BATHS AND BATHING IN CLASSICAL ANTIQUITY* (CAMBRIDGE, MA, 1992) SEGUNDO ESCHEBACH]

107. Braseiro em bronze, das Termas do Fórum, com um jogo visual caracteristicamente pompeiano. Ele foi ofertado às termas por Marcos Nigídio Vaccula. "Vaccula" significa "vaca" – motivo pelo qual ele acrescentou à peça metálica o emblema do animal. [G. ABBATE, NICCOLINE, CASE E MONUMENTI]

108. O vestiário masculino das Termas Estabianas antes da restauração. O teto de estuque é bem visível e, à direita, os "armários" para roupas. [J. OVERBECK, POMPEJI (LEIPZIG, 1875), OPP. P. 21]

109. O vestiário das Termas Suburbanas. Hoje é difícil distinguir os detalhes do desenho, mas no friso abaixo se vê, em perspectiva, uma série de cubículos numerados (aqui, do III ao VI). Acima de cada um há uma cena de sexo. [FOTO DE R. CORMACK]

110. Panorama do palco do Teatro Grande – e dos assentos mais espaçosos da elite, nas primeiras fileiras. O palco de madeira nesta fotografia foi instalado para uma encenação moderna. [Foto cortesia de Corbis]

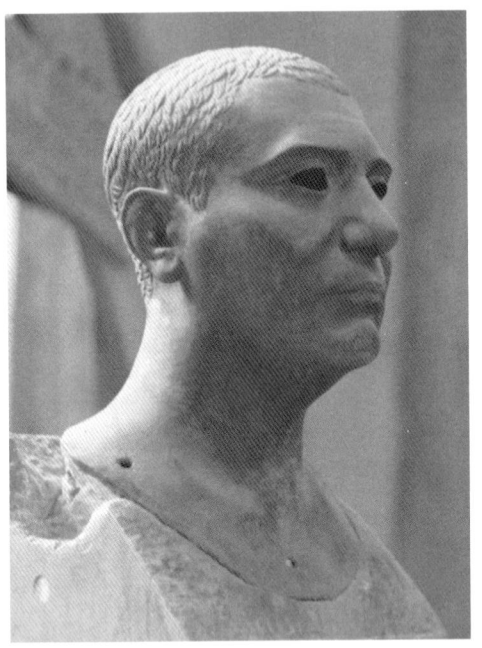

111. Ator ou benfeitor? Apesar de "vergonhoso" devido à sua profissão (p. 300), este é um dos dois retratos em bronze que homenageiam publicamente o ator de mimo Caio Norbano Sórice. Existe outro retrato do mesmo indivíduo em Nemi, perto de Roma. [Foto cortesia de DAIR, D-DAI-ROM 1989.1216]

112. Esta pintura mural numa casa particular em Pompeia pode muito bem evocar a pantomima. Várias personagens se destacam contra uma fachada semelhante à do Teatro Grande. [M. Bieber, *The History of the Greek and Roman Theater* (Princeton, 1961), fig. 776]

113. A arena do Anfiteatro. As fileiras dianteiras de assentos da elite são claramente visíveis, separadas dos assentos posteriores. As entradas dos gladiadores e dos animais estão em dois lados da arena oval. [Foto cortesia de Corbis]

114. O início de uma luta. As pinturas perdidas no anteparo da arena incluíam a cena de uma dupla de gladiadores em preparação para o combate. É interessante notar que o grupo formado por juiz e equipe de apoio é maior do que o dos jogadores. [Mazois, Les ruines, vol. 4, lâmina XLVII]

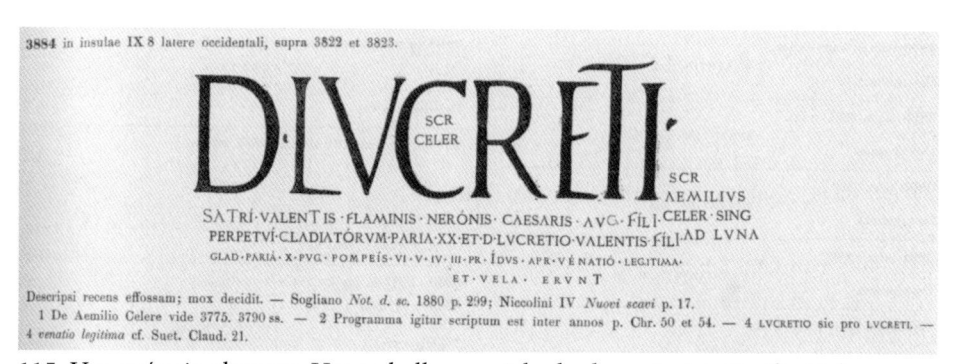

115. Um anúncio elegante. Um trabalho caprichado do cartazista Emílio Celer anunciando jogos gladiatórios oferecidos por Décimo Lucrécio Sátrio Valente (a tradução está na página 308). [CIL IV, p. 3884]

116. Diferentes elementos dos jogos gladiatórios aparecem em cada registro desta escultura. Acima: a procissão indo ao Anfiteatro. No meio: as lutas dos gladiadores. Abaixo: nas caçadas de animais, um lutador humano é comido por um urso, enquanto à esquerda um touro é morto. [Museu Arqueológico Nacional, Nápoles. MANN 6704]

117. Este amplo espaço aberto rodeado de acomodações era a base dos gladiadores no último período da vida da cidade – a julgar pelos equipamentos (fig. 118) encontrados ali. [Foto cortesia de Corbis]

118. Um elmo em bronze encontrado no alojamento dos gladiadores. Como os demais, é tão ricamente decorado – aqui, com uma imagem da deusa "Roma" – e está em tão boas condições que é difícil imaginar que tenha sido usado em combate. O mais provável é que fosse parte da vestimenta cerimonial ou de desfile dos gladiadores. [Museu Arqueológico Nacional, Nápoles. MANN 8674]

119. Este registro vívido de três embates de gladiadores em Nola, o nome do lugar figura junto ao par de lutadores no alto, foi encontrado fora de um túmulo. Um dos lutadores é principiante. O registro central exibe M(arco) Atílio, marcado como "noviço" ("T" para *tiro*). Após a sua primeira vitória ("V" de *vicit*), ele vence a segunda luta contra L(úcio) Récio Félix, mais experiente. O músico no alto lembra que os jogos deviam ser eventos muito ruidosos. [TÚMULO 14 EN, CEMITÉRIO PRÓXIMO À PORTA DE NUCÉRIA]

120. Os deuses romanos eram representados com diversas aparências. Esta Vênus, com o seu pequeno Cupido, lembra desconcertantemente uma pin-up moderna. [FAMIN, *CABINET SECRET*, LÂMINA XXXIV]

121. Estatuetas em bronze dos "deuses do lar" ou Lares, vestidos com suas túnicas características – que se dizia serem feitas de pele de cachorro –, portam um vaso cerimonial e uma cornucópia repleta (o vaso da abundância). [MUSEU ARQUEOLÓGICO NACIONAL, NÁPOLES]

122. A figura majestosa de Júpiter. Esta cabeça colossal foi encontrada nos escombros do Templo de Júpiter, Juno e Minerva, no Fórum. [Museu Arqueológico Nacional, Nápoles. MANN 6266]

124. Vista do Templo de Minerva e Hércules no Fórum Triangular, de fora da cidade. Esta reconstrução imaginativa – note o carroceiro solitário – dá uma boa ideia dos declives e níveis diferentes sobre os quais Pompeia foi construída. [Mau, Pompeii, opp. p. 128]

123. A reconstrução do século XIX mostra o Templo de Júpiter, Juno e Minerva, ladeado por arcos de ambos os lados. Trata-se de um desenho preciso, mas talvez ele transmita uma impressão demasiado grandiosa, monumental e limpa do templo e seus arredores. [Mazois, Les ruines, vol. 3, lâmina XXXII]

125. Um viajante do passado descansa – ou aproveita a oportunidade para uma reflexão romântica sobre a passagem do tempo – nas ruínas do minúsculo Templo de Júpiter Melíquios (ou Esculápio). Até este pequeno prédio exibe a estrutura padrão do templo romano: um cômodo (ou *cella*) para abrigar a estátua ou estátuas dos deuses e um altar do lado de fora. [MAZOIS, *LES RUINES*, VOL. 4, LÂMINA IV BIS]

126. Esta reconstrução do século XIX do Templo de Fortuna Augusta imagina corretamente os rituais religiosos que ocorriam fora do templo e no pórtico. O artista incluiu as grades metálicas (cuja altura é insuficiente para manter os vândalos do lado de fora) e decorou o exterior com guirlandas. Mas a multidão de adoradores diante do templo é de uma extravagância implausível. [GELL, *POMPEIANA*, VOL. 1, LÂMINA XXI]

127. Ruínas do templo de Júpiter, Juno e Minerva, hoje muito devastadas. Ainda não se chegou a um acordo sobre o quão dilapidado estaria este lado do Fórum quando houve a erupção. [FOTO DE R. CORMACK]

128. Uma das estátuas encontradas no Templo de Júpiter Melíquios: a imagem em terracota pode ser Esculápio ou Júpiter. [MUSEU ARQUEOLÓGICO NACIONAL, NÁPOLES. MANN 22574]

129. O sacrifício de um touro. Este altar no Fórum mostra – como era comum na arte romana – os preparativos, e não a morte do animal. As hierarquias sociais e políticas são claramente visíveis no contraste entre a seminudez dos escravos que lidam com o animal e, à esquerda, o sacerdote da elite engalanado que recita uma prece. [MAZOIS, LES RUINES, VOL. 4, LÂMINA XV]

130. Este altar doméstico, ou *lararium,* da Casa dos Vétios é um dos mais impressionantes que restaram. Acima da serpente ondulante, os Lares – semelhantes às pequenas versões em bronze da fig. 121 – ladeiam uma figura usando toga, que pode ser o dono da casa ou seu "espírito guardião". [FOTO CORTESIA DE LATTANZI]

131. Uma comunidade de adoradores. É difícil ter certeza sobre que rituais religiosos ocorriam em uma casa pompeiana. Esta pintura rústica parece sugerir alguma forma de adoração comunitária. Ao lado da figura de um Lar, vemos um grupo de pessoas, jovens e velhas, reunidas ao redor de um altar. [CASA DE SUTÓRIA PRIMIGÊNIA (I.13.2). FOTO DE M. LARVEY]

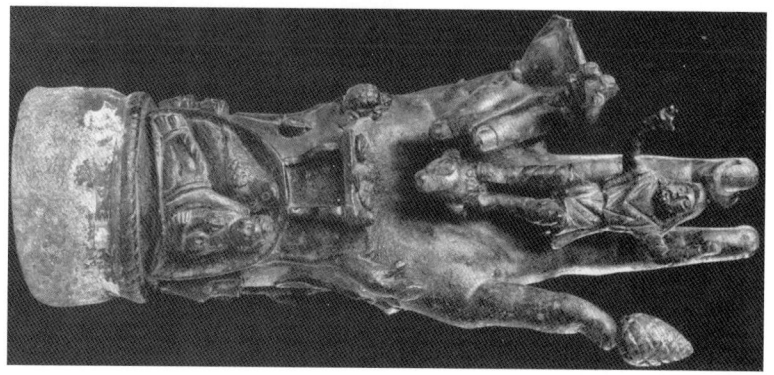

132. Mãos em bronze, como esta encontrada em Pompeia, costumam ser associadas ao deus oriental Sabácio. O seu uso e significado são incertos, mas ela é decorada com símbolos do culto – por exemplo, o cone de pinho na ponta do polegar. Uma teoria é que elas eram exibidas em estacas e talvez levadas em procissões. [FOTO CORTESIA DE WHITESTAR EDITORES]

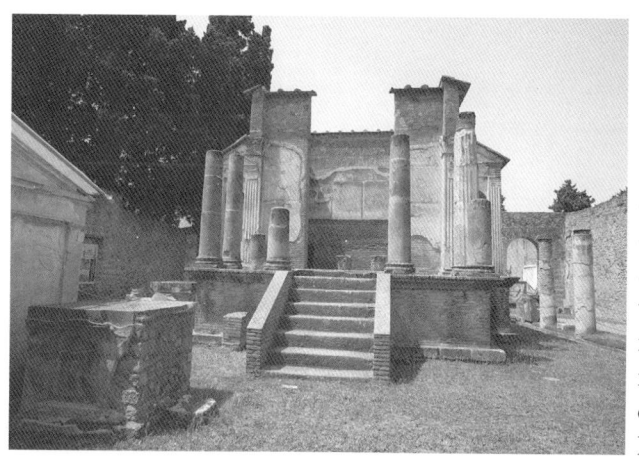

133. O pequeno Templo de Ísis ainda acende a imaginação moderna, como ocorreu com visitantes do século XVIII. Como estava em perfeitas condições à época da erupção e não foi saqueado nos anos seguintes, ele oferece um quadro muito vívido de um centro religioso da cidade. [FOTO CORTESIA DE SITES AND PHOTOS]

134. Uma bela amostra da mescla cultural representada pelo culto de Ísis em Pompeia, abraçando as tradições do Egito, Grécia e Roma. Esta pintura do século XIX mostra uma estátua da deusa portando símbolos egípcios. Mas o estilo da escultura é claramente grego. [K. GROB, EM NICCOLINI, *CASE E MONUMENTI*]

135. Rua de túmulos. Esta gravura mostra a entrada da cidade para seus primeiros visitantes. Ao passar pela Porta de Herculano, deparavam-se com os monumentos aos mortos. À direita, os assentos semicirculares do túmulo da sacerdotisa Mamia – celebrada por Goethe no relato da visita a Pompeia. [MAZOIS, *LES RUINES*, VOL. 1, LÂMINA II]

136. O túmulo de Públio Vesônio Filero e aqueles que, um dia, foram seus amigos. As circunstâncias permanecem misteriosas, mas, depois que o túmulo foi encomendado, os homens acabaram brigando (como explica uma placa junto à fachada). O que deveria ter sido um monumento à amizade acabou se tornando um memorial de 2 mil anos à desavença. [FOTO CORTESIA DE DAIR, D-DAI--ROM 1958.1937]

que Marte, o deus da guerra, se vingara dos assassinos de Júlio César, tio e pai adotivo de Augusto. A estátua original do deus no Fórum de Augusto não sobreviveu. Porém, a partir de versões e réplicas sabemos que os desenhos no corselete de Holcônio Rufo eram cópias do corselete do próprio Marte. Em outras palavras, o nosso figurão pompeiano estava vestido à imagem de um dos protetores divinos de Augusto.

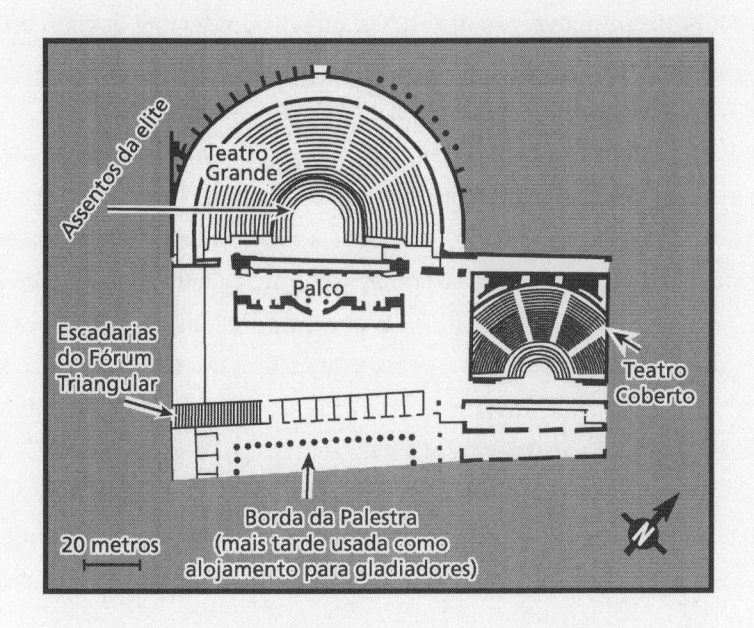

Figura 16. Mapa do Teatro Grande e seus arredores.
O Teatro Grande foi restaurado e ampliado por Marco Holcônio Rufo segundo a política do regime de Augusto. A elite masculina sentava-se adiante, separada da plebe. Adjacente a este prédio estão o Teatro Coberto e a palestra usada pelos gladiadores nos últimos anos da cidade (fig. 117 do encarte) e, acima, o Fórum Triangular com o antigo Templo de Minerva e Hércules.

Talvez não surpreenda o reflexo de Augusto em algumas obras patrocinadas por Holcônio Rufo como duúnviro. No terceiro período no cargo ele reformou o Templo de Apolo — com acréscimos verticais.

Uma inscrição sobrevivente afirma que ele e seus colegas pagaram 3 mil sestércios ao dono da propriedade vizinha (que presumivelmente se opôs) como recompensa pelo bloqueio da luz com a construção do novo muro. Mais tarde, porém, junto com Marco Holcônio Celer (seu irmão ou filho), ele financiou uma reforma ainda maior e mais cara no antigo Teatro Grande, originalmente construído no século II a.C. (fig. 16, p. 240). Mais uma vez, as inscrições, que originalmente deviam estar acima das entradas principais, registram que os Holcônio construíram "à própria custa a galeria coberta, os palcos e o auditório".

Para nós, a lista não reflete inteiramente o impacto das mudanças. O número de assentos aumentou, mas a galeria coberta reformada tornou-se, de fato, um divisor entre os novos assentos nos níveis superiores (explicitamente destinados aos pobres, escravos e, talvez, às mulheres), cuja entrada francamente ruim era por uma escadaria de acesso exterior do prédio, e os assentos de baixo, de melhor qualidade, reservados aos homens da elite. Em suma, a reforma seguia exatamente a política do imperador Augusto, garantindo a segregação dos espectadores no teatro por categoria — alcançada não pelo preço dos assentos, como no teatro moderno, mas por força da lei. Não é coincidência que, além das inscrições em homenagem a Holcônio Rufo, outras homenageiem o imperador Augusto.

Este é um bom exemplo de como os desejos do imperador, e as mudanças na política no centro do mundo romano, eram transmitidas a lugares como Pompeia por intermédio de gente como Holcônio Rufo — com um pé em ambos os campos, pode-se dizer. Ele também dá uma boa pista de como o sucesso familiar podia ser transmitido de uma geração à outra. Se Holcônio Rufo esperava que os custosos patrocínios que ele e Celer fizeram no teatro ajudassem a assegurar o prestígio dos Holcônio no futuro, não teria se decepcionado. Um dos candidatos a duúnviro nas últimas eleições foi Marco Holcônio Prisco, provavelmente seu neto ou bisneto.

Para além da elite masculina?

A partir dos cartazes eleitorais, os registros dos patrocínios e as listas de duúnviros e edis, é fácil pensar que só a elite masculina contava em Pompeia. De algum modo isto é formalmente certo: quem não fosse suficientemente rico não podia ocupar um cargo importante; nenhum ex-escravo, por mais rico que fosse, e nenhuma mulher, independentemente de sua capacidade e ambição e de seu berço aristocrático. Contudo, há várias pistas de que outros grupos mais ou menos oficiais de cidadãos mais abaixo na pirâmide social podiam e tinham o impacto no cenário público pompeiano e conseguiam conduzir as mulheres ao coração da cidade.

Voltemos por um instante ao túmulo familiar encontrado recentemente fora de Pompeia, em Scafati. O membro mais distinguido da família ali homenageado (provavelmente chamado Décimo Lucrécio Valente, ainda que o nome não tenha sobrevivido) era, como Marco Holcônio Rufo, um cavaleiro romano; fora agraciado com o status pelo imperador Tibério. Ele patrocinou jogos gladiatórios e — como podemos esperar a esta altura — "em troca da sua generosidade", como diz o texto na inscrição, o conselho local lhe outorgou uma estátua equestre paga com dinheiro público, o funeral (apesar de a palavra estar apagada), um túmulo e uma homenagem.

Até aqui, nada de novo. Mas a inscrição registra outros votos honorários. Os *Augustales* (e talvez algum outro grupo — porque, para nossa frustração, a próxima palavra mal se vê) dedicaram-lhe *statuae pedestres*, estátuas em tamanho natural de pé, assim como os participantes do *Augustales*, junto com os *nates* e *scabiliari*. Os *forenses*, que já encontramos antes, dedicaram-lhe "escudos" (i.e., a sua efígie em escudos). Os *nates* e *scabiliari* eram mais enigmáticos. A melhor suposição é que *scabiliari* fosse a claque do teatro, presumindo-se que a palavra esteja relacionada ao termo latino *scabellum*, uma castanhola grande movida a pedal muito usada na pantomima (p. 293). Sendo este o caso, os *nates* podiam ser vendedores de almofadas, um bem desejado por quem pretendesse passar horas sentado em assentos duros de pedra. Mas isto não passa de uma dedução baseada no significado da palavra latina *natis/nates*: "traseiro".

Independentemente do que de fato eram aqueles distintos grupos, é evidente que havia várias organizações na cidade, além do conselho municipal, interessadas em homenagear um cidadão destacado, com estrutura institucional para tomar esta decisão (e levá-la adiante) e dinheiro para financiá-la. Além daqueles mencionados no túmulo de Lucrécio Valente, um par de listras pintadas muito fragmentárias, uma delas da década de 40 a.C., registra "presidentes" e "auxiliares" — uma mescla de escravos, ex-escravos e homens livres — a cargo de alguma associação local, provavelmente baseada junto às esquinas e altares encontrados ali com frequência. Em outra parte também achamos referência ao "Fortunado Distrito Rural Suburbano Augusto", que não só tinha funcionários próprios mas também agia como patrono, pagando por assentos no teatro. Alguns pesquisadores consideram que se tratava principalmente de um distrito eleitoral rural que desenvolveu funções sociais e institucionais suplementares. Mas o fato de que pareça ter sido organizado no ano 7 a.C. sugere um papel ligeiramente diferente, na opinião de outros pesquisadores. Pois foi exatamente nesse ano que o imperador Augusto reorganizou as associações de bairro locais em Roma, transformando-as parcialmente em organizações leais voltadas para o imperador. Terá havido alguma influência de Roma por trás deste "Fortunado Distrito Rural Suburbano Augusto"? Certamente, como veremos no capítulo 9, o culto religioso do imperador romano em Pompeia envolvia grupos organizados de habitantes relativamente humildes.

É previsível que, ao chegarmos abaixo do nível do *ordo*, a evidência torna-se muito mais frágil e fica ainda mais difícil identificar exatamente o que estes grupos faziam, como se constituíam e quão "oficiais" seriam.

Podemos especular, por exemplo, que havia diferença de status entre os "vendedores de almofadas" (se isso é o que faziam) e os *forenses*. Mas qual exatamente? Alguns estavam inclusive nas margens da legalidade. Tácito explica que uma das respostas do governo romano à rebelião no Anfiteatro foi debandar os "clubes ilegais". Quais eram esses?

Contudo, por mais nebulosos que sejam estes grupos, a questão importante não é só que houvesse organizações na cidade envolvendo os excluídos do *ordo*. É que parece que eles operavam segundo princípios similares aos da elite local, às vezes com recompensas semelhantes. O patrocínio, por exemplo, também tinha um importante papel neste nível — fossem estátuas ou a reforma de teatros. Pompeia tinha uma cultura da *dádiva*, em todos os níveis. Qualquer tipo de serviço público implicava em generosidade pública.

Provavelmente o mais importante destes grupos era o dos *Augustales*, uma daquelas associações que votaram pela homenagem a Décimo Lucrécio Valente, e que pode ter sido um *ordo* para ex-escravos. As evidências de que este grupo existiu em Pompeia são muito fragmentárias: possuímos evidências suficientes sobre os seus membros individualmente, mas poucas sobre o que faziam os *Augustales* como um todo. Novamente o nosso quadro depende do que sabemos sobre outras cidades na Itália. O nome deixa claro que estavam envolvidos com o culto religioso de Augusto e os imperadores posteriores, mas não conformavam um "sacerdócio" no sentido estrito. Quase sempre os encontramos dedicados ao patrocínio de banquetes e edificações e até — como no próprio *ordo* — pagando uma taxa para entrar no grupo.

Os grandes monumentos funerários de alguns homenageados como *Augustales* nos cemitérios fora de Pompeia sugerem que se tratava de indivíduos ricos e com poder na cidade. Um deles em particular, o túmulo de Caio Calvêncio Quieto (quase certamente um ex-escravo), alardeia que "devido à sua generosidade" ele fora agraciado "por decisão do conselho e com a anuência do povo" com um *bisellium* — um assento especial, e particularmente honorífico, no teatro, privilégio dos principais homens da cidade (fig. 95 do encarte). Não sabemos o que os Marcos Holcônios Rufos do mundo pompeiano pensavam sobre gente como Caio Calvêncio Quieto. Contudo, ao menos na morte, nada o distingue dos membros das mais antigas famílias proprietárias de terras. Mesmo tendo sido uma sociedade ferozmente hierárquica, as rotas do prestígio em Pompeia variavam mais do que pode parecer à primeira vista, até para os excluídos da classe do decurionato.

No entanto, a maior surpresa neste mundo masculino hierarquizado se encontra no próprio Fórum. O maior edifício da área, na esquina sudeste, foi erguido no reino de Augusto (fig. 14 da p. 191, fig. 96 do encarte). A sua função tem sido motivo de controvérsias há muito tempo, como ocorre com outros prédios do Fórum: mercado, mercado de escravos, prédio multifuncional? Porém, a sua inspiração é evidente. Já vimos que duas estátuas na fachada foram copiadas do Fórum de Augusto. Os marcos das portas em mármore esculpido, decorados com folhas de acanto, refletem o estilo contemporâneo da capital, e estão muito próximos de outro celebrado monumento a Augusto, o Altar da Paz. Alguns historiadores compararam a sua concepção ao enorme pórtico erigido em Roma pela esposa de Augusto, a imperatriz Lívia.

Por mais de um motivo esta é uma boa comparação. Porque este edifício, conhecido como Edifício de Eumáquia, também foi patrocinado por uma mulher. Inscrições nas duas entradas declaram que Eumáquia, uma sacerdotisa da cidade, filha de uma família proeminente e casada em outra, o construiu "em seu nome e no do seu filho... à própria custa". A sua estátua ficava num extremo do prédio (fig. 97 do encarte), paga pelos pisoadores (daí a fantasia de que todo o edifício teria sido uma oficina de pisoamento). Não sabemos quase nada sobre Eumáquia, e só podemos especular a respeito das circunstâncias que levaram à construção do monumento e o grau de envolvimento que ela pode ter tido no planejamento e no projeto. O mais provável é que tentasse alavancar a carreira do filho. Mas uma coisa é certa: o produto final está marcado com o nome dela de forma tão firme como o teatro está estampado com o nome de Holcônio. Aqui, Eumáquia representa um veículo similar para a cultura da capital a caminho de Pompeia. Ela não foi a única patrona. Uma inscrição encontrada no Fórum deixa claro que outro dos edifícios principais ali também foi obra de uma sacerdotisa, chamada Mamia.

Por esta razão, não devemos superestimar o grau de poder das mulheres na cidade. Porque ser uma sacerdotisa, embora este fosse um serviço público, não era o mesmo que ser duúnviro. Até o patrocínio em grande escala estava muito distante do poder formal. Dito isso, Eumáquia é mais um exemplo dos diversos caminhos que a cidade abria à proeminência. É a outra "cara do sucesso".

7.

OS PRAZERES DO CORPO:
A COMIDA, O VINHO, O SEXO E OS BANHOS

Arganazes de aperitivo?

Um curioso objeto em cerâmica escavado nos anos 1950 numa pequena casa não muito distante do Anfiteatro de Pompeia foi quase imediatamente identificado como uma "jarra de arganaz" (fig. 98 do encarte). A ideia é que os arganazes viviam ali dentro, subindo e descendo pelas pistas espiraladas moldadas nas laterais da jarra (o equivalente romano da roda de hamster). De fora era possível encher um par de bandejas de alimentação e uma série de furos deixava entrar luz e ar. Havia uma tampa no topo para manter as criaturas lá dentro e, talvez, confundir os seus relógios biológicos com a réstia de luz constante para evitar que hibernassem — embora também se possa prever que a escuridão os fizesse dormir.

Por mais improvável que soe esta reconstrução, o estranho pote na verdade se encaixa perfeitamente numa descrição sobre agricultura apresentada por um escritor do século I a.C.: "Os arganazes são cevados em jarras", escreveu ele, "que muita gente mantém em suas casas.

Os ceramistas os fazem com uma forma especial. Elas têm sulcos nas laterais e um recipiente para colocar comida. Nestas jarras, coloca-se bolotas, nozes ou castanhas. Quando a tampa está fechada, os animais engordaram no escuro." Muitas jarras foram encontradas em Pompeia e arredores. Isto deixa claro que um belo arganaz cevado podia ser um acepipe da culinária romana. O que sobrevive num livro de culinária romana — uma compilação do século IV ou V d.C. atribuída a um famoso gourmet chamado Apício, que viveu séculos antes e muito provavelmente não tinha relação com o livro — inclui uma receita de arganaz recheado ("Recheie o arganaz com carne de porco e carne de arganaz desfiadas com pimenta, nozes, *silphium* [talvez um tipo de funcho] e molho de peixe"). Num banquete extravagante de Trimálquio que é o eixo da obra de Petrônio, *Satíricon*, os aperitivos incluíam "arganazes ao molho de mel salpicados com sementes de papoula".

Mas o papel destas pobres criaturinhas na culinária romana era muito menor do que o que o espaço que ocupam nas fantasias modernas sobre os luxos e excessos dos hábitos alimentares romanos, um dos aspectos mais celebrados e mitificados da vida romana. O suntuoso banquete com homens e mulheres reclinados, em vários estágios do desvestir, comendo uvas servidas por batalhões de escravos ou servindo-se nas bandejas de prata de arganazes recheados ao garo é uma imagem familiar nos filmes de sandália e espada e até nos documentários de televisão. Os aspectos mais esquisitos da culinária romana são regularmente imitados nas festas temáticas estudantis, onde todos vestem togas, e nos restaurantes modernos ousados, ainda que de vida curta (um preparado com anchovas que costuma ser uma pálida imitação do verdadeiro molho de peixe romano e camundongos de açúcar no papel da comida original).

Este capítulo vai explorar uma série de prazeres pompeianos, da comida e da bebida ao sexo e aos banhos. Vamos descobrir (como o arganaz já demonstrou) que a imagem popular moderna dos romanos divertindo-se não é completamente equivocada. Mas em cada caso o quadro é muito mais complicado e interessante do que faz supor o estereótipo hedonista, exagerado e vulgar.

Você é o que você come

Os romanos contribuíram para o mito sobre os seus hábitos alimentares e culinários. Os biógrafos dos imperadores punham ênfase nos hábitos dos governantes à mesa. Os banquetes eram imaginados como uma ocasião para desfrutar a sua hospitalidade, e também para ver as hierarquias da cultura romana agudamente reforçadas. Certo ou não (provavelmente não), dizia-se que Heliogábalo, um imperador do século III d.C. particularmente estranho, organizava jantares com códigos de cores (um dia, toda a comida era verde, no outro, azul) e, para que os hóspedes de extração inferior não esquecessem o seu lugar, servia-lhes comida de madeira ou cera, enquanto ele próprio consumia a versão comestível. Outros escritores romanos descreveram minuciosamente as regras e convenções dos jantares da elite. As mulheres deviam se reclinar com os homens ou sentarem-se aprumadas? Qual posição no sofá compartilhado era mais honrosa? Em que momento era educado chegar a um jantar? (Resposta: não era bom ser o primeiro nem o último, então podia ser preciso esperar do lado de fora para entrar na hora certa.) Em que ordem os diversos pratos deviam ser consumidos?

Enquanto isso, criações culinárias fantásticas capturavam a imaginação romana do modo como ocorre hoje. No banquete fictício de Trimálquio, uma brincadeira corrente era que nenhuma comida era exatamente o que parecia (como o próprio Trimálquio, ex-escravo que fingia ser aristocrata). Um dos pratos era um javali rodeado de leitões feitos de bolo. Ao ser destrinçado o javali, um bando de tordos voou das suas entranhas. No livro de culinária de Apício há um artifício mais mundano com o mesmo objetivo de "iludir". Uma receita memorável é *"casserole* de anchovas sem anchova". Uma mistura de qualquer tipo de peixe, "enguias" e ovos, ela promete ilusões em qualquer jantar: "à mesa, ninguém vai reconhecer o que está comendo".

Em Pompeia há pinturas murais descrevendo festas extravagantes que encaixam perfeitamente no nosso estereótipo moderno dos jantares romanos. Uma cena (fig. 10 do encarte) na sala de jantar da Padaria dos Amantes Castos mostra dois casais reclinados em sofás cobertos de tapetes e almofadas. Embora dificilmente seja uma representação de libertinagem sexual, há ali outros tipos de excessos. As bebidas estão servidas em uma mesa próxima. Uma quantidade considerável já foi consumida, pois um terceiro homem está dormindo em um dos sofás, enquanto ao fundo uma mulher se apoia no parceiro ou no escravo. Outra pintura no mesmo cômodo traz uma cena semelhante, desta vez ao ar livre, com os sofás cobertos por toldos e um escravo misturando o vinho numa grande tigela (no mundo antigo o vinho geralmente era mesclado com água).

Na Casa do Triclínio, cujo nome provém das pinturas da sala de jantar, encontramos outras variações deste tema. Em uma cena, um homem que deve ter acabado de chegar à festa está sentado em um sofá enquanto um escravo remove os seus sapatos, ao passo que outro convidado já está vomitando (fig. 99 do encarte). Em outra cena, na qual artistas representam para as visitas que ocupam os sofás, vislumbramos um móvel surpreendente. O que à primeira vista parece um garçom é, na verdade, uma estátua em bronze de um jovem que porta uma bandeja com comida e bebidas.

Então, em Pompeia, as salas de jantar e os costumes à mesa se assemelhavam às imagens nas paredes? Em parte, sim. Vimos no capítulo 3 que até para a elite os jantares formais provavelmente se limitavam a ocasiões especiais, e a maior parte das refeições era feitas às pressas, sentados à mesa ou nos peristilos. Dito isso, foram escavados alguns triclínios que demonstram uma atenção sofisticada ao detalhe e ao luxo — como, por exemplo, a instalação que dá para o jardim na Casa do Bracelete de Ouro, com mármores brilhantes e águas murmurantes (fig. 58 do encarte). Os talheres de prata e outras peças elegantes encontradas em Pompeia e nos arredores também contribuem para formar a imagem dos ricos jantares romanos com os seus estereótipos, chistes e clichês culturais.

Na Casa de Menandro foram encontradas 118 peças de prata, em sua maioria parte de uma baixela, cuidadosamente envolvidas com panos e guardadas numa caixa de madeira no sótão, sob o banho privado da casa. Guardada ali quando os ocupantes fugiram ou, o mais provável — pois não havia sinais de embalagens feitas às pressas —, durante a reforma da casa, a coleção inclui conjuntos de copos, pratos, tigelas e colheres (as facas deviam ser feitas de metal mais resistente). Havia inclusive um par de potes em prata para pimenta ou especiarias confeccionados ao estilo "trimalquiano", um na forma de uma ânfora minúscula e o outro de frasco de perfume.

No final do século XIX, mais de uma centena de peças em prata foram escavadas a algumas milhas da cidade, numa casa rural em Boscoreale. O mais provável é que tenham sido guardadas quando ocorreu a erupção; junto com elas, num profundo barril de vinho foi encontrado o corpo de um homem — o dono ou, talvez, um ladrão. Em meio à valiosa baixela havia um par de taças que novamente lembram o banquete de Trimálquio. No meio da festa chegou à mesa um esqueleto de prata, o que levou Trimálquio a cantar uma ode terrível sobre o refrão "coma, beba e seja feliz, pois amanhã você vai morrer" (um tópico favorito da moral popular romana). Dentre as taças encontradas em Boscoreale, duas estavam decoradas com uma festa alegre — de esqueletos (fig. 100 do encarte). Várias trazem os nomes de filósofos gregos eruditos e ostentam dizeres filosóficos como "O prazer é o objetivo da vida" etc.

Em alguns casos é possível fazer uma equivalência quase exata entre os objetos representados nos jantares das pinturas murais pompeianas e aqueles encontrados nas escavações. A baixela exibida nas paredes de um rico túmulo quase podia fazer parte da baixela da Casa de Menandro. Ainda mais notável é uma estátua em bronze descoberta num amplo cômodo na Casa de Políbio (que foi uma sala de jantar, mas estava sendo usada como depósito ou cofre no momento da erupção). Uma imitação do estilo "arcaico" peculiar da escultura grega do século VI a.C., ela tem os braços estendidos, presumivelmente para portar uma bandeja. Embora se especule que a bandeja teria servido para lamparinas, o que faria da estátua um porta-lamparina elaborado e custoso, ela também pode muito bem ter sido um "criado-mudo" para comida, como havia na Casa do Triclínio. Esta ideia pode ser vista em escala menor num grupo de arranjos de mesa em outra casa da cidade: quatro homens idosos, nus, com longos pênis dependurados portam, cada um, uma pequena bandeja para aperitivos, bocados ou acepipes (fig. 12 do encarte). Parte do design teve uma sobrevida surpreendente: passando por alto os pênis dependurados, uma conhecida companhia italiana de produtos de cozinha está vendendo uma cara versão farsesca da bandeja.

Mas há razão para pensar que, mesmo nas ocasiões mais grandiosas, a realidade dos jantares pompeianos distava das imagens que os rodeavam e era menos suntuosa e elegante. Em outras palavras, as pinturas nas paredes podiam ser um reflexo do ideal de um jantar (o vômito incluído), mais do que uma realidade. Claro, a pedra dura dos sofás fixos teria ficado muito mais confortável e atraente com o acréscimo de tapetes e almofadas. E não há dúvida de que, com a prática, a ideia de comer com a mão direita enquanto você apoia o corpo — reclinado — no cotovelo esquerdo chega a parecer totalmente natural. De todo modo, muitas salas de jantar em Pompeia onde sobrevivem sofás parecem estranhas e apertadas para os convivas. Mesmo na instalação de mais alto nível, na Casa do Bracelete de Ouro, até montar nos sofás parece uma operação difícil, ao menos para os menos ágeis. Alguns degraus de madeira ou um equivalente humano na forma de escravos deviam ajudar, mas não resolver o problema inteiramente. Além disso, três pessoas naquele sofá nos pareceriam muito apertadas. Talvez os pompeianos pensassem o mesmo. O fato de diferentes utensílios nas baixelas de jantar estarem ordenados por pares e não em três peças pode indicar que o canônico "três num sofá" nem sempre era a regra na vida real.

Os detalhes dos arranjos de servir também são curiosos. Divãs móveis num amplo salão permitiriam flexibilidade e muito espaço. Mas não os triclínios fixos. Onde há sofás fixos frequentemente há uma mesa de centro fixa, onde deviam ficar as comidas e bebidas. Mas elas não eram grandes e devia haver pouco espaço sobrando depois de nove (ou mesmo seis) pratos e taças serem apoiados ali. Isto sugere que as mesas portáteis e os escravos deviam ter um papel importante, mas tampouco há muito espaço para eles — principalmente porque os serventes não podiam passar *por trás* dos convivas para completar a comida e a bebida, como num restaurante moderno. E o que pensar daqueles casos onde, como na Casa do Bracelete de Ouro, a mesa de centro é uma piscina com água? Aqui, o jovem Plínio, que estava longe da erupção e viveu para contar a história, talvez possa ajudar. Em uma carta ele descreve a sua vila na Toscana. Ela tinha um elaborado jardim, e uma área para jantar ao fundo com uma piscina de água defronte repleta de esguichos de água que brotavam dos próprios sofás. Ele explica que os pratos maiores eram colocados para os convidados à beira da piscina, e os pratos menores e acompanhamentos ficavam flutuando na água. Este pode perfeitamente ter sido o princípio na Casa do Bracelete de Ouro. Não é difícil suspeitar que, por mais elegante que fosse o arranjo na teoria, parte da comida e dos convivas devia ficar bastante molhada.

Isto desperta indagações sobre o tipo de comida que era servida nestas salas de jantar embutidas. Influenciados por Petrônio, tendemos a pensar em grandes pratos elaborados: os javalis inteiros recheados de pássaros vivos seriam só uma de diversas opções extravagantes. É verdade que alguns equipamentos culinários sugerem que havia preparados complicados, ainda que não tão vistosos como os oferecidos por Trimálquio. As descobertas incluem uma quantidade de grandes caçarolas, frigideiras, coadores, escorredores e formas elaboradas para musses (que chamam a atenção pela semelhança com as que ainda se usam nas formas de gelatina modernas: coelhos com longas orelhas e porcos gordos) (fig. 101 do encarte). Provavelmente tudo aquilo seria possível num grande cômodo com sofás móveis. Mas não nas versões menores, apesar da elegância. Nestas, a questão prática do espaço e do ato de comer com uma só mão faz-nos suspeitar que os acepipes eram simples e pequenos ou, ao menos, vinham cortados em bocados. À diferença dos suntuosos banquetes romanos ao estilo cinematográfico, temos de imaginar uma realidade frequentemente mais apinhada e desconfortável, não mais substancioso que o equivalente do bufê moderno com bocados de uma comida incômoda e bagunçada.

Não que estas considerações preocupassem os pobres, para os quais javali recheado e arganazes ao mel provavelmente não faziam parte nem das fantasias mais delirantes. O jantar no triclínio era para os ricos, ou para aqueles de estratos mais baixos que às vezes podiam fazer uma refeição especial num lugar como a sala de jantar da Padaria dos Amantes Castos, onde se podia pagar para comer naquele estilo (ainda que estivesse num local pouco glamouroso, entre os animais de carga e os moinhos de farinha). A comida cotidiana da maioria dos pompeianos estava longe de ser atraente. Na verdade, deve ter sido uma dieta repetitiva de pão, azeitonas, vinho, queijo (mais semelhante à ricota do que ao cheddar), frutas, lentilhas e alguns vegetais. O peixe também era consumido (pescado na baía próxima, menos poluída naquela época) e, com menos frequência, também carne. Certamente, a carne mais consumida era de porco e ela provavelmente vinha na forma de linguiça ou chouriço, mais do que um grande pernil assado. As galinhas e os ovos, além da carne de carneiro ou cabrito, permitiam variar um pouco.

Este é o quadro da distribuição de carne descoberto em escavações mesmo nas casas maiores. Em apenas um ano de exploração da Casa das Vestais, por exemplo, foram identificados 250 ossos de animais (mais de 1,5 mil não puderam ser identificados). Quase um terço era de porcos, um pouco mais de dez por cento de cabras ou carneiros, e só dois por cento de vacas. Estes dados são aproximados, e provavelmente sub-representam algumas evidências (o total de doze ossos de galinha parece implausivelmente reduzido); o grande número de "inidentificáveis" necessariamente põe em xeque quaisquer conclusões firmes. Ainda assim, encaixa bem com o padrão das evidências que temos do mundo romano o fato de o porco ser a carne básica; o porco encontrado na Vila Regina (p. 182) se destinava à mesa de jantar.

A dieta básica dos pompeianos comuns é vividamente ilustrada por uma lista minuciosa rabiscada na parede do átrio de uma casa com um bar interligado, no centro da cidade. Como é comum nestes grafites, não há como saber o seu propósito, mas parece ser uma lista, com preços, de alimentos (e alguns outros itens) comprados em uma série de oito dias num mês desconhecido de um ano desconhecido, mas que dificilmente terá sido muito antes da erupção. Presume-se que era uma tentativa de alguém — residente da casa ou visitante — de acompanhar os seus gastos recentes. Não podemos decifrar todos os termos latinos das compras: o *sittule* que custou "8 *asses*" (um sestércio tinha 4 *asses*) podia ser um balde; o *inltynium*, ao custo de 1 *ás*, podia ser uma lamparina; o *hxeres*, a 1 denário (ou 16 *asses*), podia ser fruta seca ou nozes — e, se for este o caso, bastante caras.

Caso se trate do registro completo de uma semana de compras (e falamos aqui de um grande se), ele sugere uma dieta terrível, a menos que a pessoa tivesse outros alimentos guardados ou os cultivasse. Todos os dias ela comprava pão, um ou mais de três diferentes tipos: "pão", "pão bruto" e "pão para o escravo". No primeiro dia da lista foram gastos 8 *asses* em "pão"; no segundo, 8 em "pão" e 2 em "pão para o escravo"; no último dia, 2 *asses* foram gastos em "pão" e "pão bruto". O "pão para o escravo" podia ser uma categoria contábil ou se referir a um tipo particular do produto; mas não era o mesmo que "pão bruto", já que em um dos dias em questão ambos foram comprados. De qualquer modo, a lista não só nos permite vislumbrar a variedade de produtos confeccionados em uma padaria pompeiana como também ressalta a importância do pão como elemento básico na dieta pompeiana média. Ao preço de 54 *asses* (ou 13 sestércios e meio) no total, era o item que mais pesava nos gastos semanais.

Atrás dele vinha o azeite, comprado em três dias por um total de 40 *asses*, e vinho, também comprado em três dias, por 23 *asses* no total. As compras mais ocasionais, ou menos caras, iam de "linguiça" (a 1 *ás*) e queijo (comprado em quatro dias, em duas variedades, mas por apenas 13 *asses* em total) às cebolas (5 *asses*), alho-poró (1 *ás*), sardinhas (2 *asses*) e possivelmente — é o que a palavra indica — algo bovino (*bubella*, por 1 *ás*). Esta é basicamente uma dieta de pão, azeite, vinho e queijo com alguns extras, mas quase nenhuma carne. Um par de listas mais curtas, que também parecem listar comida, confirmam este quadro geral. Ambas trazem pães. Uma inclui vinho (1 *ás*), queijo (1 *ás*), azeite (1 *ás*), banha (3 *asses*) e porco (4 *asses*). A outra, que pode refletir uma viagem recente ao mercado de vegetais, lista repolho, beterraba, mostarda, menta e sal (todos por 1 *ás*, exceto o repolho, caro, por 2 *asses*).

É fácil romantizar a dieta simples e saudável que estas listas parecem representar. De fato, os poetas romanos, um grupo abastado apesar de suas alegações de pobreza, sempre pintaram de forma lírica a alimentação dos camponeses. Vinho local barato, alardeavam, e um pouco de pão e queijo simples eram melhores que um banquete quando a companhia era boa. De fato, pode ter sido assim. Mas os hábitos alimentares dos pompeianos comuns estavam muito distantes da imagem dos jantares romanos nos filmes modernos, e mesmo dos jantares pintados nas paredes da própria Pompeia. Honestamente suspeito que a maioria de nós preferiria jantar com Trimálquio se pudesse escolher.

Café society

O melhor modo de escapar de uma dieta de pão, queijo e frutas consumidos em um pequeno quarto no alto de uma loja onde as instalações para cozinhar algo mais interessante eram limitadas ou inexistentes, era comer fora. Há muito se pensa que em Pompeia havia uma cultura de cafés baratos com bares, tabernas e *thermopolia* (como se denominam nos guias modernos, embora certamente não fosse o termo antigo) ladeando as ruas e atraindo os transeuntes — dos visitantes com tempo disponível aos residentes locais sem um lugar agradável para estar. De fato, os balcões de alvenaria de frente para as calçadas, com grandes jarras (*dolia*) e estantes ao fundo são um dos elementos mais familiares nas cenas de rua de Pompeia (fig. 4 do encarte).

Em geral decorados com cores brilhantes, os balcões cobriam o espectro do gosto decorativo pompeiano: às vezes, traziam uma linda mistura de mármores, outras, eram elegantemente pintados em padrões florais, ou ostentavam imagens fálicas lúbricas. As fachadas podiam ter anúncios ou propagandas atraentes do que havia lá dentro. Um bar perto do Anfiteatro com um pequeno vinhedo anexo tinha uma esplêndida fênix na parede externa junto ao bordão: "A fênix está feliz, e você também pode ficar." Este era o bar de Euxino, o "Sr. Hospitalidade" (p. 31). É bom pensar nas cálidas boas-vindas ao bar com a pintura da ave mítica que ressurgiu das cinzas. Não há melhor maneira de anunciar o tipo de "levanta defunto" que se podia encontrar no Bar Fênix.

Nas escavações em Pompeia foram encontrados mais de 150 estabelecimentos semelhantes (segundo as estimativas, em toda a cidade eles seriam mais de duzentos). É fácil ter a impressão de uma cidade repleta de estabelecimentos de *fast-food* servindo cozidos a uma população faminta e vinho dos *dolia* dispostos nos balcões — embora em uma atmosfera menos "receptível às famílias" do que os atuais McDonald's. Os escritores romanos tendem a retratar os bares e tabernas como locais sombrios, associados a uma variedade de vícios que iam além da bebedeira e do consumo excessivo de comida barata. Dizia-se que eram lugares de sexo, prostituição, jogos e crimes, geridos por donos inescrupulosos, escroques e trapaceiros.

O poeta Horácio, por exemplo, conta que o aguazil da sua propriedade rural tinha saudades dos prazeres da cidade: "o bordel e a taberna gordurosa", sem dúvida um par significativo e uma pista do tipo de comidas em oferta. Juvenal, no que é considerada uma sátira extravagante, evoca a imagem de um bar no porto romano de Ostia repleto de todo tipo de personagens desagradáveis, dos ladrões, assassinos e verdugos aos carpinteiros de caixões e os sacerdotes eunucos da deusa Cibele, que gastavam o tempo livre se embebedando. Os imperadores também parecem ter considerado que os bares precisavam de controle legislativo. Dizem que Nero teria proibido que vendessem qualquer alimento cozido, além de vegetais e feijões; Vespasiano limitou a apenas feijões. A eficácia das proibições, e como exatamente se esperava que melhorassem o clima moral, não está clara.

Sexo, prostituição, jogos e crime: eles certamente estavam presentes em Pompeia, nos bares e em outras partes. Mas a realidade de grande parte da vida nas tabernas era menos escabrosa e mais variada do que sugeriam os escritores e legisladores romanos das classes altas, sempre prontos a considerar moralmente duvidosos os locais de diversão popular. Em Pompeia se descortinou um quadro muito mais complicado e diversificado destes estabelecimentos do que se costuma aceitar.

Para começar, havia realmente duzentos bares na cidade? Admitindo que a população da cidade fosse de aproximadamente 12 mil habitantes, isto significaria um bar para cada sessenta moradores, fossem homens, mulheres, escravos ou crianças. Claro que a população residente podia não ser uma cifra particularmente significativa. Porque os estabelecimentos que vendiam comida e bebida atraíam muitos visitantes: marinheiros do porto, gente que vinha do campo por só um dia ou os que descansavam ali no meio de uma viagem mais longa pela estrada. O mais provável é que uma cidade tenha estabelecimentos para um número maior de pessoas do que as que nela vivem permanentemente. De qualquer maneira, duzentos parece ser uma oferta excessiva (e dificilmente seria uma fonte de renda para os proprietários), especialmente se considerarmos aqueles que provavelmente não frequentavam os bares — muitos escravos, por exemplo, e as damas de classe alta.

O fato é que boa parte do que chamamos "bares" (ou qualquer subcategoria de "taverna" ou "estalagem" que preferirmos) pode não ter sido nada parecido com isto. Os balcões com *dolia* e estantes certamente serviam para vender alguma coisa, mas talvez se tratasse de uma ampla variedade de produtos e não necessariamente comida e bebida para consumo no local. Em outras palavras, estes bares, na verdade, podiam ser armazéns, ou algo parecido, que vendiam nozes, lentilhas e feijões.

De fato, mesmo quando o estabelecimento é verdadeiramente um bar, o quadro convencional do estalajadeiro servindo vinho e cozidos das grandes jarras dispostas no balcão não pode ser correto. Aquelas jarras eram de cerâmica porosa. Não há vestígios de que tenham sido seladas com breu. Teria sido extremamente difícil limpá-las e até tirar os últimos restos de líquido de dentro delas. Em Herculano, onde parte dos restos do conteúdo sobrevive, parece que serviam para produtos secos — frutas, feijões ou ervilhas —, parte dos quais podia ser vendida como lanche. O vinho era guardado em jarras no chão ou em prateleiras nas paredes, como sugerem restos de suportes e pregos, e provavelmente eram decantados diretamente em jarras pequenas para servir. A comida quente podia ser preparada em um fogão à parte e servida diretamente das panelas.

A má fama destes lugares é um assunto que provoca discórdia. Não são muito convincentes as tentativas de encontrar um zoneamento rudimentar no mapa da cidade e ligar os bares e bordéis a áreas de "comportamento desviante", longe das áreas formais, públicas e cerimoniais. É verdade, como vimos no capítulo 2, que há menos bares na circunvizinhança imediata do Fórum do que em outras áreas movimentadas da cidade (os proprietários astutos obviamente tentariam escolher uma localização com bom acesso ao comércio em potencial). Mas não só a sua ausência relativa é parcialmente ilusória (como vimos, havia três bares onde hoje está o restaurante moderno), como todo tipo de fatores pode ter contribuído, tais como preços de compra e aluguel das propriedades. Dito isso, não há dúvida — como veremos ao observar um ou dois deles — que os bares estavam associados aos prazeres combinados da comida, do álcool e do sexo.

As mulheres cujos nomes aparecem (alguns foram apagados) nos anúncios eleitorais na parede do bar na Via dell'Abbondanza (p. 219) provavelmente trabalhavam ali como atendentes ou garçonetes: Asellina, Zmirina, Aegle e Maria. Isto foi apenas parcialmente escavado no início do século XX, e sabemos até onde se estendia o recinto para além do único espaço que vemos agora — se havia quatro atendentes, provavelmente ele era mais extenso. Ainda assim, a decoração sobrevivente e a coleção de objetos escavados até agora no local nos dão uma boa ideia do ambiente e das instalações de um bar pompeiano.

Na fachada, a parte inferior era pintada de vermelho e os anúncios eleitorais ficavam acima da faixa. Não há sinais óbvios de cartazes ou letreiros da loja, mas na esquina, duas portas adiante, uma pintura com duas taças de bronze devia ter a intenção de alertar consumidores em potencial de que havia um bar nas proximidades. Ele tem uma entrada ampla, parcialmente obstruída pelo balcão em forma de L: uma sólida estrutura de alvenaria com as laterais pintadas em vermelho e a bancada de pedaços de mármore em cores variadas. Na bancada há quatro *dolia* e na ponta há um pequeno forno com um recipiente em bronze no interior, provavelmente para ferver água — o equivalente antigo da chaleira no fogão. As jarras de vinho estavam empilhadas junto à parede detrás do balcão, onde (a julgar pela posição dos vários objetos) devia haver uma prateleira de madeira com mais utensílios do bar. Ao fundo do salão, escadas levavam ao andar superior.

Os clientes se deparavam com uma lamparina de bronze dependurada acima do balcão, defronte à rua (fig. 102 do encarte). Esta criação engenhosa chocou de tal maneira os primeiros escavadores que eles preferiram não reproduzi-la nas primeiras publicações sobre os achados. A lamparina pende de uma pequena figura de um pigmeu quase nu com um enorme falo quase do seu próprio tamanho. O seu braço direito está danificado, mas ele provavelmente portava uma faca, como se ameaçasse cortar o próprio pênis, em cuja ponta nasce outro minifalo. Para finalizar, seis sininhos pendem de diferentes partes do conjunto. Um de vários objetos similares encontrados em Pompeia e arredores (o que nos dá suficiente certeza sobre a faca) que oscilavam acima dos balcões era uma combinação de lamparina, sino dos ventos e sineta de serviço. Bem-vindos ao mundo do bar?

Este era um mundo noturno e também diurno, considerando-se as sete outras lamparinas de cerâmica encontradas no mesmo salão (uma delas um exemplar elegante em forma de pé). O resto dos objetos encontrados era uma mescla de coisas práticas e domésticas com pequenos toques de luxo e banalidade. Havia uma boa coleção de jarras em bronze para água ou vinho, além de um funil em bronze que devia ser um elemento essencial para decantar o vinho dos recipientes em que ficava armazenado para as jarras. O funil era um acessório tão característico dos bares que figurava, junto ao resto da parafernália das bebidas, no anúncio pintado na esquina da rua. O vidro parece ter sido o material preferido na fabricação de jarras de vinho — que tinham uma presença muito mais constante nas mesas pompeianas do que costumamos imaginar, confundidos por sua taxa de sobrevivência relativamente baixa. Não só elas se espatifaram na erupção como tiveram má sorte nos tempos modernos também. De fato, várias jarras de vidro deste bar foram destruídas na Segunda Guerra Mundial, mas os achados originalmente incluíam um lindo conjunto de delicadas tigelas e taças de vidro (além de uma misteriosa miniânfora de vidro com um furo no fundo, talvez para despejar pequenas quantidades de sabores especiais no vinho ou na água). Para completar, havia um punhado de taças e pratos de cerâmica barata e um atraente par de canecas (uma na forma de galo, a outra, na de uma raposa) e uma ou duas facas.

Quanto ao resto, há suficientes vestígios para demonstrar que o lugar originalmente era menos vazio do que parece hoje. Peças e dobradiças de osso indicam a presença de móveis de madeira, talvez armários de louça ou baús. A última féria também estava lá: 67 moedas no total, algumas (pouco mais de 30 sestércios) de valor alto, o restante em *asses*, duas peças de *ás* ou pequenos quartos de *ás*. Pela localização exata delas, parece que o serviço ali lidava principalmente com *asses*; um par deles foi encontrado inclusive nos *dolia* — o que pode indicar outro uso para as jarras no balcão. A maior parte das moedas de alto valor estava guardada na prateleira atrás do balcão. A quantia encaixa com outras evidências sobre os preços nos bares pompeianos. Um grafite em outro estabelecimento sugere que era possível conseguir vinho barato (uma taça? uma caneca?) por 1 *ás*, algo melhor por 2 *asses* e vinho falerniano da melhor qualidade por 4 *asses* ou 1 sestércio (se formos confiar em Plínio, que conta que uma chama punha o vinho falerniano em combustão, então devia se tratar de mais conhaque do que de vinho, antes de ser misturado com água). Fora o pigmeu que dá as boas-vindas, os sinais mais evidentes de depravação são fragmentos de um par de espelhos.

Mas o que conta é o comportamento de atendentes e clientes; e não se pode reconstruir a conduta no bar a partir do ambiente físico. Temos uma valiosa imagem da atmosfera de um bar e seus frequentadores em duas séries de pinturas de outros estabelecimentos na cidade — cujas imagens nas paredes obviamente tinham a intenção de entreter os clientes com cenas da "vida de bar" que eles desfrutavam. Apesar de humorísticas, paródicas e idealizadas, elas são o nosso melhor guia sobre a cultura de cafés pompeiana.

A primeira série é a da chamada Estalagem (ou Bar) de Sálvio ("Sr. Porto Seguro"), um pequeno estabelecimento em uma esquina visada no centro da cidade: quatro imagens, que se estendiam ao longo de uma parede no salão principal defronte ao balcão, hoje estão guardadas em segurança no Museu de Nápoles (fig. 13 do encarte). À esquerda, um homem e uma mulher — ambos vestidos com cores fortes, ela com um manto amarelo, ele com uma túnica vermelha — se beijam de um modo estranhamente posado. Sobre as figuras está escrito "Eu não quero... [infelizmente, a palavra principal se perdeu] com Myrtale". Nunca saberemos o que o homem não queria fazer com Myrtale nem quem era ela. Talvez seja uma vinheta sobre a fugacidade da paixão, muito semelhante ao que é hoje: "Não quero mais sair com Myrtale, vou me divertir com esta moça." Ou talvez, dada a rigidez da pose, ela fosse Myrtale e o homem não estivesse muito entusiasmado com o encontro.

Na cena seguinte, uma atendente serve dois bebedores que competem pelo vinho. Um deles diz: "Aqui", o outro, "Não, para mim". A atendente não se envolve: "Quem quiser que o tome", diz ela. Então, como para tentá-los oferecendo-o a outro freguês, ela diz: "Oceano, venha tomar uma taça." Ela não os trata com deferência e tem a resposta na ponta da língua. Na cena seguinte há um jogo de dados e outra discussão. Dois homens estão sentados à mesa. Um deles grita "Ganhei" e o outro argumenta "Não é três, é dois". Na cena final da série eles trocam tapas e ofensas: "Seu desgraçado, eu tinha um três, eu ganhei", "Não, veja lá, seu babaca, eu ganhei". Isto é demais para o dono do bar, que os expulsa. Supõe-se que os fregueses deviam captar a mensagem observando as pinturas.

As pinturas sugerem uma mescla familiar e ligeiramente incômoda de sexo, bebida e jogo, mas nenhuma baixeza moral: alguns beijos, muitas brincadeiras de bêbados (sem o vômito que vimos nas imagens da sala de jantar), uma disputa de jogo que sai um pouco de controle e o proprietário que não quer ver seu bar destruído. Encontramos o mesmo tipo de pinturas em outro bar decorado a alguns quarteirões dali, também bem situado numa esquina e cujo nome se deve ao local, o Bar na Via de Mercúrio. Ele tinha um salão ao fundo com entrada diretamente pela rua e presume-se que havia serviço no balcão junto à porta para quatro ou cinco mesas, no máximo. As pinturas ficavam nas paredes deste salão, numa altura adequada para serem apreciadas pelos clientes sentados. Algumas trazem legendas, que não faziam parte do desenho original, rabiscadas pelos fregueses.

Outra vez vemos homens (este parece ser o mundo *masculino* da bebida) cujas taças são servidas por atendentes solícitos, ou não tão solícitos. Em uma pintura o garçom (ou garçonete, é difícil saber) enche um copo apresentado pelo cliente. Alguém rabiscou acima da sua cabeça "Dê-me um pouco de água fria" — para misturar com o vinho no copo. Em outra cena parecida a inscrição diz: "Outro copo de setiano", o vinho favorito do imperador Augusto, considerado especialmente saboroso quando resfriado com neve. Aqui também há cenas de jogo (fig. 6 do encarte) e uma visão particularmente evocativa do interior de um bar (fig. 103 do encarte). Um grupo que parece ser de viajantes (porque duas pessoas portam mantos com capuz) come sentado à volta da mesa. Acima deles vê-se a solução para o problema de armazenamento naqueles espaços reduzidos: uma variedade de alimentos, que vai dos chouriços às ervas, pende de ganchos presos a uma prateleira ou de uma vara presa ao teto.

Uma pintura que decorava a parede do fundo deste salão, há muito tempo perdida ou destruída (exceto por uns pés e tornozelos humanos), e que só é conhecida graças a gravuras do século XIX (fig. 11 do encarte), traz um tema notavelmente diferente. Ela aparentemente representa um ato de equilíbrio extraordinário. Um homem e uma mulher quase nua, ambos portando grandes taças de vinho, se equilibram num par de cordas bambas. Como se isso já não fosse suficientemente difícil, o homem simultaneamente insere, por trás, o longo pênis na mulher. É um alívio descobrir que a pintura original não era tão esquisita quanto a gravura faz parecer. Porque talvez a corda bamba tenha sido acrescentada pelo artista moderno, que se confundiu com sombras ou os traços apagados das linhas mestras no pintor e se saiu com esta engenhosa criação. Porém, mesmo excluindo o detalhe particular do equilíbrio, há um contraste provocativo com o beijo decoroso do outro bar. O que isto representa? Alguns arqueólogos pensam que é uma cena extraída de um ato obsceno do teatro local (e o pênis podia ser um apêndice, ao estilo das pantomimas). Outros, considerando que as figuras que acompanham a pintura referem-se à vida nas tabernas, concluem que devia ser uma das atividades disponíveis no bar — fosse ele um cabaré do tipo faça você mesmo ou algo que os bebedores terminariam praticando (ou esperavam praticar) com as atendentes ao final da noite.

Esta pintura indica que devemos levar mais a sério as acusações dos escritores romanos? Certamente, além da troça com o comer, beber, jogar e flertar, há diversos indícios de que pelo menos em alguns bares os encontros sexuais iam além dos beijos. Na parede externa de um deles, por exemplo, um pequeno grafite (escrito dentro do enorme "O" de um anúncio eleitoral) diz: "Eu fodi com a dona." Em outros há nomes de mulheres num contexto obviamente erótico e, às vezes, com preço: "Felicia, a escrava, 2 *asses*", "Successa, a escrava, é boa de cama" e até o que foi considerado uma lista de preços, "Acria, 4 *asses*, Epafra, 10 *asses*, Firma, 3 *asses*".

É preciso ter cuidado ao interpretar este tipo de material. Se hoje lêssemos "Tracy é uma puta" ou "Donna te chupa por cinco libras" num bar ou ponto de ônibus, não pensaríamos de imediato que ambas são realmente prostitutas. Nem que "cinco libras" traduz os preços destes serviços na área. Provavelmente seriam insultos, e não fatos. O mesmo ocorre em Pompeia — apesar das tentativas de alguns estudiosos excessivamente otimistas de usar evidências assim para criar listas de prostitutas pompeianas e até estimar o preço médio dos serviços. Na verdade, a "lista de preços" pode ser algo totalmente distinto. A inclusão dos *asses* é um acréscimo moderno; o original listava simplesmente três nomes e um número.

Contudo, não há uma explicação convincente para o conjunto de garatujas explicitamente eróticas ao redor dos bares, especialmente quando combinadas às decorações. Isto tem levado à conclusão de que enquanto alguns estabelecimentos de bebidas na cidade eram simplesmente isso com um pouco de sexo à parte, outros não eram bares, mas bordéis explícitos. Tanto o bar na Via dell'Abbondanza que observamos quanto o Bar na Via de Mercúrio muitas vezes foram apontados como tais: o primeiro, baseado principalmente na lamparina com o pigmeu, o segundo, nos equilibristas (e talvez outra pintura, da qual só sobrevive uma cabeça, que originalmente podia representar um casal fazendo amor). Segundo cálculos recentes, estes seriam dois de um total de 35 prostíbulos na cidade. Em outras palavras, em Pompeia haveria cerca de um bordel para cada 75 homens livres adultos. Mesmo incluindo os visitantes, os moradores do campo e os escravos que podiam pagar do próprio bolso, à primeira vista parece uma proporção excessivamente generosa — ou uma oferta sexual tão ampla que justificaria os piores temores dos moralistas cristãos quanto aos excessos pagãos.

Em resumo, este é o "Problema do Meretrício Pompeiano". Podemos realmente crer que havia 35 bordéis nesta pequena cidade? Ou, como apontam as estimativas mais sóbrias, apenas um? Como reconhecer um bordel? Como distinguir entre um prostíbulo e um bar?

Visita ao prostíbulo

A cultura sexual romana era diferente da nossa. As mulheres, como vimos em Pompeia, eram muito mais visíveis no mundo romano do que em outras partes do antigo Mediterrâneo. Elas faziam compras, podiam jantar com os homens, dispunham de riquezas e faziam patrocínios generosos. Contudo, aquele era um mundo masculino, no sexo e na política. O poder, o status e a boa fortuna se expressavam nos termos do falo. Daí a presença de imagens fálicas em variedades inimagináveis por toda a cidade.

Para o visitante moderno, este é um dos aspectos mais intrigantes, se não desconcertantes, de Pompeia. Em gerações anteriores, os estudiosos reagiram removendo vários destes objetos e guardando-os no "Gabinete Secreto" do Museu de Nápoles, ou cobrindo-os com tecidos. (Quando visitei o sítio pela primeira vez, na década de 1970, a figura fálica na entrada da Casa dos Vétios estava coberta, somente sendo revelada a pedidos.) Mais recentemente, a moda era distrair a atenção do seu aspecto sexual referindo-se a eles como "mágicos", "apotropaicos" ou "conjuros contra o mau-olhado". Mas eles não deixavam de ser sexuais. Há falos saudando o visitante nos marcos das portas, falos acima de fornos de pão, falos escavados na superfície da rua e muitos outros falos com sinetas — e asas (fig. 104 do encarte). Um dos objetos mais criativos, que soavam com a brisa pompeiana, era o pássaro-falo, uma combinação (penso eu) de brincadeira e celebração desabusada do ingrediente essencial da masculinidade.

Neste mundo, as principais funções das mulheres respeitáveis e bem casadas — isto é, as ocupantes das maiores casas de Pompeia — eram duas: primeira, a perigosa tarefa de gerar crianças (o parto provocava muitas mortes na Roma antiga, como em todos os períodos anteriores à era moderna); em segundo lugar, a gestão da casa e do lar. Um túmulo famoso de Roma acerta na mosca. Nele há um epitáfio encomendado pelo marido para a esposa Cláudia. Ele a elogia pela beleza, a conversa e a elegância; mas o mais importante é que "Ela teve dois filhos, cuidou da casa, teceu lã". Na prática, as vidas das mulheres mais pobres devia ser mais variada — como lojistas, caseiras ou prestamistas —, mas duvido que as atribuições subjacentes ao papel feminino fossem muito distintas. Não era uma sociedade em que as mulheres tivessem controle da vida delas, seu destino e sua sexualidade. As histórias contadas pelos poetas e historiadores romanos sobre as mulheres da capital, animadas, licenciosas e aparentemente "liberais" são em parte fantasiosas e, em parte, aplicáveis unicamente a personagens realmente excepcionais, como as mulheres da casa imperial. A imperatriz Lívia não foi uma mulher tipicamente romana.

Para os homens da elite, a ideia básica era que a penetração sexual estava ligada ao poder e ao prazer. Os parceiros sexuais podiam ser de ambos os sexos. Havia muita atividade sexual entre homens no mundo romano, mas apenas indícios muito vagos de que a "homossexualidade" fosse considerada uma preferência sexual exclusiva, e muito menos a opção por um estilo de vida. Se não morressem jovens demais, todos os homens romanos se casavam. A fidelidade sexual à esposa não era valorizada nem particularmente admirada. Na busca do prazer, as esposas, filhas e filhos de outros homens da elite estavam fora de alcance (cruzar este limite podia implicar em severas punições legais). Os corpos dos escravos e, até certo ponto, dos socialmente inferiores, homens e mulheres, estavam à disposição. Não é simplesmente que ninguém ligasse caso um homem dormisse com o seu escravo. Era para isto, ao menos em parte, que eles *serviam*. Os cidadãos mais pobres, com menos acesso ao trabalho sexual servil, certamente recorriam às prostitutas. Como sucedia nos jantares, os ricos se serviam "em casa", ao passo que os pobres tinham de buscar fora.

Não que isto criasse um paraíso sexual sem preocupação, mesmo para os homens. Como na maior parte das culturas fálicas agressivas, o poder do falo anda lado a lado com as ansiedades — seja sobre a fidelidade sexual da esposa (e, portanto, a paternidade dos filhos), seja sobre a própria capacidade de corresponder ao ideal masculino. Em Roma, as insinuações de que um homem fizera o papel da mulher, de que fora penetrado por outro homem, podiam arruinar a sua carreira política. De fato, diversos insultos que os estudiosos às vezes consideraram sinais de desaprovação da homossexualidade em Roma se dirigem exclusivamente aos que faziam o papel passivo. Voltando a Pompeia, quaisquer outras associações que o pigmeu minúsculo pudesse despertar, imobilizado para sempre no ato de atacar o próprio pênis gigantesco, ele certamente demonstra uma espécie de mal-estar sexual. Ele pode ser engraçado, fantástico e carnavalesco. Mas é difícil se esquivar de sua incômoda mensagem também.

Tampouco as relações entre homens e mulheres romanos eram tão mecânicas e sem matizes como o meu resumo pode fazer pensar. Havia todo tipo de relações de cuidado e carinho entre marido e mulher, amo e escravo, amante e amado. Por exemplo, um caro bracelete de ouro no corpo de uma mulher, num assentamento fora de Pompeia, trazia a inscrição "Do amo para sua escrava". Ele nos faz recordar que pode haver afeto mesmo nestas estruturas de exploração (embora obviamente não saibamos se era correspondido pela escrava). As fachadas e paredes internas de Pompeia têm diversos testemunhos de paixão, ciúmes e coração partido com os quais podemos nos identificar, ainda que anacronicamente: "Marcelo ama Prestina e ela nem liga", "Restituto enganou muitas moças". Ao mesmo tempo, a estrutura básica das relações sexuais romanas era muito brutal e nada favorável às mulheres.

Neste contexto, a prostituição tinha lugar tanto nas ruas (ou no bordel) quanto na imaginação romana. Para o governo romano, ela podia ser uma fonte de renda. Diz-se que imperador Calígula, por exemplo, instituiu um imposto da prostituição — não se sabe como era cobrado, onde era aplicado nem quanto tempo durou. Renda à parte, a principal preocupação das autoridades não era policiar as atividades cotidianas das prostitutas, e sim traçar uma linha firme entre elas e os cidadãos "respeitáveis", especialmente as esposas da elite romana. A prostituição fazia parte de um grupo de ocupações (que incluía gladiadores e atores) oficialmente consideradas *infamis* ou "vergonhosas", estigma que implicava em certas desvantagens legais. Algumas prostitutas eram escravas, mas mesmo as cidadãs livres não gozavam da proteção contra as punições físicas que vinham com a cidadania romana. Os cafetões e prostitutos masculinos (que, pela lógica da sexualidade romana, eram efetivamente mulheres) não podiam concorrer a cargos públicos. A tradição impunha às prostitutas o uso da toga masculina, pois elas não podiam usar roupas comuns. Isto significava cruzar as fronteiras de gênero para distingui-las, de modo taxativo, das suas equivalentes respeitáveis.

As prostitutas ocupavam um espaço bem maior na imaginação romana do que na vida real, das imagens das "putas felizes" às trágicas vítimas de rapto vendidas para o serviço sexual, à abominação pública e ao escárnio. A prostituição era um tema importante nas comédias romanas dos séculos III e II a.C. Uma trama característica destas peças trata do jovem de boa família que se apaixona por uma escrava prostituta controlada por um rufião malévolo. Apesar do seu amor, o casamento é impossível, mesmo que o jovem conseguisse reunir o dinheiro necessário para comprá-la, pois seu pai não a aceitaria como esposa para o filho. Mas há um final feliz. No final das contas, o objeto do seu amor sempre fora uma moça respeitável: ela fora raptada e vendida ao rufião; afinal, não era uma prostituta "de verdade". Ao menos na comédia podemos vislumbrar a estranha verdade que o limite entre respeitabilidade e prostituição podia não ser tão claro como pensamos.

Neste pano de fundo, os arqueólogos tentaram identificar as prostitutas de Pompeia e apontar os restos físicos dos bordéis. Os cálculos dependem inteiramente dos critérios adotados. Para alguns, as pinturas eróticas podem ser suficientes para indicar um lugar de comércio do sexo. Nesta interpretação, um quarto pequeno perto da cozinha da Casa dos Vétios, decorado com três pinturas de um homem e uma mulher fazendo amor na cama, seria dedicado à prostituição — uma fonte de renda extra para os donos (ou o cozinheiro). Isto pode ser ligado, em boa medida, a um pequeno grafite rabiscado na varanda da casa que podia oferecer os serviços de "Eutique" por 2 *asses*. Claro, alternativamente o quarto teria sido decorado assim para agradar ao cozinheiro favorito (cujo alojamento podia estar junto à cozinha), e a informação rabiscada (ou o insulto) sobre Eutique podia não ter relação com isso.

Outros seguem padrões mais elevados para qualificar um espaço como um bordel. Um estudioso estabelece três condições para indicar de maneira mais segura se estamos lidando com um lugar usado principalmente para a obtenção de lucro mediante o sexo: uma cama de alvenaria num quarto de fácil acesso; pinturas de cenas sexuais explícitas; e um conjunto de grafites do tipo "Eu fodi aqui". Não é preciso dizer que, se exigirmos o cumprimento de todas estas condições, o número de prostíbulos diminui — para um. Com base neste argumento, o piso superior e os quartos no fundo dos bares podem ter sido lugares onde, às vezes, alguns pagavam por sexo, mas isto não é o mesmo que um prostíbulo no sentido estrito da palavra.

Aqui há várias armadilhas para o arqueólogo. Já observamos a dificuldade de interpretar os grafites eróticos e decidir, nos quartos vazios, se camas de pedra e portas que davam para a rua seriam lugares de prostituição ou pequenas casas dos pobres (por que, afinal de contas, devemos pensar que camas de pedras eram especialmente adequadas para a prostituição?). Mas a questão principal é a diferença entre o bordel propriamente dito e quaisquer dos vários lugares na cidade onde sexo e dinheiro não se mantinham totalmente separados.

Provavelmente nos deixamos levar muito facilmente pelas tentativas dos romanos de afirmar que as prostitutas eram uma classe de mulheres (ou homens) claramente distinta e, também pela imagem institucional do bordel e do rufião na comédia romana. A maioria das "prostitutas" de Pompeia devia atender nos bares, trabalhar como senhorias (ou vender flores, cuidar de porcos ou tecer), que às vezes dormiam com os fregueses depois que o bar fechava, às vezes por dinheiro, às vezes no local, outras não. Duvido que muitas delas realmente usassem togas (uma peça clássica da mítica elite masculina romana), pensassem em si mesmas como prostitutas e definissem o seu local de trabalho como um bordel — não mais do que a casa de massagem moderna pode ser um prostíbulo ou o hotel onde, se quiser, você pode alugar um quarto por hora. Em outras palavras, a busca do bordel pompeiano é um erro de categoria. O sexo em troca de dinheiro era quase tão difuso na cidade quanto a comida, a bebida e o lugar para dormir.

Exceto em um ponto: um prédio a cinco minutos de caminhada ao leste do Fórum, logo atrás das Termas Estabianas, que preenche todos os critérios mais rígidos já criados para identificação. Ele tem cinco celas pequenas com uma cama em alvenaria e uma série de pinturas explicitamente eróticas, com casais fazendo amor numa variedade de posições (fig. 105 do encarte). Há ainda 150 grafites, incluindo diversas inscrições do tipo "Eu fodi aqui" (embora nem todos sejam assim: alguém reproduziu uma citação de Virgílio). É um local muito escuro e lúgubre. Em um canto há uma porta que dá para as duas ruas (fig. 17, p. 273). O que hoje é a entrada principal, com o sistema de mão única usada para por ordem na multidão de turistas, provavelmente também era a entrada principal na Antiguidade. Ao entrar por ali topa-se com um amplo corredor com três cubículos à direita e dois à esquerda. Ao final do corredor, um anteparo em alvenaria bloqueia a visão do que há mais à frente. Ali fica a latrina — obviamente uma tentativa de assegurar certa privacidade aos usuários do toalete, ou de evitar que os clientes que entravam se deparassem com a visão de outro freguês usando-a.

As paredes estão quase todas pintadas de branco, numa redecoração relativamente recente antes da erupção (uma moeda cunhada em 72 d.C. foi encontrada no reboco). No alto, acima do nível da entrada dos cubículos, estão as pinturas eróticas, com homens fazendo amor com mulheres por trás, por baixo, por cima etc. Há apenas duas variações significativas. Em uma pintura há uma única figura masculina não com um, mas com dois falos eretos (presumivelmente segundo o princípio de que "dois é melhor do que um"); noutra, um homem está deitado na cama com uma mulher de pé ao seu lado, que observa uma espécie de tabuleta — que talvez fosse uma pintura erótica, num interessante jogo de autorreferência.

Os cubículos eram pequenos, com camas de alvenaria baixas que (espera-se) eram cobertas com colchões e cobertas ou com algo que amaciasse a pedra dura. Agora não há sinais de qualquer tipo de anteparo nos cubículos; mas isto pode ser consequência das técnicas toscas dos escavadores dos anos 1860. Se a visão da latrina era bloqueada por uma barreira substancial, é difícil não pensar numa cortina tapando os vãos de entrada. A maioria dos grafites, mas não todos, estão dentro dos cubículos, e eles nos dão pistas sobre quem usava o bordel e como.

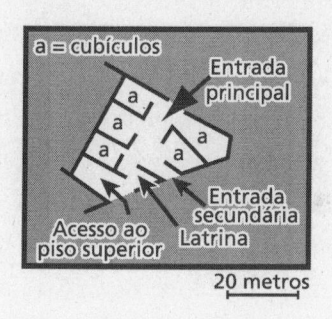

Figura 17. O bordel.
Nada luxuoso ali. O bordel era pequeno e apinhado. Fora o lavatório, havia apenas cinco cubículos minúsculos que davam para um saguão. Não está claro onde o dinheiro mudava de mãos nem para que servia o piso superior. Seria um apartamento alugado ou ali se alojavam o rufião e as moças?

Os homens que iam ali não hesitavam em gravar seus nomes nas paredes. Então, pelo que constatamos, eles não incluem nenhuma figura conhecida da elite pompeiana. As prostitutas, como já comentamos, provavelmente eram para quem não tinha fácil acesso aos serviços sexuais dos próprios escravos. O único homem que especificou a sua profissão foi um "vendedor de unguentos". De fato, esta coleção de grafites é uma das melhores indicações que temos de que havia certo domínio da leitura e da escrita entre os habitantes relativamente humildes de Pompeia. A maioria assina individualmente: "Floro", "Félix saiu com Fortunata", "Pósforo fodeu aqui". No entanto, parece que ocasionalmente os homens saíam em grupo: "Hermero e Filetero e Cafiso foderam aqui." Possivelmente se tratava de sexo grupal, mas também podia ser apenas uma noitada entre rapazes.

Mais difícil é situar as próprias prostitutas. Os nomes nas paredes exibem nomes gregos e orientais (inclusive uma "Mirtal" (p. 263), que frequentemente indicam a condição de escrava. Mas eles podiam ser "nomes de guerra", então não nos revelam nada sobre a verdadeira história das moças em questão. Não há evidências claras de homens prostitutos, apesar de referências nos grafites a práticas sexuais (tais como a sodomia, no latim *pedicare*, geralmente referindo-se a homens), o que não exclui absolutamente a possibilidade de que homens e mulheres trabalhassem ali. Onde há anúncio de preços, estes geralmente estão acima dos "2 *asses*" que costumamos encontrar nas paredes dos bares. Um homem, por exemplo, afirma que teve "uma boa foda por um denário [isto é, 16 *asses*]". Isto pode significar que o sexo à parte com uma atendente era mais barato do que no bordel. Pode ser outra pista de que os "2 *asses*" seria um insulto e não o preço real.

Os grafites dentro do edifício podem dizer ainda mais. Um estudo recente assinalou que quase três quartos do total de grafites estão nos dois primeiros cubículos junto à entrada principal. Por quê? Possivelmente porque eram usados não só para sexo, mas como salas de espera, onde os homens tinham tempo de rabiscar pensamentos e bravatas no reboco. O mais provável, e o mais simples, é que, sendo mais próximos à rua, fossem os mais usados. Você entrava e ocupava o primeiro espaço livre.

Só nos resta especular sobre a organização do bordel. Seriam escravas as moças que trabalhavam ali, com um proprietário cafetão que organizava o negócio? Ou teria sido tudo muito mais informal? Mais autônomo? Um fator relevante é o piso superior, ao que se acedia por uma entrada separada na rua lateral. Ele tinha cinco quartos, um consideravelmente maior do que os demais, ligados por uma sacada que servia de corredor entre eles. Não havia camas fixas, pinturas eróticas nem grafites de nenhum tipo (ainda que haja muito menos decorações sobreviventes). Nada informa sobre o que ocorria neste piso. Podia ter sido mais prostituição. Ou podia ser onde as moças viviam (neste modelo, o cafetão talvez ocupasse o quarto maior). Alternativamente, ele não estaria diretamente ligado ao prostíbulo, mas seria um apartamento alugado à parte (endereço: "em cima do bordel"). Neste caso, as moças podiam simplesmente trabalhar, viver e dormir nos pequenos cubículos.

Na verdade, o lugar é bastante sombrio. Ele dificilmente melhora com o fluxo de visitantes que — desde que foi restaurado há alguns anos — passam em fila indiana. De modo geral, ele oferece um prazer muito breve ao turista. Calcula-se que a visita dure em média três minutos. Os guias locais fazem o possível para torná-la atraente, com histórias não exatamente verídicas sobre os encontros peculiares que costumavam ocorrer ali. Já ouviram alguns dizerem: "As pinturas tinham um propósito prático. As prostitutas não sabiam latim. Então, os clientes apontavam para o quadro antes de entrar para explicar a elas o que queriam."

Um bom banho

Um túmulo em Roma, erguido em algum momento no século I d.C. em homenagem ao ex-escravo Tibério Cláudio Segundo por seu parceiro Merope, traz a seguinte observação picante: "Vinho, sexo e banhos arruínam os nossos corpos, mas são o sabor da vida — vinho, sexo e banhos." Na verdade, Tibério Cláudio Segundo viveu bem, pois chegou aos 52 anos de idade. Mas o sentimento irônico exibido aqui era certamente uma máxima popular romana. Outra versão foi achada na Turquia: "Banhos, vinho e sexo trazem o destino mais rápido."

Neste capítulo, até aqui observamos o vinho e o sexo na antiga Pompeia. Mas e os banhos, os três grandes complexos de termas públicas na cidade (hoje chamadas, de acordo com a sua localização, Estabianas, do Fórum e Centrais) e numerosos estabelecimentos comerciais menores e privados com um comércio público ou semipúblico?

As termas eram sinônimo da cultura romana: aonde fossem os romanos, lá iam as termas. Neste sentido, banhar-se não era simplesmente um modo de lavar o corpo, embora a higiene fosse em parte o objetivo. Elas ofereciam (para nós) um amplo leque de atividades: suar, exercitar-se, ser envolvido pelo vapor, nadar, jogar bola, tomar sol, ser "raspado" e esfregado. Eram banhos turcos especiais, com todo tipo de extras opcionais, dos serviços de barbeiro às — nas versões metropolitanas mais grandiosas — bibliotecas. Os complexos projetados para abrigar todas estas atividades eram as peças arquitetônicas mais elaboradas e sofisticadas do mundo romano. Em Pompeia, os três principais banhos públicos ocupam mais espaço que o Fórum, ainda que sejam minúsculos comparados aos vastos esquemas da capital. O conjunto das termas do Fórum de Pompeia caberia facilmente na piscina das Termas de Caracalla, em Roma, do século III d.C.

Os banhos eram, ao mesmo tempo, um nivelador social e um espaço onde as desigualdades sociais eram mais flagrantemente expostas. À exceção dos muito pobres, todos iam aos banhos, inclusive alguns escravos — embora servissem no séquito do amo. Os muito ricos tinham banhos privados, como a grandiosa Casa de Menandro, em Pompeia. Mas, de modo geral, os ricos compartilhavam as termas com os menos afortunados. Em outras palavras, à diferença do jantar, eles *saíam* para se banhar.

Por um lado, as convenções do banho nivelavam a todos. Banhando--se nus, ou quase nus (há evidências de ambas as práticas), em princípio os pobres não eram diferentes dos ricos — talvez mais saudáveis e com o corpo em melhores condições. Aquilo era a sociedade romana exibindo--se a si mesma, sem as marcas de categoria social, política ou econômica: togas, sandálias senatoriais etc. Como afirma um historiador moderno, era "um buraco na camada de ozônio da hierarquia social".

Ao mesmo tempo, as histórias que os escritores romanos contam sobre os banhos e os banhistas remetem repetidas vezes a competição, ciúmes, ansiedade, diferenças sociais e ostentação. Isto era parcialmente uma questão do corpo belo, tanto para homens quanto para mulheres. Segundo um antigo biógrafo, a mãe do imperador Augusto nunca mais pôde suportar voltar aos banhos depois que uma marca antiestética surgiu no seu corpo durante a gravidez (na verdade, tratava-se da marca da chegada divina do filho). O poeta Marcial escreveu uma epigrama mordaz sobre um homem que riu dos que tinham hérnias, presume-se que nas termas, até que um dia, banhando-se, notou que também tinha uma.

Mas as termas eram também uma questão de expor (e abusar) do status. Um incidente notório no século II a.C. envolveu a esposa de um cônsul que estava viajando pela Itália e resolveu que iria usar as termas masculinas numa cidade não muito distante de Pompeia (deviam ser mais bem equipadas do que as das mulheres). Então, não só mandou expulsar os homens, como o marido mandou açoitar o *quaestor* eleito do local por não expulsá-los com rapidez suficiente e não manter as termas limpas.

Uma variante simpática deste tema, com um final mais feliz, refere-se ao imperador Adriano. Segundo a história, um dia, ao visitar as termas (porque até os imperadores se banhavam em público — ou se preocupavam em fazê-lo de vez em quando), ele reparou num soldado veterano que esfregava as costas numa parede. Questionado, o homem explicou que não podia pagar um escravo para esfregá-lo. Então Adriano deu-lhe alguns escravos e dinheiro para mantê-los. Ao regressar ali mais tarde, encontrou um grupo de homens esfregando as costas na parede. Uma oportunidade para outro ato de generosidade imperial? Nada disso. Ele sugeriu que eles esfregassem uns aos outros.

Havia também uma ambivalência tensa quanto ao caráter moral dos banhos. É verdade que muitos romanos pensavam que banhar-se era bom, e os banhos deviam ser recomendados pelos médicos. Ao mesmo tempo, havia a forte suspeita de que se tratava de um hábito moralmente corruptor. Aos olhos de muitos, a nudez, a luxúria e os prazeres da recreação quente e vaporosa eram uma combinação perigosa. Não era só o ruído que preocupava o filósofo Sêneca quando reclamou por viver em cima de umas termas (p. 130).

Os arqueólogos se inclinam por estereotipar e normalizar as termas romanas, como fazem com as casas. Uma coleção de nomes romanos se aplica às diversas partes do ciclo de quartos frios e quentes: *frigidarium* (sala fria), *tepidarium* (sala morna), *caldarium* (sala quente), *laconicum* (sauna), *apodyterium* (vestiário) etc. Estes termos às vezes eram empregados pelos próprios romanos. De fato, uma inscrição nas Termas Estabianas em Pompeia registra a instalação de um *laconicum* e um *destrictorium* (uma sala de massagens). Mas estas não eram as palavras comuns, usadas no cotidiano, como fazem pensar os guias e mapas modernos. Duvido muito que, na prática, os romanos dissessem "Nos vemos no tepidário".

Tampouco havia um procedimento fixo nos banhos, como os impressionantes termos latinos fazem pensar. Os arqueólogos quase sempre se entusiasmam demais ao sistematizar os costumes romanos.

Embora especialistas nas termas frequentemente digam que o princípio do banho romano era avançar por salas cada vez mais quentes e depois voltar ao começo e terminar com um mergulho na água fria, não há evidências sólidas a este respeito. Todo tipo de procedimentos era possível (de fato, outros especialistas afirmam o contrário, que iam do quente para o frio). Tampouco há razão para supor que a visita às termas durasse sempre no mínimo um par de horas, ou que os homens as frequentassem sempre à tarde. Certamente a prática era muito mais variada e os procedimentos mais aleatórios do que o desejo moderno de impor regras e normas quer nos fazer crer.

A variedade de oportunidades e entretenimentos oferecidos num complexo de banhos relativamente grande fica mais clara observando as Termas Estabianas em Pompeia (fig. 18, p. 280). Um dos três principais complexos de termas públicas no centro da cidade, elas estavam — como tantas outras coisas — em reforma no momento da erupção, e só a ala feminina estava funcionando adequadamente. Devia haver certa escassez de termas na cidade em 79. Das termas públicas, só a do Fórum funcionava plenamente. Um conjunto totalmente novo (as Termas Centrais) estava em construção seguindo os mínimos detalhes do projeto, mas ainda não estava pronto. Mesmo os estabelecimentos comerciais privados, que tendiam a ser menores que aqueles gerenciados pela cidade, e que podiam ser mais exigentes quanto à clientela, não estavam todos em funcionamento. Um deles, por exemplo, estava em ruínas havia muitos anos (talvez um fracasso comercial) e as chamadas Termas do Sarno, no térreo de um prédio de apartamentos (p. 130) estavam sendo restauradas. Os banhos da Casa de Júlia Félix, "uma elegante suíte de banhos para clientes de prestígio", segundo o anúncio de aluguel (p. 132), eram um dos poucos em funcionamento — e, dada a demanda provável, presume-se que tivessem um bom faturamento.

Legenda

a - entrada da suíte de banhos masculina
b - vestiário masculino
c - sala morna
d - sala quente
e - fornalha
f - sala quente
g - sala morna
h - vestiário feminino
i - piscina natural
j - piscina
k - lojas

Figura 18. As Termas Estabianas.

As Termas Estabianas eram as mais antigas da cidade, muito anteriores à colônia romana. É difícil identificar as diversas fases da sua construção (ainda mais porque as anotações de um grande estudo sobre o local foram destruídas no bombardeio de Dresden, na Segunda Guerra Mundial). O primeiro prédio, que alguns arqueólogos dataram no século V a.C., tem a forma de uma quadra de exercícios (*palaestra*) e uma ala de "banheiras" ao estilo grego. Mas os banhos que vemos hoje são o resultado de uma importante reforma de meados de século II, com uma série de melhorias que duraram até o fim da vida da cidade, incluindo o fornecimento de água diretamente do aqueduto, em vez do antigo poço (fig. 106 do encarte). Acreditamos que fossem propriedade pública administrada publicamente, não só devido ao tamanho (é difícil imaginar um complexo desta magnitude como um empreendimento privado) como também pelas inscrições que registram o investimento de dinheiro público: o relógio de sol com um texto em osco indica que foram erguidos com o dinheiro coletado de multas; e o edifício do *laconicum* e *destrictarium* foram construídos no século I a.C. por duúnviros "com dinheiro que foram legalmente obrigados a gastar em jogos ou em um monumento", como afirma a inscrição.

A entrada principal era pela Via dell'Abbondanza, junto à estátua de Marco Holcônio Rufo, onde a rua se alarga formando uma pequena piazza. Uma fileira de lojas dava para a mesma via, mas ao entrar no vestíbulo o visitante se deparava com um pátio cercado de colunatas, que era a área de exercícios e de convívio. Em algum momento o dinheiro deve ter mudado de mãos, porque algumas termas públicas eram gratuitas e outras cobravam uma pequena taxa de ingresso. Não sabemos qual seria o caso aqui, mas o lugar mais fácil para cobrar o ingresso era a entrada da principal sala de banhos (*a*).

O desenho das salas de banho é extremamente prático. Nas Termas Estabianas o calor provinha de uma única fornalha ligada ao sistema de aquecimento subterrâneo, ou "hipocausto". O exemplo mais antigo deste sistema a sobreviver (ele provavelmente foi inventado na Campânia) era um modo muito mais poderoso de aquecer as salas que o sistema anterior dos braseiros, ainda em uso nas Termas do Fórum (fig. 107 do encarte). O princípio básico era que os pisos das salas a serem aquecidas eram elevados sobre pequenos pilares de tijolos, criando uma camada de ar por baixo do recinto, que era aquecido pelo calor do fogo — quanto mais próxima da fornalha, mais quente era a sala. No arranjo das Termas Estabianas, dois conjuntos de salas eram aquecidos de cada lado do fogo: duas salas muito quentes (*d*) e a menor (*f*), e duas salas mornas (*c*) e a menor (*g*).

Por que dois conjuntos? O conjunto menor era para as mulheres, cujo banho ali era segregado do banho dos homens. Elas não utilizavam a impressionante entrada principal da Via dell'Abbondanza, mas acediam pela entrada em uma rua lateral, com o letreiro "Mulheres" (visível nas escavações originais e hoje completamente ilegível). Em vez de chegarem em um pátio arejado, elas tinham de caminhar por um corredor longo e estreito para chegar a um espaço onde talvez pagavam para deixar as suas roupas (*h*) e entrar no conjunto de salas menores. Este mesmo arranjo funcionava nas Termas do Fórum, com uma série menos elaborada de salas de banho femininas. Nas Termas Centrais não havia esta separação: as mulheres eram excluídas, banhavam-se em horário separado ou havia aquela provocação para os moralistas antigos — o banho misto.

Os homens que visitavam as Termas Estabianas tinham várias opções. Eles deixavam as roupas no vestiário (*b*), uma bela sala decorada com estuque onde sobrevivem nichos individuais para guardar os pertences dos banhistas (fig. 108 do encarte). Podemos especular que entre os empregados do estabelecimento havia um guarda, mas os escritores romanos contam histórias de pequenos furtos nas termas. Talvez fosse melhor deixar as coisas de valor em casa. Eles podiam estar ao ar livre para todo tipo de jogos e exercícios. Havia uma piscina (*j*) e, se a descoberta de um par de bolas de pedra for significativa, talvez espaço para um jogo de bola. A unção e a esfregação que tradicionalmente faziam parte dos exercícios romanos podia ser feita pelos escravos do banhista (que ele levava para este fim), ou com base na ajuda mútua proposta por Adriano. Também podia haver criados nas termas para fazer este serviço — embora não se saiba qual seria a "sala de esfregação" construída pelos duúnviros. Na suíte de banho podiam suar no calor, sentar-se nas pequenas piscinas aquecidas (parecidas com as banheiras modernas) ou mergulhar no banho frio (*i*), que se acredita ser uma adaptação posterior do antigo *laconicum*.

Para os que viviam em pequenas casas lúgubres ou em cima das oficinas, os banhos deviam ser um verdadeiro "Palácio do Povo" (fig. 16 do encarte). Não só eram maravilhosamente espaçosos e proporcionavam o prazer de nadar, mergulhar e fazer quaisquer exercícios como eram luxuosamente decorados. Os tetos abobadados da sala de banho eram pintados em cores vivas e o sol penetrava fortemente pelas rosetas no alto. Onde o sol não entrava as salas eram iluminadas por uma bateria de lamparinas. Num corredor nas Termas do Fórum foi encontrado um depósito com 500 lamparinas.

O visitante moderno não é o único a pensar na higiene diante de tudo aquilo. Não havia cloro nas piscinas para mitigar os efeitos da urina e outros detritos corporais menos estéreis. Tampouco a água das várias piscinas era trocada com constância e rapidez, apesar das tentativas de introduzir um fluxo constante de água nova, que ao menos teria diluído a sujeira. As banheiras quentes na suíte de banhos deviam ser uma massa efervescente de bactérias (como muitos *spas* europeus do século XVIII). Marcial faz pilhéria com as fezes que apareciam ali e Celso, o escritor médico romano, aconselha, sensatamente, que não era recomendável ir às termas com uma ferida aberta ("isto costuma provocar gangrena"). Em outras palavras, elas podiam ser um lugar de deslumbramento, prazer e beleza para o banhista pompeiano humilde. Mas também podiam matá-lo.

Não é de surpreender, dada a nudez e a possível mistura de homens e mulheres (ao menos na fantasia romana), que os banhos também fossem associados ao sexo. À semelhança dos bares, algumas termas eram consideradas bordéis disfarçados, com prostitutas acossando os clientes. O problema ocupava escritores e juristas romanos também. Na tentativa de decidir quem exatamente devia ser legalmente punido por ser *infamis* ao se envolver com a prostituição, um escritor cita uma prática conhecida em "certas províncias" (em outras palavras, fora da Itália), onde o administrador das termas tem escravos para cuidar das roupas dos banhistas e oferece uma ampla gama de outros serviços. Devia ser considerado um cafetão?, ponderavam os pensadores sobre as leis romanas — em teoria.

Em Pompeia deparamos com isto na prática no conjunto de banhos fora das muralhas da cidade, perto da Porta do Mar, que hoje é conhecido como Termas Suburbanas. Escavada nos anos 1980, elas eram um empreendimento comercial privado no térreo de um prédio com uma acomodação doméstica e outra diferente no piso superior. Muito menor do que os complexos termais públicos no centro da cidade e sem sinal de uma seção feminina, o seu atrativo devia ser a maravilhosa vista que se descortinava para o mar e o fato de que os banhistas podiam desfrutar do espaçoso terraço (não era um espaço de exercícios). Construídas no início do século I d.C., elas também estavam em reforma à época da erupção.

Hoje, elas são famosas pelo vestiário. No alto de uma parede ainda se veem oito cenas de relações sexuais atléticas, principalmente de casais, (um dos quais *pode* ser formado por duas mulheres), e um trio e um quarteto fazendo sexo grupal (fig. 109 do encarte). Elas hoje enfeitam uma única parede, mas originalmente devia estar nas outras duas, num total de talvez 24 variedades de posições sexuais. Sob as cenas eróticas há pinturas de uma série de caixas de madeira ou cestas numeradas (restam as de números I-XVI). Por que as pinturas de sexo, e por que combinadas com pinturas de quadros numerados?

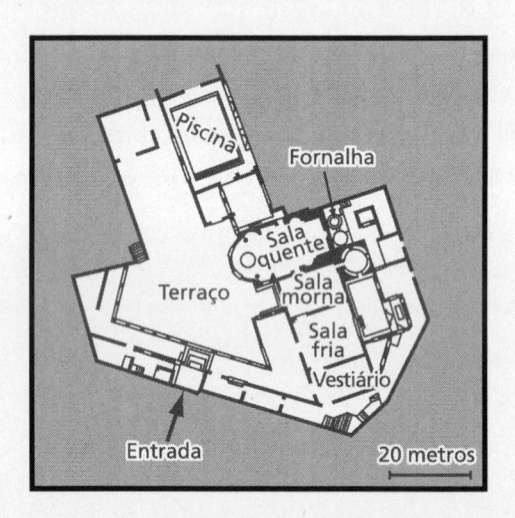

Figura 19. As Termas Suburbanas.
Este pequeno conjunto de termas comerciais privadas se ergue
em torno de um grande terraço central com vista para o mar.
As famosas pinturas eróticas estão no vestiário.

A resposta mais provável está no simples fato de que este era o vestiário. À diferença do seu equivalente nas Termas Estabianas, não havia nichos embutidos para deixar as roupas, mas ainda são visíveis os restos de uma prateleira que rodeia o quarto sob as pinturas — onde podia haver caixas ou cestas individuais. As pinturas acima servem para numerar as cestas e dar ao banhista uma senha divertida para lembrar onde deixou suas coisas: "número VI — este é o do trio". Outros quiseram avançar na interpretação, sugerindo que as pinturas eram o anúncio de um prostíbulo no piso superior e até o cardápio das opções à venda ("Meia hora do número VII, por favor"). Talvez este também fosse o caso (como "em certas províncias") onde as escravas no vestiário faziam as vezes de prostitutas. Talvez o grafite junto de uma entrada para o piso superior, aparentemente anunciando os serviços de Atice pelo (alto) preço de 16 *asses*, tivesse relação com as pinturas.

Não se sabe. Mas as pinturas têm um estranho sabor amargo. Embora oito delas estejam em muito boas condições, todas parecem ter sido repintadas pouco antes da erupção. A decoração do resto da sala não foi retocada: alguém quis cobrir só aquelas. Por quê? Uma teoria sugere que houve troca de gerente (que não se interessava pelo suposto prostíbulo do piso superior). Mas talvez a explicação seja ainda mais simples.

Talvez até os pompeianos estivessem saturados de pinturas de sexo.

8.

DIVERSÃO E JOGOS

A jogada do dado

Um historiador romano do século IV d.C. com pouco tempo para os pobres se referiu desdenhosamente à estranha ronqueira que ouvia, tarde da noite, nas tabernas de Roma. Não era algo relacionado à diversão e à atividade sexual; ela provinha das mesas de jogo. Os jogadores estavam tão absortos nos dados que produziam aquele som desagradável ao inspirar pelas narinas. É uma das raras ocasiões em que podemos reconstruir instantaneamente o som da vida romana — que certamente soava alto nos bares de Pompeia, onde, a julgar pelas pinturas do capítulo anterior, os jogos e os dados eram um importante acompanhamento da comida e da bebida.

Não sabemos exatamente o que jogavam os homens das pinturas. Os jogos de tabuleiro romanos, como os nossos, eram muito variados, e tinham vários nomes. "Ladrõezinhos" ou, talvez "Soldadinhos" (*latrunculi*) era um dos favoritos, e certamente era jogado em Pompeia; porque um cartaz eleitoral oferece a um candidato o apoio — talvez indesejado — dos "jogadores de *latrunculi*". Outro jogo muito mencionado na literatura romana se chamava "doze escritos" (*duodecim scripta*). Não sobreviveu nenhum manual destes jogos e há diversas tentativas acadêmicas de reconstruí-los a partir de referências casuais. *Latrunculi*, por exemplo, podia envolver o bloqueio ou o fechamento das peças do oponente de um modo que lembra o jogo de damas moderno. Mas, naquela época, como hoje, a maioria seguia o mesmo princípio básico: a jogada do dado permitia ao jogador mover a sua ficha ou fichas no tabuleiro ou avançar em direção à meta; o resultado ao azar do dado era o elemento crucial do êxito, mas certamente podia-se exibir maior ou menor habilidade na movimentação das peças. Obviamente, o jogo implicava em suficiente habilidade para levar o imperador Cláudio a escrever um livro (infelizmente perdido) sobre a arte da *alea*, termo genérico para os jogos de dados.

A aposta nos resultados era outro elemento crucial. Os jogos de taberna podiam resultar em altas somas para os participantes, recebidas ou perdidas. Um grafite em Pompeia alardeia um triunfo particularmente espetacular: "Ganhei 855 denários e meio jogando *alea* em Nucéria — juro que é verdade." Trata-se de uma quantia alta que somava 3.422 sestércios, quase quatro vezes o soldo anual de um legionário. A maioria dos prêmios devia ser muito menor, como aponta o vencedor de Nucéria ao jurar que diz a verdade. De todo modo, isto nos ajuda a entender um pouco melhor o nível social da cultura pompeiana dos cafés. Os homens podiam ser humildes, ou muito pobres para os padrões da elite local, mas tinham um pouco de tempo e dinheiro para gastar. O jogo não era, e não é, uma ocupação de indigentes.

As autoridades romanas legislaram sobre o jogo e as apostas deste tipo com um entusiasmo que nunca demonstraram na regulamentação da prostituição. Certamente de modo ineficaz e com um duplo padrão flagrante. Porque é claro que a prática dos jogos (como demonstra a paixão do imperador Cláudio) atravessava todo o espectro social. As apostas eram um hábito tão caracteristicamente romano que, no século I a.C., um teórico excêntrico argumentou que Homero devia ser romano, pois na *Odisseia* os pretendentes de Penélope jogam dados. Nenhum jogo de tabuleiro sobreviveu em Pompeia, embora tenham sido encontrados em outras partes do mundo romano. Supõe-se que os pompeianos usavam tabuleiros de madeira. Debate-se se os objetos às vezes identificados como atiradores de dados não seriam, na verdade, pequenas taças. Mas foram encontrados balcões de jogos e dados na cidade, inclusive nas casas mais ricas: um par de lindos dados e um punhado de tabuleiros foram achados na Casa de Menandro, por exemplo.

Os romanos queriam restringir os jogos nas tabernas, mais do que no âmbito doméstico. Em parte porque eles certamente punham em risco as hierarquias sociais e econômicas. Uma cultura que estratificava os seus membros de um modo tão rígido segundo a quantidade de dinheiro que possuíam inevitavelmente se opunha à ideia de que um mero lance de dados pudesse mudar o status de alguém. Nestes termos, o homem que tirou a sorte grande em Nucéria não só era sortudo como representava uma perigosa perturbação da ordem social. Uma interessante sugestão recente é que o problema da elite com os jogos nas tabernas também estaria relacionado com questões mais gerais na cultura romana diante do ócio (*otium*). Como desfrutá-lo de modo adequado? Qual era o momento certo para o ócio? Haveria atividades de lazer adequadas apenas a determinados contextos? Seria o jogo aceito no âmbito de uma casa rica, mas não num bar?

Adequados ou inadequados, os jogos de dados e de azar eram uma atividade de lazer favorita em Pompeia. Ao considerar outras formas de desfrutar o ócio — os espetáculos e apresentações que, com seus teatros e anfiteatros, deixaram uma marca mais forte no registro arqueológico do que um simples jogo de dados —, deve-se levar em conta que, em Pompeia, muito mais horas-homem foram gastas (ou desperdiçadas) em torno dos tabuleiros dos jogos do que diante de atores ou gladiadores.

Fascínio pelas estrelas?

Pompeia era uma cidade teatral. Em 79 d.C. havia dois teatros erguidos em pedra, embora em mau estado. Um deles era do século II a.C., mas fora reformado e ampliado por Marco Holcônio Rufo e acomodava 5 mil pessoas (fig. 110 do encarte). Parte do palco de alvenaria ainda é visível, assim como as instalações das cortinas (em Roma as cortinas não caíam, como no teatro moderno; eram puxadas do piso). O outro, muito perto deste, era o Teatro Coberto, menor, com capacidade para 2 mil pessoas, erguido nos primeiros tempos da colônia romana pelo mesmo indivíduo que construiu o Anfiteatro (fig. 92 do encarte). Quando o primeiro teatro de pedra permanente foi erguido em Roma, nos anos 50 a.C., financiado com o butim das guerras orientais de Pompeu, o Grande, há mais de duas décadas a pequena Pompeia já contava com dois teatros.

Além disso, ao caminhar pelas casas mais ricas da cidade e pelas galerias de pinturas e mosaicos do Museu de Nápoles, nos deparamos continuamente com imagens de palcos, dramas e encenações teatrais. Como vimos, o nome da Casa de Menandro se deve a uma pintura do dramaturgo grego do século IV a.C. no nicho central do peristilo, alinhado diretamente com a entrada principal (fig. 67 do encarte). Menandro está sentado e porta um rolo de papiro; o seu nome figura claramente sob a cadeira e no rolo. No lado oposto há uma figura similar, hoje pouco visível, que quase certamente representa outro dramaturgo: especula-se que seja Eurípedes.

Um belo complemento de Menandro são os dois mosaicos na Vila de Cícero, logo do lado de fora das muralhas da cidade. Feitos de requintados *tesserae* minúsculos, foram "assinados" pelo artista: Dioscórides de Samos. Em um deles três mulheres bebem sentadas à mesa, no outro um grupo de músicos toca tamborim, címbalos e flauta (fig. 1 do encarte). Todas as personagens usam máscaras teatrais (uma das mulheres é uma impressionante "bruxa velha"), o que indica que as cenas eram de peças e não da vida real. Mas de qual? Um bom achado de mosaicos semelhantes na ilha grega de Lesbos, desta vez com títulos, nos dá quase certeza de que se trata de cenas de comédias de Menandro: as mulheres são de sua peça *Mulheres que almoçam*; os músicos provavelmente de *Moça possuída pelos deuses* (em que a música é usada para testar se a moça, que *diz* estar possuída, realmente está). Uma cena de *Os Heráclidas*, tragédia de Eurípedes, foi identificada numa pintura na Casa de Casca Longo. Outra vez as personagens estão cobertas por máscaras, e a pintura retrata uma cena extraída de uma comédia não identificada em que um maravilhoso escravo velho e barrigudo tagarela com um jovem casal.

Também há interesse pelo que ocorre por trás dos bastidores. O mosaico que ocupava o lugar central no *tablinum* da Casa do Poeta Trágico trazia atores se aprontando para entrar em cena (fig. 17 do encarte). A encenação para a qual se preparavam não era uma tragédia ou comédia tradicional, mas uma "sátira" — uma espécie de burlesco vívido que, no teatro ateniense do século V a.C., era representado após uma série de três tragédias, oferecendo à audiência um alívio merecido. Na cena, o casal à extrema esquerda veste fantasias de bode características do coro neste estilo de representação (um coro de sátiros — metade homens, metade bodes). O restante da companhia ainda não está pronto. O ator ao fundo ainda se espreme na fantasia (também de bode) e o flautista ensaia a sua parte, enquanto, no centro, o diretor dá as instruções finais. Aos seus pés e na mesa atrás dele há máscaras esperando para serem postas — que também sinalizam a natureza teatral da cena. De fato, em todo o repertório da decoração pompeiana moderna, máscaras semelhantes são um elemento comum, dependuradas nas fantásticas extravagâncias arquitetônicas pintadas ou flutuando entre as paredes. É como se o teatro fornecesse um modelo para todo o espetáculo da própria pintura mural pompeiana: a pintura transformava uma casa em palco.

A grande questão é encaixar estas pinturas e mosaicos no que sobrou dos próprios teatros. Em outros momentos vimos que a decoração das casas e bares podia refletir, de forma idealizada ou humorística, as atividades de residentes e observadores — fosse a bebida, os jantares ou os jogos. Seriam as cenas de clássicos do drama grego nas paredes e nos pisos das casas de Pompeia uma sugestão de que os teatros locais eram espaços de encenação deste tipo de peças? Quando os duúnviros patrocinavam representações dramáticas como parte da exigência de magnanimidade para com a cidade, será que favoreciam as reprises de favoritos antigos de categoria, tais como Menandro e Eurípedes, traduzidos do grego ou do latim?

Assim pensam certos estudiosos modernos. Mas a resposta mais curta é que há poucas informações diretas sobre o que se encenava nos dois teatros e com que periodicidade. À diferença das lutas de gladiadores, para as quais contamos com o equivalente antigo dos programas, não há programas nem anúncios pintados das representações teatrais. A maioria dos historiadores não está convencida de que o drama grego clássico estivesse muito em evidência nos palcos pompeianos. Afinal, não há exemplos nas citações literárias rabiscadas nas paredes (na verdade, não há citações de nenhuma peça, exceto por uma única linha de uma tragédia de Sêneca). Muitas pinturas e mosaicos sobre dramas clássicos certamente se baseavam em obras de arte gregas famosas e tinham a intenção de refletir de modo geral o mundo cultural da Grécia antiga e seus símbolos. Não eram uma referência direta às encenações.

Os candidatos favoritos do palco pompeiano eram os vários gêneros latinos. Muito citadas são as chamadas "farsas atelanas", um tipo de comédia da qual restam poucos fragmentos e que se supõe serem de origem osca. Com personagens como Manduco, o glutão, e Buco, o fanfarrão, elas foram comparadas às peças morais da Idade Média. Também havia outros estilos de comédia romana, como os que sobrevivem nas peças de Plauto e Terêncio, e até encenações que não seriam teatrais como as entendemos hoje. Uma teoria diz que o Teatro Coberto não fora erguido para dramas, mas para a assembleia dos primeiros colonos.

Todas estas sugestões são perfeitamente plausíveis, mas não passam disso. Contudo, uma investigação detetivesca cuidadosa nos permite ver mais de perto as bases do palco pompeiano. Só recentemente os estudiosos se debruçaram sobre dois gêneros de representação teatral, em grande parte perdidos, que eram tremendamente populares na Itália durante o último século de vida de Pompeia tanto entre os imperadores quanto entre os indigentes. Trata-se do mimo e da pantomima. O mimo tinha várias formas, encenado como diversão de rua, em casas particulares, entretenimento curto nos intervalos do teatro ou atração principal. As comédias burlescas, cujos títulos podiam ser "A boda", "O pisoeiro" ou "As tecelãs" (talvez, como sugeriu um estudioso, o equivalente antigo de uma peça intitulada "As massagistas suecas"), eram encenadas por atores e atrizes que, em geral, não usavam máscaras. Às vezes eram improvisadas segundo um argumento do *archimimus* ("mímico principal"); às vezes tinham uma trama. Apesar do título e do nosso entendimento de "mimo", elas não eram mudas e tinham uma mescla de palavras, música e dança.

A pantomima era outro gênero, geralmente mais trágico do que cômico, e não deve ser confundida com as representações modernas do mesmo nome. A pantomima antiga é mais uma ancestral do balé moderno do que da nossa "pantomima". Dizem que foi levada a Roma no século I a.C. e tinha um ator principal que fazia uma apresentação virtuosa de dança e mímica (no sentido que damos à palavra hoje) de um libreto cantado pelos homens e mulheres de apoio da trupe. Eles formavam um "coro" junto com outros que tocavam a música. O *scabellum*, ou grandes castanholas, era um aspecto característico e ruidoso da apresentação. O ator principal fazia todos os papéis da trama, daí o título: "*panto* — mima", ou "mímica *de tudo*". No processo, ele trocava de máscara (que tinha uma boca fechada, e não aberta, como no teatro convencional antigo) para indicar os diferentes papéis. Todo tipo de temas era encenado, retirados do repertório da tragédia grega clássica, como *As Bacantes* de Eurípedes e a história de Ifigênia. Hoje, os historiadores reconhecem que a pantomima era mais do que um teatro degenerado. Para a população do mundo romano, ela foi um dos principais veículos de aprendizado sobre a literatura e a mitologia gregas.

Há claros sinais de que o mimo e, especialmente, a pantomima, eram atrações importantes do teatro e outros locais de Pompeia. Um retrato no Templo de Ísis homenageia Caio Norbano Sórice, "ator coadjuvante". Outra estátua do mesmo indivíduo ficava no Edifício de Eumáquia, no Fórum (dela só sobreviveu a base com as inscrições), e outra no santuário de Diana em Nemi, nos arredores de Roma, onde ele é chamado de "ator coadjuvante de mimo". Presume-se que tenha sido membro de uma companhia ambulante que atuava em vários lugares no centro e no sul da Itália. Embora não fosse o ator principal da trupe, ele fez o suficiente para ser homenageado em Pompeia (talvez tenha contribuído para a restauração do Templo de Ísis depois do terremoto) com dois retratos em bronze. O fato de que, como ator, ele legalmente fosse *infamis* ("vergonhoso") não impediu que fosse celebrado publicamente "em terras cedidas por decisão do conselho da cidade" no centro da cidade.

Já vimos pistas da encenação de pantomima na cidade. Segundo as palavras exatas em seu túmulo, as apresentações de Aulo Clódio Flaco nos jogos de Apolo (p. 226-227) incluíam "pantomimas, inclusive Pilade". Pilade era o ator de pantomima favorito do imperador Augusto, que se apresentava em suas festas particulares. Talvez este ator notável tenha sido trazido a Pompeia pela generosidade de Flaco, ou talvez seja alguém que adotou o nome teatral famoso — prática comum entre os atores antigos e que nos parece confusa. Outra inscrição num túmulo, o epitáfio de Décimo Lucrécio Valente (p. 242-243), refere-se de passagem à música estridente da pantomima. Se a minha tradução estiver correta, os "tocadores de castanholas" (*scabiliari*) foram um dos grupos que homenagearam o morto com estátuas.

O entusiasmo dos pompeianos com a pantomima está registrado num punhado de grafites mal preservados e difíceis de decifrar. Eles parecem se referir a diferentes membros de uma trupe liderada por Actio Aniceto, que também é encontrado em Putéoli sob a alcunha de "Caio Úmido Actio Aniceto, o pantomimo". "Actio, estrela do palco", diz a aparente mensagem de um fã rabiscada num túmulo fora das muralhas da cidade; "Isto é para Actio, volte logo para o seu povo", diz outra. Talvez os que às vezes se autodesignavam "Anicetani" fossem fãs de Aniceto, e não membros da sua trupe. De qualquer modo, alguns membros de apoio podem ser rastreados em outros grafites de Pompeia. No banho privado de uma grande casa alguém escreveu *histrionica Actica* ou "histriã de Actio", talvez o admirador de uma mulher da companhia que não sabia o verdadeiro nome dela. Em outra parte o nome Castrense figura em diversos grafites junto ao nome de Actio Aniceto, o que nos leva a imaginar que fosse outro ator da trupe. O mesmo ocorre com "Horus": "Isto é para Actio Aniceto, isto é para Horus", diz um grafite. Parece que estamos lidando com um grupo popular de uns sete ou oito atores.

Tendo em mente a popularidade da pantomima, regressemos às pinturas murais. Nestas evocações do mundo distante do teatro grego clássico há uma ou duas que, de fato, capturam os fundamentos do palco pompeiano. Uma candidata provável é a pintura pretensiosa de um palco, desbotada e quase irreconhecível. No entanto, desenhos antigos permitem ver que se parece muito ao fundo arquitetônico elaborado do Teatro Grande de Pompeia, com sua grande porta central (fig. 112 do encarte). Uma sugestão inteligente é que este desenho ilustraria uma pantomima sobre o mito de Marsias, que tomou as flautas da deusa Minerva e desafiou Apolo para uma competição musical. Assim, vemos nas aberturas principais do palco, da esquerda para a direita, Minerva, Apolo e Marsias, retratados pelo dançarino principal. Ao fundo o coro os fita.

Isto pode ser o mais perto que conseguimos chegar do teatro pompeiano.

Jogos sangrentos

Para os pompeianos, um dia de diversão podia envolver um espetáculo muito mais sangrento do que a pantomima inofensiva, ainda que barulhenta. Quando cunhou a famosa frase "massacrado para compor um festival romano", Lord Byron quis dizer exatamente isto. Um dos passatempos romanos era assistir a homens enfrentando animais selvagens e combates entre gladiadores, que às vezes lutavam até a morte. Uma enorme quantidade de pesquisas acadêmicas já foi feita para descobrir onde e quando os gladiadores se originaram. Teriam vindo de Roma via os misteriosos etruscos? Seriam as instituições uma invenção da era do sul da Itália e da própria região de Pompeia? Teriam origem pré-histórica no sacrifício humano? Talvez ainda mais esforços tenham sido dedicados a descobrir por que os romanos eram tão atraídos por estas práticas. Seriam elas substitutivos da guerra "real"? Funcionariam como uma catarse coletiva das tensões numa sociedade altamente hierarquizada e rígida? Ou seriam os romanos ainda mais sedentos de sangue do que as audiências modernas, que se deleitam com lutas de boxe e touradas?

O material sobrevivente em Pompeia não ajuda muito a responder estas questões. No melhor dos casos, as respostas são sempre especulativas. Os prédios, pinturas e grafites da cidade nos dão a melhor visão no mundo romano da infraestrutura e organização prática das caçadas de bestas selvagens e jogos gladiatórios e das vidas (e mortes) dos próprios gladiadores. Temos cartazes anunciando as exibições e as comodidades oferecidas. Podemos visitar os alojamentos dos gladiadores e ver o que escreviam nas paredes. Podemos inspecionar desenhos de lutas reais que registram os resultados da disputa e saber se o lutador que perdeu foi morto ou se teve a vida poupada. Aqui estamos mais próximos da cultura cotidiana do Anfiteatro romano do que ao ler os relatos bombásticos dos escritores antigos sobre os espetáculos de arrasar quarteirão que os imperadores romanos às vezes apresentavam, com — assim dizem os escritores — a carnificina massiva de humanos e bestas selvagens.

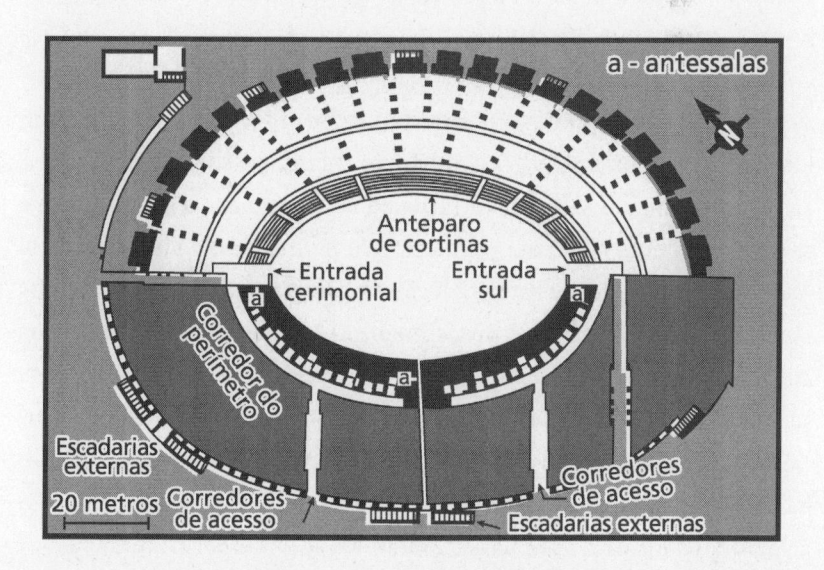

Figura 20. O Anfiteatro de Pompeia.
O mapa mostra o padrão das escadarias com os assentos (acima) e o sistema de corredores internos e de acesso que corriam sob os assentos (abaixo), em sua maior parte invisíveis para os espectadores.

O Anfiteatro, onde ocorria a maior parte das apresentações de gladiadores e caçadas, ainda é um dos monumentos mais impactantes de

Pompeia. Construído no limite da cidade nos anos 70 a.C. (p. 53-54, 55-56), graças à generosidade de Caio Quíncio Valgo e Marco Pórcio, é o mais antigo edifício de pedra permanente deste tipo e tem um tamanho considerável, mesmo para os padrões romanos metropolitanos. O Coliseu de Roma foi construído 150 anos mais tarde numa cidade com uma população total de cerca de 1 milhão de habitantes, é pouco mais de duas vezes maior: o Coliseu acomoda cerca de 50 mil espectadores, e o Anfiteatro pompeiano, uns 20 mil. Porém, a visita aos anfiteatros pode ser decepcionante: o impacto inicial é grande, mas os detalhes não compensam. Eles nem sempre resistem a uma inspeção mais cuidadosa. Contudo, se juntarmos as peças, em Pompeia podemos descobrir uma história surpreendente.

A planta baixa do prédio, tal como foi soterrado em 79, dá uma boa ideia de como funcionava o Anfiteatro. Os assentos que circundam a arena eram cuidadosamente estratificados. Os assentos dianteiros eram reservados à elite local, que tinha espaço e uma ampla visão da arena — embora ao custo de estar incomodamente próxima da ação e dos animais selvagens à solta. Provavelmente as mulheres ficavam relegadas ao fundo, caso as regras impostas pelo imperador Augusto em Roma se aplicassem ali também. Os espectadores entravam no edifício por diferentes acessos, segundo onde fossem sentar. Os que se sentavam na arquibancada principal entravam pelas escadarias no exterior do prédio, que levava a uma passagem ao longo do topo. Dali, tomavam outra escadaria até os seus assentos. Os que ocupavam os assentos de luxo entravam por um acesso mais baixo, que conduzia a um corredor interno ao longo do perímetro da arena. Dali, subiam por uma escadaria que levava às primeiras fileiras de assentos. Com este sistema, os ricos nunca precisavam esbarrar com a ralé, os mal lavados. Para assegurá-lo havia uma forte barreira na área de assentos entre os lugares da elite e os do restante acima.

O acesso cerimonial principal se dava pela entrada norte, decorada com estátuas. Os gladiadores e animais também entravam e saíam por ali ou, do lado oposto, pela entrada sul. À diferença do Coliseu em Roma, não havia celas nem passagens subterrâneas para acomodar os lutadores (humanos ou animais) que esperavam para entrar e alçá-los para a arena por meio de elevadores. O único lugar na planta para homens ou (pequenos) animais esperarem antes da luta eram cômodos apinhados (*a*) junto às duas entradas principais. Os animais maiores deviam ficar enjaulados do lado de fora, formando um minizoológico que certamente devia divertir, e aterrorizar, quem passasse por ali.

O que se perdeu? Primeiro, os assentos de madeira. Mesmo nas fases finais, nem todos os assentos eram de pedra. Onde hoje há áreas gramadas havia assentos em madeira. As versões em pedra haviam sido acrescentadas de modo pouco sistemático, segundo a benemerência dos vários governantes locais. Quando Quíncio Valgo e Marco Pórcio ergueram o monumento, o marco estrutural era de alvenaria, mas todos os assentos eram de madeira. É ainda mais decepcionante que as pinturas tenham se perdido. Na primeira escavação, em 1815, foram encontradas decorações em cores vivas cobrindo o anteparo que circundava a arena, logo abaixo dos assentos da elite. Elas desapareceram nas baixas temperaturas do inverno seguinte, mas, por sorte, foram copiadas por artistas que trabalhavam no lugar.

As pinturas exibiam uma maravilhosa variedade de figuras mitológicas (um elemento recorrente era Vitória equilibrando-se num globo e portando um ramo de palma, símbolo do sucesso) e imagens de equipamentos gladiatórios apoiados nas pinturas de estátuas. Mas os painéis principais evocavam os combates na arena. Havia cenas de animais selvagens avançando na selva montanhosa para recordar as caçadas que aconteciam ali (e as cenas nas paredes dos jardins domésticos). O artista satisfez esta fantasia incluindo leões que, pelo que sabemos, nunca realmente fizeram parte das exibições em Pompeia, apesar de povoarem a imaginação da audiência.

Claro, também estavam os gladiadores. Uma das pinturas retrata o início de uma luta (fig. 114 do encarte). O juiz está de pé entre dois gladiadores que ainda não estão totalmente preparados para o combate. O da esquerda toca um longo chifre curvo com uma alça ornamentada para anunciar o embate. Atrás dele, um par de assistentes espera com seu escudo e o elmo. À direita, o seu oponente já está equipado com o escudo, mas os assistentes lhe entregam o elmo e a espada. Duas Vitórias pairam no ar, à espera de conceder o ramo de palma ao vencedor. Outra imagem representa o fim de uma pugna entre dois lutadores bem mais corpulentos. O perdedor sangra do braço esquerdo, deixou cair o escudo e porta uma espada irremediavelmente entortada.

Esta decoração foi instalada nos últimos anos da cidade após o terremoto de 62 — pois, diferentemente dos dois teatros, o Anfiteatro funcionava plenamente à época da erupção. A famosa pintura da revolta no Anfiteatro em 59 d.C. (fig. 39 do encarte) sugere que o novo esquema substituiu um desenho menos complexo. Se pudermos confiar na acuidade do artista, à época da revolta a cortina estava decorada com um padrão que imitava mármore, um conceito romano comum. Porém, seja uma questão de imitação de mármore, sejam cenas sangrentas de combate, a imagem monocromática e austera das ruínas não permite perceber, como costuma ocorrer, a aparência original do monumento, vívida e até estridente.

O Anfiteatro não estava isolado. Algumas festividades ligadas às exibições de gladiadores se espalhavam pela chamada Grande Palestra ao lado — um generoso espaço aberto cercado de colunatas, com uma piscina ao centro e avenidas sombreadas por árvores. Sua data e função originais são incertas, embora o tamanho das raízes das árvores indique que haviam sido plantadas cem anos antes da erupção. Segundo uma teoria, o seu propósito principal era funcionar como uma área de exercícios para a juventude; ou, ao menos, para os rapazes ricos, que podiam — segundo a política do imperador Augusto — se organizar num "corpo" paramilitar (uma mistura de escoteiros e exército territorial). De fato, existe uma evidência pequena e preciosa. O grafite sobrevivente nas colunatas sugere, em vez disso, um conjunto mais heterogêneo de lazer e negócios, de parque sombreado a mercado e escola ao ar livre. Ele deve ter cumprido plenamente os seus propósitos quando havia 20 mil pessoas no Anfiteatro, oferecendo um lugar para descansar, comer, beber e usar o toalete. Até onde podemos dizer, não havia latrinas no Anfiteatro: 20 mil pessoas e apenas as escadas e corredores para fazer xixi.

Os anúncios de espetáculos futuros, pintados no mesmo estilo pelos mesmos cartazistas dos bordões eleitorais, oferecem todo tipo de informações sobre os patrocinadores, o programa, quanto tempo durava e as demais instalações e atrações disponíveis. Esta evidência às vezes pode ser combinada com homenagens nos túmulos, onde as famílias podiam alardear a generosidade do falecido no financiamento dos espetáculos. Porque as exibições de gladiadores e as caçadas de bestas selvagens eram parte importante da cultura da benemerência que já observamos na cidade. Os governantes eleitos armavam os espetáculos durante o seu ano administrativo. O mesmo podiam fazer os sacerdotes cívicos, e mesmo um caso que conhecemos de *Augustalis*. Ou gente como Livíneo Regulo que, em 59 d.C., tentou adular os locais, por bons ou maus motivos. Às vezes, os anúncios ressaltam que o espetáculo será realizado "sem gastos públicos". Talvez fosse comum a administração da cidade contribuir de alguma forma para os gastos. De qualquer modo, não há sinal de cobrança de ingressos. Isto parece ter sido entretenimento gratuito.

Uma série especialmente longa de espetáculos que se estenderam por cinco dias está anunciada num cartaz pintado num muro na rua por

Emílio Celer, o ocupado cartazista (fig. 115 do encarte). Foi quando ele decidiu informar os leitores que trabalhava "só à luz do luar" (p. 97). No linguajar típico, os anúncios diziam:

> Décimo Lucrécio Sátrio Valente, sacerdote permanente do Príncipe Nero, o filho do imperador, vai apresentar vinte pares de gladiadores. O seu filho Décimo Lucrécio Valente vai apresentar dez pares de gladiadores. Eles lutarão em Pompeia nos dias 8, 9, 10, 11 e 12 de abril. Haverá toldos e caçada de bestas selvagens de acordo com as regras de sempre.

Sem dúvida, este ato generoso buscava aumentar o prestígio e a reputação de Sátrio Valente, cujos dois primeiros nomes aparecem em letras dez vezes maiores que o resto. Ele oferecia os jogos na qualidade de sacerdote, mas, ao incluir o filho no empreendimento (apesar dos dez gladiadores a menos), ele certamente tinha a intenção de lançar o jovem na política local. O lugar e a data são anunciados de forma simples. Obviamente, não era necessário especificar que a exibição ocorreria no Anfiteatro. Sabemos que em muitas cidades latinas, inclusive em Roma, o Fórum era usado para exibições e já vimos que houve uma exibição de animais no Fórum de Pompeia. Mas a combinação de gladiadores e caçada de bestas selvagens devia ser suficiente para dizer às pessoas aonde ir. A mensagem crucial era que o acontecimento ocorreria *em Pompeia*. Porque nos muros da cidade havia anúncios de exibições em outros lugares — Nola, Cápua, Herculano, Cumae — para os que podiam se deslocar até lá. As pessoas tampouco precisavam ser informadas sobre a hora exata. Sabendo a data, podiam confiar num horário padrão para o início do espetáculo.

Cinco dias é a série mais longa de exibições de gladiadores que conhecemos em Pompeia. Muitas são anunciadas por um só dia, algumas para dois, três ou quatro. Mesmo se pensarmos que a maioria dos governantes eleitos, além de alguns sacerdotes, escolhiam oferecer estes jogos sanguinolentos como uma benemerência à cidade, e mesmo considerando que algumas apresentações extras talvez tivessem fins comerciais, dificilmente teria havido mais de vinte dias de exibições no Anfiteatro a cada ano. A maior parte do tempo ele ficava trancado e vazio, ou seria ocupado com outro evento que exigia um grande espaço aberto. Talvez a pantomima?

É um enigma que, no caso dos jogos de Sátrio Valente e seu filho, os gladiadores e a caçada tenham se estendido por cinco dias. Não sabemos durante quanto tempo cada par lutava. Mas, em outras ocasiões, numa exibição de um dia havia trinta pares de lutadores além da caçada. Então, podemos imaginar que a generosidade de Sátrio Valente consistiu principalmente em espaçar os lutadores ao longo do tempo programado? Ou os gladiadores se apresentavam em mais de um dia? Alguns anúncios especificam a existência de "substitutos" para o caso de alguém morrer ou se ferir, e às vezes está claro que certos gladiadores lutavam várias vezes nas mesmas exibições. Talvez Sátrio Valente pensasse nisto. Mas será que ele tinha acesso a um número suficiente de animais para oferecer caçadas ao longo de cinco dias?

Ao final dos anúncios ficamos sabendo que a caçada seria realizada "segundo as regras habituais" (*legitima*). Não está claro o que isto significa, ainda que alguns historiadores imaginem que queira dizer algo mais do que "a caçada que normalmente acompanha uma exibição de gladiadores", ou apenas uma "caçada comum". Também ficamos sabendo que haveria toldos no edifício, para oferecer sombra aos espectadores se o dia fosse quente e ensolarado, presumivelmente a um custo extra para o patrocinador. Mesmo no agradável clima mediterrâneo parece que quem planejava estes eventos não negligenciava o clima. Pelas datas registradas, parece que os meses quentes de julho e agosto não eram os favoritos para os espetáculos. Mas o clima úmido também podia ser um problema. Alguns anúncios acrescentam o alerta cauteloso: "se o tempo permitir".

Presumindo que definiram os dados do anúncio, Sátrio Valente e o filho não mencionam um extra que muitos patrocinadores de jogos incluíam: *sparsiones*. Este termo pode significar algo "aspergido" ou "borrifado" na audiência. Às vezes água perfumada era borrifada na audiência sentada, às vezes pequenos presentes eram atirados à multidão (como na pantomima natalina britânica moderna, antes que as regulamentações de saúde e segurança o proibissem). Este luxo ao longo de cinco dias talvez estivesse além da generosidade até mesmo desta família.

Eles tampouco mencionam, como fazem outros, qualquer comemoração ou ocasião ligada aos espetáculos. Um dos mais curiosos destes é um único dia de apresentações patrocinadas por Cnaio Aleio Nigídio Maio "dedicado ao trabalho de pintura". Ninguém tem certeza do que era este "trabalho de pintura". Mas uma boa sugestão é que estes espetáculos eram um dia de celebração para comemorar o término das esplêndidas pinturas que uma vez cobriram os muros do circuito da arena.

Podemos completar o quadro sugerido pelo anúncio graças a numerosas pinturas e esculturas da cidade que retratam os jogos no Anfiteatro e, às vezes, as festividades e rituais que os acompanhavam. Há uma evidência valiosa em um dos cemitérios da cidade que antes devia adornar um túmulo caro (fig. 116 do encarte). Trata-se de três faixas esculpidas. A de baixo representa uma caçada. Parte do espetáculo parece consistir em animais lutando entre si. Um par de cães ataca um bode e um javali selvagem. Os combatentes humanos se concentram nos animais maiores. Um deles espeta um touro e outro está a ponto de matar um javali. Outro leva a pior no embate com um urso, que lhe arranca um pedaço com uma mordida, para desespero de dois assistentes.

A faixa do meio, a mais larga, mostra vários grupos de gladiadores, alguns lutando, outros alardeando vitória, outros no chão, derrotados. O que mais chama a atenção na cena é que há tantos assistentes e funcionários no ringue quanto gladiadores. Pelo menos cinco ajudam um lutador quase caído no chão. À direita, outros cinco cuidam de um par que descansa: tratam da perna ferida de um deles e dão de beber ao outro. Nesta imagem há algo estranhamente semelhante aos desportistas modernos e seus treinadores.

Ainda mais interessante é a faixa superior da escultura. Porque ele mostra as preliminares dos jogos que — em nosso fascínio ou desgosto com o lado sangrento da ocasião — se esquece facilmente. Tudo começava com uma procissão pelas ruas da cidade. Aqui, vemos que ela já chegou ao Anfiteatro, como indicam os toldos nos cantos superiores. À direita, liderando a procissão, há dois músicos e três lictores, mencionados em outra parte a serviço dos duúnviros locais. Atrás deles, quatro homens carregam nos ombros uma plataforma curiosa. No alto dela há duas figuras, provavelmente modelos, agachados em volta de uma bigorna, e um deles ergue um martelo e está a ponto de golpeá-lo. Pode-se esperar que os deuses fossem homenageados nesta procissão (e, de fato, frequentemente estátuas de deuses eram carregadas em plataformas semelhantes a esta nas procissões religiosas e cívicas), mas o que fazem ali os ferreiros? A melhor sugestão é que se trata de uma celebração do seu trabalho, uma habilidade da qual dependia a ocasião. Em seguida, um homem porta uma placa, talvez citando o patrocinador do espetáculo ou a razão da apresentação, e depois vem alguém carregando uma palma, símbolo da vitória. Depois vem um homem que usa uma toga. O mais provável é que seja o próprio patrocinador, seguido por uma procissão de homens carregando os escudos dos gladiadores, peça por peça, fruto do trabalho dos ferreiros. Ao final um trompetista e dois assistentes puxam cavalos adornados de um modo obviamente cerimonial, adequado a um festival.

Esta é uma visão rara dos rituais, dos diversos espetáculos e do envolvimento comunitário — do patrocinador aos ferreiros — que coloca em contexto estes jogos sanguinolentos. Terá tudo isso sido suspenso quando os jogos foram proibidos em Pompeia durante dez anos, em 59 d.C.? Independentemente do motivo da revolta (uma combinação de ânimos acirrados, rivalidades locais e a exuberância alimentada pelo álcool, ou algo mais sinistro), a proibição deve ter afetado duramente a vida da cidade, seus objetivos comuns e as estruturas de patrocínio e a hierarquia.

A resposta provavelmente é não. O relato latino de Tácito é vago neste ponto: ele se refere apenas à proibição de "qualquer reunião pública *deste tipo*". Mas um punhado de anúncios sobreviventes fala de caçadas de bestas selvagens, atletas, toldos e *sparsiones*. Isto era tudo o que o público devia esperar — exceto pelos gladiadores. A coisa mais próxima deles são os "atletas". O mais provável é que estes anúncios se referissem a espetáculos realizados entre os anos 59 e 69. Em outras palavras, a proibição se aplicava unicamente aos gladiadores. O resto continuava quase igual, mesmo que muitos pompeianos certamente pensassem que atletas e bestas selvagens fossem um substituto pobre da atração principal. De fato, um dos espetáculos em questão é a celebração patrocinada por Nigídio Caio "dedicada ao trabalho de pintura". Se este "trabalho de pintura" realmente for a decoração do anteparo de cortina da arena, deve ter sido uma triste ironia oferecer esplêndidas imagens de gladiadores em combate em um espetáculo onde estes estavam proibidos.

Arrasa corações das moças

Até aqui, vimos os espetáculos do ponto de vista dos espectadores e dos patrocinadores. Mas e os próprios gladiadores e caçadores? Quem eram eles? Como estavam organizados? É possível reconstruir algo da perspectiva deles no Anfiteatro? Estaria o gladiador fadado a ter uma vida sangrenta e curta?

Os gladiadores eram quase sempre homens. Ainda que os historiadores modernos muitas vezes se empolguem com a perspectiva transgressora das gladiadoras, na verdade, em todo o mundo romano havia só um punhado de possíveis candidatas. Em Pompeia não há nenhuma. Quanto ao status formal e legal, os gladiadores pertenciam ao estrato mais baixo da sociedade romana. Muitos eram escravos; outros, criminosos condenados: eram os conscritos, quisessem ou não. Uns poucos eram voluntários. Porque, no mundo romano, ser gladiador era uma das poucas rotas para a destituição total. A sobrevivência, ao menos no curto prazo, podia ser comprada a um preço alto que envolvia mais do que perigo. Implicava na perda de liberdade no dia a dia, equivalente à própria escravidão, sob o controle do gerente da trupe ou, em latim, do *lanista*.

O *lanista* era um intermediário crucial em todo o negócio (e para eles aquilo *era* um negócio) das exibições de gladiadores e caçadas. Os patrocinadores da elite não tinham gladiadores para exibir. Quando queriam montar um espetáculo, negociavam um preço com um destes administradores de trupe. O comércio provavelmente não era tão ativo, e não devia haver um grande número para escolher, mas na própria Pompeia conhecemos os nomes de três *lanistae* em operação nos últimos quarenta anos da cidade.

O mais citado é um indivíduo chamado Numério Festo Ampliato. Um anúncio no muro da Basílica do Fórum, por exemplo, avisa que "a 'família' [*familia*] de gladiadores de Numério Festo Ampliato lutará novamente... nos dias 15 e 16 de maio". Como era comum, a trupe de Ampliato era chamada de "família", ou "lar" (uma indicação da ampla gama de significados de *familia*). A omissão do nome do patrocinador sugere que o espetáculo era puramente comercial e tirava proveito — (como indica a palavra "novamente") — de um sucesso anterior. Ele certamente agia fora de Pompeia. Outro anúncio menciona o aparecimento da sua *familia* na cidade de Formiae, ao norte, a caminho de Roma.

O trabalho do *lanista* incluía adquirir os gladiadores para a sua trupe, o que presumivelmente implicava a procura de talentos em leilões locais de escravos. Mas, uma vez adquiridos, eles precisavam ser treinados. Os gladiadores deviam ter vários papéis especializados e diferentes tipos de equipamentos. O "trácio" (*thrax*), por exemplo, lutava com uma espada curva e curta e um pequeno escudo. O "cabeça de peixe" (*murmillones*, assim chamado devido ao emblema de um peixe no elmo) usava um escudo longo e grande. O "homem-rede" (*retiarius*) lutava com um tridente e uma rede, com a qual tentava pegar o oponente. A arte do *lanista* devia consistir em treiná-los nestes papéis e depois fazer combinações espertas: um cabeça de peixe contra um homem-rede, por exemplo, era uma combinação popular.

Ocasionalmente ele podia contratar homens de outras trupes para completar a trupe ou para exibir temporariamente um lutador famoso. Um grafite retirado do muro original e exibido no Museu de Nápoles parece quase replicar o programa de um espetáculo que originalmente durou quatro dias. Nele consta o nome do *lanista*, Marco Mesônio, e uma lista dos diversos combates, com os nomes dos gladiadores e dos vencedores. Alguns são chamados gladiadores "julianos" ou "neronianos", o que significa que foram treinados na escola imperial de gladiadores em Cápua. Deviam ser contratados por Mesônio de modo permanente ou temporário. É difícil evitar a comparação com o mercado de transferências no futebol britânico — mas pelo fato de que o trabalho em questão era de luta real, e não de chutar uma bola de um lado para o outro.

O *lanista* provavelmente também treinava aqueles que lutavam com as feras (empregados em termos semelhantes aos gladiadores), além de conseguir os animais para a caçada. Os anúncios da "reprise do espetáculo" de Ampliato certamente incluem uma caçada e, de qualquer modo, podiam não ser necessários conhecimentos especiais para a compra e a guarda dos animais. Na própria Roma os imperadores exibiam (e mandavam matar) animais exóticos como leões, elefantes e rinocerontes — adquiridos e transportados, não sabemos como, de partes distantes do império. Em 1850, para levar um hipopótamo jovem do Egito para Londres foi especialmente construído um barco a vapor com um tanque de 2 mil litros de água, e uma equipe de cuidadores e animais pequenos o acompanhou para alimentá-lo. É um absoluto mistério como os agentes imperiais romanos conseguiam realizar transporte semelhante. Mas em Pompeia não havia nada exótico assim. As evidências que temos sugerem que as bestas eram obtidas localmente e bodes e cães eram mais comuns dô que touros e ursos. A verdade é que a arena pompeiana parecia mais a "área infantil" de um zoológico que um parque de animais selvagens.

A maioria dos gladiadores e lutadores viviam no emprego. Em Pompeia foram identificados dois alojamentos de gladiadores. Não está claro como exatamente os gladiadores viviam, quantos eram nem qual seria o grau de confinamento — tudo é muito mais incerto do que sugerem as imagens dos filmes *Spartacus* e *Gladiador*. Tampouco se sabe se os alojamentos eram a base permanente de uma única *familia* ou se eram temporários, para as trupes de passagem. Mas ambos os edifícios têm uma forte ligação com os gladiadores.

O primeiro fora uma espaçosa casa particular no norte da cidade, reformada no início do século I d.C. para abrigar os gladiadores em quartos ao redor de um longo peristilo que (imaginamos) seria usado para o treinamento. A ligação com os gladiadores está absolutamente clara em mais de uma centena de grafites dos ou sobre gladiadores por todo o peristilo. Mas o prédio não estava em uso nos anos finais da cidade. Talvez, depois do terremoto de 62, ou do fim da proibição dos jogos e a aceleração do comércio, os gladiadores tenham fixado residência no amplo espaço aberto com colunatas ligado ao Teatro Grande.

Aquilo parece ter sido uma grande área de treinamento, com quartos para os lutadores à volta do complexo (fig. 117 do encarte). Muitos tinham uma galeria interna em madeira formando um apartamento de dois andares, mas ainda assim devia ser apertado para dois ou três gladiadores. Não foram encontrados vestígios de camas, o que sugere que provavelmente eles dormiam em colchões colocados no chão. O quadro se completa com a sugestão de que os quartos mais amplos no lado leste podiam ser espaços sociais comuns, com um apartamento para o *lanista* ou seu subgerente no piso superior. Talvez. Contudo, na verdade, há poucos indícios neste sentido além da fantasia moderna. Há inclusive um cômodo que podia ser uma prisão ou área de castigo, completo com grilhões — embora os esqueletos encontrados ali nas escavações no século XVIII aparentemente não estivessem agrilhoados e, para ser honesta, os grilhões não necessariamente têm relação com os gladiadores.

Como temos tanta certeza de que se trata de alojamentos para gladiadores? A resposta simples se baseia nos extraordinários escudos e armas gladiatórios em bronze achados em dez quartos localizados à volta do peristilo. Eles se somam a quinze elmos ricamente decorados, catorze caneleiras, seis ombreiras e um pequeno conjunto de adagas e outras armas. A maior parte deles é ricamente ornamentada com cenas dos mitos clássicos ou emblemas do poder romano. Um elmo, por exemplo (fig. 118 do encarte), traz uma personificação de Roma cercada de bárbaros derrotados, prisioneiros e troféus de vitória. Surpreendentemente, estão todos em perfeitas condições. Nenhum tem sinais de ter sido usado. Podiam ser uma coleção para desfiles, como vimos na representação da procissão de abertura dos jogos. Sendo esse o caso, não restou nada do equipamento diário de lutas.

A perspectiva dos gladiadores era desalentadora, mas não tão ruim, como podemos temer. A boa notícia é que eram uma mercadoria cara. Muitos eram comprados, e todos consumiam boa parte dos recursos do *lanista* em treinamento e manutenção. Ele não ia querer desperdiçá-los. Ainda que os jogos em que ninguém morria não devessem atrair multidões e o patrocinador quisesse ver valer o seu dinheiro, era do interesse do gerente da trupe limitar as mortes ao mínimo. Certamente devia fazer parte do trato entre o *lanista* e o patrocinador que, quando um lutador perdia, o mais comum era que o patrocinador desse o exemplo à multidão indultando-o, em vez de fazê-lo enfrentar a morte ali mesmo. Não é preciso mencionar que este devia ser o instinto dos gladiadores também. Ao treinarem e viverem juntos, certamente se tornavam amigos e dificilmente teriam tido o ímpeto de se matarem entre si.

Este é o quadro que obtemos dos grafites pompeianos que registram os resultados de jogos específicos. Um dos exemplos mais evocativos é um conjunto de desenhos com legendas encontrado num túmulo que ilustra uma série de jogos de quatro dias em Nola, perto de Pompeia (fig. 119 do encarte). Os gladiadores são uma mescla de veteranos que participaram de treze ou catorze jogos e um noviço que enfrenta suas primeiras duas lutas. Nenhum dos perdedores é morto, pois junto a cada desenho aparece a letra "M" para *missus*, ou "indultado". Do registro do "currículo" dos gladiadores ("lutou 14, 12 vitórias") sabemos que dois perdedores já haviam sido poupados pelo menos duas vezes. No jogo apresentado por Mesônio, nove pares de gladiadores lutaram no mesmo dia. Destes, podemos identificar oito vitoriosos, cinco homens indultados e três homens mortos. Às vezes, um gladiador pompeiano é registrado enfrentando mais de cinquenta lutas.

Ainda que a derrota muitas vezes não significasse a morte, ela devia ser considerável pelos nossos padrões. Encarando estes números de um modo menos otimista, três mortos num total de dezoito gladiadores sugere uma taxa de mortes de cerca de um em cada seis por apresentação. Embora a amostra seja pequena, ela encaixa no registro geral do número de lutas de cada gladiador cujo total está registrado. É verdade que havia veteranos, mas só um quarto dos que conhecemos tem mais de dez lutas no currículo. Pelo contrário, se considerarmos que três quartos morriam antes da décima luta, temos um índice de derrota de uns treze por cento por luta. Mesmo considerando que não lutavam com muita frequência (a estimativa é de dois ou três jogos por ano), se eles entravam na arena aos 17 anos, podiam esperar morrer aos 25.

A longevidade podia não acompanhar a carreira dos gladiadores, mas a celebridade sim. Evidentemente, alguns eram famosos e seus nomes figuravam nos anúncios dos jogos, incluindo Félix, que enfrentava feras, cuja luta contra ursos teve destaque especial num anúncio. As figuras de gladiadores em suas armaduras também são vistas pela cidade em todo tipo de suporte imaginável. Eles aparecem em estatuetas, em lamparinas de barro e como alças de tigelas em bronze. Uma estátua de gladiador com mais de um metro de altura foi uma espécie de marca, ou anúncio, de estalagem numa taberna perto do Anfiteatro. Devia haver imagens de gladiadores por toda parte.

Também se costuma dizer que eles eram extremamente atraentes para as mulheres de Pompeia e outras partes do mundo romano. O satirista Juvenal escreve sobre uma dama romana fictícia da elite que foge com um gladiador brutamonte, obviamente atraída pelo equivalente antigo do "trabalhador braçal" e o glamour da vida perigosa. A imaginação romana certamente via assim o gladiador. Mas, ao tentar seguir esta fantasia pela vida real de Pompeia, encontramos uma lenda cautelosa. Já vimos (p. 14) que o mito da mulher de classe alta pega com a boca na botija no alojamento do amante gladiador era só isso: um mito. Mas outras evidências sobre a atração sexual dos gladiadores exige uma observação mais cuidadosa.

Alguns dos grafites mais famosos de Pompeia tratam de dois gladiadores e o fã clube feminino. "Celado arrasa os corações das moças", "Celado, o ídolo das meninas", "Créscio, o homem-rede, dá um jeito nas moças da noite, nas moças da manhã e em todas as outras". Seria legal pensar nas mulheres apaixonadas vagando pela cidade e imortalizando a sua paixão por Celado e Créscio nos muros por onde passavam. Assim é como elas às vezes são retratadas pelos estudiosos modernos. Mas isso não é tão simples. Os grafites foram encontrados nos antigos alojamentos dos gladiadores. Eles não são fruto da fantasia das moças, mas dos próprios gladiadores — são, simultaneamente, bravatas masculinas e fantasias patéticas de um par de jovens lutadores que encaravam uma vida curta e podem nunca ter tido uma namorada ou, ao menos, não por muito tempo.

Quando se tenta reconstruir a vida cotidiana de uma cidade antiga, o lugar onde as evidências são encontradas tem muitíssima importância.

UMA CIDADE REPLETA DE DEUSES

Aqueles outros habitantes

Pompeia vivia repleta de deuses e deusas. Independentemente do que lhes teria parecido o meu relato, os habitantes da antiga cidade com certeza teriam se surpreendido com o fato de que, até agora, eu tenha deixado em segundo plano as várias deidades que ocupavam lugar importante nas suas vidas. A cidade tinha literalmente milhares de imagens de deuses e deusas. Se os contássemos todos, pequenos, grandes e médios, eles provavelmente seriam mais numerosos do que a população humana.

Eles certamente vinham em todos os tamanhos, formas e materiais — da grande Vênus pintada como uma *pin-up* (fig. 120 do encarte) e estranhamente reclinada em uma concha gigantesca, assinalando seu nascimento mítico nas ondas, às minúsculas figuras dançantes em bronze dos Lares ou "deuses do lar" (fig. 121 do encarte) e ao pequeno busto de Mercúrio em bronze, usado como peso num conjunto de balanças. Alguns provavelmente pretendiam despertar sentimentos de reverência e assombro: a grande cabeça em mármore de Júpiter, por exemplo, encontrada no seu templo no Fórum (fig. 122 do encarte). Outros, como as caricaturas escandalosas na terma particular da Casa de Menandro (fig. 59 do encarte) em algumas das mais exageradas versões fálicas do divino Príapo, deviam ser paródias jocosas. Outros ainda, tais como um orgulhoso e antiquado Apolo em bronze na Casa de Júlio Políbio, certamente eram considerados *objets d'art* valiosos e reverenciados como imagens sagradas. Muitas imagens padronizadas de Minerva em sua longa túnica e elmo, ou de Diana em vestimenta de caça pareceriam seguramente tradicionais. O mesmo não ocorre com a figura em marfim da indiana Lakshmi (fig. 34 do encarte) e as imagens em miniatura do deus egípcio Anúbis, com cabeça de cão. No melhor dos casos, para alguns pompeianos eles seriam exóticos e, no pior, estranhos e perigosos.

Hoje, tendemos a tomar como certas as imagens dos deuses antigos. Em geral, identificamos o principal atributo da deidade em questão (se for um raio, deve ser Júpiter) e seguimos em frente. Isto significa subestimar o trabalho religioso e cultural das imagens no mundo antigo. Ninguém debatia, como fazemos hoje, se haveria um poder divino no mundo. O ateísmo não teria sido entendido como uma posição intelectual ou religiosa. De fato, à parte de judeus e cristãos, a ideia da existência de um só deus, em vez de muitos, teria soado excêntrica no século I d.C., ainda que mais tarde tenha se tornado comum, mesmo entre os pagãos. Mas isto não significa que o antigo politeísmo estivesse isento de disputas e controvérsias. Os romanos podiam discordar violentamente, não a respeito da existência dos deuses (isto era um fato, e não uma crença), mas sobre como eram e como as diversas deidades se relacionavam entre si e como, quando e por que intervinham nas vidas dos humanos. Era perfeitamente possível imaginar, por exemplo, se os deuses realmente tinham forma humana (ou exatamente o *quão* semelhantes aos humanos seriam), ou se eles se preocupavam de fato com as vidas dos humanos. Como eles se revelavam às pessoas? Quão caprichosos ou benevolentes seriam? Seriam amigos ou sempre inimigos em potencial?

Neste sentido, muitas imagens de deuses e deusas que os pompeianos viam à sua volta no cotidiano eram mais significativas do que podemos pensar. Padronizadas, engraçadas, caras ou exóticas, eram também modos de dar forma aos habitantes divinos. Tamanho, forma e aparência podiam ser importantes. Uma estátua colossal, como o gigantesco Júpiter, não era só uma criação bombástica, mas uma forma de refletir sobre o poder do deus e como representá-lo fisicamente — de forma literal ou metafórica. A religião antiga dava muito valor às imagens.

Uma religião sem escrituras

A religião em Roma e na Itália antiga diferia da maioria das religiões do mundo moderno em muitos aspectos importantes. O fato de haver muitos deuses e seu número não ser fixo (sempre era possível descobrir novas deidades em casa ou importá-las de outra parte) são dois aspectos que tornam a religião romana definitivamente distinta do judaísmo, do cristianismo e do islamismo. Tampouco havia princípios de crença a serem seguidos, nenhum equivalente do credo cristão nem textos sagrados autorizados ditando uma doutrina. Isto não significa que fosse uma religião completamente livre. Certamente havia mais opções do que nas modernas "religiões com escrituras". Mas o fato crucial é que a adesão da comunidade à sua religião era demonstrada por meio da ação e do ritual, mais do que das palavras. Como veremos, em Pompeia e em outras partes o sacrifício animal era o ato mais importante.

O foco do sistema religioso estava mais na comunidade como um todo do que nos seus membros. É verdade que muitos pompeianos e pompeianas podiam alegar manter algum tipo de relação pessoal com um ou mais deuses. Eles podiam detectar a influência dos deuses em suas vidas e recorrer a eles nas crises, pequenas ou grandes. Há muitos indícios disto pela cidade. Em um corredor do teatro, um grafite pede a Vênus para olhar com carinho um jovem casal. "Mete, de Atela, escrava de Comínia, ama Cresto. Que Vênus de Pompeia seja boa com eles e eles vivam juntos felizes para sempre." Duas pessoas na Casa de Júlio Políbio registraram promessas aos deuses do lar: "Para o bem-estar, o regresso e o sucesso de Caio Júlio Filipo, Públio Cornélio Félix e Vitale, escravo de Cúspio, fazem uma promessa aos Lares." Aquela era a fórmula usada em todos os níveis da religião romana, pública e privada: a promessa feita aos deuses, que se pagava com uma oferenda ou um sacrifício, caso fosse atendida. Aqui, os humildes criados deviam orar para que um amo regressasse a salvo de onde quer que estivesse. Contudo, apesar das expressões de devoção privada, eram os vínculos entre a religião e a cidade ou o estado como um todo que davam à religião romana o seu caráter particular.

Para simplificar ao máximo, enquanto fossem devidamente venerados, oficialmente os deuses protegeriam e apoiariam Roma e, numa escala menor, Pompeia. Caso fossem esquecidos, o resultado certamente seria desastroso. Nestes termos — longe da ideia cristã do século XIX de que a erupção do Vesúvio era uma punição pelo paganismo e a imoralidade pagã das populações locais — os pompeianos provavelmente teriam considerado a destruição da cidade um sinal de que não haviam adorado esses deuses pagãos suficientemente. Havia certa instrumentalidade na relação com os deuses: "você coça as costas divinas e os deuses coçam as suas" podia ter sido a diretriz da religião romana. Mas talvez possamos entendê-la melhor em termos da *reciprocidade* do patrocínio, da honra e da benemerência que já vimos nas relações entre a elite pompeiana e os demais cidadãos. Um dos modos como os habitantes de Pompeia viam os deuses era como os duúnviros, maiores que a vida e infinitamente mais poderosos.

É difícil saber exatamente a que comunidade os deuses pertenciam. Desde a Guerra Social, a religião em Pompeia passou a ser romana e pompeiana. Como em outras partes do mundo romano, havia uma troca entre as tendências centralizadoras de Roma e o tremendo grau de particularidade local. Isto significa que o que é para nós "o mesmo deus" (Minerva, Apolo, Júpiter etc.) poderia na verdade ser significativamente distinto em diferentes cidades. A Vênus de Pompeia (*Venus pompeiana*), a quem foi rogado que abençoasse a relação entre Mete e seu Cresto, é um bom exemplo disso. Porque ela possuía um aspecto romano clássico identificável em todo o mundo romano, e às vezes era associada ao papel de padroeira da colônia de Sulla. Mas ela também tinha traços, poderes e associações locais tipicamente pompeianos, além de um título, "Vênus Física", que devia datar do período osco (honestamente, não temos certeza do que isto significa). Há divergências ainda mais flagrantes nos rituais e festivais religiosos. Apesar de certa justaposição de Roma e Pompeia e embora o sacrifício animal estivesse espalhado pelo mundo romano, vários festivais eram locais e seguiam o calendário e os costumes locais.

Junto com o axioma político básico que vinculava o êxito da comunidade à adoração dos deuses havia a estrutura e o caráter do sacerdócio. Na maioria dos casos (vamos explorar certas exceções ao final do capítulo), os sacerdotes não tinham um chamado especial, não eram funcionários religiosos em tempo integral nem tinham responsabilidade pastoral pelas necessidades morais e religiosas da congregação. Em geral, os sacerdotes dos deuses eram os homens que conduziam os negócios políticos da cidade. Como afirmou Cícero, ele próprio líder político e sacerdote, "Dentre as muitas coisas... que nossos ancestrais criaram e estabeleceram por inspiração divina, nada é mais reconhecido do que a sua decisão de confiar a adoração dos deuses e os mais altos interesses do Estado aos mesmos homens."

O resultado é que deparamos com a religião em vários lugares inesperados da vida pompeiana. Ela está integralmente ligada à política em todos os níveis, por exemplo — tanto que o próprio imperador era tratado como um deus, com seu próprio sacerdote. Mas ela também está ausente de áreas onde podíamos esperar encontrá-la. Por exemplo, a maior parte dos matrimônios não passava por uma cerimônia religiosa. De fato, o casamento era contraído normalmente, como diziam os romanos "na prática": isto, nos nossos termos, significa "coabitação". Se você vivesse junto com alguém durante um ano, estavam casados.

É com este pano de fundo que o resto deste capítulo observa os vestígios da vida religiosa em Pompeia. Há algo de verdade no antigo chiste que diz que os arqueólogos identificam qualquer coisa como "religiosa" quando não conseguem compreendê-la totalmente, sejam os furos no piso ou os falos e serpentes esculpidos nos muros. Entretanto, tentaremos identificar os lugares ou objetos religiosos na cidade — a começar pelos principais templos públicos, sacerdotes e rituais, e terminaremos com o aspecto da religião pompeiana que, desde o século XVIII, capturou a imaginação da maioria dos visitantes, o culto à deusa egípcia Ísis. Também especularemos sobre o que as pessoas faziam e diziam nos templos e altares e, ocasionalmente, o que passava pela cabeça delas quando estavam lá. O mais importante a recordar é que a variedade de respostas devia ser enorme, do cinismo e do tédio à piedade. Os romanos não eram mais unânimes nestas questões do que nós.

Os templos da cidade

Para nós, os templos são um dos símbolos mais claros da religião romana, imediatamente reconhecíveis pelas colunas, gabletes (ou "frontões") e escadarias que levam a uma plataforma elevada (ou *podium*), de onde o visitante pode então, cruzando portas altas, aceder ao interior do edifício e o que ele contiver. Os romanos tinham um repertório de diferentes espaços sagrados, que iam dos locais onde a deidade supostamente estaria presente "em pessoa" àqueles onde era possível observar os sinais enviados pelo deus. Já vimos os indícios de um antigo altar no campo, ou gruta sagrada, sob a Casa da Coluna Etrusca (p. 37-38). Como veremos mais adiante, as fases finais da cidade incluíram uma variedade de altares e recintos sagrados. Mas é a forma peculiar do templo que marca a paisagem urbana de Pompeia e outras cidades romanas, tanto quanto a igreja paroquial é uma marca religiosa numa aldeia inglesa.

Porém, a aldeia inglesa tem apenas uma igreja paroquial e Pompeia — como era de esperar com tantos deuses — tinha muitos templos, ainda que não um para cada deus ou deusa que pudesse intervir nas vidas de seus habitantes. Eles eram de todo tamanho, com variados níveis de proeminência e histórias bem diversas. O templo de Apolo junto ao Fórum foi erguido no século VI a.C., pelo menos. O mesmo ocorre com o templo de Minerva e Hércules (fig. 124 do encarte) no chamado Fórum Triangular (cujo nome provém da colunata triangular construída em trono do templo no século I d.C.). Na verdade, ele já podia ser uma ruína pitoresca à época da erupção — embora alguns arqueólogos atribuam a aparência destruída às técnicas de escavação agressivas das gerações anteriores (para não mencionar os bombardeios Aliados).

A maior parte do que resta data do século II a.C. ou é posterior. Só em um caso podemos retraçar as circunstâncias precisas da sua construção. O pequeno Templo de Fortuna Augusta foi dedicado a uma combinação quase intraduzível da deusa da Boa Fortuna ou Sucesso (Fortuna) e ao poder do imperador (o adjetivo Augusta pode, de um modo confuso ou conveniente, referir-se ao próprio primeiro imperador Augusto ou ao poder imperial de modo geral — porque imperadores posteriores também usaram "Augusto" como parte dos seus títulos). Segundo uma inscrição sobrevivente, foi erguido por Marco Túlio, um figurão local que foi três vezes duúnviro, nas suas próprias terras, que ele doou à cidade. Ele foi cuidadoso, contudo, para que não houvesse equívocos a respeito de quanta terra havia doado. Atrás do templo havia um marco de pedras onde se lia "Propriedade privada de Marco Túlio, filho de Marco".

Às vezes é fácil identificar os deuses associados aos templos. O templo no ponto mais importante junto ao Fórum, por exemplo, só pode ser o de Júpiter, Juno e Minerva — localizado no ponto principal como em muitas, ou quase todas, as cidades romanas (fig. 123 do encarte). A deusa Fortuna Augusta é claramente mencionada na inscrição. Em outros casos ficamos limitados às conjecturas. O vasto prédio junto à Porta do Mar provavelmente era o Templo de Vênus — mas não há evidências firmes disto, a não ser por uma estátua maltratada e a convicção de que devia haver um importante templo do patrono da colônia em algum lugar da cidade. O pequeno templo, quase oculto detrás de altos muros junto aos teatros, é um verdadeiro enigma (fig. 125 do encarte). Recentemente, arqueólogos voltaram à teoria de J. J. Winckelmann, o "Pai da História da Arte", que visitou Pompeia em meados do século XVIII e o batizou de Templo de Esculápio, o deus da cura — novamente, sem evidência mais consistente do que uma estátua que talvez representasse o deus. Outros o chamaram de Templo de Júpiter Melíquios ("doce mel" — um título relacionado aos deuses do submundo). Esta é a base de uma inscrição sobre um templo deste nome. Se não é o Templo de Melíquios, então ele ainda espera que o encontrem em algum lugar da cidade (ou, como alguns pensam hoje, fora dela, identificando-o com um altar encontrado fora das muralhas da cidade). Muitas destas conjecturas têm um efeito dominó, como veremos — uma identificação facilmente pode derrubar outra.

Ao todo, o design dos templos pode ser familiar. O que eles continham é mais surpreendente. Os templos não eram lugares para reunir a congregação de adoradores e fazer rituais religiosos. A função essencial do templo grego ou romano era abrigar a estátua de um deus ou deusa.

Não devemos imaginar sacrifícios sangrentos num cômodo escuro destas edificações. Isto ocorria fora, a céu aberto. O templo era a casa de uma imagem divina, ou "estátua de culto". A palavra latina mais comum para isso, *aedes* e não *templo*, significa simplesmente "casa".

Entretanto, raramente a estátua ficava completamente só. Muitos templos ficaram abarrotados, às vezes de coisas preciosas. As oferendas e presentes para o deus ou deusa pelo cumprimento de uma promessa costumavam parar lá. Alguém podia, por exemplo, prometer um presente a Esculápio se melhorasse de uma doença — e, ao se recuperar, depositar no templo o que prometera. Estátuas e outros objetos de arte costumavam ser ali exibidos. Em Roma, os templos eram os lugares preferidos para abrigar peças valiosas obtidas como butim capturado na guerra ou os textos autorizados das leis inscritas em tabuletas de bronze. Várias outras atividades podiam ocorrer à volta da estátua do deus. O Senado romano usava os templos para se reunir, os cidadãos mais ricos depositavam os seus testamentos no templo da deusa Vesta e o porão do Templo de Saturno fazia as vezes de Tesouro do Estado romano. Tantos bens de valor indicam que deviam ser bem policiados pelos zeladores (guarda de segurança, faxineiro e encarregado da manutenção em um só homem), fortemente trancados à noite e abertos ao público unicamente sob supervisão.

Este era também o padrão em Pompeia. À primeira vista, os vestígios são mais efêmeros do que poderíamos esperar — seja porque, como o Templo de Vênus, estavam em reforma quando houve a erupção ou porque as ricas construções e seus ornamentos os tornaram um alvo óbvio para os saqueadores depois dela (os restos arqueológicos, afinal, são os mesmos em cada caso). Alternativamente, claro, os leais zeladores poderiam ter retirado alguns objetos preciosos ao fugir da erupção.

Mas todo tipo de peças reveladoras sobreviveram. Já vimos a peça do butim da captura de Corinto, em 146 a.C., exibida perto ou dentro do Templo de Apolo. Ali também havia um magnífico par de estátuas em bronze de Apolo e Diana (só restou a cabeça da deusa) na sua piazza, além de uma réplica do estranho *omphalos* (isto é, o "umbigo da Terra"), um dos símbolos sagrados do famoso altar de Apolo em Delfos — e mais um exemplo do amplo alcance cultural de Pompeia. Temos inclusive uma pista dos sistemas de segurança que podia haver nestes templos. Ainda visível ao longo da fachada frontal do Templo de Fortuna Augusta há vestígios de uma grade metálica que podia servir para fechar o edifício (fig. 126 do encarte). Um proeminente especialista em Pompeia certa vez afirmou que a grade era um acréscimo do século XIX, instalada para evitar que os turistas subissem no monumento. É o que parece. Mas, na verdade, foram colocadas ali para manter os antigos pompeianos do lado de fora.

Até alguns dos monumentos mais destruídos da cidade nos dão mais informações sobre a vida e a organização dos templos do que suspeitaríamos à primeira vista, vislumbres aterradores das estátuas de culto e outras riquezas que estiveram ali antes e, às vezes, histórias inesperadas do que ocorria em Pompeia em 79. Um bom caso é o Templo de Júpiter, Juno e Minerva que, pelo menos desde a chegada dos colonos, abrigou o trio de deidades que definia Pompeia como uma cidade romana. Francamente, hoje não há muito que ver (fig. 127 do encarte). As escadarias e algumas colunas tristemente mutiladas continuam na fachada. No alto do pódio, ainda é claramente visível o cômodo interior do templo e restos do que algum dia foi uma colunata de dois andares. Ao fundo há nichos onde ficavam as estátuas dos três deuses. No seu estado atual, ele é austero e funcional. Mas obtemos uma vívida visão da antiguidade nos pequenos frisos da Casa de Cecílio Jucundo (fig. 28 do encarte). Ainda que a intenção desta escultura fosse retratar os danos causados pelo terremoto (do qual talvez o templo nunca tenha se recuperado), ela também nos oferece um bom instantâneo — talvez ligeiramente imaginativo — do prédio no ambiente original e de uma parte da decoração. O altar fica numa plataforma a céu aberto na escadaria do templo. Nas laterais da escadaria encontramos uma estátua equestre e, atrás do altar, o escultor deixou de lado duas das seis colunas, o que lhe permitiu mostrar-nos as portas que levavam ao cômodo interior e, acima, um festão ou guirlanda decorando o frontão.

Temos outras pistas sobre a aparência original do edifício e os seus usos. Primeiro, o pódio em que se ergue o templo não é sólido. Ele é oco e contém um porão, que se alcança por uma escada interna ou uma porta no nível do pavimento do lado leste. A luz entrava ali por furos do piso acima. Este fato por si só sugere que o cômodo tinha um uso prático. Por que razão provê-lo de luz se ninguém entrava ali? Uma ideia é que seria o depósito das oferendas deixadas no piso superior: quando o cuidador do templo achava necessário limpá-lo, não descartava as oferendas pias, mas as guardava cuidadosamente no porão. Outra ideia é que ali seria o Tesouro municipal, ou caixa forte, assim como o Tesouro de Roma ficava num templo. Ambas são plausíveis. Porém, infelizmente não há indicação de que houvesse algo ali no momento da erupção além de umas poucas peças de mármore esculpido.

Há também claros sinais de que o templo fora mais ricamente adornado do que parece hoje. O piso era incrustado com padrões geométricos em mármore (chamado *opus sectile*) e as paredes da sala interna eram pintadas em cores vivas. As pinturas estão hoje quase irreconhecíveis de tão desbotadas, mas estavam claramente visíveis quando o prédio foi escavado pela primeira vez no início do século XIX e era uma das principais atrações do sítio. De fato, foi o lugar que o poeta Percy Shelley escolheu para um piquenique quando visitou Pompeia, em dezembro de 1818. Ainda que originalmente fosse bastante escuro — pois obviamente não há outra fonte de luz além da porta principal —, a sala devia ser impressionante, com colunata, estátuas e ricas decorações e oferendas. Com mais de 10 metros por 15, e de portas abertas para se ver o que se fazia lá dentro, teria sido um lugar para o encontro do conselho municipal.

Isto é, se não houvesse coisas e bugigangas demais pelo caminho. Os escavadores do século XIX encontraram inscrições que registram oferendas pelas promessas concedidas (inclusive uma pelo "bem-estar" do imperador Calígula) e a base de uma estátua erguida em homenagem a Espúrio Turrânio Próculo Geliano, que ocupou vários cargos em Roma e na cidade de Lavínio. Não sabemos qual era a sua ligação com Pompeia e por que recebeu uma estátua neste lugar de honra (se esta era a sua localização original). Os escavadores também encontraram, dentro e ao redor do templo, uma boa quantidade de restos e pedaços de esculturas. Como descreveu William Gell, nos anos 1830, imprimindo sabor ao curioso conjunto: "Muitos dedos em bronze foram descobertos... um grupo representando um velho com um barrete frígio levando pela mão uma criança de uns quinze centímetros; uma mulher carregando um bebê... uma só mão, um dedo, e parte de um pé, em mármore; dois pés com sandálias; um braço, e muitos outros fragmentos colossais."

Destaca-se um torso em mármore colossal que só podia pertencer à estátua de um deus, e duas cabeças assombrosas: a enorme cabeça barbada de Júpiter em mármore (fig. 122 do encarte) e uma cabeça feminina menor (Juno ou Minerva). Muitas vezes se pensou que as cabeças eram o único vestígio das estátuas de culto das três deidades. Nesse caso, elas deviam ser o que hoje em dia chamamos esculturas "acrólitas" (literalmente, "extremidades de pedra"). Este era o método antigo favorito para confeccionar imagens grandes, pesadas e caras demais para serem feitas de mármore sólido, e muito, muito caras para serem feitas totalmente em bronze. Elas envolviam a construção de uma moldura em madeira ou metal, em sua maior parte coberta por tecidos finos, e o emprego do mármore unicamente para representar a pele das mãos, dos pés e do rosto. Isto explica por que hoje os museus de esculturas antigas estão repletos de grandes extremidades em mármore. Não é só porque elas se quebram facilmente (e é verdade), mas porque mãos, pés e cabeças às vezes eram as únicas partes de mármore.

No entanto, um olhar mais atento produz um estranho quadro do Templo de Júpiter, Juno e Minerva à época da erupção. Para começar, a cabeça masculina e o torso colossal não podiam de nenhuma maneira pertencer ao mesmo corpo. Depois, há o enigma de por qual razão estas partes das preciosas imagens de culto foram encontradas espalhadas por ali. Talvez tenha sido o resultado de um trabalho de resgate ineficaz quando o vulcão explodiu, ou de um saqueio apressado posterior. Mas se, como parece mais provável, a bagunça generalizada no templo for resultado dos trabalhos de restauração em andamento (depois de um ou mais terremotos), por que foram tão descuidados com as antigas estátuas? Será que as autoridades estavam contentes ao ver partes das antigas estátuas veneradas espalhadas pelo chão do templo? O mais curioso é que nas costas do torso de mármore há outra escultura em relevo com três figurinhas. Obviamente o mármore fora reutilizado. O heroico peito masculino fora esculpido, especula-se, sobre o que anteriormente tinha sido outra escultura em relevo. Estes fatores, combinados à grande quantidade de fragmentos, levaram alguns arqueólogos a pensar que o prédio não estava em restauração em 79, mas temporariamente desativado como templo, sendo usado como depósito de esculturas, ateliê e escritório. Não era preciso se preocupar com as antigas estátuas. Embora algumas delas fossem impressionantes, o que havia ali eram apenas restos.

Não sabemos se isto é verdade. Mas isso traz consequências curiosas para o pequeno Templo de Esculápio e uma série de histórias plausíveis. No templo havia três estátuas em terracota: um par inteiro, homem e mulher, além de um busto imediatamente reconhecível e toscamente esculpido de Minerva. Para Winckelmann, a figura masculina seria Esculápio (fig. 128 do encarte), o que faz da mulher Higeia, a sua filha e outra deidade da cura — com Minerva acrescentada ali por via das dúvidas. Mas suponhamos, por um instante, que o Templo de Júpiter, Juno e Minerva realmente estivesse temporariamente desativado à época da erupção. Certamente os pompeianos teriam desejado guardar suas imagens de culto num lugar seguro. O trio no pequeno templo também podia ser Júpiter, Juno e Minerva. O que impede que sejam as próprias imagens do Fórum, temporariamente instaladas num templo mais adiante na rua?

Bem, elas não são muito grandiosas, e são de terracota, e não de mármore. Minerva é só um busto. Mas na religião o sagrado e o chamativo nem sempre são sinônimos. Às vezes os objetos mais humildes têm mais poder religioso. Talvez — e só talvez — estejamos olhando para o lugar errado à procura de Júpiter, Juno e Minerva.

Homenageando os deuses: em público e em privado

Esculpido em um altar também no Fórum de Pompeia há uma cena do mais icônico dentre os rituais antigos: o sacrifício animal. Aqui, o vemos na versão clássica, como foi descrito pelos escritores romanos e representado por todo o mundo romano em milhares de imagens, das moedas aos arcos triunfais. Ele merece um olhar atento. Porque apresenta detalhes e diferenças que não saltam à vista moderna de imediato. No centro há uma trípode, que aqui serve de altar portátil. Junto a ela, o sacrificador — um sacerdote ou um funcionário político (ambos conduziam sacrifícios em prol das suas comunidades) — recita uma prece enquanto derrama uma oferenda de vinho e incenso. Ele veste uma toga, mas ergueu parte do tecido sobre a cabeça, como era praxe nos sacrifícios. Ao fundo, um músico toca a flauta dupla e atrás dele alguns assistentes (incluindo uma criança) portam equipamentos, como os vasos e jarras que hoje vemos nas vitrines do Museu de Nápoles. Do outro lado da trípode um esplêndido touro é puxado por três escravos. Eles estão vestidos especialmente para a matança que farão em breve, desnudos da cintura para cima. Um deles porta um machado para o abate.

Obviamente, trata-se de uma imagem idealizada. Ela é equivalente à foto comemorativa de grupo ou, talvez — já que foi esculpida no frontispício de um altar em mármore onde os sacrifícios realmente ocorriam —, oferecesse aos participantes do ritual a imagem perfeita do que estavam fazendo. O touro não só se comporta muito bem como é muito grande. Estima-se que um animal deste tamanho (presumindo-se que os participantes humanos tivessem estatura média) rendesse cerca de 500 quilos de carne. Em minha opinião, o sacrifício real costumava ser um evento menos organizado e os animais eram menores e menos dispendiosos. Mesmo assim, podemos ter uma ideia da ocasião: o ruído, a música, o iminente derramamento de sangue. Vemos também as hierarquias e convenções sociais do ritual. O sacrificador oficial está de pé no altar, coberto de roupas. Ele pronuncia as palavras rituais, mas não vai atuar na matança nem manchar as mãos de sangue. O trabalho sujo será feito por escravos, semidespidos para a tarefa. Mesmo (ou especialmente) em momentos rituais as divisões da ordem social romana são claramente marcadas.

Para que servia o sacrifício? Em parte, era uma oferenda ao deus. Morto o animal, a sua carne era dividida. Parte era consumida pelos participantes humanos, parte era vendida, mas outra parte era queimada no altar — o seu aroma se elevava aos céus como uma oferenda aos deuses. O sacrifício também podia ser um meio de descobrir a vontade divina. Especialistas (harúspices) inspecionavam as suas entranhas em busca de sinais dos deuses. Por exemplo, diz a história que quando Julio César oficiou um sacrifício pouco antes de ser assassinado, descobriram que o animal não tinha coração. Não é preciso dizer que se tratava de um mau presságio — não obstante romanos céticos assinalarem que seria impossível um animal viver sem coração.

Mas o sacrifício também fornecia um modelo de como o mundo era organizado numa escala muito maior. A matança repetida *de* animais *por* humanos *para* os deuses era um emblema de hierarquia do cosmo, com os humanos no meio entre as feras, de um lado, e o divino, do outro. A partilha da carne depois do sacrifício e o banquete comunitário que às vezes o acompanhava reafirmavam a comunidade humana e suas hierarquias internas. (Poucas distribuições cívicas no mundo romano deixavam de reafirmar a estratificação social, dando mais aos ricos do que aos pobres — uma inversão inquietante da nossa visão de que os necessitados devem receber mais.) O sacrifício era o mais próximo que o mundo romano tinha de uma crença — a crença na *ação*. Rejeitar o sacrifício, como faziam os cristãos, equivalia a rejeitar a religião romana tradicional. Até o vegetarianismo ia além da moral e do estilo de vida. Ao rejeitar o consumo de carne, os vegetarianos se punham perigosamente em desacordo com a ordem social e cósmica representada pelo sacrifício.

Adoraríamos saber mais sobre os detalhes práticos do sacrifício em Pompeia. Como era financiado? Quantas pessoas realmente lhe assistiam? Os duúnviros tinham harúspices na equipe, como diz a Carta espanhola? Quantos consumiam a carne e onde isto ocorria? Em Roma, em algumas ocasiões punham mesas no Fórum. Será que isto ocorria também em Pompeia? Quanta carne era vendida pelos açougueiros? Será, como afirmam alguns historiadores modernos, que toda a carne consumida na cidade provinha de sacrifícios? Não estou convencida disso. Porém, se o prédio conhecido como *macellum* ("mercado") tiver sido principalmente um mercado de carnes, ele ao menos ficava convenientemente próximo dos principais templos da cidade.

Também gostaríamos de saber mais sobre quando, e com que frequência, havia sacrifícios. Um sacrifício podia ser feito para pagar uma promessa ou apaziguar os deuses depois de algum desastre. Podia marcar eventos ou aniversários importantes: a ascensão de um imperador, o aniversário de fundação de um templo, a celebração de novos governantes civis ou o festival especial de um deus. Mas só podemos especular sobre a frequência com que ocorria a matança característica do animal — no lugar da versão mais barata de vinho, incenso e grãos jogados nas chamas de um altar.

É interessante notar que o escultor que representou o Templo de Júpiter, Juno e Minerva cambaleando no terremoto fez um sacrifício justo ao lado (fig. 28 do encarte). Tem sido difícil encaixar este altar grande e peculiar, aparentemente decorado com a escultura de um porco, em algum monumento no Fórum. Mas não é preciso ler isto literalmente, nem é preciso supor que havia um sacrifício em andamento quando ocorreu o tremor. O mais provável é que o escultor tenha tentado capturar a diversidade de atividades na vida da cidade quando elas foram interrompidas. No Fórum, junto ao templo, o que mais poderia haver senão um grande touro levado para o sacrifício por um escravo nu da cintura para cima e portando um machado?

Os festivais religiosos antigos também podiam ser divertidos. Não temos muita ideia de como os participantes reagiam à matança dos animais sacrificiais em Pompeia e em outros lugares. O poeta Horácio fez reflexões sentimentais sobre o jovem bode que pretendia sacrificar: ("a sua cabeça, inchada com os cornos, / recém-saídos, oferece promessas de amor e luta; / em vão..."). Mas é improvável que Horácio tenha sido típico. De qualquer modo, a festa que se seguiu certamente foi alegre e celebratória. Outros modos de homenagear os deuses também envolviam prazer para os adoradores humanos. Já vimos que os espetáculos, o teatro e a pantomima faziam parte da "diversão e jogos" de Pompeia. Com frequência eram encenados em festivais religiosos. O drama na Itália, não menos do que na Grécia, tem raízes nas celebrações religiosas. Muitos dos primeiros "teatros" foram improvisados nas escadarias dos templos, com os deuses supervisionando a encenação lá de dentro. Em Pompeia, o Teatro Grande está ligado diretamente ao Fórum Triangular por uma escadaria monumental e ao Templo de Minerva e Hércules — ligação que assinala, também ali, o aspecto religioso do drama.

Sabemos quase tudo sobre o festival pompeiano em homenagem ao deus Apolo. Certamente havia festivais para outros deuses também. Graças ao epitáfio de Aulo Clódio Flaco (p. 226-227), temos uma breve ordem de cerimônias dos "Jogos de Apolo" em três ocasiões, quando Flaco os patrocinou na qualidade de duúnviro. Já discutimos um pouco a variedade de espetáculos que ele apresentava: toureiros, boxeadores e pantomimas. O seu epitáfio ressalta a "procissão" que acompanhava tudo isso. As procissões eram outro elemento característico da religião antiga. Sacerdotes, funcionários de todo tipo, grêmios e representantes de ofícios desfilavam pelas ruas. Às vezes havia também imagens dos deuses, retiradas dos templos, flutuando nos andores. Acompanhadas de música, incenso e (se houvesse um patrocinador generoso) presentes atirados aos espectadores, nestas festividades a cidade exibia os seus governantes, representantes e deuses.

Por definição, as procissões são assuntos transitórios e é difícil segui-las pela cidade. Como reconstruir, a partir de vestígios materiais, as rotas da procissão do Lord Mayor de Londres* e de um casamento real? Como vimos, segundo uma teoria, a rua que vai do Templo do Fórum Triangular ao Fórum principal — em sua maior parte livre de trânsito e elementos desabonadores, como os bares — seria um das principais rotas de procissões da cidade, que sairiam do antigo centro religioso do Templo de Minerva e Hércules para o novo foco no Templo de Júpiter, Juno e Minerva. Pode ter sido assim. Porém, independentemente da rota exata (e ela certamente devia variar de acordo com a ocasião), temos algumas evidências em esculturas e pinturas de como eram as procissões.

No capítulo anterior demos uma olhada na procissão que levava aos jogos no Anfiteatro. Diante do Bar na Via de Mercúrio, uma pintura extraordinária na fachada do que provavelmente foi uma carpintaria

---

* Prefeito da City de Londres, condado dentro de Londres. (*N. da T.*)

capta o estilo de exibição de um modo ainda mais vívido. A maior parte das pinturas descobertas na fachada deste prédio se perdeu. Segundo cópias feitas nas primeiras escavações, elas representavam um trio de deuses — Mercúrio (frequentemente associado às trocas e ao comércio), Fortuna (para a boa sorte) e Minerva (que costumava ser a padroeira das artes e ofícios) —, além de Dédalo, o mítico artesão que construiu o labirinto para o rei Minos e fez as asas que levaram à morte o seu filho Ícaro. Por sorte, ela há muito tempo foi removida para o Museu de Nápoles (fig. 5 do encarte). Ela exibe outro andor (ou *ferculum*, em latim), como o que os ferreiros carregam na procissão do Anfiteatro. Este é carregado por quatro homens. Deve ser pesado, pois eles usam cajados para se apoiar, e parece ser muito mais elaborado que o outro, com um pálio e uma moldura decorados com flores e folhagens.

No *ferculum* há três grupos de figuras. Ao fundo está a imagem da deusa Minerva. Esta parte da pintura está bastante danificada, mas ainda se pode ver parte do vestido e do escudo. No centro há três carpinteiros trabalhando; um deles aparentemente planeja uma peça, os outros dois usam uma serra entre eles. À frente há uma cena muito mais enigmática: um homem com uma túnica curta e um compasso nas mãos está de pé sobre um homem nu estirado no chão. Uma teoria atraente afirma que a figura de pé é Dédalo e esta parte da cena trataria da destreza e da carpintaria. Mas quem é a figura no chão? Será uma estátua feita por Dédalo? Ou será o seu sobrinho Perdix, que ele assassinou por uma rivalidade porque o jovem inteligente inventou o compasso e a serra? De qualquer modo, aquilo devia ser um painel carregado em procissão pelos carpinteiros — representasse ele uma oficina ou todo o ofício de carpintaria da cidade. É uma rara evidência do que devia conter a "procissão" de Flaco nos Jogos de Apolo.

Sacrifício de touros, procissões, encenações teatrais... todos estes são rituais em escala urbana. O que ocorria em contextos mais locais e privados? De fato, há diversas evidências da presença de deuses nos bairros da cidade e nas casas, pequenas e grandes. Altares e oratórios eram armados em diversas esquinas, e uma das características mais peculiares e facilmente distinguíveis das casas pompeianas são os altares, que hoje designamos com a palavra latina *lararium*, altar dos Lares ou deuses da casa de família (embora o termo só tenha começado a ser usado em latim séculos depois da destruição de Pompeia). Alguns são muito elaborados, instalados no átrio ou no peristilo das casas grandes. Na Casa do Poeta Trágico, por exemplo, vimos que o olhar do visitante era atraído diretamente para o altar na parede ao fundo do peristilo. Mas outros são muito mais simples e costumavam ficar na cozinha e nas áreas de serviço. De fato, sem a decoração pode ser difícil distinguir entre uma prateleira ou nicho comum e "altar" simples — e é possível que alguns deles, confiantemente apontados como larários nas plantas modernas, não passassem de prateleiras para utensílios domésticos.

Um dos altares mais impressionantes fica no pequeno átrio da Casa dos Vétios (fig. 130 do encarte). A pintura na parede do fundo inclui figuras típicas dos larários. À direita e à esquerda estão os próprios Lares, vestidos com túnicas minúsculas e portando cornos de beber e cântaros de vinho. Frequentemente estes minideuses eram associados à proteção e ao bem-estar da casa e, às vezes (quando aparecem como os "Lares das Encruzilhadas"), de um bairro. Numa das peças de Plauto, um Lar que surge no palco para dizer o prólogo foi o responsável pela descoberta de um pote de ouro escondido na casa. Foi para os Lares que os dois moradores da casa de Caio Júlio Filipo fizeram promessas pela volta do amo à casa são e salvo. Mas não havia mitos associados a eles, como no caso da maioria das deidades, e os próprios romanos discutiam a sua história e que tipo de deuses eles seriam realmente.

Entre os Lares, no meio da cena, há um homem com uma toga que lhe cobre a cabeça, como se participasse de um ato sacrificial. Ele espalha incenso que retira da caixa que detém na mão esquerda. É natural apontá-lo como o chefe da casa familiar (*paterfamilias*), mas os arqueólogos — sem um motivo de peso, em minha opinião — tendem a se referir a ele como o *genius*, o "espírito guardião" do pai de família. Provavelmente a diferença não tem importância. Porque, seja como for, ele faz uma oferenda para os Lares. Abaixo, uma esplêndida serpente se retorce: símbolo de prosperidade, fertilidade e da proteção da casa (é o que diz a história mais comum).

Em muitos casos havia estatuetas de deuses e deusas na borda ou na prateleira do larário. Às vezes elas representavam os próprios Lares, mas a grande variedade de deidades talvez nos permita conhecer os deuses favoritos dos pompeianos (ou, pelo menos, daqueles suficientemente ricos para comprar estatuetas de bronze). Depois dos Lares, Mercúrio é o mais popular, seguido pelos deuses egípcios (que veremos mais de perto ao final do capítulo) e por Vênus, Minerva, Júpiter e Hércules, nesta ordem.

A grande indagação é que ritual, se é que havia um, ocorria nestes altares? Sabemos que as oferendas eram depositadas nos altares das encruzilhadas pela simples razão de que ao menos numa delas há vestígios de cinzas e de restos queimados. Presume-se que eram organizados pelos "presidentes" e "assistentes" cujos nomes estão registrados num punhado de listas encontradas nos arredores (p. 242-243). Quanto às casas particulares, uma teoria comum é que a unidade doméstica — donos, escravos e outros dependentes — se reunia no larário regularmente e o *paterfamilias* fazia uma oferenda aos deuses. Isto soa muito improvável. Não só se parece demais com o costume vitoriano das orações familiares como, em alguns casos, o altar fica num cômodo tão diminuto que teria sido impossível reunir ali os moradores. Contudo, algo semelhante aparece numa pintura incomum encontrada junto ao larário de uma pequena casa (fig. 131 do encarte).

Entre dois Lares gigantescos, um *paterfamilias* faz a oferenda num altar. Não se trata de um *sacrifício* animal completo, mas está o flautista, como na cena sacrifical do Fórum. Atrás dele está a esposa e à direita vemos umas treze pessoas exatamente na mesma posição, com a mão direita no peito, à exceção de um garotinho em primeiro plano. Outra vez, corre-se o perigo de interpretar a imagem literalmente. Mas ela dá pistas do ritual no larário assistido pela casa — e do comportamento formal que deviam adotar, o equivalente romano das mãos postas para a oração.

Como no caso das procissões, o problema de reconstruir a vida religiosa dos lares é que rituais como estes raramente deixaram vestígios arqueológicos, além de um bocado de cinzas. Raramente detectamos uma ação religiosa nos restos do chão. No fundo de uma casa, os escavadores acharam um poço repleto de detritos e, no topo, um azulejo com a inscrição *FULGUR* (i.e., "raio"). Seria parte de um ritual para apaziguar os deuses após a queda de um raio? Escavações recentes na Casa e Bar de Amaranto depararam com outros poços curiosos, das fases romana e pré-romana de ocupação daquele trecho de terreno. Os mais recentes continham ossos de carneiros e frangos, além de figos e pinhões carbonizados. Os mais antigos incluíam um leitão recém-nascido, um pouco de cereais, figos e cachos de uvas. Ali, os escavadores acharam evidências de sacrifícios (alguns ossos do leitão estavam queimados e as marcas de faca sugerem que parte da carne foi consumida). Em outras palavras, era a evidência rara de um ritual religioso doméstico — a menos, claro, que seja um destes casos em que, como diz a piada, "religião" seja uma etiqueta conveniente para explicar coisas estranhas que não entendemos.

Política e religião: imperadores, assistentes e sacerdotes

A religião romana era um sistema expansível e flexível. Novos deuses e deusas eram trazidos do estrangeiro. De fato, pode-se traçar um paralelo entre o modo como os romanos incorporavam ex-escravos ao corpo de cidadãos e novos deuses ao panteão. Mas novos deuses eram recrutados também entre os mortais: eventualmente era possível cruzar o limite entre humanos e mortais. Segundo o mito, Hércules e Esculápio nasceram mortais. Mas isto não impedia o mito. Muitos imperadores romanos se tornaram deuses.

Aquele era um processo complexo com formas distintas nas diferentes partes do mundo romano, segundo os períodos e a ocasião. Às vezes o Senado romano ungia oficialmente um imperador romano deus por ocasião da sua "morte" e lhe outorgava um templo e sacerdotes. Em algumas províncias, o culto religioso em vida do imperador era a principal forma de expressar lealdade a Roma. Às vezes ele era apenas equiparado a um deus e recebia homenagens "equivalentes" às dos deuses, mas não exatamente as mesmas. Isso não era tão rudimentar (ou tolo) como costuma ser apresentado. Em Roma, a divisão entre humanos e deuses era vista necessariamente em termos de poder. Era quase obrigatório debater onde, naquele espectro, ficava o governante todo-poderoso do mundo romano. Em outras palavras: se os deuses podiam ser tratados como duúnviros pretensiosos, então o imperador, infinitamente mais poderoso, podia, ou devia, ser tratado como um deus. Em resumo, o poder divino ou quase divino era um modo de compreender e representar a autocracia humana.

Os imperadores e a elite exploravam o aspecto religioso do poder imperial de várias maneiras. Além de fundar o "culto imperial", como é designado hoje, um modo útil de canalizar a lealdade das comunidades das províncias, Augusto, o primeiro imperador, se inseriu nas organizações religiosas de bairro em Roma. O culto tradicional dos "Lares das encruzilhadas" foi redirecionado para os "Lares do imperador", como um exercício para promover a lealdade ao regime imperial dos escravos e ex-escravos, maioria nos cultos locais. Contudo, havia certo grau de reflexão excêntrica e jocosa sobre a ideia de o imperador se tornar um deus. Uma esquete satírica sobre o tremelicoso velho Cláudio tentando ocupar um lugar no céu (o *Apocolocyntosis*), talvez escrita pelo filósofo Sêneca, é uma das coisas mais engraçadas que sobreviveram em latim. Dizem que o imperador Vespasiano riu de si mesmo no leito de morte: "Querido eu", teria dito ele, "acho que estou me tornando um deus."

Qual o impacto dos imperadores divinos em Pompeia? Como em Roma, o culto ao imperador se infiltrou (ou foi imposto) em todo tipo de formas religiosas tradicionais. A fusão de Fortuna com o poder do imperador no templo de Marco Túlio é um caso típico. Em Pompeia não há evidência direta de que os cultos nas encruzilhadas tenham adquirido um aspecto imperial como sucedia em Roma. Mas uma série de inscrições reveladoras demonstra que outras deidades tradicionais às vezes podiam ser ofuscadas pelo imperador. Em algum lugar da cidade — não sabemos onde — devia haver um altar a Mercúrio e sua mãe Maia. Do seu culto sobrevive uma série de placas que registram a data precisa das oferendas dos oficiantes, quase todos escravos e ex-escravos. No primeiro eles registram oferendas para (ou se descrevem como assistentes de) Mercúrio e Maia. Depois, o imperador Augusto se junta a eles: "assistentes de Augusto, Mercúrio e Maia". Depois do século II a.C., Augusto ocupa totalmente a cena. Não há menção ao par de deuses em nenhuma oferenda posterior.

Novos elementos inteiramente imperiais foram incorporados à religião local, inclusive novos sacerdotes. Como observamos, os principais sacerdotes da cidade provinham da elite, funcionários do império que lidavam com os assuntos religiosos do estado, às vezes fazendo sacrifícios e ponderando com o conselho sobre decisões e ações religiosas. Eles podiam também estar ligados a determinados deuses, a julgar pela referência a um "sacerdote de Marte". Outros, desde a criação da colônia, eram membros do que podemos chamar de "comitês" sacerdotais, formados segundo a prática de Roma. Conhecemos *augures* que, no modelo romano, estariam relacionados, entre outras coisas, aos sinais dos deuses. Havia também pontífices, que supostamente aconselhavam sobre temas como a lei, o calendário e as regras religiosas de enterramento. Por uma vez, as mulheres tinham um papel formal. Eram sacerdotisas públicas de Vênus e Ceres. A rica Eumáquia era uma "sacerdotisa pública", e Mamia também. Não sabemos exatamente quais eram os seus deveres religiosos. Tampouco se as mulheres romanas estavam realmente autorizadas a realizar sacrifícios. Mas elas certamente possuíam uma considerável quantia de dinheiro e patrocinavam trabalhos públicos. Como vimos nas inscrições fragmentárias, o amplo empreendimento de Eumáquia no Fórum foi acompanhado de outro, patrocinado por Mamia.

A este repertório foi acrescentado um sacerdócio do imperador reinante com o respaldo dos cidadãos mais preeminentes, inclusive Marco Holcônio Rufo. Os deveres deviam incluir sacrifícios nos eventos e aniversários imperiais importantes. Também é muito provável que o sacerdócio do imperador fosse uma via rápida para ser notado pela hierarquia imperial na capital. Muito abaixo disto, ainda que tivessem outras funções na cidade, os *Augustales*, como o nome sugere, também deviam ter responsabilidades no culto ao imperador.

Novos templos e altares também foram construídos. Assim como o Templo de Fortuna Augusta, havia um prédio do lado oriental do Fórum dedicado especificamente ao culto imperial. Dali veio o altar com a cena do sacrifício. De fato, o próprio altar dá pistas sobre a ligação com o imperador Augusto: no desenho atrás dele aparecem duas homenagens (coroas de carvalho e de louros), entregues a Augusto pelo Senado em 29 a.C.; e o rosto do sacrificador tem mais do que semelhança com aquele imperador. Presume-se que era ali que os sacerdotes do culto imperial faziam os sacrifícios imperiais.

A impressão geral é que o imperador estava ocupando cada vez mais espaço no mundo religioso de Pompeia. Mas talvez não *tanto* como alguns estudiosos modernos afirmam. Talvez seja previsível que quanto mais arqueólogos e historiadores se interessam pelo culto imperial romano, mais vestígios dele encontram à sua volta. Em resumo, há a tendência a encontrar o que se busca. Em Pompeia, esse entusiasmo combinado à falta de evidências sobre a função de vários prédios do lado oriental do Fórum fez com que pelo menos três edifícios, ou partes deles, fossem apontados como recintos dedicados ao culto ao imperador.

Além do templo com o altar há um prédio ao lado, frequentemente denominado, sem bases sólidas, de "edifício do culto imperial" (embora a ideia alternativa de que se tratava de uma biblioteca não me pareça muito melhor). Então, ao fundo do *macellum* supostamente há outro altar para o imperador. Esta teoria se baseia em grande parte na descoberta, do início do século XIX, de um braço em mármore que sustenta um globo (uma figura imperial?) e um par de estátuas que alguns identificaram como membros da família imperial — ainda que outros (tal é a dificuldade de dar nome aos rostos) afirmem que se trata de dignitários locais. Como se não bastasse, alguns especialistas cheios de imaginação argumentam que a protuberância em concreto no centro da piazza era a base de um grande altar dedicado ao imperador.

Se tudo isso fosse verdade, o Fórum de Pompeia em 79 d.C. só poderia ser descrito como um monumento à lealdade política e dinástica, numa escala que teria impressionado até os mais duros regimes de partido único do mundo moderno. Felizmente não há rastros disso.

A poderosa Ísis

Havia cristãos em Pompeia? Isto não seria impossível em 79. Mas não há evidências sólidas da sua presença, exceto por um jogo de palavras romano bem comum. É uma daquelas frases inteligentes, mas quase sem sentido, que se lê do mesmo modo da esquerda para a direita e vice-versa. E ela é quase um anagrama de PATER NOSTER ("PAI NOSSO") escrito duas vezes, além de dois conjuntos de letras A e O (como o cristão "Alfa e Ômega"). Alguns exemplos posteriores deste jogo parecem estar ligados ao cristianismo. Este também pode estar... ou não. O grafite em carvão que se diz incluir a palavra "Christiani", mas que desbotou quase instantaneamente, certamente é invenção de uma mente pia. Há evidências mais fortes da presença de judeus. Não foi escavada nenhuma sinagoga. Mas há pelo menos uma inscrição em hebraico, algumas referências possíveis à bíblia judaica, inclusive a famosa referência a Sodoma e Gomorra (p. 36) e um punhado de nomes possivelmente judeus — além do Garo *kosher* (p. 35).

Entretanto, o povo de Pompeia tinha outras opções religiosas além das tradições que já discutimos. Desde o século II a.C. algumas religiões na Itália ofereciam um tipo muito diferente de experiência religiosa. Elas muitas vezes envolviam uma iniciação e um compromisso emocional que não eram elementos cruciais na religião tradicional. E frequentemente prometia o início da vida após a morte. Isto não tinha grande importância nas estruturas tradicionais da religião, onde era possível para os mortos conservar algum tipo de existência vaga e receber oferendas nos túmulos de descendentes piedosos — mas certamente não era uma existência muito desejável. Estas religiões costumavam ser oficiadas por sacerdotes, e às vezes sacerdotisas, que se dedicavam a elas mais ou menos em tempo integral, tinham um papel pastoral diante dos seguidores — à diferença dos *augures* e *pontifices* de Pompeia — e levavam uma vida especialmente religiosa. Eles podiam, por exemplo, usar roupas especiais ou raspar a cabeça. Às vezes eram estrangeiros, ou se definiam por símbolos ostensivamente estrangeiros.

Tem sido fácil distorcer e glamourizar estas religiões. Elas não foram precursoras diretas do cristianismo. Não surgiram em total oposição à religião tradicional, oferecendo a satisfação emocional e espiritual que Júpiter, Apolo e os demais deuses não ofereciam. Tampouco eram praticadas predominantemente por mulheres, pobres, escravos e outros grupos em desvantagem, atraídos pela promessa de felicidade na vida depois da morte para compensar as condições deploráveis do aqui e agora. Elas eram parte do politeísmo romano, não eram alheias a ele, ainda que tivessem uma relação cambiante e às vezes estranha com as autoridades do Estado romano. Por exemplo, o culto a Baco (ou Dioniso) e à deusa oriental Cibele (também chamada de "Grande Mãe") tinha uma versão cívica e outra mais mística. O culto iniciático de Baco, severamente limitado pelas autoridades romanas em 186 a.C., foi quase totalmente proibido. Os sacerdotes da deusa egípcia Ísis foram expulsos de Roma várias vezes, embora mais tarde o culto a Ísis tenha recebido patrocínio oficial dos imperadores romanos.

Várias dessas religiões eram conhecidas, ainda que não totalmente organizadas, em Pompeia. Já vimos os afrescos na Vila dos Mistérios que, apesar de serem desconcertantes e impossíveis de decodificar completamente, certamente evocam alguns aspectos do culto a Baco, com a revelação de objetos secretos e a cena da prova pela qual o iniciado deve passar. Uma casa não muito distante do Anfiteatro revelou vários objetos ligados ao culto da deidade oriental Sabácio (fig. 132 do encarte) — embora se discuta se a casa seria um altar completo do deus, como se costuma afirmar. Mas a mais preeminente destas religiões era o culto a Ísis e outras deidades egípcias.

Ísis tinha várias formas, de protetora dos marinheiros a mãe dos deuses. Um elemento crucial no mito era que fizera o seu marido Osíris ressuscitar depois de ser morto e esquartejado pelo irmão Seth. Ísis o recompôs e eles conceberam Hórus. A sua história e o seu culto ofereciam esperança para a vida após a morte. No século II d.C., o romance de Apuleio, *O asno de ouro*, descreve o sabor da religião para os adeptos romanos. Nele, após uma série de aventuras terríveis, o narrador Lúcio finalmente é iniciado no culto de Ísis. Ele descreve o começo do processo: a lavagem ritual, a abstinência (de carne e vinho), os presentes ofertados por outros adeptos, a vestimenta nova de linho. Mas, obviamente, ele não revela o segredo máximo: "Talvez você, leitor atento, se pergunte ansiosamente o que se dizia e fazia ali. Eu lhe diria, se pudesse; você descobriria se eu pudesse dizer-lhe. Mas os seus ouvidos e a minha língua seriam igualmente punidos pela curiosidade imprudente." Ele prossegue e deixa suficientemente claro que a religião prometia a conquista da morte: "Tendo alcançado o umbral da morte... Eu fui conduzido por todos os elementos e regressei."

O Templo de Ísis em Pompeia é um dos edifícios mais bem preservados e menos saqueados da cidade (fig. 21, p. 344). Erguido num terreno pequeno junto ao Teatro Grande que paira acima dele, oculto da rua por um alto anteparo que só é interrompido por uma entrada principal que fica dois degraus acima da rua com grande porta de madeira, ele fora totalmente reconstruído pouco antes de 79 d.C. e funcionava perfeitamente. Sobreviveu o suficiente para que os escavadores do século XVIII vissem que a porta era feita de três peças. Só a parte central permitia o acesso cotidiano. Presume-se que por ocasião de festivais elas fossem completamente abertas.

A porta dava para um pátio com colunata (fig. 133 do encarte). No centro havia um pequeno templo cercado de outras estruturas e cômodos. Ele foi construído com tijolos e pedras e na fachada tinha estuque e pintura. Os muros do pátio estavam cobertos de afrescos. Praticamente não havia um ponto sem decoração. Havia estátuas pelo pátio e nos nichos do prédio. De imediato encontramos aqui o velho problema da identificação e da reconstrução. Arqueólogos examinaram estes restos ao longo dos séculos, tentando encaixá-los nas descrições dos rituais e da organização do culto de Ísis feitas pelos escritores antigos e nomear as diversas partes. Assim, por exemplo, a ampla sala a oeste costuma ser chamada pelo nome grego *ekklesiasterion* ("sala de reunião") e pensa-se que era onde os iniciados se reuniam. Pode ser. Mas o importante é observar como este complexo difere dos templos cívicos tradicionais da cidade e como as decorações e achados em áreas distintas podem assinalar funções variadas.

O primeiro a ressaltar é que o templo não era aberto ao público em geral. Aquilo era religião para iniciados. Em segundo lugar, o prédio abrigava outros serviços religiosos congregacionais e, possivelmente, um ou mais sacerdotes. Tenha ou não a sala de reuniões servido realmente para as reuniões dos membros do culto, havia lugares onde as pessoas podiam se congregar e fazer coisas em comum. Havia também uma grande sala de jantar e uma cozinha, e espaços que podem ter sido usados para dormir. Como vimos em outros lugares, a iluminação era um problema. Foram encontradas 58 lamparinas de terracota em depósito no fundo.

Figura 21. O Templo de Ísis.
À diferença dos cultos cívicos tradicionais de Pompeia, o Templo de Ísis
tinha espaço para uma comunidade de adoradores e, provavelmente,
acomodações domésticas para os sacerdotes.

A função exata de alguns espaços está suficientemente clara. O templo originalmente abrigou as estátuas de culto de Ísis e Osíris. Elas não foram encontradas no seu lugar no pódio. Mas uma elegante cabeça em mármore achada no chamado *ekklesiasterion*, junto a outras extremidades em mármore (mão esquerda, mão direita e um braço, a ponta de dois pés) podem ser os vestígios da estátua de culto acrolítica do templo. O altar fica no pátio e diante dele uma pequena estrutura quadrada revela uma piscina. Independentemente de os arqueólogos estarem certos de dar a isto o nome de *purgatorium*, ele provavelmente tem relação com a ênfase na lavagem e na limpeza que vemos em antigas discussões sobre os rituais do culto de Ísis. E não servia qualquer água. Em teoria, ao menos os iniciados se banhavam em água trazida especialmente do Nilo.

Enquanto isso, não importa o que ocorresse ali, a decoração do *ekklesiasterion* e da sala ao lado os distinguiu do resto. Havia cenas religiosas especificamente egípcias na decoração do pátio, mas grande parte delas parece não ter relevância particular para o culto ou o mito de Ísis. Em contraste, nestes dois cômodos o sabor é decididamente egípcio. A "sala de reuniões" originalmente incluía ao menos dois grandes painéis mitológicos. Um deles é um emblema perfeito para saudar os novos iniciados: representa a heroína grega Io que foge da deusa Hera e é saudada no Egito pela própria Ísis (fig. 18 do encarte). No outro cômodo há pinturas de símbolos de Ísis, da deusa e dos rituais dela. Além das 58 lamparinas, ele continha vários exemplares de utensílios religiosos e recordações egípcias, de uma pequena esfinge a uma trípode de ferro.

A impressão geral é de mistura cultural. Aqui, por exemplo, retratos clássicos padrão (como o bronze do ator de mimo Norbano Sórice) e esculturas de deidades tradicionais como Vênus se mesclam com "verdadeiras" bugigangas egípcias, como uma tabuleta do século IV a.C. inscrita com hieróglifos — talvez com a intenção de evocar o Egito "autêntico". Também vemos a imagem mais bem preservada de Ísis de todo o complexo (fig. 134 do encarte). Foi feita no século I, no estilo grego de séculos anteriores. Ela mal parece egípcia, exceto pelo chocalho ou *sistrum* característico que tem em mãos, e o *ankh*, ou cruz egípcia, que antes portou na outra mão. É difícil resistir à impressão de que o culto segue uma trajetória bastante segura entre os vínculos cívicos italianos tradicionais e a "alteridade" mística egípcia. Esta também é a mensagem das deidades egípcias no larário doméstico com pequenas estátuas de Lares, Hércules e Mercúrio.

Os aspectos tradicionais do culto de Ísis são bem ilustrados na inscrição acima da entrada principal que registra a restauração. Ela diz: "Numério Popídeo Celsino, filho de Popídeo, restaurou o Templo de Ísis com o seu próprio dinheiro a partir das fundações, depois que ruiu no terremoto. Devido à sua generosidade, os decuriões o cooptaram para o conselho municipal, sem taxas, embora só tivesse 6 anos." Há outros sinais da benemerência desta família no templo. O pai de Celsino, "Numério Popídeo Ampliato sênior", doou uma estátua de Baco. Os seus nomes também constavam num mosaico em preto e branco no piso do *ekklesiasterion* ao lado de Corélia Celsa (presumivelmente esposa e mãe).

Como vimos, parece que Pompídio pai usou a restauração para lançar o filho na elite política pompeiana. Não sabemos se Pompídio Ampliato era um ex-escravo e, por isso, descartou o avanço político, mas um homem com este nome figura entre os "assistentes de Augusto", que eram predominantemente escravos ou ex-escravos. Então isto parece muito provável. Contudo, o interessante é que a restauração do Templo de Ísis se inclua tão facilmente no jogo de patrocínio e generosidade que caracterizou o avanço cívico em Pompeia. Em certos aspectos o culto a Ísis pode ter sido iniciático, estranho e estrangeiro. Mas a conclusão é que se tratava de um culto público, em terras públicas, e um veículo tão plausível para o avanço social quanto o de Fortuna Augusta. Para muitos habitantes de Pompeia, Ísis era uma opção religiosa dentre outras.

Nos anos 1760, o Templo de Ísis foi um dos primeiros prédios escavados no sítio arqueológico. Foi um achado afortunado que imediatamente despertou a imaginação dos viajantes europeus. É verdade que alguns estraga-prazeres o acharam decepcionantemente pequeno. Mas para a maioria ele permitia algo duplamente animador: vislumbrar simultaneamente o antigo Egito e a antiga Roma. Exótico e um tanto sinistro, inspirou Mozart, que o visitou em 1769, na composição de *A flauta mágica*. Cinquenta anos mais tarde, deu a Bulwer-Lytton a ideia do egípcio Arbaces, o vilão antipático do seu *Os últimos dias de Pompeia*, que foi descrito com todos os estereótipos raciais de praxe. Mas o templo suscitou mitos ainda mais poderosos. O seu estado impecável, quase intocado, ajudou a criar o "nosso" mito de Pompeia, uma cidade interrompida no meio do caminho.

O último sacrifício queimava no altar quando o púmice começou a cair. Ou é o que dizem.

EPÍLOGO

A CIDADE DOS MORTOS

Da cinza às cinzas

Os primeiros visitantes às ruínas de Pompeia adentravam a cidade pelos cemitérios. Hoje, compramos ingressos, mapas, guias e garrafas d'água num moderno "centro de visitantes" que poderia perfeitamente ser a entrada de uma movimentada estação de trem. Os nossos antecessores do século XVIII seguiam uma das antigas ruas que levavam à cidade, ladeadas de monumentos aos mortos imponentes e tocantes.

Os romanos mantinham os mortos fora da cidade. Não havia cemitérios no centro das cidades nem dos vilarejos para colocar os mortos no centro das coisas. Em vez disto, em Pompeia como em Roma, os túmulos das gerações precedentes ocupavam as vias de entrada e saída da cidade, fora das muralhas. Ao entrar em Pompeia, os viajantes antigos passavam pelas residências imponentes de gente que vivera décadas, talvez séculos antes. Porque, embora a cremação fosse uma prática funerária comum no apogeu da cidade (pelo menos desde a chegada dos colonos romanos, no princípio do século I a.C.), isto não impedia a construção de túmulos extravagantes.

Urnas minúsculas com as cinzas dos mortos eram guardadas numa variedade de grandes construções — na forma de altares, elegantes assentos semicirculares ou bancos (lugares de descanso convenientes para os vivos) ou prédios de vários andares com colunas e estátuas dos defuntos.

Para os primeiros turistas isto dava o tom da visita. Pompeia era o lugar de uma tragédia humana, uma cidade dos mortos. Os túmulos que viam no início da visita (ainda que fossem de gente que, provavelmente, morrera na segurança de suas camas) eram uma mensagem que suscitava meditações sobre a fugacidade da existência e a inevitabilidade da morte para todos, ricos ou pobres. Do pó ao pó e — apropriadamente no caso de Pompeia — da cinza às cinzas.

Claro que a morte e a celebração não eram o mesmo na antiga Pompeia. Os túmulos refletiam com exatidão as hierarquias e desigualdades que vimos repetidamente na vida da cidade. Já descobrimos (p. 12-13) a ironia do grupo de fugitivos infelizes, com uns 500 sestércios entre eles, que finalmente sucumbiram junto ao túmulo de Marco Obélio Firmo, edil e duúnviro cujo funeral custara dez vezes aquela quantia. Ainda que não fosse o mais esplêndido, o seu túmulo era típico dos grandes projetos: um recinto simples cercado de muros onde ficava a urna e um tubo em terracota junto a ela para canalizar as oferendas ao defunto feitas pelos descendentes. A menos que tenham sido convencidos pelas alegações mais otimistas de uma nova religião, a maioria dos romanos tinha uma ideia bastante vaga e sombria do que ocorria após a morte. Ainda assim, como aqui, deviam se dar ao trabalho de fornecer algum tipo de sustento ao seu ancestral — ainda que não se saiba com que frequência o tubo era usado.

Outros membros da elite pompeiana, homens e mulheres, eram celebrados com monumentos mais chamativos que o de Obélio Firmo. O túmulo da sacerdotisa Eumáquia é o maior deles. Ergue-se muito acima da rua num terraço próprio e inclui — no que hoje parece uma reflexão irônica sobre o seu gênero — uma escultura em mármore de amazonas (guerreiras míticas), uma ampla área com assentos e os túmulos de Eumáquia e alguns parentes e dependentes. Em alguns, as homenagens ou patrocínios da falecida foram exibidos em imagens, além de palavras. Já vimos (fig. 95 do encarte) o *bisellium* ou assento de honra elaboradamente esculpido no túmulo do *Augustalis* Caio Calvêncio Quieto, uma afirmação de status tão orgulhosa como a do mais rico e aristocrático latifundiário. Outros exibem esculturas ou pinturas de jogos de gladiadores — supostamente com a intenção de representar os que o defunto financiou em vida.

Muitos monumentos foram marcados com grafites do tipo demótico mais comum ou cobertos de anúncios de jogos e espetáculos. Aquelas paredes lisas numa via pública deviam ser um espaço adequado para mensagens e anúncios. Mas é difícil não suspeitar que se tratava também de "dar o troco". Como devia ser bom desfigurar aquelas homenagens agressivas à riqueza, ao poder e ao privilégio!

Não é preciso dizer que os setores mais pobres da sociedade pompeiana não tinham locais para o descanso final tão luxuosos — a menos que estivessem entre os escravos e ex-escravos suficientemente sortudos para serem incluídos no monumento dos amos. Quanto ao resto, alguns podiam comprar uma pequena parcela num grande túmulo comunitário. As cinzas dos demais terminavam em recipientes baratos que eram enterrados e marcados com uma pedra. Até isto teria sido bom demais para os que ocupavam a base da pirâmide social. Em Pompeia, como em outras partes do mundo romano, provavelmente os seus corpos eram enterrados ou queimados sem cerimônias, celebrações funerárias e marcador permanente.

Disputas além-túmulo

Não só as desigualdades da vida pompeiana deixaram uma marca permanente nos cemitérios dos arredores da cidade. Às vezes as disputas e embates dos viventes iam além-túmulo. De fato, uma das visões mais vívidas da crua realidade social, a triste história de uma amizade perdida, provém de um grande túmulo fora da Porta de Nucéria, junto ao monumento a Eumáquia. É o túmulo de um ex-escravo, Públio Vesônio Filero, que o construiu com muita antecedência ao longo da vida para si e outras duas pessoas. Filero pretendia incluir também os restos da sua ama, uma mulher chamada Vesônia, e do seu "amigo", um homem livre chamado Marco Orfélio Fausto. Estátuas em tamanho natural dos três — infelizmente as cabeças desapareceram — ainda fitam os passantes de um nicho no piso superior da fachada.

Quando o monumento ficou pronto, Filero fez dois ajustes. Ele deve ter se tornado um *Augustalis* mais tarde e, orgulhoso deste status, acrescentou a palavra à placa que já havia mandado fazer com os nomes do trio. Não sobrava muito espaço, então *"Augustalis"* aparece em letras menores. O outro ajuste foi o acréscimo de uma placa para explicar que, desde então, havia se distanciado do antigo amigo Fausto. Ela diz:

> Estranho, detenha-se um instante, se não for um incômodo, e aprenda o que deve evitar. Este homem, que eu esperava que fosse meu amigo, forjou testemunhas e me processou. Agradeço aos deuses e à minha inocência por terem me livrado deste problema. Que nem os deuses do lar, nem os deuses do submundo recebam este homem que mentiu sobre os nossos assuntos.

As circunstâncias são obscuras. Por que, por exemplo, ele fez a nota extra, em vez de simplesmente remover o outro homem da placa e se livrar da estátua dele? Podemos ter certeza de que foi escrita por Filero?

Seria possível que a parte prejudicada fosse Fausto e não Filero, e que o primeiro tenha acrescentado a placa ao túmulo construído pelo antigo amigo? Sejam quais forem os detalhes, trata-se de uma história rara de amizade entre dois pompeianos comuns que terminou não só em recriminações, mas na corte local.

Até os túmulos podem jogar uma luz valiosa na vida de uma cidade romana.

FAZENDO UMA VISITA

Uma visita a Pompeia quase nunca decepciona. Ela requer apenas três coisas: um mapa do sítio (é possível comprá-lo na entrada principal, na Porta do Mar), uma garrafa d'água (uma pequena está de bom tamanho, pois é possível enchê-la em diferentes fontes) e um par de sandálias ou sapatos confortáveis (as ruas são irregulares e uma armadilha para os saltos altos).

O sítio arqueológico tem três entradas. A rota mais conveniente é tomar o trem local Circumvesuviano, que liga Nápoles a Sorrento, saltando na estação Pompei scavi — Villa dei Misteri. Neste caso, toma-se a entrada principal, passando pelo amontoado de guias e vendedores de suvenires. Leve um documento oficial com foto (passaporte, carteira de motorista ou carteira de estudante) se quiser pedir redução no preço do ingresso. Ao chegar, verifique os horários dos trens de regresso. Eles têm horários regulares, mas (apesar de um bar italiano decente na estação) meia hora de espera pode parecer muito mais longa após um dia no sítio.

Pode-se também entrar pelo Anfiteatro ou pela Piazza Esedra, entre o Anfiteatro e a Porta do Mar. Neste caso, deve-se tomar outro ramal do Circumvesuviano (em direção a Poggiomarino) e saltar em Pompei santuario ou, na linha férrea principal que vai de norte a sul, na estação Pompei. A menos que haja fortes motivos para utilizar outra rota, a Pompei scavi é a melhor opção e tem a melhor livraria.

Pode-se sair do local (mas não entrar ou reentrar) na Vila dos Mistérios (a seguir, nº 10).

Há um grande restaurante self-service com bar perto do Fórum, com os únicos toaletes da principal área do sítio (gratuitos, mas você será mais bem recebido se deixar 50 centavos).

A melhor parte de qualquer visita é simplesmente caminhar pelas ruas. Não perca tempo demais no calor do Fórum, ao que se chega logo após a Porta do Mar. Há coisas mais interessantes à frente. Um excelente plano é caminhar pela Via dell'Abbondanza — observando as fachadas, bares, lojas e o aspecto cambiante da rua à medida que se avança. Observe as medidas para melhorar o trânsito, o modo como o fluxo de água é bloqueado, os furos na lateral do piso para amarrar animais etc. E entre em qualquer casa que esteja aberta. Tente também entrar por uma rua lateral para escapar dos outros visitantes e, ainda que seja um clichê, imagine-se de volta ao século I d.C.

A administração do sítio arqueológico tem poucos fundos, o que significa que certos prédios estarão fechados. Alguns podem ser abertos mediante uma página na internet (www.arethusa.net) que permite agendar a visita com hora marcada a uma casa específica que será aberta especialmente para você. (Isto costuma funcionar, mas nem sempre.) Em seguida listo os meus prédios preferidos, que costumam estar abertos. Você terá perdido algo se não visitar pelos menos alguns deles.

1. *A Casa do Poeta Trágico* (p. 99-108). A Casa de Glauco do livro de Bulwer-Lytton.
2. *A Casa de Otávio Quartio* (p. 133-136). Um jardim maravilhoso com fontes e um triclínio coberto.
3. *A Casa da Vênus Marinha* (p. 179). Observe a deusa do amor reclinada.
4. *As Termas Estabianas* (p. 278-283). O melhor lugar para ter uma ideia do que era uma terma romana.

5. *As Termas do Fórum e as Termas Suburbanas* (p. 283-286). Se tiver interesse nas termas, estas oferecem uma interessante comparação com as Estabianas — e as pinturas eróticas nas Termas Suburbanas valem a pena.

6. *O bordel*. Cafona, mas... (p. 271-275).

7. *O Templo de Ísis* (p. 342-347). O templo mais bem preservado.

8. *O Anfiteatro* e a *palestra* ao lado (p. 296-302). Lembre-se de que está *muito* longe da Porta do Mar. Você precisa decidir antes se está disposto a ir até lá.

9. *A Oficina de Pisoamento de Stefano* (ao sul da Via dell'Abbondanza, em 1.6.7.). Dá uma boa ideia de como era um estabelecimento comercial.

10. *A Vila dos Mistérios* (p. 153-155). Embora tenha sido retocada, a pintura é absolutamente impressionante. É uma boa ideia fazer desta Vila fora da cidade a última parada da visita, depois dos túmulos que ladeiam o caminho. Dali pode-se voltar para a estação.

Depois de ver Pompeia, se tiver tempo tente ir até a cidade de Herculano, (também na linha Circumvesiana, a alguns minutos a pé da estação Ercolano). A área escavada é muito menor do que em Pompeia, mas a preservação de alguns materiais (principalmente madeira) é muito melhor, e há menos visitantes.

Grande parte das melhores descobertas nas duas cidades está em exibição no Museu de Nápoles, no centro da cidade — e muitas outras ficam guardadas ou temporariamente fechadas. É fácil chegar pelas estações de metrô Piazza Cavour ou Museo. Ele fecha às terças-feiras e, quando o visitei pela última vez, tinha apenas um pequeno café mal servido, mas que sempre é melhor que nada.

OUTRAS LEITURAS

A bibliografia sobre Pompeia é vasta e multilíngue. O que se segue é, inevitavelmente, seletivo. Ofereço pistas para explorar mais os principais assuntos do livro e orientações sobre parte do material menos conhecido que analiso. Quando possível, incluo obras em inglês, mas às vezes as melhores, ou as únicas, estão em outras línguas.

Geral

Há diversos livros recentes com a arqueologia e histórias de Pompeia. Particularmente úteis são: J. Berry, *The complete Pompeii* (Londres e Nova York, 2007); F. Coarelli (ed.), *Pompeii* (Nova York, 2002), apesar da terrível tradução do italiano; A. E. Cooley, *Pompeii* (Londres, 2003); J. J. Dobbins e P. W. Foss (eds.), *The World of Pompeii* (Londres e Nova York, 2007); R. Ling, *Pompeii: history, life and afterlife* (Stroud, 2005); P. Zanker, *Pompeii: public and private life* (Cambridge, MA, 1998). Estes livros fornecem mais informações sobre os temas aqui tratados, e não me referi a eles especificamente na bibliografia a seguir. Muitos documentos antigos (sejam grafites nos muros ou o relato de Plínio sobre a erupção) podem ser encontrados em A. E. Cooley e M. G. L. Cooley, *Pompeii, a sourcebook* (Londres e Nova York, 2004) — embora eu tenha feito minhas próprias traduções do latim, que são ligeiramente diferentes. Só forneço referências dos documentos não incluídos neste *Sourcebook*.

Os catálogos de exposições estão entre os melhores guias da cidade. *Pompeii, AD79* (Royal Academy of Arts, Londres, 1976), de J. Ward-Perkins e A. Claridge (eds.), ainda é util. Há descobertas e interpretações recentes em A. d'Ambrosio, P. G. Guzzo e M. Mastroberto (eds.), *Storie da un'eruzione: Pompei, Ercolano, Oplontis* (Nápoles, Museu Arqueológico Nacional etc., 2003) — disponível na forma de um guia resumido da exposição inglesa, P. G. Guzzo (ed.), *Tales from an Eruption: Pompeii, Herculaneum, Oplontis* (Nápoles, Museu Arqueológico Nacional etc., 2003). Igualmente importante e regiamente ilustrado são M. Borriello, A. d'Ambrosio, S. de Caro e P. G. Guzzo (eds.), *Pompei: abitare sotto il Vesuvio* (Ferrara, Palazzo dei Diamanti, 1997), e A. Ciarallo e E. de Carolis (eds.), *Homo Faber: natura, scienza e tecnica nell'antica Pompei* (Nápoles, Museu Arqueológico Nacional, 1999), traduzido para o inglês como *Pompeii: life in a Roman town* (Los Angeles County Museum of Art, 1999). Recentemente, uma importante exposição na National Gallery of Art em Washington teve o catálogo editado por C. C. Mattusch, *Pompeii and the Roman Villa: Art and Culture around the Bay of Naples* (Washington DC, 2008).

Uma página da web interessante é o site da própria autoridade arqueológica de Pompeia (www2.pompeiisites.org). Ela traz uma versão em inglês com informações sobre os principais edifícios e os trabalhos recentes na cidade (às vezes a versão italiana está mais atualizada). Em www.pompeiana.org há uma bibliografia, informações sobre pesquisas (ao menos até 2007) e entradas para e-books sobre Pompeia.

Introdução

As descobertas do lado de fora da Porta de Nola e no túmulo de Obélio Firmo são amplamente discutidas por S. Caro, "Scavi nell'area fuori porta Nola a Pompei", *Cronache Pompeiane* 5 (1979), p. 61-101. A história destes e outros fugitivos constam em *Storie da un'eruzione*, citado anteriormente. Há ensaios excelentes sobre a história das viagens e o turismo em Pompeia e suas representações modernas na literatura e no cinema em V. C. G. Coates e J. L. Seydl, *Antiquity Recovered: the Legacy of Pompeii and Herculaneum* (Los Angeles, 2007); J. Harris também oferece um relato vívido em *Pompeii Awakened: a Story of the Rediscovery* (Londres, 2007). O poema de Primo Levi está em sua coletânea *Ad Ora Incerta* (Milão, 1984).

A estatura dos antigos pompeianos e outras informações de seus esqueletos são discutidas por M. Henneberg e R. J. Henneberg em *Homo Faber* (citado anteriormente), p. 51-53 e "Reconstructing medical knowledge in ancient Pompeii from the hard evidence of teeth and bones", em J. Renn e G. Castagnetti (eds.), *Homo Faber: studies on nature, technology and science in the time of Pompeii* (Roma, 2002), p. 169-187. Os dentes e outras características físicas do grupo achado na casa grande (Casa de Júlio Políbio, IX. 13 1-3) são tema de "Skeletal material from the House of C. Iulius Polybius in Pompeii, 79 AD", de M. Henneberg e R. J. Henneberg, em A. Ciarallo e E. de Carolis, *La casa di Giulio Polibio: studi interdisciplinari* (Pompeia, 2001), p. 79-91. Um estudo definitivo sobre os esqueletos de Pompeia é o de E. Lazer, *Resurrecting Pompeii* (Londres e Nova York, 2008). O menino pescador é discutido por A. Butterworth e R. Laurence, *Pompeii: the living city* (Londres, 2005). A receita para polir os dentes é do farmacólogo romano Escribônio Largo (*Compositions*, p. 60).

Vários trabalhos recentes importantes enfocaram a atividade sísmica na região a partir de 62 d.C. e os estágios precisos da erupção de 79. *Archäologie und Seismologie: la regione vesuviana dal 62 al 79 DC*

(Munique, 1995), de T. Fröhlich e L. Jacobelli (eds.), é uma importante coletânea de ensaios, alguns em inglês. Para as discussões sobre a data exata da erupção, ver M. Borgongino e G. Stefani, "Intorno alla data dell'eruzione del 79 d.C.", *Rivista di Studi Pompeiani (RStP)* 10 (1999), p. 177-215, e G. Stefani, "La vera data dell'eruzione", *Archeo* 206 (2006), p. 10-13. Os estudiosos modernos costumam (não por uma boa razão) seguir Tácito (Anais XV, p. 22), que data o terremoto em 62, em vez de Sêneca, que aponta o ano 63 (*Natural Questions* VI, p. 1-3). Os resultados da constante atividade sísmica em Herculano e as mudanças associadas na costa são explorados pelo Projeto de Conservação de Herculano da Escola Britânica em Roma (www.bsr.ac.uk/research/archaeology/ completed-projects/herculaneum/herculaneum-conservation-project).

Os danos da guerra são tema de bom estudo (com fotografias dramáticas) de L. Garcia y Garcia, *Danni di guerra a Pompei: una dolorosa vicenda quasi dimenticata* (Roma, 2006). O grafite Africano no bordel é interpretado (com excesso de confiança) por J. L. Franklin, "Games and Lupanar: prosopography of a neighbourhood in ancient Pompeii", *Classical Journal* 81 (1986), p. 319-28. Os desenhos infantis são discutidos em A. Koloski Ostrow, *The Sarno Bath Complex* (Roma, 1990), p. 59; e a cunhagem de moedas por P. M. Allison e F. B. Sear, *Casa della Caccia Antica* (VII.4.48) (Munique, 2002), p. 83-84. O grafite sobre o indivíduo que molhava a cama está em *Corpus Inscriptionum Latinarum* (CIL) IV, p. 4.957. Sobre os parasitas intestinais cujos ovos foram encontrados na casa VI.1.4., ver <www.archaeology.org/interactive/pompeii/field/5.html>.

Capítulo 1

Discussões arqueológicas úteis sobre a pré-história romana e o desenvolvimento de Pompeia incluem: J. Berry (ed.), *Unpeeling Pompeii: Studies in the Region I of Pompeii* (Milão, 1998), p. 17-25; M. Bonghi

Jovino (ed.), *Ricerche a Pompei: l'insula 5 della Regio VI dalle origini al 79 d.C.* (Roma, 1984) (a Casa da Coluna Etrusca como local de um altar sagrado, p. 357-371); P. Carafa, "What was Pompeii before 200 B.C.? Excavations in the House of Joseph II etc.", em S. E. Bon e R. Jones (eds.), *Sequence and Space in Pompeii* (Oxford, 1997), p. 13-31; S. de Caro, "Nuove indagini sulle fortificazioni di Pompei", *Annali dell'Instituto Universitario Orientali [Nápoles]. Sezione di Archeologia e Storia Antica (AION)* 7 (1985), p. 75-114; M. Fulford e A. Wallace-Hadrill, "Towards a history of pre-Roman Pompeii: excavations beneath the House of Amarantus (I.9. p. 11-12), p. 1995-1998", *Papers of the British School at Rome* 67 (1999), p. 37-144) (ressalta a origem do mapa das ruas); S. C. Nappo, "Urban transformation at Pompeii in the late 3rd and early 2nd c. BC", em R. Laurence e A. Wallace-Hadrill (eds.), *Domestic Space in the Roman World: Pompeii and beyond* (JRA suplemento, Portsmouth, RI, 1997), p. 91-120. R. M. Ammerman, "New evidence for the Worship of Athena at the Doric temple in Pompeii's Triangular Forum", *Journal of Roman Archaeology (JRA)* 17 (2004), p. 531-536, resume adequadamente os achados recentes do Templo de Minerva e Hércules. A reutilização das esculturas de terracota na Casa do Bracelete de Ouro (VI.17 [ins.occ]. 42) é discutida e ilustrada por E. M. Menotti de Lucia, "Le terracotte dell'Insula Occidentalis", em M. Bonghi Jovino, *Artigiani e botteghe nell'Italia preromana: studi sulla coroplastica di area estrusco-laziale-campana* (Roma, 1990), p. 179-246.

P. Zanker, Pompeii (citado anteriormente) foi particularmente influente no estudo da cidade no século II a.C. (início da colônia romana). O impacto da guerra com Aníbal é sugerido, entre outros, por Nappo, "Urban transformation" (citado). O Mosaico de Alexandre na Casa do Fauno (VI.12.2) é o tema de A. Cohen, *Alexander mosaic: stories of victory and defeat* (Cambridge, 1996); F. Zevi, "Die Casa del Fauno in Pompeji und das Alexandermosaik", *Römische Mitteilungen* 105 (1998), p. 21-65, considera a casa como um todo. Para a identificação dos butins de Múmio, ver A. Martelli, "Per una nouva lettura dell'iscrizione Vetter 61 nel contesto del santuario di Apollo a Pompei", *Eutopia* 2 (2002), p. 71-81. Questões mais amplas da "romanização" da Itália no período são o tema de A. Wallace-Hadrill, *Rome's Cultural Revolution* (Cambridge, 2008).

O assédio de Pompeia está documentado em F(lavio) e F(errucio) Russo, 89 A.C., *Assedi a Pompei: La dinamica e le tecnologie belliche della conquista sillana di Pompei* (Pompeia, 2005). A atuação de Cícero na guerra sob o comando de Sulla é mencionada por Plutarco, *Vida de Cícero* 3 (embora ele próprio sugira, num discurso — *Philippic* XII, II, 27 — que serviu sob o general rival de Pompeia). O lugar dos veteranos na organização física da cidade é discutido por J. Andreau, "Pompéi: mais où sont les vétérans de Sylla?", *Revue des Études Anciennes* 82 (1980), p. 183-199. F. Zevi, "Pompei dalla città sannitica alla colônia sillana: Per un'interpretazione dei dati archeologici", em *Les élites municipales de l'Italie péninsulaire des Gracques à néron* (Roma, 1996), p. 125-138. O Projeto do Templo de Pompeia (ver J. J. Dobbins, "The Forum and its dependencies", em *The World of Pompeii* (citado), p. 150-183, sugere a datação do Templo de Júpiter, Juno e Minerva aos primeiros dias da colônia.

Sobre as tensões políticas entre os colonos e os primeiros pompeianos, ver F. Coarelli, "Pompei: il foro, le elezione, e le circoscrizioni elettorali", *AION*, nova série 7 (2000), p. 87-114; E. Lo Cascio, "Pompei dalla città sannitica Alla colonia sillana: le vicende istituizonali", em *Les élites municipales*, p. 111-123; H. Mouritsen, *Elections, Magistrates and Municipal Elite. Studies in Pompeian Epigraphy* (Roma, 1988), p. 70-89; T. P. Wiseman, "Cicero, *Pro Sulla* 60-61", *Liverpool Classical Monthly* 2 (1977), p. 21-22. A sobrevivência da língua osca é discutida por A. E. Cooley, "The survival of Oscan in Roman Pompeii", em A. E. Cooley (ed.), *Becoming Roman, Writing Latin? Literacy and Epigraphy in the Roman West* (*JRA* suppl., Portsmouth, RI, 2002), p. 77-86. Sobre o grafite em osco no prostíbulo, ver *CIL* IV *ad* 2200.

O alcance do garo pompeiano na Gália foi documentado por B. Liou e R. Marichal, "Les inscriptions peintes sur l'amphore de l'anse St Gervais à Fos-sur-Mer", *Archaeonautica* 2 (1978), p. 165. A. van Hooff dá uma visão cética da imagem de Espártaco em "Reading the Spartaks fresco without red eyes", em S. T. A. M. Mols e E. M. Moormann, *Omni pede stare: Saggi architettonici e circumvesuviani in memoriam Jos de Waele* (Nápoles, 2005), p. 251-256. As ligações de Nero e Popeia com a cidade subjazem em grande parte de *Pompeia*, de Butterworth e Laurence (citado). S. de Caro, em "La lucerna d'oro di Pompei: un dono di Nerone a Venus Pompeiana", em *I culti della Campania antica: atti del convegno internazionale di studi in ricordo di Nazarena Valenza Mele* (Roma, 1998), p. 239-244, identifica a lamparina ofertada por "Nero" a Vênus. O grafite satírico sobre o "contador" de Nero está em *CIL* IV, 8075 e a referência à carreira inglória de Suédio Clemente em Tácito, *Histórias* II, 12. A difusão e replicação da imagética augusta (como as imagens encontradas em Pompeia) é um tema importante em *The Power of Images in the Age of Augustus* (Ann Arbor, 1989), de P. Zanker.

Capítulo 2

Um clássico (ainda que um tanto escabroso) sobre a imundície romana é "Slums, sanitation and mortality in the Roman world", *Klio* 68 (1986), p. 399-433, de A. Scobie. O mesmo assunto foi tratado mais recentemente por X. D. Raventos e V. J. A. Remola, *Sordes Urbis: la eliminación de residuos en la ciudad romana* (Roma, 2000), com uma discussão de Antioquia por W. Liebeschuetz (51-61) (o volume foi totalmente revisado por A. Wilson em "Detritus, disease and death in the city", *JRA* 15 (2002), p. 476-484). A queixa de Juvenal está em *Sátiras* III, p. 268-277; as anedotas de Suetônio provêm de *Vida de Vespasiano* 5; a advertência ao "cagador" está em *CIL* IV, p. 6.641. A visita papal a

Pompeia em 1849 foi tema de uma exposição com catálogo: *Pio IX a Pompei: memorie e testimonianze di un viaggio* (Nápoles, 1987).

Os sinais de rua e os caminhos são temas de "A stranger in town: finding the way in an ancient city", *Greece and Rome* 37 (1990, p. 204-214), de R. Ling. Os grupos de bares e a "indústria da hospitalidade" são discutidos por S. J. R. Ellis, "The distribution of bars at Pompeii: archaeological, spatial and viewshed analyses", *JRA* 17 (2004), p. 371-384. Sobre o zoneamento (e sua ausência) e comportamento desviante: R. Laurence, *Roman Pompeii: space and society* (Londres e Nova York, 2007), p. 82-101; A. Walle-Hadrill, "Public honour and private shame: the urban texture of Pompeii", em T. J. Cornell e K. Lomas (eds.), *Urban Society in Roman Italy* (Londres, 1955), p. 39-62. A brincadeira de Augusto sobre voltar para casa para almoçar provém de Quintiliano, *Education of the Orator* VI 3, p. 63. A rua "privatizada" fica entre os quarteirões 1.6 e 1.7.

Todos os aspectos do abastecimento de água são discutidos em *Cura Aquarum in Campania* (*Bulletin Antieke Beschaving — Annual Papers in Classical Archaeology*, Leiden, 1996), de N. de Haan e G. Jansen (eds.). As recentes revisões detalhadas da cronologia do abastecimento de água e do aqueduto por C. P. J. Ohlig — *De Aquis Pompeiarum. Das Castellum Aquae in Pompeji: Herkunft, Zuleitung und Verteilung des Wasser* (Nijmegen, 2001) são resumidas e revisadas em A. Wilson, "Water for the Pompeians", *JRA* 10 (2006), p. 501-508. R. Ling, "Street fountains and houses fronts at Pompeii", em Mols e Moormann, *Omni pede stare* (citado), p. 271-276, trata do proprietário que tira vantagem de uma fonte deslocada. A interrupção do abastecimento às vésperas da erupção foi documentada por S. C. Nappo, "L'impianto idrico a Pompei nel 79 d.C.", em *Cura Aquarum*, p. 37-45.

O estudo fundamental dos sulcos das carroças foi feito por S. Tsujimura, "Ruts em Pompeii: the traffic system in the Roman city", *Opuscula Pompeiana* 1 (1991), p. 58-86. Sugestões elaboradas sobre o sistema de mão única constam em E. E. Poehler, "The circulation of traffic in Pompeii's Regio VI", *JRA* 19 (2006), p. 53-74. As calçadas são estudadas por C. Saliou "Les trottoirs de Pompéi: une première approche", *Bulletin Antieke Beschaving*, 74 (1999), p. 161-218. S. C. Nappo, "Fregio dipinto dal 'praedium' di Giulia Felice con rappresentazioni del foro di Pompei", *RStP* 3 (1989), p. 79-96, é uma publicação completa das cenas do Fórum. A lei romana que menciona a manutenção das ruas é a "Tábua de Heraclea", traduzida por M. H. Crawford et al. (eds.), *Roman Statutes* (Londres, 1996), vol. 1, p. 355-391. Herodas, Mime III descreve o flagelo (método citado também em Cícero, *Letters to Friends* VII, 25, 1). Uma tradução da decisão de Augusto no caso cnídio consta em M. G. L. Cooley (ed.), *The Age of Augustus* (*LACTOR* 17, Londres, 2003), p. 197-198.

Capítulo 3

Quase todos os estudos recentes sobre a arquitetura doméstica pompeiana se referem ao clássico livro de A. Wallace-Hadrill, *Houses and Society in Pompeii and Herculaneum* (Princeton, NJ, 1994). Igualmente fundamental sobre o uso dos cômodos é a obra de P. M. Allison. O seu principal estudo, *Pompeian Households: an analysis of the material culture* (Los Angeles, 2004), tem uma excelente "companhia on-line" em www.stoa.org/projects/ph/home. Uma importante coletânea de ensaios é a de Laurence e Wallace-Hadrill (eds.), *Domestic Space in the Roman World* (citado).

A Casa do Poeta Trágico (VI.8.5) é lindamente reconstruída por N. Wood, *The House of the Tragic Poet* (Londres, 1996). O interesse do século XIX pela casa é o tema de S. Hales, "Re-casting antiquity: Pompeii and the Crystal Palace", *Arion* 14 (2006), p. 99-133. O jardim da Casa de Júlio Políbio (IX.13.1-3) é descrito por W. F. Jashemski, *The Gardens of Pompeii, Herculaneum and the villas destroyed by Vesuvius*, vol. 2 (Nova York, 1993), p. 240-252; o jardim que está um pouco adiante (no que hoje se chama a Casa dos Pintores Trabalhando, IX.12) em A. M. Ciarallo, "The Garden of the 'Casa dei Casti Amanti' (Pompeii, Italy)", *Garden History* 21 (1993), p. 110-116. A descrição de Petrônio da entrada da casa de Trimalco está em *Satíricon*.

Todos os aspectos da Casa de Menandro (I.10.4) e das casas vizinhas do quarteirão foram estudados exaustivamente e publicados por R. Ling e outros em diversos volumes. Particularmente relevantes são: R. Ling, *The Insula of the Menander at Pompeii*, vol. 2, *The Structures* (Oxford, 1997), e P. M. Allison, vol. 3, *The Finds, a contextual study* (Oxford, 2006). G. Stefani (ed.), *Menander: la casa del Menandro di Pompei* (Milão, 2003), é um catálogo de exposição muito bem ilustrado com os achados da casa. A Casa de Júlio Políbio é o tema de Ciarallo e de Carolis (eds.), *La casa di Giulio Polibio* (citado) — que inclui um artigo sobre o raio. Esta casa, a Casa da Vênus de Biquíni (I.11.6) e a Casa do Príncipe de Nápoles (VI.15.8) foram incluídas em *Pompeian Households*, de Allison.

O mobiliário em madeira de Herculano é discutido por S. T. A. M. Mols, em *Wooden Furniture in Herculaneum: form, technique and function* (Amsterdã, 1999). O especialista em banheiros é G. Jansen, cuja obra é resumida de modo útil em G. Jansen, "Private toilets at Pompeii: appearance and operation", em Bon e Jones (ed.), *Sequence and Space* (citado), p. 121-134. A anedota de Sêneca sobre as esponjas consta em *Aprendendo a viver: Cartas a Lucílio* LXX, 20. Os detritos de Herculano são analisados no Projeto de Conservação de Herculano da Escola Britânica de Roma. A arquitetura dos jantares formais em Pompeia e em outras partes é discutida em K. M. D. Dunbabin, *The Roman Banquet: images of conviviality* (Cambridge, 2003).

Uma boa introdução às pesquisas recentes sobre a família romana (incluindo uma referência especial ao material de Pompeia) é a de B.

Rawson e P. Weaver (eds.), *The Roman Family in Italy: status, sentiment, space* (Oxford, 1997), o termo "casa cheia" foi proposto por A. Wallace-Hadrill (ed.) em *Patronage in Ancient Society* (Londres, 1989). O zoneamento temporal é sugerido por Laurence, *Roman Pompeii* (citado), p. 154-166. O trecho mais relevante de Vitrúvio no *Tratado de Arquitetura* está em VI, 5; as queixas de Marcial estão em *Epigramas* X, 100.

Koloski Ostrow, *The Sarno Bath Complex* (citado), discute a planta das acomodações. F. Pirson explora a propriedades de aluguel da *Insula Arriana Polliana* (VI.6) e do Edifício de Júlia Félix (II.4.2) em Laurence e Wallace Hadrill (eds.), *Domestic Space*, p. 165-181. L. H. Petersen traz um relato positivo da casa de Otávio Quartio em *The Freedman in Roman Art and Art History* (Cambridge, 2006), p. 129-136, em contraste com a abordagem mais desdenhosa de Zanker, em *Pompeii* (citado), p. 145-156 (que chama a casa de Loréio Tiburtino). O mais abrangente material já publicado sobre a Casa de Fábio Rufo é *Pompei (Regiones VI-VII), Insula Occidentalis. Volume I Tokyo-Pompei* (Nápoles, 2006), de M. Aoyagi e U. Pappalardo (eds.). Os comentários de Sêneca sobre as termas estão em *Cartas* LVI. O aluguel a partir de primeiro de julho é mencionado por Petrônio em *Satíricon* 38; o insulto de Trimálquio à esposa está em *Satíricon* 74. A visão de Cícero dos jardins consta em *Tratado das leis* II, 2; *Cartas para o seu irmão Quinto* III, 7, 7; *Para Ático*, I, 16, 18. Para "quisera ser um rei...", ver E. Courtney, *Musa Lapidaria: a selection of Latin verse inscriptions* (Atlanta, Geórgia, 1995), p. 82-83.

A tentativa mais ambiciosa de ligar as casas de Pompeia a indivíduos específicos e a de M. della Corte, *Case ed Abitanti di Pompei* (3ª ed., Nápoles, 1965), criticada por Mouritsen em *Elections, Magistrates and Municipal Elite* (citado), p. 9-27, e por P. M. Allison, "Placing individuals: Pompeian epigraphy in context", *Journal of Mediterranean Archaeology* 14 (2001), p. 53-74 (que levanta dúvidas sobre a propriedade da Casa dos Vétios). O estado do Bar de Amaranto em 79 d.C. é o tema de J. Berry,

"The conditions of domestic life in Pompeii in AD 79: a case study of Houses 11 and 12, Insula 9, Region 1", *Papers of the British School at Rome* 52 (1997), p. 103-125; o grafite na propriedade é discutido por A. Wallace-Hadrill, "Scratching the surface: a case study of domestic graffiti at Pompeii", em M. Corbier e J.-P. Guilhembert (eds.), *L'écriture dans la maison romaine* (Paris, 2011). As oficinas domésticas de pisoagem são exploradas por M. Flohr, "The domestic *fullonicae* of Pompei", em M. Cole, M. Flohr e E. Poehler (eds.), *Pompeii: cultural standards, practical needs* (no prelo). A placa na porta de Lúcio Sátrio Rufo e o seu contexto são descritos em *Notizie degli Scavi* 1933, p. 322-333; os crimes de Ladícula e Atimeto estão registrados em *CIL* IV, 4776 e 10231.

Capítulo 4

As pinturas de Pompeia têm atraído a atenção dos acadêmicos desde que a cidade foi redescoberta. Em todos os aspectos, da técnica à imagem mitológica, *Roman Painting* (Cambridge, 1991), de R. Ling, ainda é útil. Diversos livros de J. R. Clarke exploraram diferentes temas das pinturas em Pompeia e em outras partes: *Looking at Lovemaking: constructions of sexuality in Roman art, 100 BC-AD 250* (Berkeley, 1998); *Art in the Lives of Ordinary Romans: visual representation and non-elite viewers in Italy, 100 BC-AD 315* (Berkeley etc., 2003); *Looking at Laughter: humor, Power and transgression in Roman visual culture, 100 BC-AD 250* (Berkeley, 2008). Algumas pinturas que constam deste capítulo (inclusive o "julgamento de Salomão", várias pinturas da Casa dos Vétios e das termas da casa de Menandro) são discutidas mais amplamente por Clarke.

As pinturas (e pintores) da Casa dos Pintores Trabalhando são o tema de uma série de artigos do seu escavador, A. Varone, em um breve artigo em inglês, "New finds in Pompeii. The excavation of two buildings in Via dell'Abbondanza", *Apollo*, julho de 1993, p. 8-12. Ver também "Scavo lungo via dell'Abbondanza", *RStP* 3 (1989), p. 231-238; "Attività dell'Ufficio Scavi 1900", *RStP* 4 (1990), p. 201-211; "L'organizzazione del lavoro di una bottega di decoratori: le edidenze dal recente scavo pompeiano lungo via dell'Abbondanza", em E. M. Moormann (ed.), Mani di pittori e botteghe pittoriche nel mondo romano (*Mededeeelingen van het Nederlands Instituut te Rome* 54 (1995), p. 124-136. M. Tuffreau-Libre discute o "ateliê" dos "pintores" em "Les pots à couleur de Pompeii: premiers résultats", *RStP* 10 (1999), p. 63-70. A tentativa mais determinada (mas nem sempre convincente) de identificar diferentes "mãos" é de L. Richardson, *A Catalogue of Identifiable Figure Painters of Ancient Pompeii, Herculaneum and Stabiae* (Baltimore, 2000). A identificação inteiramente plausível de um artista do sul da Itália em Fishbourne foi sugerida por B. W. Cunliffe, *Fishbourne: a Roman palace and its gardens* (Londres, 1971), p. 117.

O padrão zebrado foi documentado por C. C. Goulet em "The 'Zebra Stripe' design: an investigation of Roman wall-painting in the periphery", *RStP* 12-13 (2001-2002), p. 53-94. R. Ling e L. Ling fornecem um compêndio completo da decoração da Casa de Menandro em *The Insula of the Menander at Pompeii*, vol. *2, The Decorations* (Oxford, 2005). A conservação do friso da Vila dos Mistérios e suas várias interpretações modernas são o tema de B. Bergmann, "Seeing Women in the Villa of the Mysteries: a modern excavation of the Dionysiac murals", em Coates e Seydl (eds.), *Antiquity Recovered* (citado), p. 230-269.

A proposta clássica do desenvolvimento dos Quatro Estilos é de A. Mau, *Geschichte der decorativen Wandmalerei in Pompeji* (Berlim, 1882). Os problemas que causa a sua aplicação rígida são discutidos por R. Ling em *Roman Painting*, p. 71 (o Quarto Estilo "eclético") e Wallace-Hadrill, *Houses and Society* (citado), p. 30 (sobre a dificuldade de distinguir entre o Terceiro e o Quarto estilos). As reações de Vitrúvio estão em *Tratado de Arquitetura* VII.

A influência da função no desenho é um tema importante em *Houses and Society*, de Wallace-Hadrill (ver na página 28 as observações sobre a perspectiva). O ponto de vista de Cícero sobre a estatuária inadequada consta de *Cartas a seus amigos*, VII. Plínio informa sobre o custo relativo dos pigmentos em *História Natural* XXXIII e XXXV. O "escriba" de Vitrúvio é mencionado no *Tratado de Arquitetura* VII.

O significado de mitos particulares nas paredes de Pompeia é discutido de modo útil por B. Bergmann, "The Roman House as Memory Theater: the House of the Tragic Poet in Pompeii", *Art Bulletin* 76 (1994), p. 225-256, e "The Pregnant Moment: tragic wives in the Roman interior", em N. B. Kampen (ed.), *Sexuality in Ancient Art: near East, Egypt, Greece and Italy* (Nova York e Cambridge, 1996), p. 199-218; e por V. Platt, "Viewing, Desiring, Believing: confronting the divine in a Pompeian house", *Art History* 25 (2002), p. 87-112 (sobre a Casa de Otávio Quartio).

B. Bergann, "Greek masterpieces and Roman recreative fiction", *Harvard Studies in Classical Philology* 97 (1995), p. 79-120, traz uma boa discussão sobre a relação entre os "originais" gregos e as recriações romanas. A inscrição na fachada da Casa de Marcos Lucrécio Fronto (V.4.a) está em *CIL* IV, 6626. O "assombro" com a pintura do velho e sua filha foi registrado por Valério Máximo, *Memorable Deeds and Sayings* V, 4, ext. 1. A Ifigênia de Tiomante figura em Plínio, *História Natural* XXXV, e Cícero, *Orador* 74; Aquiles em Skyro em Plínio, *História Natural* XXXV. A história da reação da dama romana à pintura de Heitor é relatada por Plutarco, *A vida de Brutus*. O grafite referente à pintura de Dirce é citado em E. W. Leach, "The punishment of Dirce: a newly discovered painting in the Casa di Giulio Polibio and its significance within the visual tradition", *Römische Mitteilingen* 93 (1986), p. 157-182. A jarra do século V a.C. é discutida por F. Zevi e M. L. Lazzarini, "Necrocoronthia a Pompei: un'idria bronzea per le gare di Argo", *Prospettiva* 53-6 (1988-1989), p. 33-49.

Capítulo 5

Um ponto de partida atualizado dos debates sobre a economia antiga é *The Cambridge Economic History of the Greco-Roman World* (Cambridge, 2007), de W. Scheidel, I. Morris e R. Saller (eds.), com referência às evidências na capa de gelo da Groenlândia. Um modelo muito "primitivo" da própria economia pompeiana está disponível em W. Jongman, *The Economy and Society of Pompeii* (Amsterdã, 1988), com uma crítica importante de N. Purcell em *Classical Review* 40 (1990), p. 111-116.

O edifício de Lucrécia Valente é o tema de M. De' Spagnolis Conticello, "Sul rinvenimento della Villa e del monumento funerario dei Lucretii Valentes", *RStP* 6 (1993-1994), p. 147-166. A Vila das Colunas de mosaico é discutida por V. Kockel e B. F. Weber, "Die Villa delle Colonne a Mosaico in Pompeji", *Römnische Mitteilungen* 90 (1983), p. 51-89 (com *Notizie degli Scavi* 1923, p. 277, sobre a a perna de ferro de uma décima quarta pessoa). *La villa rustica in località Villa Regina a Boscoreale* (Roma, 1994), de S. de Caro, é a principal publicação sobre a pequena propriedade perto de Boscoreale (totalmente revisada por R. Ling, *"Villae Rusticae at Boscoreale"*, *JRA* 9 (1996), p. 344-350). As estimativas da produção excedente no território de Pompeia (além da referência à "velha história") são fornecidas por Purcell em *Classical Review*, 1990. O comércio vinícola de Pompeia é discutido por A. Tchernia, "Il vino: produzione e commercio", em F. Zevi (ed.), *Pompei 79: raccolta di studi per Il decimonono centenário dell'eruzione vesuviana* (Nápoles, 1979), p. 87-96, e materiais relevantes da Casa de Menandro são ilustrados em Stefani (ed.), *Menander* (citado), p. 210-223. As ânforas na Casa de Amaranto estão documentadas em Berry, "The conditions of domèstic life" (citado). O carregamento da baixela em cerâmica é o tema de D. Atkinson, "A hoard of Samian Ware from Pompeii", *Journal of Roman Studies* 4 (1914), p. 27-64. O vinhedo próximo ao Anfiteatro foi documentado por Jashemski, *Gardens of Pompeii* (vol. 2) (citado), p. 89-90; o cultivo comercial é discutido no primeiro volume de *Gardens of Pompeii* (Nova York, 1979), especialmente p. 201-288. O cultivo comercial de flores foi documentado por M. Robinson, "Evidence for garden cultivation and the use of bedding-out plants in the peristyle garden of the House of the Greek Epigrams (V.I.18i) at Pompeii", *Opuscula Romana* 31-32 (2006-2007), p. 155-159. As cebolas e abóboras pompeianas são mencionadas por Plínio em *História Natural* XIX; Columella, *On Agriculture* X, p. 135; XII, 10 1. O problema do trabalho em metal é tratado brevemente por W. V. Harris, em Schield, Morris e Saller (eds.), *Cambridge Economic History*, p. 532; e mais detalhadamente e de modo mais otimista por B. Gralfs, *Metalverarbeitende Produktionsstätten in Pompeji* (Oxford, 1988).

As escavações na padaria na Casa dos Amantes Castos são descritas por A. Varone, "New fundings" e "Scavo lingo via dell'Abbondanza" (citado). As inscrições da propriedade foram publicadas por Varone, "Iscrizioni parietarie inidite da Pompei", em G. Paci (ed.) *EPIGRAPHAI: miscellenea epigraphica in onore di Lidio Gasperini* (Tivoli, 2000), vol. 2, p. 1.071-1.093. Os esqueletos animais e seus abrigos são tratados por A. Genovese e T. Cocca, "Internal organization of an equine stable at Pompeii", *Anthropologica* 31 (2000), p. 119-123; e, por meio do DNA mitocondrial, por M. Sica et al. "Analysis of Five Ancient Equine Skeletons by Mitochondrial DNA sequencing", *Ancient Biomolecules* 4 (2002), p. 179-184. B. J. Mayeske fez uma sondagem das padarias pompeianas em "Bakers, bakeshops and bread: a social and economic study", em *Pompeii and the Vesuvian Landscape* (Smithsonian Institution, Washington DC, 1979), p. 39-58.

Les affaires de Monsieur Jucundus (Roma, 1974), de J. Andreas, é o principal estudo sobre as tabuletas de Jucundo. A hierarquia da lista de testemunhas é um dos temas principais de Jongman em *Pompeii.* W. V. Harris, em *Ancient Literacy* (Cambridge, MA, 1989), fez uma baixa estimativa da alfabetização em Pompeia. Wallace-Hadrill, em

"Scratching the surface" (citado), pelo contrário, ressalta a importância da leitura e da escrita cotidiana nas artes e ofícios.

O garo quase se tornou o monopólio acadêmico de R. I. Curtis, que discute os mosaicos de Umbrício Scauro, em "A Personalised Floor Mosaic from Pompeii", *American Journal of Archaeology* 88 (1984), p. 557-566; a loja em "The *Garum* shop of Pompeii", *Cronache Pompeiane* 5 (1979), p. 5-23; e o seu comércio em geral, em "In Defense of Garum", *Classical Journal* 78 (1983), p. 232-240.

Capítulo 6

A vida política em Pompeia (e o caráter dos anúncios eleitorais) é o tema de Mouritsen, *Elections, magistrates and municipal elite* (citado). Uma lista abrangente das famílias pompeianas conhecidas, seus membros e seus cargos políticos é fornecida por P. Castrén, *Ordo populusque Pompeianus*. Polity and Society in Roman Pompeii (Roma, 1975) — ainda valioso por seus dados, apesar de algumas teorias duvidosas sobre uma "crise" no reinado do imperador Cláudio. J. L. Franklin, em *Pompeii. The Electoral Programmata, Campaigns and Politics, AD 71-79* (Roma, 1980), tenta reconstruir as campanhas eleitorais dos últimos anos da cidade. Provavelmente o seu livro superestimou a ausência de competição nas eleições locais contribuindo para a visão de Jongman em *Pompei* (citado) de que, na prática, elas seriam controladas pelo ordo. H. Mouritsen contesta isto em "A note on Pompeian epigraphy and social structure", *Classica et Mediaevalia* 41 (1990), p. 131-149, e também a visão de uma "desordem" particular na política da cidade após o terremoto, em "Order and Disorder in Later Pompeian Politics", em *Les élites municipales* (citado), p. 139-144. O sistema eleitoral e distrital de Pompeia, além do plano do Fórum, são tratados por Coarelli em "Pompei: Il foro" (citado). A recomendação a Bruto Balbo está em

CIL IV, p. 3702; o chamado para que Trébio e Sotérico despertassem está em *CIL* IV, p. 7632.

O papel das mulheres nas campanhas eleitorais é discutido por F. S. Bernstein, "Pompeian Women and the Programmata", em R. I. Curtis (ed.), *Studia Pompeiana et classica in honor of Whilhelmina F. Jashemski* (New Rochelle, NY, 1988), vol. 1, p. 1-18, e L. Savunen, "Women and Elections in Pompeii", em R. Hawley e B. Levick, *Women in Antiquity: new assessments* (Londres, 1995), p. 194-203. O cartaz de Tédia Segunda está em *CIL* IV, p. 7469; as recomendações das "garçonetes" estão em *CIL* IV, p. 7862, 7863, 7864, 7866, 7873.

O principal estudo sobre a cultura da benemerência no mundo clássico é o de P. Veine, *Bread and Circuses: historical sociology and political pluralism* (Londres, 1990). R. P. Duncan-Jones, em "Who paid for public building in Roman cities", em seu *Structure and Scale in the Roman Economy* (Cambridge, 1990), p. 174-184, há materiais relevantes para — ainda que não sobre — Pompeia (e o papel das contribuições financeiras feitas pelos governantes locais ao assumirem o cargo). As rotinas diárias são discutidas por Laurence em *Roman Pompeii* (citado), p. 154-166. A Carta espanhola consta em Crawford et al. (eds.), *Roman Statutes*, vol. 1, p. 393-454. O grafite no *accensus* está em *CIL* IV, p. 1882.

A carreira de Marco Holcônio Rufo é discutida por J. H. D'Arms em "Pompeii and Rome in the Augustan Age and beyond: the eminence of the Gens Holconia", em Curtis (ed.), *Studia Pompeiana et classica*, vol. 1, p. 51-73. A sua estátua é o tema de P. Zanker, "Das Bildnis des M. Holconius Rufus", *Archäologischer Anzeiger*, 1989, p. 349-361, e os projetos de edificação (incluindo o seu caráter especificamente augustal) são tratados com destaque em *Pompeii*, de Zanker (citado). A posição do "tribuno militar por demanda popular" é mencionada por Suetônio em *A vida de Augusto*.

As organizações locais de Pompeia são discutidas por W. van Andringa, "Autels de Carrefour, organisation vicinale et rapports de voisinage à Pompéi", *RStP* 11 (2000), p. 47-86. O papel do *Augustales* no contexto imperial mais amplo é o tema de S. E. Ostrow em "The Augustales in the Augustan scheme", em K. A. Raaflaub e M. Toher, *Between Republic and Empire: Interpretations of Augustus and his Principate* (Berkeley, 1990), p. 364-379 — que também analisa a sua história na baía de Nápoles em "Augustales along the Bay of Naples: a case for their early growth", *Historia* 34 (1985), p. 64-101. As evidências imprecisas de Pompeia são apresentadas por Petersen, *The Freedman* (citado), p. 57-83 (com uma discussão sobre a reconstrução do templo de Ísis por Numério Pompídeo Celsino, p. 52-52). A ideia de que o prédio de Eumáquia seria uma oficina de pisoagem foi defendida fortemente por W. O. Moeller, em *The Wool Trade on Ancient Pompeii* (Leiden, 1976); a ideia de que seria um mercado de escravos é de E. Fentress, "On the block: *catastae*, *chalcidica* and *cryptae* in early imperial Italy", *JRA* 18 (2005), p. 22-234.

Capítulo 7

Os jantares romanos foram tema de diversos estudos recentes. Além de Dunbabin, *The Roman Banquet* (citado), W. J. Slater reuniu uma boa coletânea de ensaios explorando vários aspectos dos jantares em *Dining in a Classical Context* (Ann Arbor, 1991). As imagens de convivas bebendo e jantando na Casa dos Amantes Castos (IX.12.6) e em outras casas são analisadas por Clarke, em *Art in the Lives of Ordinary Romans* (citado), p. 228-233 (com foco em até que ponto as pinturas representam convenções caracteristicamente gregas sobre o comer e o beber), e por M. B. Roller, em *Dining Posture in Ancient Rome: bodies, values and status* (Princeton, 2006), p. 45-84 e 139-53. O tesouro da Casa de Menandro foi catalogado em K. S. Painter, *The Insula of the Menander at Pompeii*, vol. 4, *The Silver Treasure* (Oxford, 2001). As ligações entre a morte e o jantar foram exploradas por K. Dunbabin, "Sic erimus cuncti... The skeleton in Graeco-Roman Art", *Jahrbuch des deutschen archäologischen Institus* 101 (1986), p. 185-255, e resumidas em *The Roman Banquet*. A pintura em prata do túmulo é da tumba (amplamente ilustrada) de Vestório Primo. A estátua em bronze da Casa de Júlio Políbio é ilustrada em d'Ambrosio, Guzzo e Mastroberto, *Storie da un'eruzione* (citado), Boriello et al., *Pompei: abitare sotto il Vesuvio* (citado), p. 231. A nutrição dos pobres é amplamente analisada por R. Garnsey, em *Food and Society in Classical Antiquity* (Cambridge, 1999). Sobre os ossos animais encontrados na Casa das Vestais, ver www. archaeology.org/interactive/pompeii/field/5.html. A jarra do arganaz é descrita por Varro, em *On Agriculture* III, p. 15. Apício fornece uma receita de arganaz em *On Cookery*, VII, p. 9; a sua "caçarola de anchova sem a anchova" consta em VI, 2, 12. O banquete de Trimálquio figura em *Satíricon*, de Petrônio; os jantares de Heliogábalo são mencionados em *Scriptores Historiae Augustae, Life of Elagabalus* 19, p. 25. *Table Talk*, de Plutarco, é uma mina de informações curiosas sobre os costumes à mesa de gregos e romanos. Os arranjos de Plínio para o jantar são descritos em *Cartas* V.

Os bares pompeianos e seus cardápios são analisados por S. J. R. Ellis, em "The Pompeian Bar: archaeology and the role of food and drink outlets in na ancient community", *Food and History* 2 (2004), p. 41-58, e por J. Packer, em "Inns at Pompeii: a short survey", *Cronache Pompeiane* 4 (1978), p. 5-53. Em 2005, uma exposição reuniu a maior parte dos achados do bar na Via dell'Abbondanza, publicados como *Cibi e sapori a Pompei e dintorni* (Nápoles, 2005), p. 115-128 (com uma discussão excelente). As pinturas na Taberna de Sálvio e no Bar da Via de Mercúrio constam em Clarke, *Art in the Lives of Ordinary Romans* (citado), p. 160-170, 134-136, e em *Looking for Laughter* (citado), p. 205-209. Os comentários de Horácio estão em *Epístolas* 1 e nas *Sátiras* VIII, de Juvenal. A legislação de Nero e Vespasiano consta em Dio Cassius,

Histories LXII, 14, p. 2; LXV, 10, p. 3. A discussão de Plínio sobre Falernia está em *História Natural* XIV.

Diversos aspectos da sexualidade romana são explorados de um modo esclarecedor por C. Edwards, em *The Politics of Immorality in Ancient Rome* (Cambridge, 1993), M. B. Skinner, em *Sexuality in Greek and Roman Culture* (Oxford, 2005), e por C. Williams, *Roman Homosexuality: ideologies of masculinity in classical antiquity* (Oxford, 1999). Diversas abordagens do "problema dos bordéis" são adotadas por T. McGinn, em "Pompeian Brothels and social history", em *Pompeian Brothels, Pompeii's Ancient History, Mirrors and Mysteries, Art and Nature at Oplontis & The Herculaneum "Basilica"* (*JRA* suplem., Portsmouth, RI, 2002), p. 7-46, e, com mais cautela, por Wallace-Hadrill, em "Public honour and private shame" (citado). Os aspectos mais amplos da prostituição romana são discutidos por T. McGinn, em *The Economy of Prostitution in the Roman World: a study of social history and the brothel* (Ann Arbor, 2004). Estudos detalhados do "bordel construído para este fim" e seus grafites incluem A. Varone, "Organizzazione e sfrutamento della prostituzione servile: l'esempio del lupanare di Pompei", em A. Buonopane e T. Cenerini (eds.), *Donna e lavoro nella documentazione epigrafica* (Faenza, 2003), p. 193-215, e numa página web da Universidade Stanford: traumwerk.stanford.edu:3455/SeeingThePast/345. O túmulo romano da esposa fiel está em M. R. Lefkowitz e M. B. Fant, *Women's Life in Greece and Rome* (Londres, 1982), nº 134. O bracelete presenteado pelo amo à escrava está ilustrado e analisado em d'Ambrosio, Guzzo e Mastroberto (eds.), *Storie da un'eruzione*, p. 470, 473-478. A falta de afeto de Pestrina por Marcelo consta em *CIL* IV, p. 7.679.

Uma boa introdução às obras modernas sobre a história, a arqueologia e a cultura das termas romanas é *Roman baths and bathing: Proceedings of the First International Conference on Roman Baths* (*JRA* suplem., Portsmouth, RI, 1999). G. G. Fagan, *Bathing in Public in the Roman*

World (Ann Arbor, 1999), e J. Toner, *Leisure and Ancient Rome* (Oxford, 1995), p. 53-64, são ambos excelentes para distintos aspectos da sociologia do banho antigo (o chiste sobre a capa de ozônio é de Toner). F. Yegül, em *Baths and Bathing in Classical Antiquity* (Cambridge, MA, 1992), estuda a estrutura das termas romanas em todo o império (com descrições detalhadas dos restos em Pompeia). A publicação definitiva sobre as Termas Suburbanas é de J. Jacobelli, *La pitture erotiche delle terme suburbane di Pompei* (Roma, 1995), com uma discussão esclarecedora de Clarke, *Looking at Laughter* (citado), p. 194-204 e 209-212.

A saudação "vinho, sexo e termas" no túmulo consta em *CIL* VI, p. 15.258; o texto turco está em *CIL* III, p. 12.274c. A história da mãe de Augusto é contada por Suetônio, em *Vida de Augusto*; o chiste de Marcial sobre a hérnia está em *Epigramas* XII; o açoite constrangedor é descrito em Aulus Gellius, *Attic Nights* X, p. 3; a astuta generosidade de Adriano é o tema de uma anedota em *Scriptores Historiae Augustae, Life of Hadrian* 17. Sobre os aspectos anti-higiênicos, ver Marcial, *Eprigramas* II, e Celso, *Sobre a medicina* V, p. 26, 28d (embora Celso seja otimista quanto às suas propriedades curativas). O papel duplo do gerente das termas é mencionado em *Digest of Justinian* III, 2, 4, 2.

Capítulo 8

O jogo é discutido por N. Purcell, em "Literate Games: Roman urban society and the game of *alea*", *Past and Present* 147 (1995), p. 3-37, e por J. Toner, *Leisure* (citado), p. 89-101. O ruído doe um bufar é mencionado por Amiano Marcelino, *Histories* XIV, p. 6.

A abrangência do teatro romano é analisada por R. C. Beacham, em *The Roman Theatre and its Audience* (Londres, 1991). C. Edwards, em *The Politics of Immorality* (citado), p. 98-136, explora a ambiguidade moral da "cultura teatral". A mímica e a pantomima são o tema de E. Fantham, em

"Mime: the missing link in Roman literary history", *Classical World* 82 (1989), p. 153-163 (dali vem a observação sobre as "massagistas suecas"), e de E. Hall e R. Wyles (eds.), *New Directions in Ancient Pantomime* (Oxford, 2008). A carreira e os retratos de Caio Norbano Sórice são discutidos por M. G. Granino Cecere, em "Nemi: l'erma di C. Norbanos Sorex", *Rendiconti della Pontificia Academia Romana di Archeologia* 61 (1988-89), p. 131-151. J. L. Franklin, "Pantomimists at Pompeii: Actius Anicetus and his trop", *American Journal of Philology* 108 (1987), p. 95-107, tenta recriar uma companhia de pantomima e seu fã-clube.

A estrutura do Anfiteatro de Pompeia é discutida de modo claro por D. L. Bomgradner, em *The Story of the Roman Amphiteatre* (Londres e Nova York, 2000), p. 39-54, e por K. Welch, em *The Roman Amphitheatre from its origins to the Colosseum* (Cambridge, 2007), p. 192-198. As evidências pompeianas sobre o espetáculo gladiatório e sua organização foram reunidas e bem ilustradas por L. Jacobelli, em *Gladiators at Pompeii* (Roma, 2003). K. Hopkins e M. Beard, em *Colosseum* (Londres, 2005), olham de um modo ligeiramente cético para a frequência e o fausto dos espetáculos gladiatórios comuns, especialmente os que ocorriam fora de Roma — um ponto de vista que se reflete neste livro. B. Maiuri, em "Rilievo gladiatorio di Pompei", *Reconditi dell'Accademia Nazionale dei Lincei (scienze morali etc.)*, Série 8, vol. 2 (1947), p. 491-510, disseca cuidadosamente a procissão que exibe o relevo, o combate gladiatório e as lutas com bestas selvagens. A passagem clássica de Juvenal sobre a dama e o gladiador está em *Sátiras* VI.

Capítulo 9

O título deste capítulo provém de K. Hopkins e seu *A World Full of Gods: pagans, Jews and Christians in the Roman empire* (Londres, 1999), que apresenta a tentativa de dois viajantes modernos imaginários de retornar ao mundo antigo para entender a cultura pompeiana e (especialmente) a religião. A abordagem geral adotada neste capítulo (inclusive o modelo do sacrifício e dos cultos "estrangeiros") inevitavelmente deve muito a M. Beard, J, North e S. Price, *Religions of Rome* (Cambridge, 1998), em que podem ser aprofundados vários temas religiosos tratados aqui. O segundo volume (*A Sourcebook*) traz a maior parte dos textos literários antigos aos quais me referi. Também *Introduction to Roman Religion* (Edimburgo, 2003), de J. Scheid, é muito útil. Horácio evoca o sacrifício em *Odes* III.

Uma excelente visão geral da evidência e da bibliografia de todos os diferentes cultos, altares e templos de Pompeia está em L. Barnabei, em "I culti di Pompei: Raccolta critica della documentazione", em *Contributi di Archeologia Vesuviana* III (Roma, 2007), p. 11-88. Sobre a nova identificação do Templo de Júpiter Melíquios, ver F. Marcatelli, "Il tempio di Escalapio a Pompei", em *Contributi di Archeologia Vesiviana* II (Roma, 2006), 9-76. A escultura no Templo de Júpiter, Juno e Minerva é analisada com muito proveito por H. G. Martin, em *Römische Tempelkultbilder: eine archäologische Untersuchung zur späten Republik* (Roma, 1987), p. 222-224. Uma visão diferente da Vênus pompeiana é apresentada por J. B. Rives, em "Venus Genetrix outside Rome", *Phoenix* 48 (1994), p. 294-296. O *ferculum* dos carpinteiros é discutido por Clarke, em *Art in the Lives of Ordinary Romans* (citado), p. 85-87.

A religião doméstica e os Lares são analisados por P. Foss, em "Watchful Lares. Roman household organization and the rituals of cooking and eating", e por Laurence e Wallace-Hadrill (eds.), *Domestic Space in the Roman World* (citado), p. 196-218. Os *lararia* foram catalogados por G. K. Boyce, em *Corpus of the Lararia of Pompeii* (Roma, 1937), e recentemente as pinturas foram incluídas por T. Fröhlich, em *Lararien und Fassadenbilder in den Vesuvstädten. Untersuchungen zur "volkstümlichen" pompejanischen Malerei* (Mainz, 1991). O azulejo "Fulgur" é analisado por A. Maiuri, em "'Fulgur conditum' o della scoperta di un bidental a Pompei", *Rendiconti dell'Accademia di Archeo-logia, Lettere e Belle Arti, Napoli*, 21 (1941), p. 55-72. As "oferendas" na Casa de Amaranto são comentadas por M. Fulford e A. Wallace-Hadrill, em "The House of Amarantus at Pompeii (I.9.11-12): an interim report on survey and excavations in 1995-1996", *RStP* 7 (1995-1996), p. 77-113. As práticas da antiga religião doméstica de modo geral, incluindo Roma, são o tema de J. Bodel e S. Olyan (eds.), em *Household and Family Religion in Antiquity* (Oxford, 2008).

A concentração implausível de edificações ligadas ao culto imperial em reconstruções modernas do Fórum é dissecada por I. Gradel, em *Emperor Worship and Roman Religion* (Oxford, 2002), p. 103-108. Outros ensaios úteis (embora às vezes pretendam detectar traços do culto imperial em que são raros ou inexistem) estão em A. Small (ed.), *Subject and ruler: the cult of the ruling Power in classical antiquity* (*JRA* suplem., Portsmouth, RI, 1996).

R. E. Witt, em *Isis in the Graeco-Roman World* (Londres, 1971), continua sendo uma introdução útil à história de Ísis no Império Romano. O templo de Ísis foi tema de uma importante exposição no início dos anos 1990, publicada como *Alla ricerca di Iside: analisi, studi e restauri dell'Iseo pompeiano nel Museo di Napoli* (Nápoles, 1992). Igualmente relevante é o trabalho de E. A. Arslan (ed.), *Iside: Il mito, Il mistero, la magia* (Milão, 1997).

Epílogo

Em *Death-ritual and social structure in classical antiquity* (Cambridge, 1992) I. Morris apresenta um panorama das práticas funerárias na Grécia e em Roma. *Pompei oltre la vita: nuove testimonianze dalle necropoli* (Pompeia, 1998) é o catálogo de uma exposição sobre dois túmulos pompeianos. Em *The Freedman* (citado), p. 60-83, Peterssen analisa os túmulos dos homens livres. Sobre os túmulos como casas (e o caso de Filero), ver A. Wallace-Hadrill, em "Housing the dead: the tomb as house in Roman Italy", em L. Brink e D. Green (eds.), *Commemorating the Dead. Texts and Artifacts in Context* (Berlim e Nova York, 2008), p. 39-77. A inscrição no túmulo de Filero foi reexaminada por E. Rodriguez-Almeida, em *Topografia e vita romana: de Augusto a Costantino* (Roma, 2001), p. 91-103.

AGRADECIMENTOS

Pompeia é um lugar maravilhoso para visitar e estudar. Em cada estágio do meu trabalho lá recebi ajuda da equipe da Soprintendenza Archeologica di Pompei (dirigida por Pietro Giovanni Guzzo), que faz todo o possível para ajudar os acadêmicos em visita; em particular, aprendi muito sobre a Pompeia antiga e moderna com Mattia Buondonno. Maria Pia Malvezzi e Andrew Wallace-Hadrill, da Escola Britânica em Roma, também fizeram muito para facilitar a pesquisa por trás deste livro. As visitas a Pompeia foram agradáveis graças a Zoe e Raphael Cormack — e, claro Robin Cormack, cujo conhecimento e olhos de águia me ajudaram a ver ainda mais do que esperava. Algumas das observações mais agudas deste livro se devem a ele.

Muitos amigos em casa e no estrangeiro me ajudaram de diversos modos. Sou especialmente grata a Rebecca Benefiel, John Clarke, Louise Guron, Edith Hall, Henry Hurst (e os alunos da sua aula sobre Pompeia em 2008), Bradley Letwin, Michael Larvey, Roger Ling, Martin Millett, Clare Pettitt, Mark Robinson e Nicholas Wood (por suas maravilhosas reconstruções da Casa do Poeta Trágico). As discussões com Andrew Wallace-Hadrill foram os momentos mais memoráveis, engraçados e instrutivos enquanto conhecia Pompeia.

Parte do livro foi escrita quando eu era professora visitante na Vila Getty em Los Angeles, onde aproveitei os conhecimentos de Ken Lapatin e de Claire Lyons, e a assistência capaz de Kristina Meinking. Como sempre, a equipe e os colegas da Faculdade de Clássicos e da Biblioteca da Faculdade de Clássicos (dirigida por Lyn Bailey) me ajudaram muito mais do que imaginam; o mesmo posso dizer sobre a equipe da Profile Books — Claire Beaumont, Peter Carson, Penny Daniel, Andrew Franklin, Kate Griffin e Ruth Killick.

Eu teria muito menos a dizer no capítulo 9 se não fosse pelas conversas sobre a religião romana (e muito mais) com Simon Price ao longo dos últimos trinta anos, desde que nos conhecemos em Cambridge, em 1978. Este livro é para Simon.

CRÉDITOS DAS IMAGENS

Além dos créditos registrados nas legendas do encarte, as seguintes ilustrações foram reproduzidas com a autorização do Ministério Italiano de Bens e Atividades Culturais:

Superintendência Arqueológica de Pompeia: figuras 6 e 10 do miolo; e figuras 25, 31, 35, 38, 40, 42, 43, 53, 56, 58, 59, 61, 66, 75, 80, 89, 98, 102, 109, 127, 131 do encarte.
Museu Arqueológico Nacional de Nápoles: figuras 5, 12, 13, 15 e 22 do miolo; e figuras 24, 26, 30, 34, 39, 69, 72, 79, 85, 91, 94, 96, 97, 116, 118, 121, 122, 128 do encarte.
Superintendência Arqueológica de Nápoles: figura 23 do miolo.

Foram feitas diversas tentativas de entrar em contato com os proprietários dos direitos de reprodução das ilustrações, e a autora e os editores agradecem informações sobre proprietários não identificados de algumas ilustrações para reparar a omissão em edições futuras.

ÍNDICE

Este livro foi composto na tipografia
Minion Pro Regular, em corpo 11/16, e impresso em
papel off-white no Sistema Digital Instant Duplex
da Divisão Gráfica da Distribuidora Record.